東洋古典譯註叢書 96

譯註 韓非子集解 1

集論 王先愼 책임번역 許鎬九
공동번역 鄭東和 權津鈺

전통문화연구회

東洋古典譯註叢書를 발간하면서

우리의 古典國譯事業은 민족문화 진흥의 기초사업으로 1960년대부터 政府 支援으로 古文獻 現代化 작업을 추진하여 많은 成果를 거두었다. 당시 이 사업 추진의 先行課題로 東洋古典이라 일컬어지는 중국의 基本古典을 먼저 飜譯하여야 한다는 學界의 주장이 있었음에도 불구하고 우리 고전이 아니라는 일부의 偏狹한 視角과 財政 事情 등으로 인하여 배제되어 왔다.

전통적으로 중국의 기본고전은 우리 歷史와 함께 숨쉬며 각종 교육기관의 教科書로 활용됨은 물론이고 지식인들의 必讀書가 되어 왔으며, 우리 文化의 基底에 자리잡고 거의 모든 방면의 體系와 根幹을 형성하여 왔다. 그래서 학문연구의 기본서 역할을 해 왔을 뿐만 아니라 오늘날에도 우리의 國學徒 및 東洋學 研究者들에게 같은 역할을 하고 있음은 주지의 사실이다. 그럼에도 불구하고 中國古典은 우리 것이 아니라 하여 專門機關의 飜譯對象에 포함하지 않음으로써, 대부분 原典에서의 직접 번역이 아닌 重譯이나 拔萃譯의 방식이 주를 이루면서 教養水準으로 出版되어 왔다.

오늘날 東洋 三國 중에서 우리의 東洋學 연구가 가장 부진한 이유는, 東洋基本古典에 대한 폭넓은 이해의 부족과 漢文古典 讀解力의 저하에 기인함을 우리는 솔직히 인정하여야 한다. 따라서 이들 중국고전에 대한 신뢰할 만한 國譯이 이루어지는 것이 한국학 연구를 촉진시키는 시급한 先行課題라 할 수 있다.

이에 韓國學 및 東洋學의 연구와 古典現代化의 基盤構築을 위해서는, 전문기관으로 하여금 동양고전을 단기간에 각 분야의 專門 研究者와 漢學者가 상호 협동하여 연구번역하여 飜譯의 傳統性과 效率性, 研究의 專門性을 높일 수 있도록 政策的 配慮가 있어야 한다.

이에 本會에서는 元老 및 中堅 漢學者와 斯界의 專攻者로 하여금 協同硏究飜譯하여 공부하는 사람들이 믿고 引用하거나 깊이 있는 註釋 등을 활용할 수 있게 하고, 知識人들의 敎養을 증진시켜 줄 수 있는 東洋古典의 國譯書 간행을 지속적으로 추진해 왔다. 근래에 다행히 이 사업에 대하여 각계 지도층의 폭넓은 이해와 지원에 힘입어 2001년도부터 國庫補助를 받아 東洋古典譯註叢書를 간행하게 되었다. 이를 계기로 우리 先學의 註釋과 見解를 반영하는 등 국역사업의 內實을 기하게 되었음을 이 자리를 빌어 衷心으로 감사드리며, 아울러 國譯에 參與하신 관계자 여러분의 勞苦에 깊은 謝意를 표한다.

끝으로 우리의 이러한 작업은 오랜 역사 위에 축적된 先賢들의 業績과 現代學問을 이어주는 튼튼한 架橋와 礎石이 되어 진정한 韓國學과 東洋學 발전에 기여할 것을 굳게 믿으며, 21세기를 우리 文化의 世紀로 열어 가는 밑거름이 되도록 우리의 力量을 本 事業에 경주하고자 한다. 江湖諸賢의 부단한 관심과 지원을 기대해 마지않는다.

社團法人 傳統文化硏究會 會長 李啓晃

解 題

鄭東和[*)]

1. 韓非子와 그의 시대

韓非子가 생존했을 당시 중국은 周나라 天子를 중심으로 하는 宗法 질서가 막바지로 치달리고 그것이 지배하던 규범마저도 한창 무너지고 있던 戰國時代 말기였다. 중앙집권적 권위나 종교적 이념이 땅에 떨어져 모두가 '稱王'하던 말 그대로 覇道의 시대였다. 저마다 盟主를 자처하며 힘을 겨루는 시대에는 무력만이 그 지위를 획득하거나 유지해줄 뿐이었다. 전국시대가 중앙집권적 권위가 무너진 어지러운 난세라고 하지만 오히려 이 때문에 순수하면서도 다양한 잠재력이 분출되는 시기였다고 할 수 있다. 이 시기 중국은 도시국가에서 영토국가로 재편되고, 토지 점유의 투쟁에 따른 상비군의 필요성이 부각되고, 철기 문명과 시장 경제의 발흥으로 물질과 정신 양면에서 비약적 발전을 가져오게 된다. 이러한 시대적 변화에 수반하여 가장 활발하게 대두된 정신문화의 새로운 국면은 각국 군주들에 의한 인재의 필요성이었고, 이것은 당연히 諸子百家가 등장할 수밖에 없는 토대가 되었다.

당시 천하는 서쪽에서 秦나라, 남쪽에서 楚나라, 동쪽에서 齊나라가 강국으로 세력을 구축하고 있었고, 북쪽에 燕나라를 비롯해 중원 쪽으로 趙나라와 魏나라, 그리고 최약국인 韓나라가 서로 힘을 겨루는 형국이었다. 이러한 시대 상황에서 가장 절실했던 인재의 전형은 우선적으로 合縱 또는 連橫의 계책을 들고 천하를 주유하는 遊說客, 즉 縱橫家들이었다. '合從連橫'이란 결국 秦나라와 여섯 나라 사이에서 벌어진 문제로, '合從'은 山東 여섯 나라가 어떻게 縱的으로 힘을 합쳐 秦나라에 대항할 것인가의 계책이고, '連橫'은 秦나라가 어떻

---

*) 한국고전번역원 책임연구원.

게 橫的으로 한 나라씩 단독으로 강화를 맺어 여섯 나라의 단합을 깨뜨릴 것인가의 계책이다. 이러한 합종연횡의 외교전술 속에서 천하의 흐름은 진나라로 기울고 있었고, 당연히 연횡책이 합종책을 능가하는 쪽으로 진행된다. 그런데 그 이유가 단지 진나라의 외교술에만 있었던 것은 아니다. 그보다는 오히려 진나라가 한 세기 전부터 商鞅을 등용함으로써 變法을 통한 내치와 부국강병을 추구한 데에 있었다고 볼 수 있다.

한비자에 대한 기록으로는 ≪史記≫ 〈老子韓非列傳〉이 가장 상세하고, ≪戰國策≫ 〈秦策〉, ≪사기≫ 중의 〈秦始皇本紀〉·〈韓世家〉·〈六國表〉 등에도 散見된다. ≪사기≫ 〈노자한비열전〉을 토대로 한비자의 생애를 살펴보면, 司馬遷은 한비자의 인적사항과 사람됨에 대해서 다음과 같이 간략하게 기술하고 있다.

> 韓非는 韓나라의 여러 公子 가운데 한 사람이다. 刑名과 法術의 학문을 좋아하였으며, 학설의 근본은 黃老學에 두었다. 그는 타고난 말더듬이여서 말을 잘 하지는 못하였으나 저술만큼은 뛰어났다. 젊었을 적에 李斯와 함께 荀卿을 師事하였는데, 이사는 자신의 재주가 한비보다 못하다고 여겼다.[1)]

≪사기≫의 이 기록에 의하면 한비자는 韓나라 여러 公子 가운데 한 사람이다. 한비자의 생몰년은 錢穆의 ≪先秦諸子繫年考辨≫에 의하면 韓 釐王 16년(B.C. 280)에 탄생해서 韓 安王 6년(B.C. 233)에 졸하였다고 하였다. 그렇다면 향년은 대략 48세가 된다.[2)] 한 이왕의 뒤를 이어 韓 桓惠王이 B.C. 273년에 즉위하고 재위 34년 만인 B.C. 239년에 병사하자 한나라의 마지막 왕인 韓 安王이 뒤를 이어 즉위하였고, 한비자가 죽은 뒤 3년 만에 한

---

1) ≪史記≫ 〈老子韓非列傳〉. "韓非者 韓之諸公子也 喜刑名法術之學 而其歸本於黃老 非爲人口吃 不能道說而善著書 與李斯俱事荀卿 斯自以爲不如非"

2) 한비자의 몰년 또는 죽음의 배경에 대해서는 ≪史記≫ 〈秦始皇本紀〉 및 〈六國年表〉에 '秦王 政 14년'의 사건으로 분명하게 기록되어 있는데 반해, 한비자의 생년 및 출생의 배경에 대해서는 아직 정설이 없다. 錢穆과 달리 陳千鈞은 한비자의 출생을 대략 B.C. 295년으로 보았다. 그렇다면 한비자의 향년은 63세가 된다. 전목, 진천균의 설에 대해서는 각각 ≪新譯韓非子≫ 〈導讀〉(三民書局, 2009), ≪韓非子全譯≫ 〈前言〉(貴州出版社, 1992)을 참고.

나라는 진나라에 멸망당한다. 한비자가 생존했던 시기의 한나라 세 왕 가운데 한비자의 父王이 있을 터이나 누구라고 확정하기는 어렵고, 한비자는 한나라 公室의 여러 공자 가운데 서열이 낮거나 庶子일 가능성이 높다.

이 시기 한나라는 戰國 7국 중에서 최약국이었고 정치 상황 역시 대내외적으로 극심한 혼란기였다. 서쪽으로 진나라와 이웃했던 탓에 늘 진나라의 공격을 먼저 받았으며, 한나라의 권신들은 진나라에 줄을 대며 保身에 급급한 형편이었다. 한비자는 公族으로서 군주가 법을 세워 나라의 제도를 정비하고 유능한 인재를 등용하도록 건의하였으나, 받아들여지지 않자 세상에 대한 울분을 터트리며 저술에 전념하였다. ≪사기≫에는 ≪韓非子≫의 저술 동기를 다음과 같이 기록하였다.

> 韓非는 조국 韓나라가 영토가 줄고 국력이 약해지는 것을 보고 여러 차례 글을 올려 韓王 安에게 간언했으나 韓王은 받아들이지 않았다. 이에 한비는 나라를 다스리는 데 있어서 법제를 정비해 밝히고 권세를 잡아 신하들을 통제하며 부국강병을 이루기 위해 인재를 구하고 현명한 자에게 맡기는 데는 힘을 쏟지 않고, 도리어 경박하고 음흉한 좀벌레 같은 자들을 공로와 실적이 있는 인재들의 윗자리에 올려놓는 것을 미워하였다. 그는 생각하기를, 儒者들은 글로써 법을 어지럽히고, 遊俠들은 武勇으로 법을 어긴다. 나라가 편안할 때는 명예를 중시하는 자들을 총애하고, 위급할 때는 무장한 군인들을 쓴다. 그런데 지금 나라에서 기르는 자들은 위급할 때에 쓸모가 없는 자들이고 위급할 때 쓸모 있는 자들은 기르지 않는다고 여겼다. 청렴하고 정직한 인재가 사악하고 삐뚤어진 신하 때문에 용납되지 못하는 것을 슬퍼하면서, 지난 역사 속에서 일어났던 득실의 변천을 살펴서 〈孤憤〉, 〈五蠹〉, 〈內儲說〉, 〈外儲說〉, 〈說林〉, 〈說難〉 등 10여만 자의 글을 지었다.[3)]

3) ≪史記≫ 〈老子韓非列傳〉. "非見韓之削弱 數以書諫韓王 韓王不能用 於是韓非疾治國不務修明其法制 執勢以御其臣下 富國彊兵而以求人任賢 反擧浮淫之蠹而加之於功實之上 以爲儒者用文亂法 而俠者以武犯禁 寬則寵名譽之人 急則用介冑之士 今者所養非所用 所用非所養 悲廉直不容於邪枉之臣 觀往者得失之變 故作孤憤五蠹內外儲說林說難十餘萬言"

이 기록을 근거로 볼 때 한비자가 韓나라 公室의 일원으로서 망해가는 조국을 구하고자 하는 포부가 실현되지 않자 결국 그것을 저술로 드러내었다는 점에서 당시 지식인들과 공통된 저술 동기를 지닌다. 그런데 한비자가 다른 지식인들에 비해 상대적으로 독특한 점은 그 포부와 저술이 다분히 통치자의 입장을 대변하는 것이라는 점이다. 한나라 공실의 일원으로서 조국에 대한 애국심의 발로이기도 하겠지만, 한비자의 이러한 저술 동기에는 역시 전국시대라는 시대적 특수성이 반영되어 있다고 볼 수 있다. 이미 한비자보다 앞서서 齊나라 管仲, 晉나라 趙宣子, 鄭나라 子産, 魏나라 李悝, 楚나라 吳起, 秦나라 商鞅 등이 법가적인 통치이론과 부국강병책으로 정치적·경제적 일대 개혁을 단행하여 일련의 성공을 거둔 바 있었다. 한비자는 이러한 시대적 요구에 따라 뛰어난 식견과 문장력으로 선배 법가들의 이론과 실천을 계승함과 동시에 당대 제자백가의 학술을 비판 또는 수용하여, 법가 사상을 집대성한 것이다.

한비자의 저술은 일찍부터 세상에 알려졌던 모양이다. 秦王 역시 그의 글을 보고 감동하여 "아아! 과인이 이 사람을 만나 함께 이야기를 나눌 수 있다면 죽어도 여한이 없겠구나."[4] 라고 하고는 한비자를 얻기 위해 한나라를 공격하여 한비자를 만나게 된다. 역시 ≪史記≫의 기록이다.

> 秦王이 韓非를 만나고 기뻐했지만 믿고 기용하지는 않았다. 李斯와 姚賈는 한비를 모해하여 이렇게 헐뜯었다. "한비는 한나라의 公子입니다. 지금 왕께서 제후들을 병탄하고자 하시는데, 한비는 끝내 한나라를 위하지 秦나라를 위하지 않을 것입니다. 이는 인지상정입니다. 지금 왕께서 그를 기용하지 않은 채 오래 억류했다가 돌려보낸다면 이는 스스로 후환을 남기는 일입니다. 허물을 잡아서 법으로 誅殺하느니만 못합니다." 진왕은 과연 그렇다고 생각하여 獄吏에게 넘겨 한비의 죄를 다스리게 했다. 이사가 사람을 보내 한비에게 독약을 주고는 자살하게 했다. 한비는 진왕에게 자신의 생각을 개진하고 싶었지만 만날 길이 없었다. 진왕이 뒤늦게 뉘우쳐 사람을 보내 사면하려고 하였으나 한비는 이미 죽은

---

4) ≪史記≫〈老子韓非列傳〉. "嗟乎 寡人得見此人與之游 死不恨矣"

뒤였다.[5)]

이 기록에 의하면 결국 한비자는 진나라로 가서 그의 능력을 시기한 동문 李斯와 姚賈의 합작에 의해 죽임을 당한 것이 된다. 사마천은 마지막 대목에서 "나는 다만 韓子가 〈說難〉편을 짓고도 스스로 그 화에서 벗어나지 못한 것을 슬퍼한다."[6)]라고 억울하게 죽은 한비자에게 동정을 토로함으로써 한비자의 죽음을 더욱 극적으로 만들었다. 그러나 한비자의 죽음에 대해서, ≪戰國策≫ 〈秦策〉에는 한비자가 제후들의 合從을 끊는 공을 세운 요가를 헐뜯었다가 秦王에게 죽임을 당한 것으로 서술되어 있다. 그렇다면 한비자의 죽음에 관해서는 ≪사기≫의 기사에 전적으로 의존할 수는 없을 것으로 보인다. 한비자가 진나라에서 죽임을 당한 후 3년 만에 한나라가 망하고, 또 10년 뒤에는 진나라가 전국시대를 종식시키고 천하통일을 이룩한다. 그의 법가 사상은 秦 始皇의 통치 원칙으로 수용되었으므로, 결국 한비자는 진 시황의 천하통일에도 크게 기여한 셈이다.

한비자는 전쟁이 끊이지 않은 전국시대 말기라는 시대 상황 속에서 仁義道德으로 세상을 다스리는 것은 애당초 불가능한 것으로 보았으므로, 최선의 통치 방법으로 法治를 주장하였다. 그에게 법은 통치 수단인 동시에 강제와 구속의 수단이기도 하였다. 따라서 한비자가 말하는 법이란 약자를 위한 보호 수단이기보다는 오히려 강자가 약자를 지배하기 위한 통치의 한 수단이었던 셈이다. 그가 살았던 전국시대 말기라는 시대 조류가 역사적 추세로 볼 때 통일제국의 방향으로 진행될 수밖에 없었던 것이라면 학술사상의 측면에서도 결국 그 시대 조류를 따라 전개되어 가는 것이 어쩌면 필연이었을 것이다. 그의 전제주의적인 법사상 및 통치 원리 역시 일정한 한계를 지니고 있었음에도 불구하고 새로운 질서와 거대한 역사적 전환에 결정적인 기여를 하였다는 점은 부정할 수 없다.

---

5) ≪史記≫ 〈老子韓非列傳〉. "秦王悅之 未信用 李斯姚賈害之 毁之曰 韓非韓之諸公子也 今王欲幷諸侯 非終爲韓不爲秦 此人之情也 今王不用 久留而歸之 此自遺患也 不如以過法誅之 秦王以爲然 下吏治非 李斯使人遺非藥 使自殺 韓非欲自陳 不得見 秦王後悔之 使人赦之 非已死矣"

6) ≪史記≫ 〈老子韓非列傳〉. "余獨悲韓子爲說難而不能自脫"

2. ≪韓非子≫에 담긴 사상

戰國時代를 살아간 지식인들에게 가장 문제 상황으로 다가온 것은 끊임없이 계속되는 전쟁 그 자체였다. 전쟁에 가장 피해가 큰 것은 민중의 삶이었거니와, 전쟁이 사라진 大一統의 세계는 당시 覇者와 민중뿐만 아니라 지식인들의 당연한 꿈이었으리라. 韓非子가 法家의 집대성자로 알려져 있는 만큼 그의 저술 ≪韓非子≫ 역시 그러한 꿈의 결과물이다. ≪한비자≫에 녹아있는 그의 광범위하면서도 치밀하고 다채로운 이론과 역사, 일화들은 그의 정치철학, 법사상으로 상층을 형성하고 있지만, 결국 그가 목도한 당대의 세상, 그 속에 실존하는 인간에 대한 인식이 그 근저에 자리하고 있다.

한비자는 인간을 이기적인 존재로 보았다. 골육상잔이 난무하는 냉혹한 전국시대에 인간의 윤리적 양심과 도덕적 행위에 대한 막연하고 긍정적인 기대는 사실상 불가능하다고 보았고, 현실에서의 악행을 어떻게 제거할 것인가에 대한 고민은 자연스럽게 法治의 제시로 귀결되었다.

한비자의 인간관은 그가 스승 荀子의 性惡說의 영향을 받았다는 것이 학계의 정설이다. 현실의 악행을 막기 위해 악한 본성을 변화시켜 선하게 만들어야 한다는 근본 출발은 순자나 한비자나 큰 차이가 없었다. 그러나 한비자는 '禮'에 의한 교화에 역점을 둔 순자에서 한발 더 나아갔다. 인간은 악하고 타산적인 존재이기 때문에 賞과 罰을 수단으로 하는 '法'에 의해 다스려야 한다고 주장하였다. 따라서 한비자는 "편안하고 이익이 있으면 나아가고 위태롭고 손해가 있으면 떠나는 게 인지상정이다."[7]라고 하여, 이러한 인지상정 때문에 법이 생겨날 수밖에 없다고 하였다. 결국 부모와 자식의 사이도 '計算之心'이 상치되는 모순관계에 놓일 뿐이라고 하였다.

> 아들을 낳으면 서로 축하하고 딸을 낳으면 죽인다. 이들은 모두 부모의 품에서 나오지만 아들은 축하를 받고 딸은 죽임을 당하는 것은 부모가 훗날의 편리함을

---

7) ≪韓非子≫〈姦劫弑臣〉. "夫安利者就之 危害者去之 此人之情也"

> 고려하여 긴 이득을 계산한 것이다. 따라서 부모가 자식에 대해서도 계산하는 마음으로 서로 대하는데, 하물며 부모와 자식 간의 애정도 없는 경우이겠는가.[8)]

한비자는 세상 사람들이 모두 이기적이고 한결같이 자신을 위하는 마음을 갖고 서로 계산하는 마음을 써서 상대한다고 여겼다. 그러나 바로 그렇기 때문에 상벌의 수단이 효력을 발휘한다는 것이다. 儒家를 비롯한 제자백가들은 고대에는 풍속이 순후하여 성인도 많았다고 찬양하지만 이것은 人性의 문제가 아니라 시대적인 환경에 따른 것이라고 하였다. 古今에 따라 인간의 행위가 다른 것은 古今에 따라 인간의 환경이 같지 않기 때문이지 인간의 성품이 같지 않기 때문은 아니라는 것이다. 그러므로 결국 政令으로 계도하고 刑罰로 다스려야 천하의 태평을 보증할 수 있는데, 군주에게 요구되는 것은 도덕이나 인륜적 교화가 아니라 '勢'에 의지하고 '術'을 쥐어야 하며, '法'을 집행해야 하는 것이라고 주장하였다.

한비자 이전에 이미 다양한 유형의 법가사상가들이 존재하였으며, 그중에서 특히 '法'을 강조한 商鞅, '術'을 강조한 申不害, '勢'를 강조한 愼到의 사상이 한비자의 통치술의 구성요소로 흡수되었다. 이것을 ≪한비자≫를 토대로 정의해 보면 우선 법은 "문서로 엮어 官府에 비치해두었다가 백성에게 널리 알리는 것"[9)]이라 하였고, 또한 "법을 잘 지켜 따르면 상을 내리고 간사한 짓으로 이를 어기면 벌을 가하는 것"[10)]이라 하였다. 이로 보면 법은 우선 成文化되어야 하고, 公布되어야 하는 통치의 수단이며, 그 내용은 엄격한 信賞必罰임을 알 수 있다.

또한 한비자는 법치를 실행하기 위한 구체적인 방안을 여러 곳에서 설명하고 있다. 우선 법을 제정할 때는 몇 가지 원칙을 고려해야 한다고 했다. 첫째, 功利性이 있어야 한다. 둘째, 時宜에 적합해야 한다. 셋째, 통일성 있고 안정적이어야 한다. 넷째, 人情에 들어맞아 쉽게 알고 행할 수 있어야 한다. 다섯째, 간명하고도 면밀해야 한다. 여섯째, 상벌을 적절히 이용해야 한다. 또한 법을 집행할 때에도 첫째, 법을 교육해야 하며, 둘째, 평등하게 적용해

---

8) ≪韓非子≫ 〈六反〉. "產男則相賀 產女則殺之 此俱出父母之懷衽 然男子受賀 女子殺之者 慮其後便 計之長利也 故父母之於子也 猶用計算之心以相待也 而況無父子之澤乎"

9) ≪韓非子≫ 〈難三〉. "編著之圖籍 設之於官府 而布之於百姓者也"

10) ≪韓非子≫ 〈定法〉. "賞存愼法 而罰加乎奸令者也"

야 하며, 셋째, 엄격하고 신중해야 한다는 등의 원칙을 세웠다. 이러한 원칙은 ≪한비자≫ 전체에 걸쳐 두루 펼쳐지고 있는데, 그 요점은 "法禁을 명확히 하고 신상필벌해야 한다."[11]는 것이다. 결국 한비자에게 상벌은 군주가 자신의 권력과 이익을 보호하기 위한 고유 권한인 셈이다.

한비자의 통치술의 또 하나의 구성 요소는 '術'이다. 術에 대한 한비자의 정의에 의하면, 소임에 따라 신하에게 벼슬을 주어 그 실적을 따져보고 그 결과에 따라 죽이고 살리는 실권인데, 바로 신하의 역량과 충성을 시험하며 좌지우지하는 수단이다. 군주에게 術이 없으면 윗자리에서 이목이 가려져서 신하의 간악함을 알 수가 없다고 하였다.[12] 그런데 術은 군주가 장악하여,[13] 가슴 속에 품고서 은밀히 신하들을 통제하는 수단이다.[14] 한비자에게 있어 術은 法과 표리가 되는 것으로, 법치의 현실적 실현을 위해 제시된 통치술인 것이다. 이를 위한 구체적인 방법론으로 신하들의 주장과 실적이 부합하는지를 대조하여 살피는 '形名術', 소임에 따라 사람을 등용하는 '用人術', 다양한 방법으로 간인을 살피고 다스리는 '治奸術' 등 다양한 방식을 제시하고 있다.[15]

한비자가 통치술의 세 번째 구성 요소로 중시한 것은 '勢'이다. 한비자는 군주에게 法과 術이 갖추어져 있어도 勢가 없으면 제대로 통치할 수 없다고 하였다. 勢는 군주가 법과 술을 행사할 수 있도록 해주는 힘, 즉 권세이다. 한비자는 勢를 정의하여 "뭇사람을 제압하는 바탕"[16]이라 하였고, "군주의 치국은 권세를 어떻게 운용하느냐에 달려 있다."[17]고 할 만큼 勢를 중시하였다. 한비자는 군주가 세를 단단히 잡고 통치하기 위한 요점으로 다음 몇 가지를 제시하였다. 첫째, 군주는 권세를 신하에게 빌려주어서는 안 된다. 둘째, 군주는 신하와 권세를 공유해서는 안 된다. 셋째, 상벌을 운용하여 권세를 공고히 해야 한다. 넷째, 군주는

---

11) ≪韓非子≫ 〈五蠹〉. "明其法禁 必其賞罰"

12) ≪韓非子≫ 〈定法〉. "術者 因任而授官 循名而責實 操殺生之柄 課群臣之能者也 此人主之所執也……君無術則弊於上 臣無法則亂於下 此不可一無 皆帝王之具也"

13) ≪韓非子≫ 〈說疑〉. "術也者 主之所以執也 法也者 官之所以師也"

14) ≪韓非子≫ 〈難三〉. "術者 藏之于胸中 以偶衆端而潛御群臣也"

15) 張覺, ≪韓非子全譯≫, 貴州人民出版社, 1992.

16) ≪韓非子≫ 〈八經〉. "勝衆之資也"

17) ≪韓非子≫ 〈難三〉. "凡明主之治國也 任其勢"

홀로 존귀함을 지키고 신하의 지위는 귀하게 하지 않아서 권세를 찬탈하는 것을 예방해야 한다.

한비자가 주장하는 法治, 術治, 勢治를 통한 통치술의 심층에는 道家의 사유가 자리 잡고 있다는 사실도 간과할 수 없다. ≪韓非子≫의 〈解老〉, 〈喩老〉 두 편은 최초의 ≪老子≫ 해설서로 평가되며, 〈揚權〉, 〈主道〉 등은 도가 사상의 '無爲'의 도를 끌어다 통치술의 뒷받침으로 쓴 논리가 곡진하게 전개되어 있다. 결국 한비자가 추구한 '法治' 역시 궁극적으로 인위성이 배제된 자연의 법칙을 따르는 통치술, 곧 '道治'를 지향하고 있음을 말하는 것이다. 따라서 司馬遷이 ≪史記≫에서 申不害, 韓非子를 老莊과 함께 하나의 列傳에 넣고 그들의 사상적 뿌리가 黃老學에 있다고 한 것도 같은 맥락이다.

한비자는 상앙, 신불해, 신도 등 선배 法家의 이론을 精緻하게 흡수하였을 뿐만 아니라 순자의 人性論, 도가의 無爲에 입각한 道治의 사상을 지향함으로써 고도의 철학사상 또는 정치철학을 성취해내었다. 그는 法家, 儒家, 道家 뿐만 아니라 당대 제자백가의 학설 전반을 비판적이자 발전적으토 수용하였다. 그 결과 제자백가 중에서 가장 현실적이고 실천성이 강한 시대사조가 되어 당대 정치에 실질적으로 발현될 수 있었다. 한비자가 펼친 法治, 術治, 勢治, 道治의 다양한 변주 속에서 결국 그가 꾸었던 꿈은 민중의 고통이 구제되고 세상의 재앙이 제거되는 지극한 다스림이었다. 그것을 그는 이렇게 그려내었다.

> 백성들의 혼란을 구제하고 천하의 화란을 제거하며, 강자가 약자를 능멸하지 못하게 하고 다수가 소수를 해치지 못하게 하며, 노인들은 수명을 다 누리게 하고 어린 고아도 잘 자라게 하며, 변경은 침략을 받지 않게 하고, 군주와 신하가 서로 친하며 아비와 아들이 서로 보호하여 전쟁으로 죽거나 포로가 되는 우환이 없게 한다.18)

한비자는 전국시대라는 혼란기에 인간의 도덕적 자각에 의존하기 보다는 법이라는 객관적이고 실제적인 수단으로 확고한 정치 체제를 구축하고자 하였다. 이것은 大一統이라는 시

---

18) ≪韓非子≫ 〈姦劫弑臣〉. "將以救群生之亂 去天下之禍 使强不陵弱 衆不暴寡 耆老得遂 幼孤得長 邊境不侵 君臣相親 父子相保 而無死亡係虜之患"

대적 과제에 충실하게 복무한 역사적 산물이기도 하다. 王充은 한비자가 仁德보다 法術을 앞세운 것을 두고 "天地에서 봄을 없애려 한 것"[19]이라 하였고, 심지어 어떤 현대 철학자는 그를 두고 '先秦哲學의 사망'이라고 혹평하였으나,[20] 마찬가지로 그의 통치철학과 법사상은 시대를 초월하는 가치를 지닌다는 점도 부정할 수 없다.

3. ≪韓非子≫의 편제와 내용

현재 유통되는 ≪韓非子≫는 총 20권 55편이다. ≪漢書≫ 〈藝文志〉 諸子略, 法家條에 '≪韓子≫'라고 되어 있고, 그 후 唐代에 이르기까지 모두 이 명칭으로 통용되었다. 宋代 이후 당대의 문호 韓愈(768~824)를 '韓子'라고 일컬으면서 혼란을 피하기 위해 서명 역시 ≪韓非子≫라고 일컫게 되어 지금까지 내려오고 있다.

이 책이 언제 지어지고 어떻게 편성된 것인지는 史書에 정확하게 나오지 않아 알 수 없으나, ≪史記≫ 〈老子韓非列傳〉에 기록된 "秦王 政이 韓非의 〈孤憤〉, 〈五蠹〉 등의 글을 보고 기뻐하였고, 한비를 얻기 위해 韓나라를 침공하자 韓나라 왕이 한비를 秦나라에 사신으로 보냈으나 그 후 1년이 채 못 되어 죽임을 당했다."는 내용을 신뢰한다면, 이 책은 대략 한비가 진나라에 사신을 가기 전, 즉 韓王 安 5년(B.C. 234) 이전에 지어진 것이 되며, 戰國時代 말엽에 이미 널리 유포되었던 것으로 볼 수 있다.

≪한비자≫가 총 몇 편으로 이루어졌는지, 언제 누구에 의해 編定되었는지 정확하게 확정할 근거는 없다. ≪漢書≫ 〈藝文志〉에는 '≪韓子≫ 55篇', ≪隋書≫ 〈經籍志〉에는 '≪韓子≫ 20卷'이라고 적혀 있는데, 모두 현행본 20권 55편과 합치된다. 그러나 모든 편이 한비자 한 사람의 손에서 나왔다는 설은 아직까지 논란의 여지가 있다.

이와 관련하여 일찍이 宋代부터 위작 논란이 제기되었다. 北宋의 司馬光(1019~1086)은 ≪資治通鑑≫에서 후대인의 가필 혐의가 짙은 〈初見秦〉편을 놓고 아무런 의심을 두지 않고

19) 王充(漢), ≪論衡≫ 〈非韓〉, 〈論德治〉.

20) 勞思光 著, 鄭仁在 譯, ≪中國哲學史≫, 탐구당, 1986, p.558.

다음과 같이 신랄하게 비판한 바 있다.

> 이제 韓非는 秦나라를 위해 모략을 획책하면서 먼저 자신의 祖國을 뒤엎을 계략으로 그의 말이 실현되기를 바랐으니, 그 죄는 죽음으로도 용서를 받을 수 없다. 어찌 불쌍하게 여길 것이 있겠는가.[21)]

이에 대해 南宋의 王應麟(1223~1296)은 ≪漢書藝文志考證≫에서 程逈이 다음과 같이 사마광의 말을 반박하는 내용을 수록하였다.

> 韓非의 글에 〈存韓篇〉이 있었으므로……후대인이 잘못 范雎가 쓴 글을 한비의 글로 착각해 그 사이에 끼워 넣은 것이다. 그리하여 韓나라로 출병하였다는 의론이 나오게 되었으니, ≪資治通鑑≫에서 한비가 자기 나라를 뒤엎으려고 했다는 것은 잘못이다.[22)]

이후로도 ≪한비자≫의 편성 및 각 편에 대한 진위 여부에 대한 논란은 끊이질 않았다. ≪한비자≫의 편성 문제에 관해서는 대체로 한비자의 제자 또는 후학이 편찬했다는 설, 秦나라 궁실의 도서 담당 御史들이 한비자의 유작을 편집해 출간했다는 설 등이 있는데, 漢代까지 책으로 편정되지 않고 있다가 劉向(B.C. 77~B.C. 6)이 황실 도서관의 장서를 校讐할 적에 ≪한비자≫를 내용 또는 사상에 따라 55편으로 편성하였으며, 이를 근거로 ≪漢書≫〈藝文志〉에 55편으로 기록되었다는 설이 지배적이다.

각 편의 진위 여부에 대해서는 더욱 다양한 이설이 존재한다. ≪사기≫에 秦王 政이 〈孤憤〉, 〈五蠹〉 등의 글을 보았다고 기록되어 있고, 사마천 역시 한비자의 〈孤憤〉, 〈五蠹〉, 〈內儲說〉, 〈外儲說〉, 〈說林〉, 〈說難〉 등의 편명을 제시해놓았는데, 모두 지금 전하는 ≪한비

---

21) ≪資治通鑑≫ 권6 〈始皇帝 上〉. "今非爲秦畫謀 而首欲覆其宗國 以售其言 罪固不容於死矣 烏足愍哉"

22) ≪韓藝文志考證≫ 권6 〈道〉. "非書有存韓篇……後人誤以范雎書厠于其書之間 乃有擧韓之論 通鑑謂非欲覆宗國則非也"

자≫의 편명과 일치한다. 따라서 〈孤憤〉, 〈五蠹〉, 〈內儲說〉, 〈外儲說〉, 〈說林〉, 〈說難〉 등은 한비자의 손에서 나왔다는 것은 대체로 이견이 없지만, 이를 제외한 나머지 편에 대해서는 여러 설이 혼재한다. 특히 근대 학자 梁啓初는 ≪要籍解題及其讀法≫에서, ≪사기≫에 제시된 〈孤憤〉, 〈五蠹〉, 〈內儲說〉, 〈外儲說〉, 〈說林〉, 〈說難〉 등 편을 제외하고는 모두 한비자가 지은 것인지 의심해야 한다고 하였으며, 胡適은 ≪中國古代哲學史≫에서, 한비자가 지었다고 믿을 수 있는 것은 〈顯學〉, 〈五蠹〉, 〈定法〉, 〈難勢〉, 〈六反〉, 〈問辯〉 등 7편에 지나지 않는다고 하였다.[23] 이러한 ≪한비자≫ 각 편의 위작 주장에 대해 張覺은 ≪韓非子全譯≫에서 이전의 학자들이 위작이라고 주장한 편들의 유형을 하나하나 분석·비판하고, ≪한비자≫ 중 〈存韓〉 후반부는 분명 李斯가 지은 글이고, 〈初見秦〉은 여전히 논쟁의 가능성이 있지만, 나머지 篇章들은 한비자의 저작임을 부정할 수 없다고 하였다. 또 사마천이 '〈孤憤〉 등 10여만 자'라고 기록한 것, 班固가 '≪韓子≫ 55편'이라 한 것이 모두 현존하는 ≪한비자≫와 篇數, 字數가 합치되므로 대부분 秦漢 때의 傳本으로 보아야 한다고 주장한 바 있다.[24] 이렇게 볼 때 ≪한비자≫에는 한비자가 직접 쓰지 않고 그의 제자나 법가에 속한 학자들이 쓴 글도 포함되어 있다고 볼 수는 있으나, 현재 대다수의 학자들은 ≪한비자≫ 55편 가운데 특히 의심스러운 몇 편을 제외하고는 대체로 한비자의 저술로 인정하고 있다.

≪한비자≫ 총 55편의 내용을 개략적으로 소개하면 다음과 같다.

제1편 〈初見秦〉 : 秦나라 왕에게 合從을 깨뜨리고 霸業을 이루는 策略을 진술한 내용이다. 韓非子가 처음 진나라에 사신을 갔을 때 지은 것이라고 하지만, 일찍부터 저자에 관한 논란이 있었다. 張儀 혹은 范雎가 지었다는 설이 있다.

제2편 〈存韓〉 : 韓나라를 보존한다는 뜻으로, 秦나라에 사신을 가서 한나라의 패망을 막기 위해 올린 글이다. 뒤에 李斯가 秦 始皇에게 한비자의 논리를 반박한 글과 이사가 한나라 왕에게 올린 글이 딸려 있다.

제3편 〈難言〉 : 군주에게 進言하기 어려움을 논한 것이다. 그 어려움을 총 12조목으로 열거하였고 간언을 하다가 죽임을 당하거나 치욕을 당한 역사적 인물 22명의 사례를 제시하

23) 傅武光·賴炎元, ≪新譯韓非子≫, 三民書局, 2009.
24) 張覺, ≪韓非子全譯≫, p.16.

고 있다.

제4편 〈愛臣〉: 신하를 총애한다는 뜻으로, 신하의 권세가 과도하면 군주에게 危害가 됨을 경계한 내용이다. 上書의 형식으로, 군주가 총애하는 대신을 제재하는 방법에 대해 열거하였는데, 역시 진 시황에게 올린 글로 보인다.

제5편 〈主道〉: 군주가 기본적으로 갖추어야 할 도리를 논한 내용이다. 道家의 핵심사상인 '無爲'를 뿌리로 하여, 군주가 '虛靜'의 상태로 통치하는 방법을 제시하였다. 문장 속에 韻律을 사용한 곳이 많다.

제6편 〈有度〉: 나라를 다스리는 데 法度를 최우선으로 내세운다는 뜻이다. 楚나라 莊王, 齊나라 桓公, 燕나라 昭王, 魏나라 安釐王 등의 예를 내세워 법도의 유무에 따른 흥망의 이치와 治世의 要訣를 제시하고 있다.

제7편 〈二柄〉: 君主의 두 가지 권력이라는 뜻으로, 이 두 가지 권력을 어떻게 사용해야 하는가에 대해 논하였다. 刑罰과 慶賞으로 臣下를 관리해야 군주가 禍患을 당하지 않는다는 것이다.

제8편 〈揚權〉: 통치의 법술에 대한 강령이라는 뜻으로, 道家의 '道治'에 입각해 法家思想의 요체를 담아내었다. 全篇이 四言體 韻文으로 되어 있다.

제9편 〈八姦〉: 신하가 군주에게 저지르는 간사한 짓 8가지 유형을 논하고 이에 대처하는 방안을 제시하였다.

제10편 〈十過〉: 君主가 저지르기 쉬운 열 가지 過誤를 지적하였다. 그것을 조목별로 역사적 사례를 들어 해설하는 형식으로 구성되어 있다.

제11편 〈孤憤〉: 홀로 분격한다는 의미로, 곧 法術에 정통한 인재가 군주의 권신에게 막혀 인정을 받지 못하는 현실에 대해 울분을 터트린다는 뜻이다. 통치술에 정통한 인재와 군주의 총애를 받는 권신과의 대비를 통해 군주가 지위와 나라를 보존하는 방안을 역설하였다.

제12편 〈說難〉: 遊說의 어려움이라는 뜻으로, 신하가 군주에게 유세하는 어려움, 신하가 유세할 때 경계해야 할 점 등을 말한 다음 성공적인 유세를 위해서는 어떻게 해야 하는지를 자세하게 열거하였다.

제13편 〈和氏〉: 춘추시대 楚나라 卞和가 옥을 바친 고사를 통해 法術에 정통한 선비가

좌절되고 곤경을 겪음을 비유적으로 설명하였다. 변화 외에도 吳起와 商鞅을 사례로 등장시키고 있다.

제14편 〈姦劫弑臣〉: 간교한 계책으로 군주를 농락하는 姦臣, 겁박하는 劫臣, 시해하는 弑臣에 대해 거론하였다. 여러 사례를 들어 이들을 막는 방법에 대해 논하고, 法術로 권세를 운용하고 법률을 명확히 제정하여 운용할 것을 강조하고 있다.

제15편 〈亡徵〉: 나라가 망할 징조를 47개 조목으로 거론하였다. 전국시대 말기의 난세 상황을 제시하여 경종을 울리고, 망할 징조가 있는 나라를 병합할 수 있는 사람은 법에 따라 다스리는 대국의 군주임을 밝히고 있다.

제16편 〈三守〉: 군주가 지켜야 할 3가지 원칙을 말하였다. 아울러 군주가 신하에게 겁박당하는 3가지 위협을 제시하고 이를 벗어나는 방안을 제시하고 있다.

제17편 〈備內〉: 군주의 내부를 방비한다는 뜻이다. 곧 后妃, 太子, 측근 신하 등 군주의 곁에서 총애를 받는 어느 누구도 믿을 수 없는 존재이므로, 오직 法術에 근거하여 나라를 다스리라는 충고를 담았다.

제18편 〈南面〉: 군주가 정사를 볼 때 남쪽을 향해 앉는다는 뜻으로, 군주가 신민을 다스리는 방법을 설명하였다. 결국 무엇보다 법을 밝히고 실질을 규명하며, 옛 법을 바꿀 것을 제안하고 있다.

제19편 〈飾邪〉: 사악함을 경계한다는 뜻이다. 占卜이나 외국, 옛 선왕의 가르침을 따르면 생길 수 있는 위험을 경계하고 법에 따라 상벌을 엄정하게 시행할 것을 제시하고 있다.

제20편 〈解老〉: ≪老子≫를 해석한다는 뜻이다. 최초의 ≪노자≫ 주석이자, 韓非子의 사상이 老子에 닿아 있음을 증명하는 것이며, 내용 역시 심오하다.

제21편 〈喩老〉: ≪노자≫를 역사적인 고사를 통해 증명한다는 뜻이다. 〈解老〉편이 노자 사상의 이론적인 면을 부각했다면, 이 편은 많은 역사 고사나 전설 등을 인용하여 그것을 실증적으로 예증하고 있다.

제22편 〈說林 上〉·제23편 〈說林 下〉: 이야기의 숲이라는 뜻이다. 곧 역사서에 기록된 이야기나 민간의 전설을 비롯하여 직접 수집하거나 창작한 우화들인데, 상편 34則, 하편 37則 모두 71則의 이야기가 나온다. 하편에는 당시 名家學派의 惠施의 말을 자주 인용하고 있는 것이 특징이다.

제24편 〈觀行〉 : 군주가 신하의 행동을 살핀다는 뜻이다. 군주가 신하들을 관찰할 때, 마치 道治를 비롯해 法治, 術治, 勢治 등을 모두 동원해서 엄격한 기준에 따라야 한다고 주장하고 있다.

제25편 〈安危〉 : 편 속의 '安術有七 危道有六'이라는 구절을 가지고 편명을 삼은 것이다. 곧 나라의 安寧을 지키는 방안과 나라를 危亡에 빠뜨리는 이유를 분석한 것이다. 안정과 위망의 관건은 시비를 확실하게 가릴 수 있는 객관적 기준, 곧 법도를 세우는 것임을 강조하고 있다.

제26편 〈守道〉 : 나라를 보존하는 방법을 설명한 것으로, 편 말미의 '守國之道畢備矣'라는 구절로 편명을 삼은 것이다. 군주가 나라를 통치하기 위해 법도를 세울 것을 강조하고, 법치가 이루어지는 이상적인 국가의 모습을 제시하고 있다.

제27편 〈用人〉 : 인재를 사용한다는 뜻으로, 이 편의 첫머리 '聞古之善用人者'라는 구절에서 나온 말이다. 곧 군주가 신하를 부리고 통제하는 요령을 논한 것이다. 법술을 지키면서 공평무사한 형벌을 행할 것을 강조하고 있다.

제28편 〈功名〉 : 功業과 名聲이라는 뜻으로, 군주가 공을 이루고 명성을 드날릴 수 있는 방도를 논하고 있다. 이를 위해서 天時, 人心, 技能, 勢威 등 4가지 조건을 들고, 그중에서 군주의 勢威가 가장 중요하다고 하였다.

제29편 〈大體〉 : 일의 요점 또는 요령을 뜻하는데, 군주가 나라를 다스리는 기본 원칙을 말한다. 道에 근거하여 법치를 이루는 통치의 총괄적인 의미를 논하고 있다.

제30편 〈內儲說 上 七術〉 : '儲'는 '비축하다'는 뜻이고, '說'은 역사 고사, 민간의 전설 등을 말하는데, 군주에게 의견을 진술하기 위해 각종 이야기들을 항목별로 분류·정리한 것이다. '儲說'은 內外上下를 합쳐 모두 6편인데, 편마다 강령에 해당하는 '經'이 나오고 이를 사례를 들어 논증하는 '傳'으로 구성되어 있다. 이 편에서 군주가 신하를 통제하는 7가지 法術을 말했기 때문에 편명을 '七術'이라고도 한다.

제31편 〈內儲說 下 六微〉 : 신하들에게 감추어진 6가지 機微라는 뜻이다. 군주가 살펴서 신하들의 전횡을 미연에 막을 수 있는 6가지 기미에 대해 언급하고 있다. 마지막에 '廟攻'의 항목이 있어 사실 7가지가 된다.

제32편 〈外儲說 左上〉 : 君臣 간의 문제를 집중적으로 다룬 〈內儲說〉과 달리 韓非子 자

신의 法術을 중점적으로 전개하였다.

제33편 〈外儲說 左下〉: 공평무사한 상벌 시행과 엄정한 공사 구분에 관한 내용을 중점적으로 전개하였다.

제34편 〈外儲說 右上〉: 군주가 신하를 통제하는 3개 원칙, 곧 위엄 있는 勢治, 無爲를 이용한 術治, 엄격한 法治를 설명하였다.

제35편 〈外儲說 右下〉: 군주가 시행해야 하는 상벌의 효과를 5가지 사례를 들어 설명하였다.

제36편 〈難一〉: '難'은 '辯難하다', '論難하다' 라는 뜻이고, '一', '二', '三', '四'는 순차를 표시한다. 역사적 고사나 설화를 들어 평론하고 '或曰'이라는 형식을 취하여 앞에 제시한 고사와 평론에 대해 반박하거나 비판하는 형식을 취하고 있다. 군사 문제를 포함해 모두 9개 항목으로 구성되어 있다.

제37편 〈難二〉: 〈難一〉편의 연속으로, 법치를 중심으로 모두 8개 항목으로 구성되어 있다.

제38편 〈難三〉: 역시 앞 편의 연속으로, 상벌에 관한 논의를 중심으로 모두 8개 항목으로 구성되어 있다.

제39편 〈難四〉: 앞의 편과 달리 '或曰'이 두 번 나오는데, 앞의 '或曰'은 앞에 제시한 고사에 대한 비판이고, 뒤의 '或曰'은 이에 대해 재반박하는 방식을 취하고 있다. 군신은 서로의 본분을 지켜야 한다는 내용 등을 포함해 4개 항목으로 되어 있다.

제40편 〈難勢〉: 愼到가 정치의 第一 요건으로 제시한 '勢'에 대해 論難한다는 뜻이다. 먼저 신도가 제시한 '勢治'에 대해 논의하고, 다음으로 이에 대해 반론을 한 뒤에, 마지막으로 두 번째 주장에 대해 반박하는 형식으로 구성되어 있다.

제41편 〈問辯〉: '問'은 문제를 제기한다는 뜻이고, '辯'는 爭辯한다는 뜻이다. 곧 어떤 사람이 묻고 한비자가 그에게 대답하는 방식으로 구성되어 있다. 주로 난세에 쟁변이 성행하는 원인과 그것을 방지하는 방법에 대해 논의하였는데, 군주의 명령과 法術이 기준이 되어야 한다는 것이 요지이다.

제42편 〈問田〉: 이 편 첫 구절의 '徐渠問田鳩'라는 구절을 가지고 편명을 삼은 것이다. 主旨는 法術로써 나라를 이상적으로 다스릴 수 있다는 것이다. '韓子'라는 존칭이 쓰였다고

하여 후대의 가필로 보는 설도 있다.

제43편 〈定法〉: 법도를 확정한다는 뜻이다. 商鞅의 法治와 申不害의 術治의 의의와 중요성을 대화체 형식을 취하여 증명하고 있다.

제44편 〈說疑〉: 신하들의 의심나는 행동을 설명한다는 뜻이다. 간신들의 행태를 분석해 대처 방안을 제시하고 신하의 임용과 처우에 대한 군주의 경계를 촉구하고 있다.

제45편 〈詭使〉: '詭'는 상반된다는 뜻이고 '使'는 '使令'의 뜻으로, 군주가 중시하는 것과 신하와 백성이 추구하는 길이 서로 상반된다는 것이다. 때문에 실질적인 정치 추세가 法과 術에 의한 다스림과 다르게 진행되고 있는 현실에 대해 비판하고 있다.

제46편 〈六反〉: '反'은 正道와 상반되는 것을 뜻한다. 군주에게 득이 안 되는데도 세상 사람들의 칭송을 받는 부류와 이와 정반대되는 부류를 6가지 유형으로 정리하고 있다. 공익과 사리의 괴리를 지적하여 重刑의 논리를 전개시키고 있다.

제47편 〈八說〉: 군주와 국가의 이익에 어긋나는 8가지 인간상을 유형별로 거론하였다. 군주가 法術을 구사해야만 신하들을 효과적으로 쓸 수 있다고 역설하고 있다.

제48편 〈八經〉: '經'은 바꿀 수 없는 이치나 법칙을 뜻한다. 천하를 다스리는 군주라면 반드시 유념해야 할 8가지 통치 원칙을 들었는데, 한비의 정치사상이 집약되어 있다.

제49편 〈五蠹〉: '蠹'는 나무를 갉아먹는 좀이라는 뜻으로, 나라를 갉아먹어 패망의 위기로 몰아가는 5가지 유형의 간신을 비유한 것이다. 이들을 법의 힘으로 없애야 나라를 부강하게 다스릴 수 있다고 주장하였다.

제50편 〈顯學〉: 세상에 뚜렷하게 드러난 학파라는 뜻으로, 儒家와 墨家를 가리킨다. 유가와 묵가의 이론을 집중적으로 비판하면서 法家 이론의 확실한 입지를 구축하고자 하였다.

제51편 〈忠孝〉: 忠孝는 본래 유가에서 강조하는 덕목이지만, 법가의 입장에서 유가를 비판하고 있다. 요점은 나라를 다스릴 때 법을 숭상해야지 현인을 숭상해서는 안 된다는 것이다. 법술의 관점에서 堯, 舜, 湯, 武 등을 亂臣賊子로 규정하고 있다.

제52편 〈人主〉: 나라를 다스릴 때 군주가 주의해야 할 사항을 논하였다. 권신이나 측근 세력을 배제하고 법술에 능한 사람을 등용해야 한다는 취지를 담고 있다. 〈二柄〉, 〈孤憤〉, 〈五蠹〉 등에 나오는 내용과 중복되는 내용이 있는 것을 근거로 후대의 위작이라는 설이 있다.

제53편 〈飭令〉: 명령을 엄정히 한다는 뜻이다. 商鞅의 법사상을 체계적으로 서술하고 있

는데, ≪商君書≫의 〈靳令〉, 〈說民〉의 내용과 유사하다.

제54편 〈心度〉 : 사람 마음의 準則이라는 뜻이다. 법이란 백성을 다스리는 근본이고, 백성이 좇아야 할 준칙임을 설명하는 것이 요지이다.

제55편 〈制分〉 : '分'이란 형벌과 포상의 구분으로, 백성을 다스릴 때 둘 사이의 구분을 분명히 해야 함을 논한 것이다. 법을 응용하고 군주의 지혜에 얽매이지 말아야 한다는 것이 요지이다.

4. ≪韓非子≫의 주요 板本과 注釋書

지금까지 남아 있는 ≪韓非子≫의 주요 판본으로, 南宋 乾道 연간의 판본(간칭 乾道本), 韓子迂評本(간칭 迂評本), 明代의 道藏本(간칭 藏本), 趙用賢本(간칭 趙本 또는 今本[25]), 張榜本(간칭 張本[26]) 등을 들 수 있다.

乾道本은 南宋 乾道 改元 中元日(1165년 7월 15일)에 黃三八郎이 印刊한 본으로, 현재 추론할 수 있는 가장 오래된 판본이지만 원본은 전하지 않고, 확인할 수 있는 것은 모두 건도본의 影印本이거나 倣刻本이다. 이 판본이 세상에 알려진 것은 청대에 吳鼒(1755~1821)가 顧廣圻(1770~1839)에게 校刊을 맡겨 1818년에 완성하면서부터이다. 고광기가 지은 ≪韓非子識誤≫를 부록으로 첨부하여, ≪乾道本韓非子廿卷≫이라 명명함에 따라 세상에서 '건도본'이라고 일컬어졌으며, 한비자의 판본 가운데 가장 善本으로 인정을 받고 있다. 光緖 원년(1875) 浙江書局에서 펴낸 ≪二十二子≫ 飜刻本 및 1919년에 출판된 ≪四部叢刊≫ 〈子部〉에 실린 ≪韓非子≫는 건도본을 토대로 간행되거나 영인된 것들이다.

迂評本은 萬曆 6년(1578)에 無門子라고 칭하는 吳郡 사람 兪氏가 何犿의 주석본을 입수하여 訂正하고 評注하여 ≪韓子迂評≫이라고 명명하고, 陳深에게 판각을 맡겨 이듬해에 완성한 것이다. 하변의 주석본은 元末에 이미 실전되었고, ≪韓子迂評≫에 하변이 至元 3년

25) 顧廣圻(淸)의 ≪韓非子識誤≫에서 '今本'이라 일컫는다.

26) 盧文弨(淸)는 明代 張鼎文本을 간칭으로 '張本'이라 하였다.

(1337)에 썼다는 서문이 실려 있을 뿐이다. 〈姦劫弑臣〉과 〈說林 下〉가 빠졌으므로 일명 '五十三篇本'이라고도 하며, 건도본과도 다른 점이 많기 때문에 계통이 다른 宋代本으로 간주되어 중요하게 취급되고 있다.

道藏本은 明 正統 10년(1445)에 판각된 것으로, 비교적 조기 판본으로서 가치가 높지만 모두 迂評本과 마찬가지로 53편이 수록되어 있다.

그 뒤에 嘉靖 40년(1561)에 張鼎文이 校刻한 판본이 나왔는데, 대체로 道藏本이나 迂評本과 같으나 〈說林 下〉 편목이 남아 있다.

趙用賢本은 萬曆 10년(1582)에 趙用賢(1535~1596)이 최초의 완결본인 55편의 宋本 ≪韓非子≫를 입수하여 여러 판본과 비교하고 교정한 뒤에 출간한 것이다.

이후에 나온 것 가운데 주목할 만한 판본으로, 만력 39년(1611) 張榜이 조용현본을 토대로 절록하여 ≪韓非子纂≫ 2권으로 간행한 張榜本, 明末 凌瀛初가 조판하여 인출한 凌瀛初本(간칭 凌本), 日本에 전래되어 物雙松의 ≪增讀韓非子≫·津田鳳卿의 ≪韓非子解詁≫의 저본이 된 趙如源·王道焜 同校本을 들 수 있다. 그 외에 孫月峯本, 周孔敎本, 王道焜本, 黃策本, 孫鑛本, 葛鼎本, 秦季公本 등이 있으나 대부분 조용현본을 근본으로 하고 있으며, 특기할 만한 사항이 없으므로 자세한 설명은 생략한다.

현재 통용되는 대부분의 ≪한비자≫ 판본에는 일찍부터 전해진 注가 달려 있는데, 이를 '舊注'라고 통칭하고 있다. 이에 대해 王先愼은 다음과 같이 기록하였다.

> 韓非子는 예전에 尹知章의 注가 있었는데, ≪唐書≫ 〈藝文志〉에 보이지만 卷數가 기재되지 않았으니, 아마도 오래 전에 망실된 듯하다. 元나라 何犿은 예전에 李瓚의 注가 있었다 하였는데, 이찬은 상고할 수가 없고 宋나라 乾道本에는 성명이 쓰여 있지 않으니, 무엇이 옳은지 알 수 없다. ≪太平御覽≫·≪事類賦≫·≪初學記≫의 注에 인용된 注文이 乾道注本과 합치되니, 그렇다면 그 주를 지은 사람은 응당 宋代 이전 사람이 된다.[27]

27) ≪韓非子集解≫ 〈弁言〉. "韓非子舊有尹知章注 見唐書藝文志 不載卷數 蓋其亡久矣 元何犿稱舊有李瓚注 李瓚無考 宋乾道本 不題姓名 未知孰是 太平御覽事類賦初學記注所引注文 與乾道注本合 則其人當在宋前"

이 기록으로 보면, 왕선신 조차도 ≪한비자≫의 舊注에 대해서 분명히 알지 못했던 듯하다. 陳奇猷는 ≪韓非子新校注≫ 〈韓非子舊注考〉에서, 尹知章은 韓非子의 舊注와 아무런 상관이 없고, 舊注를 지은 사람은 何犿의 말대로 李瓚이 분명하다고 주장하였다. 또한 正文에 섞여 들어간 注文이 있다고 하여 이찬에 앞서 北魏 劉昞의 注가 있는데, 이찬은 그것이 韓非子의 正文이 아님을 알지 못한 채로 주를 낸 것이라고 하였다.[28)]

명대 이후 評本이나 제자백가서의 주석을 하나로 묶은 合本이 다수 나왔으나 주목할 만한 것은 없다. 淸朝 이후에 王念孫의 ≪讀書雜誌≫, 盧文弨의 ≪群書拾補≫, 兪樾의 ≪韓非子平議≫, 孫詒讓의 ≪札迻≫ 등이 나왔는데, 그중에서 光緖 22년(1896) 王先愼의 ≪韓非子集解≫가 현재까지 가장 널리 유통되며 가장 유력한 정본으로 간주되고 있다.

≪韓非子集解≫는 ≪韓非子≫의 역대 판본 가운데서, 역대 주석과 교감을 총망라하였다는 평을 받는다. 南宋 乾道本을 저본으로 삼되 萬曆 연간의 道藏本, 明代 趙用賢의 校注本 등 주요 판본을 교감에 이용하였고, 또한 唐代의 ≪群書治要≫, ≪北堂書鈔≫, ≪意林≫, ≪初學記≫, ≪藝文類聚≫, ≪白孔六帖≫, 宋代의 ≪太平御覽≫, ≪事類賦≫ 등과 같은 당송 시대의 類書類, 각종 전적에 산견되는 ≪한비자≫ 관련 자료들을 대거 인용하여 주석으로 밝혔다. 그 외에도 이전의 주석서들, 예컨대 王念孫, 盧文弨, 兪樾, 孫詒讓 등의 校釋 성과들을 두루 참조하면서 자신의 의견을 개진하였다. 단, 상세한 교감에 비해 훈석이 너무 간략하고 舊注의 오류를 수정하지 않은 곳이 적지 않다는 단점이 있다. 왕선신은 자가 慧英이고 長沙 사람으로, 敎諭 혹은 道州訓導를 지냈다고 하며, 당시 학계의 태두 王先謙의 從弟이다.

현대에 들어와 ≪한비자≫의 주석본은 중국과 대만, 일본 등에서 이루 셀 수 없을 만큼 많이 나왔다. 그중에서 가장 주목할 만하고 널리 보급된 것으로는 중화권에서는 陳啓天의 ≪韓非子校釋≫, 陳奇猷의 ≪韓非子集釋≫과 ≪韓非子新校注≫, 梁啓雄의 ≪韓子淺解≫, 周勛初 등이 교감한 ≪韓非子校注≫가 대표적이고, 최근의 번역본으로 邵增樺의 ≪韓非子今注今譯≫, 張覺의 ≪韓非子全譯≫, 賴炎元・傅武光의 ≪新譯韓非子≫ 등을 꼽을 수 있다. 그중에서 1999년 완성된 陳奇猷의 ≪韓非子新校注≫는 한비자 주석에 관한 거의 모든

---

28) 陳奇猷, ≪韓非子新校注≫, 上海古籍出版社, 2000.

성과는 물론 현대에 새로 출토·발굴된 자료까지 총망라하여 내용이 풍부하고 독창적인 시각도 담겨 있다고 평가된다. 일본에서는 오규 소라이〔荻生徂徠〕의 ≪讀韓非≫, 오오다 가타〔太田方〕의 ≪韓非子翼毳≫, 가마사카 마루〔蒲阪圓〕의 ≪韓非子纂聞≫, 후지사와 난가쿠〔藤澤南岳〕의 ≪評譯韓非子全書≫가 근대 이전의 대표적인 주석서로 꼽힌다.

한국에서는 근대 이전에 독자적으로 한비자에 대한 주석서를 간행한 적은 없다. 현대에 들어 국역서가 여러 종 출간되었을 뿐이다. 완역서 중 이운구(한길사, 2012), 신동준(인간사랑, 2012), 임동석(동서문화사, 2013), 김원중(휴머니스트, 2016) 등의 번역은 중국, 일본의 교감 및 주석의 성과를 반영하여 비교적 학술성을 획득한 번역서이다.

본 번역에서는 1998년 中華書局이 편찬한 ≪新編諸子集成≫의 王先愼 ≪韓非子集解≫를 저본으로 삼았고, 제가의 설로 주석을 보완하거나 수정할 필요가 있는 경우에는 각주에 그 근거를 밝혔다.

5. ≪韓非子≫가 후대에 끼친 영향

한비자와 그의 법가사상은 전국시대 百家爭鳴의 승자였다. 한비자의 등장은 중국 사상사의 일대 사건이고, 역사 발전 과정으로 보아도 하나의 관건이었다. 이것은 당시 제후들이 열망했던 새로운 질서에 적합한 사상이었음을 반증하는 것이기도 하다.

다만 역대 왕조를 보면, ≪韓非子≫는 儒教 중심, 특히 性理學이 공고하게 뿌리를 내린 사회에서는 경시되어온 것이 사실이다. 이것은 秦 始皇의 폭정과 秦 제국의 이른 패망, 그리고 그 뒤를 이은 漢나라가 성립할 때 법가 사상을 토대로 세워진 진나라를 비판하며, 진나라의 잔혹한 '法治'를 儒家의 '德治'와 대립항으로 엮었기 때문이다. 게다가 漢 武帝가 儒學을 유일한 官學으로 인정하는 '獨尊儒術'을 선포하고부터 ≪한비자≫는 사실상 금서로 묶이게 된다. 그러나 간과할 수 없는 것은 유교가 정치 이념으로 자리매김하고 있던 봉건시대에도 한비자의 법가 사상은 그 심층에서 군주들의 통치술로 지속적으로 활용되었다는 것이다.

우리나라는 일찍부터 유가 사상이 지배했고 그중에서도 특히 四書를 중심으로 한 儒家經典에 경도되어 왔기 때문에, 다른 諸子書와 마찬가지로 ≪한비자≫ 역시 역대로 경시되어 왔던 것이 주지의 사실이다.

諸子百家書는 崔致遠을 비롯해 중국 유학을 경험한 지식인들이 꽤 이른 시기에 섭렵한 것으로 보인다. 그러나 사실 우리나라 지식인들은 16, 17세기 이전까지는 제자백가에 대해 그리 큰 관심을 보이지는 않았다.

조선 중기 이후 중국으로부터 서적 수입이 본격화되면서 여러 문인 학자들이 제자백가서를 섭렵하고 讀後記나 策問, 評論 등 다양한 형식으로 기록을 남기기 시작하였다. 특히 1689년에 경상도 관찰사 閔昌道(1654~1725)의 주관으로 명나라 沈津이 엮은 제자백가서 ≪百家類纂≫이 경상도에서 覆刊된 것은 조선의 지식인들에게 제자백가에 대한 관심과 독서를 확산시키는 계기가 되었다. 이를 토대로 金春澤(1670~1717)은 ≪諸子通選≫이라는 선집을, 愼後聃(1702~1761)은 ≪八家摠論≫이라는 평론집을 엮었다. 이외에도 이 무렵에는 명나라 陳深의 ≪諸子品節≫과 歸有光의 ≪諸子彙函≫과 같은 주목할 만한 제자서가 꾸준히 수입되어 제자백가에 대한 관심의 수준을 높였다.

대체로 중국이나 일본에서는 제자서에 대한 관심이 비교적 사상과 학술적 측면으로 향하여, 그 결과물이 교감본이나 주석서로 나오게 된 데 비해, 우리나라에서는 주로 다양한 지식과 해박한 식견을 위한 독서나 글쓰기, 또는 고증을 위한 자료로 활용하는 데 관심이 있었다.

조선시대 문인들의 이러한 관심 가운데 특기할 만한 것은 제자서에 대한 종합적인 평론인데, 논평의 내용은 주로 저자와 저서의 진위 여부, 저자의 처신과 공적 및 인품, 내용과 학술상의 가치, 고문장으로서의 완성도 등으로 나타난다.[29)]

조선시대 문인들의 ≪한비자≫에 대한 관심 역시 그 법가 사상이나 통치술에 대한 학술적, 사상적 접근 보다는 주로 문학적 접근이 주를 이루었다. 예컨대, 조선 중기 許筠은 ≪한비자≫를 문장의 전범으로 높이 평가하고 있다.

---

29) 김철범, 〈조선 지식인들의 제자서 독서와 수용양상〉, ≪한문학보≫17, 우리한문학회, 2007.

> 先秦시대 諸子의 글은 ≪老子≫・≪莊子≫를 제외하고 나면 어떤 것은 난잡하고 어떤 것은 어려우며 어떤 것은 결렬되어 있다. 그러나 韓非의 글만은 바르고 고우며, 분명하고 확실할 뿐만 아니라, 비슷한 言辭를 연결하여 일을 서술하는데 능하며, 게다가 현실 사정에 절실하니, 문장을 짓는 일로써 그를 평론한다면 진실로 大家이다. 그중 〈說難〉・〈八奸〉편은 더욱 좋다. 한번 보건대, 그 문장의 열었다가 닫고 눌렀다가 올리며, 치달리다 멈추고 꺾어 도는 부분들은 은연중에 후세의 문장을 짓는 이들에게 걸어 잠그고 얽어매는 문법의 단서를 열어준 것이다. 그리고 古文이 당초에는 꾸밈새 없이 순박하던 것이 이 사람에게 와서 임기응변의 계략이 있게 되었다. 논변하는 학술은 대강 商鞅・申不害로부터 나온 것이며, 엄격하고 각박한 면은 그들보다 더 지나치다고 하겠다.[30]

≪한비자≫는 각 편마다 체제가 일정하지 않으면서도 연관성을 지닌다. 특히 辨駁의 문체는 王充 등 철학자에게 영향을 주었고, 역사 고사를 모은 〈說林〉편은 ≪戰國策≫의 모범이 되었다고 한다.

허균은 ≪한비자≫에 대해 그 자체로 훌륭한 議論體 산문이며, 나아가 漢文 古文의 문예적 수식의 창시자로 보았다. 허균의 말대로 한비자는 일찍부터 선진시대 산문의 최고봉으로 꼽혔다. 그 문장의 날카로운 분석과 빈틈없는 논리, 거침없는 기세, 생동감 있는 풍격은 우리나라를 비롯한 후대 한문 산문에 하나의 전범이 되었고, 韻文과 散文을 넘나드는 그 풍부한 문체는 후대의 騈文, 筆記小說 등을 탄생시키는 데에도 지대한 영향을 끼쳤다.

'守株待兎', '買櫝還珠', '老馬之智' 등의 성어와 '矛盾', '逆鱗' 등의 우리말 한자어를 낳았으며, 무엇보다 ≪한비자≫는 지금까지도 한자 문화권의 살아 있는 寓言과 故事의 寶庫라는 점도 빠뜨릴 수 없겠다.

---

30) 許筠, ≪惺所覆瓿藁≫ 권13 〈讀 韓非子〉. "先秦諸子之文 除老莊外 或厖雜或晦澁或決裂 獨韓非之文 典麗明核 善於連類比事 且切於事情 以文事論之 則誠大家也 其說難八奸篇 尤好試看 其開闔其抑揚其馳頓折旋處 默啓後世爲文者筦鎖繳結之端 古文初質 至是而有機謀矣 其論術則概出商申 嚴刻過之矣"

참고문헌

王先愼, ≪韓非子集解≫, 中華書局, 1998.

陳奇猷, ≪韓非子新校注≫, 上海古籍出版社, 2000.

張覺, ≪韓非子全譯≫, 貴州人民出版社, 1992.

傅武光・賴炎元, ≪新譯韓非子≫, 三民書局, 2009.

신동준, ≪한비자 : 난세 리더십의 보고≫, 인간사랑, 2012.

김원중, ≪한비자 : 군주론과 제왕학의 고전≫, 휴머니스트, 2016.

심경호, 〈조선후기 지성사와 제자백가 - 특히 ≪관자≫와 ≪노자≫의 독법과 관련하여 -〉, ≪한국실학연구≫ 13, 한국실학학회, 2007.

김철범, 〈조선 지식인들의 제자서 독서와 수용양상〉, ≪한문학보≫17, 우리한문학회, 2007.

황준연, 〈한비자의 세계와 인간에 대한 인식〉, ≪儒學硏究≫ 27, 충남대학교유학연구소, 2012.

구성희, 〈한비자 통치론이 진한시대에 끼친 영향과 역사적 지위〉, ≪문학・사학・철학≫ 44, 한국불교사연구소, 2015.

최정묵, 〈한비자 법사상의 본질과 현대적 의미〉, ≪동서철학연구≫ 83, 한국동서철학회, 2017.

凡 例

1. 본서는 ≪譯註 韓非子集解≫의 제1책이다.
2. 본서의 底本은 ≪韓非子集解≫(王先愼, 中華書局, 1998)로 하되, ≪韓非子新校注≫(陳奇猷, 上海古籍出版社, 2000), ≪韓非子今注今譯≫(邵增樺, 臺灣商務印書館, 1983), ≪韓非子全譯≫(張覺, 貴州人民出版社, 1992), ≪新譯韓非子≫(傅武光・賴炎, 三民書局, 2007) 등을 참고하였다.
3. 본서는 원전의 傳統性과 번역의 現代性을 구현하기 위해 노력하였다.
4. 原文에는 우리나라 전통방식의 懸吐를 하였다.
5. 原文은 저본의 體制에 따라 단락을 구분하고, 각 단락마다 일련번호를 부여하였다.
6. 飜譯은 原義에 충실하게 하되, 이해가 어려운 부분은 意譯 또는 補充譯을 하였다.
7. 飜譯文은 한글과 漢字를 混用하였으며, 맞춤법과 띄어쓰기는 한글 맞춤법과 표준어 규정을 따르는 것을 원칙으로 하였다.
8. 譯註는 校勘, 異說, 인용문의 出典, 故事, 역사적 사건, 전문용어, 難解語, 人物, 制度, 官職 등에 관한 사항을 밝혔다.
9. 校勘은 원문의 誤字, 脫字, 衍字, 倒文 등을 대상으로 하였다.
10. 각 篇마다 간략한 해설을 달아 독자의 이해를 돕고자 하였다.
11. 圖版은 地圖, 人物, 故事, 器物 등을 수록하였으며, ≪增像全圖東周列國志≫, ≪三才圖會≫, ≪五經圖彙≫, ≪新定三禮圖≫, ≪中國歷代人物像傳≫, ≪萬古際會圖像≫ 등을 참고하였다.
12. ≪韓非子集解≫에서 諸家들이 참고한 書目의 略稱과 槪要는 다음과 같다.
    - 乾道本 : 南宋 乾道 改元(1165)에 黃三八郞이 印刊한 본이다. 현재 추론할 수 있는

≪韓非子≫의 가장 오래된 판본이지만 원본은 전하지 않는다. 현존하는 乾道本은 모두 원본을 새로 影印한 本이거나 倣刻本이다.

- 迂評本 : 明 萬曆 6년(1578)에 無門子라고 자칭한 吳郡 사람 兪氏가 何犿의 ≪韓非子≫ 주석본을 입수하여 訂正하고 評注한 본이다. 모두 53편으로 구성되어 있으며, ≪韓子迂評≫이라는 이름으로 판각하였다.
- 道藏本 : 道家經傳의 總集 가운데 하나로서 明 正統 10년(1445)에 판각되었다. 비교적 이른 시기의 판본으로서 가치가 높으며, 모두 53편이 수록되어 있다.
- 趙用賢本 : 明 萬曆 10년(1582)에 趙用賢이 처음으로 완결본인 55편의 宋本 ≪韓非子≫를 입수하여 교감·교정한 뒤에 출간한 것이다. 趙本이라고도 한다.
- 張榜本 : 明나라 張榜의 刻本이다. 趙用賢本을 토대로 節錄하여 萬曆 39년(1611)에 ≪韓非子纂≫ 2권으로 간행한 것이다.
- 張本 : 張鼎文本을 말한다. 張鼎文은 明나라 사람으로, 嘉靖 37년(1558)에 간행한 潁東書院本이 있고, 가정 44년(1565)에 간행한 본이 있다.
- 淩本 : 淩瀛初本을 말한다. 淩瀛初는 明나라 말기 書籍出版業者 가운데 한 사람이다. 盧文弨가 ≪韓非子≫를 校勘할 때 淩瀛初가 雕版하여 印出한 본을 사용하였다.

13. ≪韓非子集解≫에서 王先愼이 인용한 주요 註釋家는 다음과 같다.

- 李瓚 : 생몰년 미상. ≪韓非子集解≫ 舊注를 지었다. 唐나라 李宗閔의 아들로 ≪舊唐書≫ 권176에 벼슬이 한림학사에 올랐다는 기록이 보인다. ≪新唐書≫ 권174와 ≪唐語林≫ 권6에도 관련 내용이 보이나, 자세한 일기는 전하지 않는다.
- 盧文弨(1717~1795) : 淸나라의 校勘學者이자 藏書家이다. 학문을 좋아하여 戴震·段玉裁 등과 친하였으며 漢字에 전념하여 古籍의 校勘으로 크게 이름을 알렸다. 그가 교감한 고적으로는 ≪逸周書≫·≪孟子音義≫·≪荀子≫·≪呂氏春秋≫·≪韓詩外傳≫·≪春秋繁露≫ 등이 있고, 著書에는 ≪抱經堂集≫·≪禮儀注疏詳校≫·≪鍾山箚記≫·≪龍城箚記≫·≪廣雅釋天以下注≫ 등이 있다.
- 王念孫(1744~1832) : 淸나라 江蘇 高郵 사람으로, 자는 懷祖, 호는 石臞이다. 戴震에게 수학하였다. 工部主事, 永定河道 등의 벼슬을 지냈다. 音韻學, 文字學, 訓詁學에 조예가 깊었으며, 校勘을 잘하였다.

- 王引之(1766~1834) : 王念孫의 아들로, 자는 伯申, 호는 曼卿이다. 嘉慶 연간에 進士가 되어 宣宗 때 工部尙書까지 지냈다. 부친의 학통을 이어받아 訓詁學의 높은 경지에 이르렀고, 《經義述聞》·《經傳釋辭》 등을 저술하였다.
- 顧廣圻(1766~1835) : 淸나라의 유명한 校勘學者이자 藏書家이다. 《說文解字》·《禮記》·《儀禮》·《國語》·《戰國策》·《文選》 등 많은 서적을 교감하여 乾隆 嘉慶 연간에 盧文弨와 함께 최고로 일컬어졌다.
- 張文虎(1808~1885) : 淸나라의 經學家이자 校勘學者이다. 그가 교감한 책으로는 《守山閣叢書》 18종과 《續藝海珠塵》·《千癸集》·《小萬卷樓叢書》 등이 있다. 저서에는 《舒藝室雜著》·《鼠壤餘疏》·《周初朔望考》·《懷舊雜記》·《索笑詞》·《舒藝室隨筆》·《古今樂律考》·《春秋朔閏考》 등이 있다.
- 兪樾(1821~1907) : 淸나라 말기 文學·經學·古文字學·書法 등에 저명했던 학자이다. 道光 30년(1850) 進士에 급제하여 翰林院 編修를 지냈다. 經學을 학문의 기본으로 삼았으나 諸子學·史學·訓詁學 및 戲曲·詩詞·小說·書法 등에도 두루 통하였다. 저서에 《群經平議》·《諸子平議》·《茶香室經說》·《書疑義擧例》·《春在堂全書》 등이 있다.
- 王先謙(1842~1917) : 淸나라 말기의 經學家이자 考證學者이다. 同治 연간에 進士에 급제하였다. 曾國藩에게 師事하여 당시 學界의 泰斗로 칭송받았고, 國子監 祭酒를 역임하였다. 《續皇淸經解》·《十朝東華錄》·《續古文辭類纂》 등을 編刊하였고, 저서에는 《漢書補注》·《水經注合箋》·《後漢書集解》·《荀子集解》·《莊子集解》·《詩三家義集疏》·《虛受堂詩文集》 등이 있다.

14. 본서에 사용된 주요 符號는 다음과 같다.

“　” : 對話, 각종 引用

‘　’ : “　” 안에서 再引用, 强調

「　」 : ‘　’ 안에서 再引用, 强調

(　) : 원문에서는 讀音이 특수한 글자나 僻字의 音
　　번역문에서는 간단한 譯註

〔　〕 : 번역문과 뜻은 같으나 音이 다른 漢字나 句節, 譯註에서 인용한 原文.

≪ ≫ : 書名

〈 〉: 篇章名, 作品名, 補充譯

○ : 저본에 사용된 李瓚의 舊注와 王先愼의 集解 구분 표시 遵用

15. 본서의 校勘에 사용된 符號는 다음과 같다.

( )〔 〕: (저본의 誤字)〔교감한 正字〕

〔 〕: 저본의 脫字 補充

( ): 저본의 衍字

參考書目

◇ 底本

- ≪韓非子集解≫, 王先愼, 中華書局, 1998.

◇ 底本 관련자료

- ≪韓非子集釋≫, 陳奇猷 校注, 河洛圖書出版社, 1974.
- ≪韓非子校注≫, 依田利用 著, 汲古書院, 1980.
- ≪增訂韓非子校釋≫, 陳啓天 著, 臺灣商務印書館, 1994.
- ≪韓非子新校注≫, 陳奇猷 校注, 上海古籍出版社, 2000.
- ≪韓非子校注≫, 周勳初 著, 鳳凰出版社, 2009.
- ≪韓非子校疏析論≫, 張覺 撰, 知識産權出版社, 2011.
- ≪韓非子譯注≫, 張覺 撰, 上海古籍出版社, 2012.
- ≪韓非子正宗≫, 馬銀琴 著, 華夏出版社, 2014.

◇ 經部

- ≪經傳釋詞≫, 王引之 撰, 黃侃・楊樹達 批本, 岳麓書社, 1982.
- ≪經典釋文≫, 陸德明 撰, 文淵閣四庫全書, 臺灣商務印書館, 1986.
- ≪廣雅≫, 張揖 撰, 文淵閣四庫全書, 臺灣商務印書館, 1986.
- ≪論語集註大全≫, 朱熹 集註, 胡廣 等 編, 朝鮮 內閣本, 影印本, 學民文化社.
- ≪大戴禮記詳解≫, 王聘珍 撰, 中華書局, 1989.
- ≪大學章句大全≫, 朱熹 集註, 胡廣 等 編, 朝鮮 內閣本, 影印本, 學民文化社.
- ≪孟子集註大全≫, 朱熹 集註, 胡廣 等 編, 朝鮮 內閣本, 影印本, 學民文化社.

- ≪書傳大全≫, 蔡沈 集傳, 胡廣 等 編, 朝鮮 內閣本, 影印本, 學民文化社.
- ≪說文解字≫, 許愼 撰, 文淵閣四庫全書, 臺灣商務印書館, 1986.
- ≪說文解字注≫, 段玉裁 撰, 文淵閣四庫全書, 臺灣商務印書館, 1986.
- ≪詩傳大全≫, 朱熹 集傳, 胡廣 等 編, 朝鮮 內閣本, 影印本, 學民文化社.
- ≪禮記集說大全≫, 陳澔 集說, 胡廣 等 編, 朝鮮 內閣本, 影印本, 學民文化社.
- ≪玉篇≫, 顧野王 撰, 文淵閣四庫全書, 臺灣商務印書館, 1986.
- ≪儀禮注疏≫, 鄭玄 注, 賈公彦 疏, 北京大學出版社, 1999.
- ≪爾雅注疏≫, 郭璞 注, 邢昺 疏, 北京大學出版社, 1999.
- ≪周禮注疏≫, 鄭玄 注, 賈公彦 疏, 北京大學出版社, 1999.
- ≪周易傳義大全≫, 程頤 傳, 朱熹 本義, 胡廣 等 編, 朝鮮 內閣本, 影印本, 學民文化社.
- ≪中庸章句大全≫, 朱熹 集註, 胡廣 等 編, 朝鮮 內閣本, 影印本, 學民文化社.
- ≪集韻≫, 丁度 等 編, 上海古籍出版社, 1985.
- ≪春秋穀梁傳注疏≫, 范寧 註, 楊士勛 疏, 北京大學出版社, 2000.
- ≪春秋公羊傳注疏≫, 何休 註, 徐彦 疏, 北京大學出版社, 2000.
- ≪春秋左氏傳注疏≫, 杜預 註, 孔穎達 疏, 北京大學出版社, 2000.
- ≪韓詩外傳≫, 韓嬰 撰, 文淵閣四庫全書, 臺灣商務印書館, 1986.
- ≪孝經注疏≫, 唐 玄宗 注, 邢昺 疏, 北京大學出版社, 1999.

◇ 史部

- ≪舊唐書≫, 劉昫 撰, 中華書局, 1975.
- ≪國語≫, 左丘明 撰, 文淵閣四庫全書, 臺灣商務印書館, 1986.
- ≪史記≫, 司馬遷 撰, 中華書局, 1999.
- ≪史記索隱≫, 司馬貞 編, 文淵閣四庫全書, 臺灣商務印書館, 1986.
- ≪史記正義≫, 張守節 撰, 文淵閣四庫全書, 臺灣商務印書館, 1986.
- ≪史記集解≫, 裴駰 撰, 文淵閣四庫全書, 臺灣商務印書館, 1986.
- ≪水經注≫, 酈道元 撰, 文淵閣四庫全書, 臺灣商務印書館, 1986.
- ≪新唐書≫, 歐陽脩・宋祁 撰, 中華書局, 1975.

- ≪晏子春秋≫, 晏嬰 撰, 文淵閣四庫全書, 臺灣商務印書館, 1986.
- ≪戰國策≫, 劉向 撰, 高誘 注, 文淵閣四庫全書, 臺灣商務印書館, 1986.
- ≪漢書≫, 班固 撰, 中華書局, 1962.
- ≪後漢書≫, 范曄・司馬彪 撰, 中華書局. 1965.

◇ 子部

- ≪古今事文類聚≫, 祝穆 撰, 文淵閣四庫全書, 臺灣商務印書館, 1986.
- ≪孔子家語≫, 王肅 注, 文淵閣四庫全書, 臺灣商務印書館, 1986.
- ≪管子≫, 管仲 撰, 文淵閣四庫全書, 臺灣商務印書館, 1986.
- ≪括地志輯校≫, 李泰 撰, 中華書局, 2005.
- ≪群書拾補≫, 盧文弨 撰, 中華書局, 1985.
- ≪群書治要譯注≫, 魏徵 等 撰, 中國書店出版社, 2012.
- ≪老子≫, 王弼 注, 文淵閣四庫全書, 臺灣商務印書館, 1986.
- ≪論衡≫, 王充 撰, 文淵閣四庫全書, 臺灣商務印書館, 1986.
- ≪讀書雜志≫, 王念孫 著, 江蘇古籍出版社, 2000
- ≪墨子≫, 墨翟 撰, 文淵閣四庫全書, 臺灣商務印書館, 1986.
- ≪白虎通義≫, 班固 撰, 文淵閣四庫全書, 臺灣商務印書館, 1986.
- ≪說苑≫, 劉向 撰, 文淵閣四庫全書, 臺灣商務印書館, 1986.
- ≪世說新語≫, 劉義慶 撰, 文淵閣四庫全書, 臺灣商務印書館, 1986.
- ≪尸子≫, 尸佼 撰, 文淵閣四庫全書, 臺灣商務印書館, 1986.
- ≪新書≫, 賈誼 撰, 文淵閣四庫全書, 臺灣商務印書館, 1986.
- ≪新序≫, 劉向 撰, 文淵閣四庫全書, 臺灣商務印書館, 1986.
- ≪愼子≫, 愼到 撰, 文淵閣四庫全書, 臺灣商務印書館, 1986.
- ≪申子≫, 申不害 撰, 文淵閣四庫全書, 臺灣商務印書館, 1986.
- ≪揚子法言≫, 揚雄 撰, 李軌・柳宗元 注, 文淵閣四庫全書, 臺灣商務印書館, 1986.
- ≪呂氏春秋≫, 呂不韋 編, 高誘 注, 文淵閣四庫全書, 臺灣商務印書館, 1986.
- ≪列子≫, 張湛 注, 文淵閣四庫全書, 臺灣商務印書館, 1986.

- ≪藝文類聚≫, 歐陽詢 撰, 文淵閣四庫全書, 臺灣商務印書館, 1986.
- ≪日知錄≫, 顧炎武 撰, 文淵閣四庫全書, 臺灣商務印書館, 1986.
- ≪莊子集釋≫, 莊周 撰, 郭象 注, 陸德明 釋文, 成玄英 疏, 郭慶藩 輯, 中華書局, 1961.
- ≪諸子平議≫, 兪樾 著, 中華書局, 1954.
- ≪太平御覽≫, 李昉 等 撰, 文淵閣四庫全書, 臺灣商務印書館, 1986.
- ≪淮南子≫, 劉安 撰, 高誘 注, 文淵閣四庫全書, 臺灣商務印書館, 1986.

◇ 集部

- ≪文選≫, 蕭統 撰, 文淵閣四庫全書, 臺灣商務印書館, 1986.
- ≪二程文集≫, 程頤・程顥 撰, 文淵閣四庫全書, 臺灣商務印書館, 1986.
- ≪楚詞補註≫, 洪興祖 撰, 文淵閣四庫全書, 臺灣商務印書館, 1986.

◇ 研究論著 및 飜譯書

〔韓國〕

- ≪한비자≫, 성동호 역, 홍신문화사, 2008.
- ≪한비자 : 난세 리더십의 보고≫, 신동준 역, 인간사랑, 2012.
- ≪한비자≫(전2권), 이운구 역, 한길사, 2012.
- ≪한비자≫(전5권), 임동석 역, 동서문화사, 2013.
- ≪한비자 정독≫, 김예호 역, 삼양미디어, 2014.
- ≪한비자 : 군주론과 제왕학의 고전≫, 김원중 역, 휴머니스트, 2016.

〔中國〕

- ≪圖解韓非子≫, 崇賢書院 釋解, 黃山書社, 2015.
- ≪新譯韓非子≫, 傅武光・賴炎元 譯, 三民書局, 2009.
- ≪韓非子全譯≫, 張覺 撰, 貴州人民出版社, 1992.
- ≪韓非子全譯≫, 陳明・王靑 譯, 巴蜀書社, 2008.
- ≪韓非子今注今譯≫, 邵增樺 注譯, 臺灣商務印書館, 1983.

〔日本〕

- ≪新釋漢文大系 韓非子≫, 竹內照夫 著, 明治書院, 1984.
- ≪新譯韓非子≫, 西野廣祥 著, PHP研究所, 2008.
- ≪新釋韓非子≫, 守屋洋 著, PHP研究所, 2015.
- ≪全釋漢文大系 韓非子≫, 太田方 著, 集英社, 1983.
- ≪超譯韓非子≫, 中島孝志 著, 知的生きかた文庫, 2015.
- ≪韓非子≫, 金谷治 注, 岩波書店, 1994.

◇ 研究論著 및 飜譯書

- 한국고전종합DB (http://db.itkc.or.kr).
- 동양고전종합DB (http://db.cyberseodang.or.kr).
- 尙友千古 (http://www.s-sangwoo.kr).
- 電子版 文淵閣四庫全書, 上海古籍出版社.

目 次

附錄

序 ≪韓非子集解≫의 서문

韓非는 **處弱韓危極之時**하야 **以宗屬疏遠**으로 **不得進用**이라 **目擊游說縱橫之徒 顚倒人主以取利**하고 **而奸猾賊民**이 **恣爲暴亂**호되 **莫可救止**라 **因痛嫉夫操國柄者 不能伸其自有之權力**하야 **斬割禁斷**하야 **肅朝野而謀治安**이라

韓非는 약소국인 韓나라의 지극히 위태로운 시대를 살면서 한나라의 종실 가운데 소원한 처지였으므로 등용되지 못하였다. 유세하고 合從連橫의 계책을 펼치는 무리들이 군주의 권세를 엎어뜨려 이익을 취하고, 간사하고 교활한 賊民이 제멋대로 난폭한 짓을 자행하는데도 저지할 방도가 없는 것을 목격하였다. 그리하여 나라의 權柄을 잡은 자(군주)가 자기가 가진 권력을 발휘하여 이들을 잘라내고 금지하여 朝野를 깨끗하게 바로잡고 편안한 다스림을 도모하지 못하는 것을 통렬하게 미워하였다.

其身與國爲體하고 **又燭弊深切**이나 **無繇見**(현)**之行事**하야 **爲書以著明之**라 **故其情迫**하고 **其言覈**하야 **不與戰國文學諸子等**이라 **迄今覽其遺文**하고 **推跡當日國勢**하건대 **苟不先以非之言**이면 **殆亦無可爲治者**라

자신을 나라와 한 몸으로 여기고 또 폐단을 꿰뚫어보는 것이 깊고 절실하였으나 실행에 옮길 길이 없어서 글로 써서 드러내 밝혔다. 그러므로 그 마음이 절박하고 말이 확실하여 전국시대 제자백가와 같지 않았다. 지금에 와서 그가 남긴 글을 읽고 당시의 국세를 미루어 살펴보건대, 진실로 韓非가 주장한 말을 우선으로 하지 않으면 아마도 나라를 잘 다스릴 만한 방법이 없을 것이다.

仁惠者는 **臨民之要道**나 **然非以待奸暴也**라 **孟子導時王以仁義**하야 **而惡言利**나

今非之言曰 世之學術者說人主에 **不曰乘威嚴**하야 **以困奸衺**(사)하고 **而皆曰仁義惠愛**하니 **世主亦美仁義之名而不察其實**[1])이라하니 **蓋世主所美**는 **非孟子所謂仁義**요 **說士所言**은 **非仁義卽利耳**라

仁惠는 백성을 다스리는 중요한 방도이지만 간사하고 포악한 자를 다스리는 수단은 아니다. 孟子가 당시 왕들을 仁義로 인도하면서 利는 말하기 싫어하였다. 그러나 지금 韓非의 말에는 "세상의 학자들이 군주에게 유세할 때, 위엄 있는 권세를 이용하여 간사한 신하를 억누르라고 하지 않고 모두 인과 의, 은혜와 사랑을 말하니, 세상의 군주들도 인의라는 그럴듯한 명분만 아름답게 여기고 실질은 살피지 못한다."라고 하였다. 세상의 군주가 아름답게 여기는 것은 맹자가 말한 인의가 아니고, 유세하는 선비가 말하는 것은 仁義를 비난하고 利를 추구할 뿐이다.

至勸人主用威하야는 **唯非宗屬乃敢言之**라 **非論說固有偏激**이나 **然其云 明法嚴刑**하야 **救群生之亂**하고 **去天下之禍**하며 **使强不陵弱**하고 **衆不暴寡**하며 **耆老得遂**하고 **幼孤得長**[2])이라하니 **此則重典之用而張弛之宜**니 **與孟子所稱及閒暇明政刑**[3])으로 **用意豈異也**리오

군주에게 위세를 이용하라고 권유한 데에는 오직 韓非가 종실의 일원이기에 감히 말한 것이다. 한비의 논설이 본래 치우치고 과격한 점이 있지만, 그가 말하기를 "법을 밝히고 형벌을 엄하게 하여 백성들의 혼란을 구제하고 천하의 화란을 제거하며, 강자가 약자를 능멸하지 못하게 하고 다수가 소수를 해치지 못하게 하며, 노인은 수명을 다 누리게 하고 어린 고아도 잘 자라게 해야 한다."라고 하였다. 이는 엄중한 刑典을 시행하되 적절하게 긴장시키고 풀어주는 방도이니, 孟子가 말한

---

1) 世之學術者說人主……不察其實 : ≪韓非子≫ 〈姦劫弑臣〉에 나오는데, 약간의 글자 출입이 있다.

2) 明法嚴刑……幼孤得長 : ≪韓非子≫ 〈姦劫弑臣〉에 나오는데, 약간의 글자 출입이 있다.

3) 與孟子所稱及閒暇明政刑 : ≪孟子≫ 〈公孫丑 上〉에 "賢者가 지위에 있으며, 재능이 있는 자가 직책에 있어서 국가가 한가하거든, 이때에 미쳐 그 정사와 형벌을 밝힌다면, 비록 강대국이라도 반드시 그를 두려워할 것이다.〔賢者在位 能者在職 國家閒暇 及是時 明其政刑 雖大國 必畏之矣〕"라는 말이 있다.

'한가한 때에 미쳐 刑政을 밝힌다.'고 한 것과 비교하면 用意가 어찌 다르겠는가.

既不能行之于韓이로되 **而秦法闇與之同**하야 **遂以鉏群雄**하고 **有天下**라 **而董子迺曰 秦行韓非之說**[4)]이라하니라 **攷非奉使時**에 **秦政立**하야 **勢成**이요 **非往卽見殺**이어늘 **何謂行其說哉**리오

이미 韓나라에서 실행되지 못했지만, 秦나라의 법이 암암리에 韓非의 학설과 합치되어 마침내 〈진나라가〉 群雄을 척결하고 천하를 소유하였다. 그래서 董子(董仲舒)는 이르기를 "진나라가 한비의 학설을 실행하였다."라고 하였다. 그러나 상고하건대, 한비가 진나라에 사신을 갔을 때 秦王 政(秦 始皇)이 즉위하여 〈천하를 소유할〉 형세가 완성되었고, 한비는 진나라에 들어가자마자 죽임을 당하였는데, 어떻게 그의 학설을 실행했다고 하겠는가.

書都二十卷에 **舊注罕所揮發**이라 **從弟先愼**이 **爲之集解**하야 **訂補闕譌**하고 **推究義蘊**하니 **然後是書釐然可誦**이라 **主道以下**는 **蓋非平日所爲書**요 **初見**(현)**秦諸篇**은 **則後來附入者**라 **非勸秦不擧韓**하야 **爲宗社圖存**하니 **畫**(획)**至無俚**라 **君子于此**에 **尤悲其志焉**하니라

≪韓非子≫는 책이 모두 20권인데 舊注는 뜻을 드러내어 밝힌 것이 적다. 때문에 종제 王先愼이 ≪韓非子集解≫를 지어 빠진 것을 보완하고 잘못된 것을 바로잡으며 함축된 뜻을 推究한 뒤에 이 책이 명료해져 읽을 만하게 되었다. 〈主道〉 이하는 한비가 평소 지은 글이고, 〈初見秦〉 등 여러 편은 뒤에 첨부되어 들어간 것이다. 한비가 진나라에게 한나라로 출병하지 않도록 권유하여 종묘사직을 보존하고자 도모하였으니, 계획이 너무나도 터무니없었다. 군자들이 이 점에 대해 더욱 그 뜻을 슬퍼하였다.

---

4) 秦行韓非之說 : ≪漢書≫ 〈董仲舒傳〉에 "〈秦나라는〉 申不害와 商鞅의 법을 본받고 韓非의 학설을 실행하며 帝王의 도를 증오하여, 탐욕스럽고 흉포한 짓으로 풍속을 삼아, 文德으로 천하를 교화하는 일은 없었다.〔師申商之法 行韓非之說 憎帝王之道 以貪狼爲俗 非有文德以教訓於天下也〕"라고 하였다.

光緖二十二年冬十二月에 **葵園老人王先謙**은 **序**하노라

光緖 22년(1896) 겨울 12월에 葵園老人 王先謙은 서문을 쓰다.

弁言 머리말

韓非子舊有尹知章注하야 **見唐書藝文志**로되 **不載卷數**하니 **蓋其亡久矣**라 **元何犿稱舊有李瓚注**라하나 **李瓚無考**요 **宋乾道本**에 **不題姓名**하니 **未知孰是**라 **太平御覽事類賦初學記注所引注文**이 **與乾道注本合**하니 **則其人當在宋前**이라 **顧其注不全備**하고 **且有舛誤**하니 **近儒多所匡益**이라 **因旁采諸說**하고 **間附己見**하야 **爲韓非子集解一書**하니라 **其文以宋乾道本爲主**하고 **間有譌脫**에 **據它本訂正焉**이라 **光緒二十一年孟冬月長沙王先愼**

≪韓非子≫는 예전에 尹知章의 注가 있어서, ≪唐書≫ 〈藝文志〉에 보이지만 卷數가 기재되지 않았으니, 아마도 오래 전에 망실된 듯하다. 元나라 何犿은 예전에 李瓚의 注가 있었다 하였는데, 이찬은 상고할 수가 없고 宋代의 乾道本에 성명이 쓰여 있지 않으니, 무엇이 옳은지 알 수 없다. ≪太平御覽≫・≪事類賦≫・≪初學記≫의 注에 인용된 注文이 乾道本의 注와 합치되니, 그렇다면 그 사람은 응당 송대 이전 사람이 된다. 다만 그 注가 온전하게 갖추어져 있지 않고 또 어긋나고 그릇된 것이 있으니, 근세의 학자들이 바로잡고 보탠 것이 많다. 따라서 여러 학설을 두루 모으고 간간이 내 의견을 붙여서 ≪韓非子集解≫ 한 책을 만들었다. 본문은 송대의 乾道本을 으뜸으로 삼고, 간혹 잘못되고 빠진 글자가 있을 경우에 다른 본에 의거하여 바로잡았다.

光緒 21년(1895) 10월에 長沙 王先愼

攷證 《韓非子》 문헌 고증

〔漢書藝文志法家〕韓子五十五篇①이라

① 名은 非니 韓諸公子라 使(시)秦에 李斯害而殺之하다
이름은 非이니, 韓나라 여러 公子 중의 한 사람이다. 秦나라에 사신으로 갔을 때, 李斯가 그를 모해하여 죽였다.

《漢書》〈藝文志〉法家 : 《韓子》 55篇이다.

〔隋書經籍志子部法家〕韓子二十卷 目一卷①이라

① 韓非撰이라
韓非가 지었다.

《隋書》〈經籍志〉子部 法家 : 《韓子》 20권, 목록 1권이다.

〔舊唐書經籍志丙部子錄法家〕韓子二十卷①이라

① 韓非撰이라
韓非가 지었다.

《舊唐書》〈經籍志〉丙部 子錄 法家 : 《韓子》 20권이다.

〔唐書藝文志丙部子錄法家〕韓子二十卷①이라 尹知章注韓子②라

① 韓非라
韓非가 지었다.
② 卷亡이라
책은 망실되었다.

《唐書》〈藝文志〉丙部 子錄 法家 : 《韓子》 20권이다. 尹知章이 《韓子》의

注를 달았다.

〔宋史藝文志子類法家類〕韓子二十卷①이라

① 韓非撰이라
韓非가 지었다.

≪宋史≫〈藝文志〉子類 法家類 : ≪韓子≫ 20권이다.

〔晁公武郡齋讀書志子類法家類〕韓非子二十卷이라 右韓非撰하다 非는 韓之諸公子也니 喜刑名法術之學하야 作孤憤五蠹說林說難十餘萬言하다 秦王見其書하고 歎曰 得此人與之遊면 死不憾矣로다하고 急攻韓하야 得非하다 後用李斯之毁하야 下吏하야 使自殺하다 書凡五十五篇이니 其極刻覈하고 無誠悃하야 謂夫婦父子擧不足相信이니라 有解老喩老篇이라 故太史公以爲大要皆原於道德之意하니라 夫老子之言高矣어늘 世皆怪其流裔何至於是라 殊不知老子之書에 有將欲歙之인댄 必固張之하며 將欲弱之인댄 必固强之하며 將欲廢之인댄 必固興之하며 將欲奪之인댄 必固與之[1)]라하고 及欲上人者인댄 必以其言下之하고 欲先人者인댄 必以其身後之[2)]之言은 乃詐也라 此所以一傳而爲非歟인저

晁公武 ≪郡齋讀書志≫ 子類 法家類 : ≪韓非子≫ 20권이다. 위의 책은 韓非가 지었다. 한비는 韓나라 여러 공자 중의 한 사람이다. 刑名과 法術에 관한 학문을 좋아하여, 〈孤憤〉, 〈五蠹〉, 〈說林〉, 〈說難〉 등 10여만 자의 글을 지었다. 秦王이 그의 책을 보고 탄식하여 말하기를 "이 사람을 만나서 함께 교유할 수 있다면 죽어도 여한이 없겠다." 하고 급히 한나라를 공격하여 한비를 만났으나, 뒤에 李斯의 모함을 받아들여 한비를 刑吏에게 넘겨 자살하게 하였다.

책은 모두 55편인데, 논의가 너무 각박하고 성심이 없어서 부부와 부자까지도 모두 서로 믿을 수 없다고 여기게 하였다. 그런데 〈解老〉, 〈喩老〉편이 있었으므로

1) 將欲歙之……必固與之 : 이 내용은 ≪老子道德經≫ 36장에 보인다.
2) 欲上人者……必以其身後之 : 이 내용은 ≪老子道德經≫ 66장에 보인다. 약간의 글자 출입이 있다.

太史公(司馬遷)은 그 大要가 모두 ≪道德經≫의 뜻에 근원을 두고 있다고 하였다. 老子의 말은 고상한데, 세상 사람들은 모두 그 후예가 어떻게 여기에 이르렀는지에 대해 괴이하게 여겼다. 〈그러나 이것은〉 노자의 글에 "장차 접히게 하려면 반드시 먼저 펴주며, 장차 약하게 하려면 반드시 먼저 강하게 해주며, 장차 폐하려고 하면 반드시 먼저 흥하게 해주며, 장차 빼앗으려 하면 반드시 먼저 주어라."라고 한 것과 "사람의 위에 있고자 한다면 반드시 말은 겸손하게 하고, 사람의 앞에 서고자 한다면 반드시 몸을 뒤에 두어야 한다."라고 한 말 따위가 속임수라는 것을 전혀 알지 못하는 것이다. 이러한 것들이 노자가 한번 전해져서 한비가 된 까닭이다.

〔陳振孫直齋書錄解題〕 法家類 韓子二十卷이라 **韓諸公子韓非撰**하다 **漢志五十五篇**이니 **今同**이라 **所謂孤憤說難之屬皆在焉**이라

陳振孫 ≪直齋書錄≫ 解題 : 法家類 ≪韓子≫ 20권이다. 韓나라 여러 공자 중의 한 사람인 韓非가 지었다. ≪漢書≫ 〈藝文志〉에 55편으로 되어 있는데, 지금과 같다. 이른바 〈孤憤〉, 〈說難〉 등의 편이 모두 들어 있다.

〔王應麟漢藝文志攷證〕 韓子五十五篇이라 **史記韓非傳**에 **喜刑名法術之學**하야 **而其歸本於黃老**라하고 **作孤憤五蠹內外儲說林說難十餘萬言**이라하니 **注**에 **新序曰 申子書號曰術**하고 **商鞅書號曰法**하니 **皆曰刑名**이라하다 **東萊呂氏**[3]**曰 太史公謂非喜刑名法術之學**하니 **則兼治之也**라하다 **索隱**에 **按韓子書有解老喻老二篇**하니 **是亦崇黃老之學也**라하다 **今本二十卷五十六篇**①이라 **沙隨程氏**[4]**曰**

---

3) 東萊呂氏 : 宋나라 呂祖謙을 가리킨다. 자는 伯恭, 호는 東萊이다. 朱熹·張栻과 함께 東南三賢으로 불리었고, 학설은 經史의 실용을 주장하고 性命說에 얽매이지 않았다. 주희와 함께 북송 도학자의 어록을 편집하여 ≪近思錄≫을 편찬하였으며, 저서로 ≪東萊左氏博議≫·≪古周易≫·≪春秋左氏傳說≫·≪呂氏家塾讀持記≫·≪歷代制度詳說≫·≪東萊集≫ 등이 있다.(≪宋史≫ 권434, ≪宋元學案≫ 권42·43·46·51)

4) 沙隨程氏 : 宋나라 程逈을 가리킨다. 자는 可久, 호는 沙隨이다. 일찍이 王葆와 嘉興의 학자 茂德, 嚴陵, 喻樗에게 경전을 배웠는데, 朱熹가 그를 스승의 예로써 섬겼다. 박학하였고

非書有存韓篇이라 **故李斯言非終爲韓不爲秦也**라 **後人誤以范雎書廁于其書之間**하니 **乃有擧韓之論**이라 **通鑑謂非欲覆宗國**은 **則非也**라하다

① 辨見後라
辨說이 뒤에 보인다.

王應麟 ≪漢藝文志攷證≫ : ≪韓子≫ 55편이다. ≪史記≫ 〈韓非列傳〉에 "〈韓非는〉 刑名과 法術에 관한 학문을 좋아하였으며, 그 학설의 근본은 黃帝 사상에 귀결되었다."라고 하였고, 또 "〈孤憤〉, 〈五蠹〉, 〈說林〉, 〈說難〉 등 10여만 자의 글을 지었다."라고 하였다. 그 注에 "≪新序≫에 이르기를 '申子(申不害)의 글은 「術」이라고 불렀고, 商鞅의 글은 「法」이라고 불렀는데, 모두 「刑名」이라 한다.' 하였다."라고 하였다. 東萊 呂氏(呂祖謙)는 "太史公이, 韓非가 刑名과 法術에 관한 학문을 좋아한다고 하였으니, 곧 그것들을 겸하여 연구한 것이다."라고 하였다. ≪史記索隱≫에 "살펴보건대 韓子의 글에 〈解老〉와 〈喩老〉 두 편이 있으니, 이 역시 黃帝·老子의 학문을 숭상한 것이다."라고 하였다. 今本은 20권 56편이다. 沙隨 程氏(程逈)는 "한비의 글에 〈存韓〉편이 있으므로 李斯가 韓非는 끝내 韓나라를 위하지 秦나라를 위하지 않을 것이라고 말한 것이다. 후대 사람들이 잘못 范雎의 글을 그의 글 사이에 끼워 넣으니 마침내 〈한비가〉 한나라로 출병하기를 권했다는 의론이 나오게 되었다. ≪資治通鑑≫에서 韓非가 宗國(韓)을 엎어뜨리고자 했다는 것은 잘못이다."라고 하였다.

〔困學紀聞十〕 **韓子曰 殷之法**은 **刑棄灰於街者**어늘 **子貢以爲重**하야 **問之仲尼**한대 **仲尼曰 知治之道也**[5]라하시니 **以商鞅之法爲殷法**하고 **又託於仲尼**하니 **法家侮聖言至此**라 **又吏者**는 **民之本綱也**니 **聖人治吏**하고 **不治民**①[6]이라하니 **斯言不可**

경사에 조예가 깊었으며, 불교와 도가, 음운에 이르기까지 두루 연구하였다. 저서로 ≪古易考≫·≪古易章句≫·≪易傳外編≫·≪春秋傳顯微例目≫·≪論語傳≫·≪孟子章句≫·≪經史說諸論辨≫·≪四聲韻≫·≪古韻通式≫·≪醫經正本書≫·≪三器圖義≫·≪南齋小集≫ 등이 있는데, ≪周易古占法≫·≪周易章句外編≫이 전한다.(≪宋史≫ 권437, ≪宋元學案≫ 권25)

5) 殷之法……知治之道也 : ≪韓非子≫ 〈內儲說 上 七術〉에 나온다.

以韓非廢라

① **內儲說右下**라
〈內儲說 右下〉에 나온다.

≪困學紀聞≫ 10 : 韓子가 말하기를 "殷나라의 법은 거리에 재를 버리는 자를 형벌하였는데, 子貢이 이 형벌을 무겁다고 여겨 그 까닭을 仲尼에게 묻자, 중니는 '다스리는 방법을 안다.'라고 대답하였다."라고 하였다. 商鞅의 법을 殷나라의 법으로 만들고 또 중니에게 가탁하였으니, 法家가 성인의 말을 업신여긴 것이 이에 이르렀다. 또 "관리는 백성의 뿌리이자 벼리이니, 성인은 관리를 다스리지 백성을 다스리지 않는다."라고 하였는데, 이 말은 한비가 한 말이라고 해서 없애버려서는 안 된다.

〔國朝四庫全書總目子部法家類〕 韓子二十卷①이라 **周韓非撰**하다 **漢書藝文志載韓子五十五篇**하고 **張守節史記正義**에 **引阮孝緒七錄**하야 **載韓子二十卷**하니 **篇數卷數 皆與今本相符**라 **惟王應麟漢藝文志考證作五十六篇**하니 **殆傳寫字誤也**라 **其注不知何人作**이라 **考元至元三年**에 **何犿本稱舊有李瓚注**나 **鄙陋無取**하고 **盡爲削去云云**하니 **則注者當爲李瓚**이나 **然瓚爲何代人**은 **犿未之言**하니라 **王應麟玉海已稱韓子注不知誰作**하고 **諸書亦別無李瓚注韓子之文**하니 **不知犿何所據也**라

① **內府藏本**이라
내부장본이다.

國朝 ≪四庫全書總目≫ 子部 法家類 : ≪韓子≫ 20권이다. 周나라 韓非가 지었다. ≪漢書≫ 〈藝文志〉에 ≪韓子≫ 55편이 기재되어 있고, 張守節의 ≪史記正義≫에 阮孝緒의 ≪七錄≫을 인용하여 ≪韓子≫ 20권을 기재하였으니, 편수와 권수가 모두 今本과 서로 부합된다. 오직 王應麟의 ≪漢藝文志考證≫에만 56편으로 되어 있는데, 아마도 傳寫하는 과정에서 글자가 잘못된 듯하다. 그 注는 누가 지은 것인지 알 수 없다. 상고하건대, 元나라 至元 3년(1266)에 何犿本에서 "예전에 李瓚의 注가 있었으나, 비루해서 취하지 않고 모두 삭제하였다."라고 하였으니, 注를

---

6) 又吏者……不治民 : ≪韓非子≫ 〈外儲說 右下〉에 나온다. 본문의 주는 잘못이다.

지은 자는 마땅히 이찬이 되어야 하지만 이찬이 어느 시대 사람인지는 하변이 말하지 않았다. 왕응린의 ≪玉海≫에 이미 ≪韓子≫의 注는 누가 지었는지 모른다 하였고, 여러 책에서도 이찬이 ≪韓子≫의 주를 지었다는 글은 따로 없다. 그러니 하변이 무엇을 근거로 그런 말을 했는지 모르겠다.

犿本僅五十三篇이니 **其序**에 **稱內佚姦劫一篇**과 **說林下六微內似類以下數章**이라하니라 **明萬曆十年**에 **趙用賢購得宋槧**하야 **與犿本相校**하야 **始知舊本六微篇之末**에 **尙有二十八條**하니 **不止犿所云數章**이요 **說林下篇之首**에 **尙有伯樂敎二人相踶馬等十六章**이어늘 **諸本佚脫其文**하고 **以說林上篇田伯鼎好士章**으로 **逕接此篇蟲有蚘章**하고 **和氏篇之末**에 **自和雖獻璞而未美未爲王之害也以下**로 **脫三百九十六字**하고 **姦劫篇之首**에 **自我以淸廉事上以上**으로 **脫四百六十字**하니 **其脫葉**이 **適在兩篇之間**이라 **故其次篇標題與文俱佚**이어늘 **傳寫者各誤以下篇之半連於上篇**하야 **遂求其下篇而不得**하니 **其實未嘗全佚也**라 **今世所傳**에 **又有明周孔敎所刊大字本**하니 **極爲精楷**나 **其序不著年月**하야 **未知在用賢本前後**라 **考孔敎擧進士 在用賢後十年**이니 **疑所見亦宋槧本**이라 **故其文均與用賢本同**이요 **無所佚闕**이라 **今卽據以繕錄**하고 **而校以用賢之本**하노라

何犿本은 겨우 53편인데, 그 서문에 "內篇 중 〈姦劫〉 1편과 〈說林 下〉, 〈六微〉 내의 '似類' 아래 몇 章이 일실되었다."라고 하였다. 明나라 萬曆 10년(1582)에 趙用賢이 宋槧本을 구매하여 何犿本과 비교하여, 비로소 알게 된 것은 이러하다. 舊本의 〈六微篇〉 끝에 28조가 그대로 있으니 하변이 말한 몇 章에 그치지 않고, 〈說林 下篇〉의 앞머리에 '伯樂敎二人相踶馬' 등 16章이 그대로 있는데 여러 본에는 그 문장이 일실되거나 떨어져 나갔고, 〈說林 上篇〉의 '田伯鼎好士' 章을 이 편의 '蟲有蚘' 章에 곧바로 이었으며, 〈和氏篇〉의 말미의 '和雖獻璞而未美未爲王之害也' 아래로 396자가 탈락되었고, 〈姦劫篇〉 앞머리의 '我以淸廉事上' 위로 460자가 탈락되었는데, 탈락된 책장이 마침 두 편의 사이에 있으므로 그 다음 편의 표제와 글이 모두 일실되었는데, 傳寫한 사람이 각각 잘못하여 아래편의 반을 위편에 이어서

마침내 그 아래편을 찾았으나 찾지 못한 것이니, 그 실상은 일찍이 전부 일실된 적은 없었던 것이다. 지금 세상에 전하는 것 중에 또 明나라 周孔教가 간행한 大字本이 있는데, 매우 정교하고 단정하지만 그 서문에 연월이 밝혀져 있지 않아서 趙用賢本과 선후관계를 알 수가 없다. 상고하건대, 주공교가 進士에 합격한 것이 조용현보다 10년 뒤이니, 아마 그가 본 것도 역시 宋槧本이기 때문에 그 글이 고루 조용현본과 같고, 일실된 것은 없는 듯하다. 지금 곧 이(大字本)를 근거로 필사하고 조용현본으로 교정하였다.

考史記非本傳에 **稱非見韓削弱**하고 **數以書諫韓王**호되 **韓王不能用**이라하고 **悲廉直不容於邪枉之臣**하고 **觀往者得失之變**이라 **故作孤憤五蠹內外儲說說林說難十餘萬言**이라하며 **又云人或傳其書至秦**하야 **秦王見其孤憤五蠹之書**라하니 **則非之著書**는 **當在未入秦前**이라 **史記自敍**에 **所謂韓非囚秦說難孤憤者**는 **乃史家駁文**이니 **不足爲據**라 **今書冠以初見秦**하고 **次以存韓**하니 **皆入秦後事**라 **雖似與史記自序相符**나 **然傳稱韓王遣非使**(시)**秦**하니 **秦王悅之**로되 **未信用**이어늘 **李斯姚賈害之**하야 **下吏治非**라 **李斯使人遺之藥**하야 **使自殺**이라하니 **計其間未必有暇著書**라 **且存韓一篇**은 **終以李斯駁非之議**와 **及斯上韓王書**하니 **其事與文**이 **皆爲未畢**이라 **疑非所著書本各自爲篇**이라가 **非歿之後**에 **其徒收拾編次**하야 **以成一帙**이라 **故在韓在秦之作**을 **均爲收錄**하고 **併其私記未完之稿**도 **亦收入書中**하야 **名爲非撰**이니 **實非非所手定也**라 **以其本出於非**라 **故仍題非名**하야 **以著於錄焉**하노라

상고하건대, ≪史記≫ 〈韓非列傳〉에 "韓非는 韓나라가 땅은 줄어들고 국력은 쇠약해지는 것을 보고 자주 글을 올려 韓王에게 간했으나, 한왕이 채용하지 못했다."라고 하였고, 또 "청렴하고 정직한 사람들이 사악하고 부정한 신하들 때문에 용납되지 못하는 것을 슬퍼하고 지나간 시절의 성패득실의 변화를 살펴보았다. 따라서 〈孤憤〉, 〈五蠹〉, 〈內儲說〉, 〈外儲說〉, 〈說林〉, 〈說難〉 등 10여만 자의 글을 지었다."라고 하였으며, 또 "어떤 사람이 그의 글을 전파해 秦나라까지 전해지자,

秦王이 〈孤憤〉, 〈五蠹〉 등의 글을 보았다."라고 하였으니, 그렇다면 한비의 저서는 마땅히 秦나라에 들어가기 전에 쓰여진 것이다. ≪사기≫ 〈太史公自敍〉에 "한비가 진나라의 옥에 갇혀서 〈說難〉, 〈孤憤〉을 지었다."고 한 것은 史家에서 반박하는 글이니, 근거로 삼을 수 없다. 지금의 책이 〈初見秦〉을 맨 앞에 두고 그 다음에 〈存韓〉을 두었으니, 모두 진나라에 들어간 뒤의 사실이다. 비록 ≪사기≫ 〈태사공자서〉에서 말한 내용과 서로 부합하지만 〈韓非列傳〉에 "韓王이 한비를 진나라에 사신으로 보내자 秦王이 기뻐하면서도 믿고 등용하지 못하였는데, 李斯와 姚賈가 한비를 모해하여 刑吏에게 넘겨 한비의 죄를 다스리게 하였다. 이사가 사람을 시켜 한비에게 약을 주어 자살하게 하였다."라고 하였으니, 그 와중에 필시 글을 지을 겨를이 없었을 것이다. 또 〈存韓〉 한 편은 이사가 한비를 반박하는 의론과 이사가 한왕에게 올린 글로 끝을 맺었으니, 그 사실과 글이 모두 완결된 것이 아니다. 아마도 한비가 지은 글이 본래 각기 독립된 한 편으로 있다가 그가 죽은 뒤에 그의 門徒들이 수습하고 편차하여 한 帙로 만들었기 때문에, 한나라에 있을 때 지은 것과 진나라에 있을 때 지은 것을 고루 수록하고 사사로이 기록하거나 완성되지 못한 원고도 아울러 책 안에 거두어 넣어서 한비가 지은 것이라고 이름을 붙였으니 실상은 한비가 직접 編定한 것은 아니다. 그렇지만 그것도 본래 한비에게서 나온 것이므로 그대로 한비의 이름을 써서 목록에 기록하였다.

〔四庫全書子部法家類存目〕 韓子迂評二十卷①이라 舊本題明門無子評하고 前列元何犿校上하고 原序署至元三年秋七月庚午하고 結銜題奎章閣侍書學士하다 考元世祖順帝俱以至元紀年이어늘 而三年七月을 以紀志干支排比之컨대 皆無庚午日하니 疑子字之誤라 奎章閣學士院은 設於文宗天歷二年하야 止有大學士라가 尋陞爲學士院하야 始有侍書學士하니 則犿進是書在後至元時矣라 觀其序中에 稱今天下所急者는 法度之廢요 所少者는 韓子之臣하면 正順帝時事勢也라 門無子自序에 稱坊本至不可句讀러니 最後得何犿本하야 字字而讐之호되 皆不失其舊하니 乃句爲之讀하고 字爲之品하며 間取何氏注而折衷之하야 以授之梓人云云이라하니 蓋趙用賢翻刻宋本이 在萬曆十年이요 此本刻於萬曆

六年이라 故未見完帙하야 仍用何氏之本이라 然犿序에 稱李瓚注鄙陋無取하고 盡爲削去라하나 而此本仍間存瓚注하니 已非何本之舊라 且門無子序에 又稱取何注折衷之라하니 則併犿所加旁注도 亦有增損하니 非盡其原文이라 蓋明人好竄改古書하야 以就己意하야 動輒失其本來라 萬曆以後에 刻版皆然하니 是書亦其一也라 門無子不知爲誰니 陳深序에 稱門無子兪姓이요 吳郡人이니 篤行君子라하나 然新舊志乘에 皆不載其姓名이라 所綴評語는 大抵皆學究八比之門徑이요 又出犿注之下라 所見如是하니 宜其敢亂舊文矣로다

① 內府藏本이라
내부장본이다.

≪四庫全書≫ 子部 法家類 存目 : ≪韓子迂評≫ 20권이다. 舊本에는 '明나라 門無子가 評하다.'라고 쓰여 있고, 앞 열에는 '元나라 何犿이 校上하다.'라고 되어 있고, 原序에 '至元 3년(1266) 가을 7월 庚午'라고 쓰여 있고, 結銜(관리의 직위를 쓰는 것)은 '奎章閣 侍書學士'라고 쓰여 있다. 상고하건대, 원나라 世祖와 順帝가 모두 '至元'이라는 연호를 썼는데, 3년 7월을 가지고 紀志(史書의 本紀와 志)의 干支를 배열해 비교해보면 모두 庚午日이 없으니, 아마도 〈'午'자는〉 '子'자의 誤記인 듯하다. 奎章閣 學士院은 文宗 天曆 2년(1329)에 설립하여 大學士만 두었다가 얼마 후에 學士院으로 승격되어 비로소 侍書學士를 두었으니, 그렇다면 하변이 이 책을 진상한 것은 至元 연간 이후의 일이다. 그 서문의 내용 중에 "지금 천하에 시급한 것은 法度가 폐해진 것이고, 부족한 것은 韓子와 같은 신하이다."라고 한 것을 보면, 바로 順帝 때의 형세이다. 문무자의 自序에 "坊本은 句讀를 뗄 수 없는 지경이었는데, 최근에 何犿本을 구해서 글자마다 讐校하되 모두 옛 모습을 잃게 하지 않았으니, 비로소 구를 떼어 읽고 글자를 품정하였으며, 간간이 何氏의 注를 취해 절충하여 梓人에게 주어 판각하게 하였다."라고 하였으니, 趙用賢이 宋本을 翻刻한 것은 萬曆 10년(1582)이고 이 판본은 萬曆 6년(1578)에 판각되었다. 그러므로 완질은 보지 못하고서 그대로 何氏本을 이용한 것이다. 그러나 하변의 序에 "李瓚의 注는 비루해서 취하지 않고 모두 삭제하였다."라고 하였으나, 이 판본은 여전히 사이사이에 이찬의 注가 남아 있으니, 이미 何本의 본래 모습은 아니

다. 또 문무자의 自序에 "하변의 注를 취하여 절충하였다."라고 하였는데, 그렇다면 하변이 덧붙인 旁注도 아울러 가감한 것이 있는 것이니, 모두 그 원문은 아니다. 明나라 사람들은 옛글을 고쳐 바꾸어서 자기 뜻에 맞추기를 좋아해서 걸핏하면 본래 모습을 잃어버렸다. 萬曆 연간 이후의 판각이 다 그러하니, 이 책도 그중 하나이다. 門無子는 누구인지 모르겠거니와, 陳深의 序에 "門無子는 성이 兪이고 吳郡 사람이니, 독실한 군자이다."라고 하였으나 新舊의 志乘에 모두 그의 성명이 기록되어 있지 않다. 모아 기록해놓은 評語는 대체로 學究(科學 공부하는 사람)가 八股文〔科文〕을 익히는 경로이고, 또 하변의 注 아래에서 나온 것이다. 본 것이 이와 같으니 감히 옛 글을 어지럽힌 것이 당연하다.

〔四庫全書簡明目錄〕 韓子二十卷이라 **周韓非撰**이니 **凡五十五篇**이라 **舊本多所佚脫**이러니 **明趙用賢始得宋槧校補**하다 **又周孔教家大字刻本與趙本亦同**일새 **今用以互校**하니 **視他刻本爲完善**이라 **其注不知何人作**이어늘 **元何犿稱爲李瓚**이나 **未知何據也**라

≪四庫全書簡明目錄≫:≪韓子≫ 20권이다. 周나라 韓非가 지었으니, 모두 55편이다. 舊本에 일실되고 떨어져 나간 것이 많았는데, 明나라 趙用賢이 처음으로 宋槧本을 구해 교정하고 보완하였다. 또 周孔教 집안의 大字刻本이 趙本과 같기 때문에 지금 이를 이용하여 서로 참고해 교정하니 다른 刻本과 비교하면 完善하게 되었다. 그 注는 누가 지었는지 알 수 없는데, 元나라 何犿은 李瓚이 지었다고 하였으나 무엇을 근거로 하였는지 알 수 없다.

〔孫氏祠堂書目諸子法家〕 韓非子二十卷①이라

① **一明趙用賢刊本**이요 **一明吳勉學刊本**이요 **一明葛鼎刊本**이요 **一明十行本缺二卷**이요 **一依宋刻校本**이라

1. 明나라 趙用賢 刊本이다. 1. 明나라 吳勉學 刊本이다. 1. 明나라 葛鼎 刊本이다. 1. 明나라 十行本으로 2권이 결락되었다. 1. 宋나라 刻本에 의거한 校本이다.

≪孫氏祠堂書目≫ 諸子法家:≪韓非子≫ 20권이다.

〔盧文弨群書拾補〕 韓非子是書有明馮舒己蒼이 據宋本道藏本以校張鼎文本外에 又有明凌瀛初本과 黃策大字本하니 今幷以校明神廟十年趙用賢二十卷全本이라 而以是者大書하고 其異同作小字注於下라 此書注乃元人何犿刪舊李瓚注而爲之者니 亦甚略하고 且鄙謬者亦未刊去라 明孫月峰評點本은 幷無注하니 茲不取在所校本中이라

盧文弨 ≪群書拾補≫ : ≪韓非子≫ 이 책은 明나라 馮舒 己蒼(馮舒의 字)이 宋本과 道藏本에 근거하여 張鼎文本을 교정한 것 외에 또 명나라 凌瀛初本과 黃策大字本이 있는데, 지금 이 세 본을 아울러 명나라 神宗 10년(1582)에 趙用賢이 판각한 20권 全本을 교정하였다. 옳은 것은 큰 글자로 쓰고 차이가 나는 것은 작은 글자를 써서 아래에 注를 달았다. 이 책의 注는 元나라 사람 何犿이 옛 李瓚의 注를 산삭하여 만든 것인데, 또한 너무 소략한데다가 너저분하고 잘못된 것도 삭제하지 않았다. 명나라 孫月峰의 評點本은 모두 注가 없으니, 이에 교정한 본 가운데 취하지 않았다.

〔吳山尊重刻韓非子序〕 翰林前輩夏邑李書年先生이 好藏古書精槧하니 而宋乾道刻本韓非子는 尤其善者라 嘉慶辛未에 先生方爲吾省布政使하야 察賑鳳潁할새 鼒(자)以後進禮謁於塗次하고 求借是書한대 先生辭以在里中하다 又六年丙子六月에 余在揚州러니 先生督漕淮上할새 專使送是冊來어늘 迺屬(촉)好手影鈔一本하고 以原本還先生하니라 明年丁丑五月에 携至江甯하니 孫淵如前輩慫恿付梓라 又明年戊寅五月刻成이어늘 而淵如已歸道山하니 可痛也로다 是本爲明趙文毅刻本所自出이로되 卻有以他本改易處어늘 元和顧君千里實爲余校刊하니라 千里十四年前已見此冊하야 抉摘標擧하야 具道此槧之所以善이라 宋槧誠至寶나 得千里而益顯矣라 千里別有識誤三卷하야 出以贈余어늘 附刻書後하고 仍歸之千里하니라 昔鼒爲朱文正[7]師恭跋御製文하고 及代擬進御文하야

7) 朱文正 : 淸나라 朱筠이다. 시호가 文正公이기 때문에 일컬은 명칭이다. 乾隆 19년(1754)에 進士에 급제하였고 翰林學士를 지냈다. 博學하고 글씨에도 뛰어났다. 문하에 洪亮吉・孫星

屬邀兩朝褒賞이어늘 **文正曾以奏聞今上**하고 **退謂其子錫經**호되 **必以藁還鼒**하야 **聽入私集**하니라 **且與鼒書曰 一不可掠人之美**요 **一不可欲亂我之眞也**라하니라 **鼒老且病**이나 **然尙思假年居業**하야 **以期有以自立**이요 **不敢鷃披隼翼**하고 **鹿蒙虎皮也**하노라 **是年月陽在己巳己朏**에 **舊史氏吳鼒序**하노라

吳山尊 重刻 ≪韓非子≫ 序 : 翰林院의 선배 夏邑 사람 李書年 先生이 고서와 좋은 판본을 보관하는 일을 좋아하였는데, 宋나라 乾道刻本 ≪韓非子≫는 특히 아끼는 것이었다. 嘉慶 신미년(1811)에 선생이 우리 省의 布政使가 되어 鳳潁 지방을 순찰하여 진휼할 때 나는 後進으로서 선생이 도중의 머무는 곳에서 예를 다하여 뵙고는 이 책을 빌려주기를 청하였는데 선생은 집에 있다며 거절하였다. 또 6년이 지난 병자년(1816) 6월에 내가 揚州에 있었는데, 선생이 淮水에서 漕運을 감독할 적에 사람을 시켜 나에게 이 책을 보내주시기에, 나는 글씨를 잘 쓰는 사람에게 부탁하여 한 본을 베낀 다음 원본은 선생에게 돌려보냈다. 이듬해 정축년(1817) 5월에 식솔을 데리고 江甯에 오니 孫淵如 선배가 필사해놓은 것을 판각하라고 종용하였다. 그 이듬해 무인년(1818) 5월에 판각이 완성되었는데 손연여는 이미 세상을 떠났으니 애통하도다.

이 판본은 明나라 趙文毅(趙用賢)의 刻本 가운데 나온 것이지만 다른 판본을 가지고 고치거나 바꾼 부분이 있었는데, 元和 사람 顧千里(顧廣圻)가 실로 나를 위해 교감하여 판각하였다. 고천리는 14년 전에 이미 이 책을 읽고서 이 판본의 좋은 점을 지적하고 제시하여 모두 말하였다. 송나라 판본이 참으로 지극한 보배이나 고천리에 의해 더욱 드러나게 되었다. 고천리는 별도로 ≪韓非子識誤≫ 3권을 저술하여 나에게 내어주었기에 그것을 책 뒤에 덧붙여 판각하고 고천리에게 돌려주었다. 예전에 내가 스승인 朱文正을 위해 삼가 御製文의 발문을 짓고 또 대신 進御文을 지어 두 조정에서 연이어 포상을 받았는데, 주문정이 일찍이 今上에게 아뢰고 물러나서는 그의 아들 錫經에게 말하되, "반드시 원고를 吳鼒에게 돌려주어 그의 문집에 넣게 하도록 하여라."라고 하였다. 게다가 나에게 보낸 편지에 이르기를, "하나라도 남의 훌륭한 점을 빼앗지 말고, 하나라도 자신의 참됨을 어지럽

衍·章學誠·吳鼒 등 저명한 제자가 많이 배출되었다.

히지 말라."라고 하였다. 나는 늙고 병들었지만 오히려 더 살면서 학업을 닦아 자립할 수 있기를 생각하는 것이지, 감히 종달새가 새매의 날개를 걸치거나 사슴이 호랑이 가죽을 덮어쓰려는 것이 아니다. 이해 기사월 초삼일 다음날에 옛 사관 吳鼒는 서문을 짓는다.

〔顧千里韓非子識誤序〕予之爲韓子識誤也는 歲在乙丑이니 客於揚州太守陽城張古餘先生許라 宋槧本은 太守所借也니 與予向所得述古堂影鈔正同이라 第十四卷失第一葉일새 以影鈔者補之라 前人多稱道藏本이 其實差有長於趙用賢刻本者耳나 固遠不如宋槧也라하니라 宋槧首題에 乾道改元中元日黃三八郎印이라하니 亦頗有誤라 通而論之컨대 宋槧之誤는 由乎未嘗校改라 故誤之迹往往可尋也요 而趙刻之誤는 則由乎凡遇其不解者면 必校改之라 於是而并宋槧之所不誤者일새 方且因此以至於誤라 其宋槧之所誤는 又僅苟且遷就하야 仍歸於誤하야 而徒使可尋之迹泯焉하니 豈不惜哉리오 予讐勘數過하야 推求彌年에 旣窺得失하야 乃條列而識之하고 不可解者未敢妄說이라 庚午在里中이러니 友人王子渭爲之寫錄하야 間有所論하고 厥後攜諸行篋하야 隨加增定이라 甲戌以來로 再客揚州러니 値全椒吳山尊學士하야 知宋槧之善하야 重刊以行할새 復擧識誤附於末이라 竊惟智苶(날)學短하니 曾何足云이리오 庶後有能讀此書者 將尋其迹에 輒以不敏爲之先道也하노라 嘉慶廿一年歲在丙子秋八月에 元和顧廣圻序하노라

顧千里 ≪韓非子識誤≫ 序 : 내가 ≪韓非子識誤≫를 지은 것은 을축년(1805)이니 揚州太守인 陽城 사람 張古餘 선생의 문객으로 있을 때였다. ≪韓非子≫ 宋나라 판본은 태수가 빌려준 것인데, 예전에 내가 述古堂에 찾은 影鈔本과 똑같았다. 송나라 판본 第14卷의 第1葉이 망실되었기에 영초본으로 보충하였다. 전인들은 대부분 道藏本이 趙用賢刻本보다 실제 조금 나은 점이 있지만 본디 송나라 판본보다는 훨씬 못하다고 하였다. 송나라 판본의 首題에는 "乾道 元年 中元日(1165년 7월 15일)에 黃三八郎이 인행하다."라고 쓰여 있는데, 이 또한 자못 오류가 있다. 통틀어 말하건대, 송나라 판본의 오류는 일찍이 校改한 적이 없었던 데에서 연유

한다. 그러므로 오류의 자취를 종종 찾을 수 있고, 趙用賢刻本의 오류는 제대로 이해하지 못한 곳을 만나면 군이 校改한 데에서 연유한다. 이 때문에 송나라 판본 가운데 오류가 아닌 것들까지 함께 교개하였으므로 이로 인해 오류를 만들어내게 된 것이다. 송나라 판본의 오류라고 교개한 부분은 또 구차하고 억지로 맞추어 오류를 만들어내어, 오류를 찾아낼 수 있는 자취마저 없어지게 만들었으니 어찌 안타깝지 않은가. 내가 수차례 교감하여 해를 넘기면서 찾아내어 이미 그 득실을 보고나서 조목별로 열거하여 기록하고, 이해할 수 없는 것은 감히 함부로 말하지 않았다. 경오년(1810) 고향에 있었는데 벗 王渭가 이것을 베껴 기록하여 간간이 토론한 일이 있었고, 그 후에 行篋을 가지고 다니면서 생각나는 대로 수정을 하였다. 갑술년(1814) 이후로 다시 揚州에서 객살이 하였는데, 全椒 사람 吳山尊 學士(吳鼒)를 만나 송나라 판본이 선본이라는 것을 알아 그것을 중간하여 반포할 적에, 다시 ≪韓非子識誤≫를 책의 끝에 덧붙였다. 삼가 생각건대 지혜도 보잘 것 없고 학문도 짧으니 구슨 말을 하겠는가. 행여 훗날 이 책을 읽는 자가 장차 그 자취를 찾아낼 때 곧 불민한 나로써 先導를 삼기 바란다. 嘉慶 21년 병자년(1816) 가을 8월에 元和 顧廣圻는 서문을 짓노라.

先愼按 藏本有南北之分이라 故顧氏與盧氏所校多不合이라

내가 살펴보건대, 道藏本에는 南本과 北本의 구분이 있기 때문에 顧廣圻와 盧文弨가 교감한 것이 합치되지 않는 부분이 많다.

〔孫詒讓札迻卷七〕韓非子某氏注[①]라

① 吳鼒景宋乾道刻本이요 顧廣圻識誤校요 日本蒲阪圓增讀韓非子校요 盧文弨群書拾補校요 王念孫讀書雜志餘編校요 兪樾諸子平議校라
吳鼒가 宋나라 乾道本을 영인한 刻本, 顧廣圻의 ≪韓非子識誤≫와 교감, 日本 蒲阪圓增의 ≪讀韓非子≫와 교감, 盧文弨의 ≪群書拾補≫와 교감, 王念孫의 ≪讀書雜志餘編≫과 교감, 兪樾의 ≪諸子平議≫와 교감하였다.

孫詒讓 ≪札迻≫ 卷7 : ≪韓非子≫에 대한 某氏의 注이다.

佚文 散逸된 글

先愼案 史志載韓子五十五篇이니 與今本合하야 似無殘脫이나 而其佚文不下百餘條라 今推究其義하야 凡可補者는 悉注本文之下하고 其不能附麗者는 都爲一類하야 俾後之讀者有可考焉이라

내가 살펴보건대, 史書의 기록에 ≪韓子≫가 55편이라 기재되어 있으니, 今本과 합치되어 잔결되거나 빠진 부분이 없는 듯하지만 그 佚文이 백여 조목 이하가 되지 않는다. 지금 그 뜻을 고구하여 보충할 수 있는 부분은 모두 本文 아래에 注로 달고, 붙일 수 없는 부분은 모두 한 부류로 만들어 훗날 읽는 자로 하여금 고찰할 수 있도록 하였다.

明主之治國也는 適其時事以致財物하고 論其稅賦以均貧富하며 厚其爵祿以盡賢能하고 重其刑罰以禁姦邪하야 使民以力得富하고 以事致貴하며 以過受罪하고 以功置賞하야 而不望慈惠之賜니 此帝王之政也①라

① 群書治要卷四十引이라
≪群書治要≫ 권40에서 인용하였다.

현명한 군주가 나라를 다스리는 방법은 時事에 알맞게 財物을 축적하고 稅賦를 따져서 貧富를 균등하게 하며, 爵祿를 후하게 주어 賢能한 인재를 모두 등용하고 刑罰을 엄중히 하여 姦邪한 이들을 금지하여, 백성들이 자신의 노력으로 부유해지고 자신의 일로써 존귀해지며 잘못을 저지르면 죄를 받고 공이 있으면 상을 받아 군주의 은혜가 내려지기를 기대하지 않게 하는 것이니, 이것이 帝王의 정치이다.

解孤與邢伯柳爲怨이러니 趙簡主問於解狐曰 孰可爲上黨守오 對曰邢伯

柳可니이다 **簡主曰非子之讐乎**아 **對曰臣聞忠臣之擧賢也**에 **不避仇讐**①하고 **其廢不肖也**에 **不阿親近**이라하니이다 **簡主曰善**하다하고 **遂以爲守**하다 **邢伯柳聞之**하고 **乃見解孤謝**하니 **解孤曰擧子**는 **公也**요 **怨子**는 **私也**니 **往矣**어다 **怨子如異日**②이라하니라

① 以上又見藝文類聚卷二十二라 邢은 竝作荊이라
이상은 또 ≪藝文類聚≫ 권22에 보인다. '邢'은 모두 '荊'으로 되어 있다.

② 群書治要卷四十引이라
≪群書治要≫ 권40에서 인용하였다.

解孤는 邢伯柳와 원수지간이었는데 趙簡主가 해호에게 묻기를 "누구를 上黨의 태수로 삼을만 한가?"라고 하니, 대답하기를 "형백류가 좋습니다."라고 하였다. 簡主가 말하기를 "그대의 원수가 아닌가?"라고 하니, 대답하기를 "신이 듣건대 忠臣이 현자를 천거함에 원수를 피하지 않고 불초한 자를 버림에 가까운 사람이라도 私情을 두지 않는다고 했습니다."라고 하였다. 簡主가 "훌륭하다."라고 말하고 마침내 형백류를 태수로 삼았다. 형백류가 이 소식을 듣고 해고를 만나 사례하니, 해고는 "그대를 천거하는 것은 공적인 일이고 그대를 원수로 여기는 것은 사적인 일이니, 그만 갈지어다. 그대를 원수로 여기는 것은 전날처럼 변함이 없다."라고 말했다.

師曠鼓琴에 **有玄鶴銜明月珠在庭中舞**①라 **失珠**하니 **曠掩口而笑**②라

① 以上又見初學記卷十六注引이라
이상은 또 ≪初學記≫ 권16의 注에서 인용한 부분에 보인다.

② 北堂書鈔卷一百九引이라
≪北堂書鈔≫ 권109에서 인용하였다.

師曠이 琴을 연주하자 검은 학이 明月珠를 입에 물고 뜰 가운데 와서 춤을 추다가 명월주를 놓치니 師曠이 입을 가리고 웃었다.

孫叔敖는 **冬日黑裘**하고 **夏日葛衣**①라

① 北堂書鈔卷一百二十九引이라

≪北堂書鈔≫ 권129에서 인용하였다.

孫叔敖는 겨울에 검은 갖옷을 입고 여름에 갈포옷을 입었다.

孫叔敖相楚에 **糲飯菜羹**①과 **枯魚之膳**②이라

① 以上又見初學記卷二十六注引이라 相楚는 作爲令尹이라
이상은 또 ≪初學記≫ 권26 注에서 인용한 부분에 보인다. '相楚'는 '爲令尹'으로 되어 있다.
② 北堂書鈔卷一百四十三引이라
≪北堂書鈔≫ 권143에서 인용하였다.

孫叔敖가 楚나라 재상이 되었을 때 거친 밥과 나물국에 마른 생선 따위로 상을 차렸다.

昔齊桓公入山問父老호되 **此爲何谷**고 **答曰臣舊畜牛生犢**이어늘 **以子買駒**하니 **少年謂牛不生駒**라하고 **遂持而去**라 **傍隣謂臣愚**라하야 **遂名愚公谷**①이니이다

① 藝文類聚卷九引이라 事又見劉向說苑이라
≪藝文類聚≫ 권9에서 인용하였다. 이 일은 또 劉向의 ≪說苑≫에 보인다.

예전 齊 桓公이 산에 들어가 父老에게 묻되 "이곳은 무슨 골짜기인가?" 하였다. 父老가 대답하기를 "臣이 예전에 기른 소가 송아지를 낳았기에 그 송아지를 팔아서 망아지를 사왔는데, 젊은 사람이 소는 망아지를 낳지 못한다면서 마침내 그 망아지를 데리고 가버렸습니다. 이웃 사람들이 臣을 바보라고 불러서 드디어 愚公의 골짜기라고 이름을 지었습니다."라고 하였다.

勢者는 **君之馬也**요 **威者**는 **君之輪也**라 **勢固則輿安**이요 **威定則策勁**이니 **臣從則馬良**이요 **民和則輪利**라 **爲國有失於此**면 **覆輿奔馬**하고 **折策敗輪矣**라 **輿覆馬奔**하고 **策折輪敗**면 **載者安得不危**①리오

① 藝文類聚卷五十二引이라
≪藝文類聚≫ 권52에서 인용하였다.

권세는 군주의 말이요 위엄은 군주의 수레바퀴이다. 권세가 견고하면 수레가

안정되고 위엄이 안정되면 말채찍도 굳세니, 신하가 잘 따르면 말이 훌륭해지고 백성이 화합하면 수레바퀴가 편리해진다. 나라를 다스림에 이것을 잃으면 수레는 엎어지고 말은 달아나며 말채찍은 꺾이고 수레바퀴는 망가진다. 수레가 엎어지고 말이 달아나며 채찍이 꺾이고 수레바퀴가 망가지게 되면 수레에 타고 있는 자가 어찌 위태롭지 않겠는가.

聖人立法에 賞足以勸善이요 威足以勝暴요 備足以必完①이라

① 藝文類聚卷五十四引이라
《藝文類聚》 권54에서 인용하였다.

聖人이 法을 세움에 상을 내리면 善을 권면하게 되고, 위엄을 세우면 포악을 제어하게 되며, 대비하면 완전함을 기필하게 된다.

水激則悍이요 矢激則遠①이라

① 太平御覽卷三百五十引이라
《太平御覽》 권352에서 인용하였다.

물이 부딪쳐 흐르면 거세지고, 화살이 빠르면 멀리 날아간다.

楚王有白猿이러니 王自射之면 則搏矢而熙①라 使養由基射之하야 始調弓矯矢하니 未發而猿擁樹號矣②라

① 熙는 戲也라
'熙'는 '戲(희롱하다)'이다.

② 由基는 楚共王之臣養叔也라 調는 調張也요 矯는 直也요 擁은 抱也라 案此見太平御覽卷三百五十引이라 事類賦卷十三注引同이라 熙字作嬉戲二字요 無始字라
養由基는 楚나라 共王의 신하 養叔이다. '調'는 활에 시위를 얹는 것이요, '矯'는 화살을 직선으로 겨누는 것이요, '擁'은 나무를 안는 것이다. 살펴보건대 이것은 《太平御覽》 권350의 인용한 부분에 보인다. 《事類賦》 권13의 注에 인용한 부분과 동일하다. '熙'자는 '嬉戲' 두 자로 되어 있고, '始'자는 없다.

楚王에게 흰 원숭이가 있었는데, 楚王이 스스로 활을 쏘면 날아온 화살을 낚아

채서 가지고 놀았다. 養由基로 하여금 활을 쏘게 하여 그가 활에 시위를 얹어 똑바로 화살을 겨누면 발사하기도 전에 흰 원숭이가 나무를 안고 울었다.

天下有至貴而非勢位也요 **有至富而非金玉也**요 **有至壽而非千歲也**라 **願恕反性則貴矣**요 **適情知足則富矣**요 **明生死之分則壽矣**①라

① 太平御覽卷四百五十九引이라
《太平御覽》 권459에서 인용하였다.

천하의 지극한 존귀는 권세나 지위를 뜻하는 것이 아니요, 지극한 부유는 金玉을 뜻하는 것이 아니요, 지극한 장수는 천세를 말하는 것이 아니다. 남을 헤아리고 본성으로 돌이키는 것이 존귀함이요, 실정에 알맞게 만족할 줄 아는 것이 부유함이요, 생사의 구분을 밝게 아는 것이 장수함이다.

木鐸以聲自毁하고 **膏燭以明自爍**①[1]이라

① 太平御覽卷四百五十九引이라
《太平御覽》 권459에서 인용하였다.

木鐸은 소리를 내는 것 때문에 자신을 훼손시키고 膏燭은 불을 밝히는 것 때문에 자신을 녹인다.

魏武侯浮西河而下러니 **中流謂吳起曰 美哉**로다 **山河之固**여 **魏國之寶也**라하니 **對曰 在德**이요 **不在險**이니이다 **昔三苗氏左洞庭而右彭蠡**로되 **德義不修**하야 **而禹滅之**하고 **夏桀之居**는 **左河濟而右太華**하고 **伊闕在其南**하고 **羊腸在其北**이로되 **修政不仁**하야 **湯放之**하고 **商紂之國**은 **左孟門右太行**하고 **常山在其北**하며 **大河經其南**이로되 **修行不德**하야 **而武王滅之**니이다 **王恃險而不修德**이면 **舟中之人**이 **盡敵國也**리이다 **武侯曰善**①하다

① 太平御覽卷四百五十九引이라

---

1) 木鐸以聲自毁 膏燭以明自爍 : 《太平御覽》 권459에는 "吳鐸以聲自毁 高燭以明自鑠"으로 되어 있다.

≪太平御覽≫ 권459에서 인용하였다.

魏 武侯가 배를 타고 西河를 내려갔는데 중류에 이르러 吳起에게 말하길 "아름답구나. 山河의 험고함이여! 魏나라의 보배이다."라고 하였다. 오기가 대답하기를 "〈나라의 보배는〉 사람의 德에 달려 있지, 山河의 험고함에 달려 있지 않습니다. 옛날 三苗氏는 좌측에는 洞庭湖, 우측에는 彭蠡湖가 있었으나 德義를 닦지 않아 禹임금이 멸망시켰고, 夏桀이 있던 곳은 좌측에는 河水와 濟水, 우측에는 太華山이 있고 伊闕이 남쪽에 있고 羊腸山이 북쪽에 있었는데 정사를 펼친 것이 不仁하여 湯임금이 放伐하였고, 商紂의 나라는 좌측은 孟門山 우측은 太行山이고 常山이 북쪽에 있으며 大河가 남쪽을 흘러갔으나 행실이 부덕하여 武王이 멸망시켰습니다. 왕이 山河의 험고함을 믿고서 덕을 닦지 않으시면 배 안에 있는 사람들이 모두 적국의 사람들이 될 것입니다."라고 하였다. 武侯가 "훌륭하도다."라고 말했다.

輿人成輿면 **則願人富貴也**라 **非輿人仁**이라 **不富不貴**면 **則輿不售也**①일새라

① 太平御覽卷四百七十二引이라
≪太平御覽≫ 권472에서 인용하였다.

수레를 만드는 장인이 수레를 만들면 남들이 부귀해지기를 바란다. 이는 수레를 만드는 장인이 仁해서가 아니라 남들이 부귀하지 않으면 자기가 만든 수레가 팔리지 않기 때문이다.

加脂粉이면 **則膜母**[2)]**進御**요 **蒙不潔**이면 **則西施棄野**니 **學之爲脂粉亦厚矣**①라

① 太平御覽卷六百七引이라
≪太平御覽≫ 권607에서 인용하였다.

臙脂와 白粉을 바르면 膜母도 군주를 모실 수 있고, 더러운 것을 뒤집어쓰면 西施도 초야에 버려지니, 연지와 백분을 바르는 것을 배우는 것 또한 중요한 일이다.

---

2) 膜母 : 黃帝의 네 번째 妃의 이름으로 嫫母라고도 부른다. 어진 덕과 품행이 있었으나 모습이 추하다는 이유로 세인들의 비난과 조롱을 받았다. 흔히 醜女의 대명사로 쓰인다.

勢者는 **君之馬也**요 **威者**는 **君之策也**요 **臣者**는 **君之馬也**요 **民者**는 **君之輪也**라 **勢固則輿安**이요 **威定則策勁**이요 **臣順則馬良**이요 **人和則輪利**라 **而爲國皆失此**면 **有覆輿走馬折策敗輪矣**①리라

① 太平御覽卷六百二十引이라 與藝文類聚引文不合이라
《太平御覽》 권620에서 인용하였다. 《藝文類聚》에서 인용한 글과는 합치되지 않는다.

권세는 군주의 말이요 위엄은 군주의 말채찍이요 신하는 군주의 수레를 끄는 말이요 백성은 군주의 수레바퀴이다. 권세가 견고하면 수레가 안정되고 위엄이 안정되면 말채찍도 굳세어지고 신하가 잘 따르면 말이 훌륭해지고 백성이 화합하면 수레바퀴가 편리해진다. 나라를 다스림에 이것을 모두 잃으면 수레는 엎어지고 말은 달아나며 말채찍은 꺾이고 수레바퀴는 망가진다.

爲人君者猶壺也요 **民亦水也**니 **壺方水方**이요 **壺圓水圓**①이라

① 外儲說에 壺作盂라 太平御覽卷六百二十引이라
〈外儲說〉에는 '壺'자가 '盂'로 되어 있다. 《太平御覽》 권620에서 인용하였다.

군주는 병과 같고 백성은 또한 병에 담긴 물이니, 병이 네모지면 물도 네모지고 병이 둥글면 물도 둥글다.

孫叔敖相楚에 **衣羖羊裘**①라

① 太平御覽卷六百九十四引이라
《太平御覽》 권694에서 인용하였다.

孫叔敖가 楚나라 재상이 되었을 때 羖羊(검은색 양)의 가죽으로 만든 갖옷을 입었다.

公儀休相魯에 **其妻織布**어늘 **休曰 汝豈與世人爭利哉**아하고 **遂燔其機**①라

① 太平御覽卷八百二十引이라
《太平御覽》 권820에서 인용하였다.

公儀休가 魯나라 재상이 되었을 때 그의 妻가 길쌈을 하였는데 公儀休가 말하

길, "그대는 어째서 세상 사람들과 이익을 다투는가."라고 하고 마침내 베틀을 불태워버렸다.

舜耕於歷山에 **農者讓畔**하고 **漁於河濱**에 **漁者讓澤**①이라

① 太平御覽卷四百二十四이라 又八百十二引호되 歷山農侵畔이러니 舜往耕에 其年讓畔이라하니라
≪太平御覽≫ 권424에 보인다. 또 권812에서 인용하면서 "歷山의 농민들은 서로 밭두둑을 침범하였는데, 舜임금이 가서 농사를 짓자 그 해에 밭두둑을 서로 양보하였다."라고 하였다.

舜임금이 歷山에서 농사를 지을 때 농부들이 밭두둑을 양보하였고, 河水 가에서 물고기를 잡을 때 어부들이 雷澤을 양보하였다.

物有所宜요 **才有所施**니 **各處其宜**라 **故上下無爲**①니라

① 意林卷一引이라
≪意林≫ 권1에서 인용하였다.

사물은 제각기 알맞은 성질이 있고 재능도 다 쓰일 데가 있으니, 〈사람을〉 제각기 알맞은 곳에 두어야 한다. 〈그렇게 하면〉 그 때문에 군주와 신하가 作爲를 하지 않게 된다.

愛人에 **不得獨利**하고 **待譽而後利之**하며 **憎人**에 **不得獨害**하고 **待非而後害之**①니라

① 意林卷一引이라
≪意林≫ 권1에서 인용하였다.

사랑하는 사람에게 독단적으로 이익을 주지 못하고 측근들의 칭찬을 기다린 뒤에 이익을 주며, 미워하는 사람에게 독단적으로 해로움을 주지 못하고 측근들의 비난을 기다린 뒤에 해로움을 준다.

不蔽人之美하고 **不言人之惡**①이라

① 意林卷一引이라

≪意林≫ 권1에서 인용하였다.

남의 훌륭한 점은 가리지 않고, 남의 악한 일은 말하지 않는다.

韓非子序① ≪韓非子≫의 서문

① ○先愼曰 此全鈔史記列傳하니 不得爲序라
○王先愼 : 이것은 ≪史記≫ 〈韓非列傳〉의 내용을 전부 기록하였으니, 서문은 아니다.

韓非者는 韓之諸公子也라 喜刑名法術之學하야 而歸其本於黃老①라 非爲人吃口②하야 不能道說③이나 善著書라 與李斯俱事荀卿이러니 李斯自以爲不如하니라 非見韓之削弱하고 數以書干韓王④호되 韓王不能用이라 於是韓非疾治國에 不務⑤求人任賢하고 反擧浮淫之蠹하야 而加之功實之上이라 以爲儒者用文亂法하고 而俠者以武犯禁하니 寬則寵名譽之人하고 急則用介胄之士하야 所用非所養이요 所養非所用⑥이라 悲廉直不容於邪枉臣⑦하고 觀往者得失之變이라 故作孤憤五蠹內外儲⑧說難五十五篇十餘萬言⑨하니라

① ○先愼曰 史記에 作而其歸本於黃老라
○王先愼 : ≪史記≫에 '而其歸本於黃老'라 되어 있다.

② ○先愼日 史記에 作非爲人口吃이라
○王先愼 : ≪史記≫에 '非爲人口吃'이라 되어 있다.

③ ○先愼曰 史記에 有而字라
○王先愼 : ≪史記≫에 '而'자가 있다.

④ ○先愼曰 史記에 干作諫이라 索隱에 韓王은 安也라하니라
○王先愼 : ≪史記≫에 '干'자가 '諫'으로 되어 있다. ≪史記索隱≫에 韓王은 韓安이라고 하였다.

⑤ ○先愼曰 史記에 不務下有脩明其法制 執勢以御其臣下 富國彊兵 而以 十九字라
○王先愼 : ≪史記≫에 '不務' 아래에 '脩明其法制 執勢以御其臣下 富國彊兵 而以(법제를 정비하고 권세를 장악하여 신하를 통제하며 부국강병하게 하다.)' 19자가 있다.

⑥ ○先愼曰 史記에 二句互易하고 上有今者二字라
○王先愼 : ≪史記≫에 2句가 바뀌어있고, 위에 '今者' 2자가 있다.

⑦ ○先愼曰 史記에 臣上有之字라

○王先愼 : ≪史記≫에 '臣'자 위에 '之'자가 있다.

⑧ ○先愼曰 史記에 有說林二字라

○王先愼 : ≪史記≫에 '說林' 2자가 있다.

⑨ ○先愼曰 史記에 無五十五篇四字라 按初見秦存韓二篇은 係後人彙集하고 飾令一篇은 全載商君書하고 姦劫弑臣厲憐王은 國策以爲荀子書하고 韓詩外傳同하니 以五十五篇爲非自作은 誤라 史記에 此下全載說難篇이라

○王先愼 : ≪史記≫에 '五十五篇' 4자가 없다. 살펴보건대 〈初見秦〉과 〈存韓〉 2편은 後人의 彙集에 묶여져 있고, 〈飾令〉 1편은 모두 ≪商君書≫에 실려 있고, 〈姦劫弑臣〉의 '문둥이가 왕을 가엾게 여긴다.〔厲憐王〕'의 내용은 ≪戰國策≫에서는 荀子의 글로 보았으며 ≪韓詩外傳≫도 마찬가지이니, 55편을 韓非가 직접 지었다는 것은 잘못이다. ≪史記≫에 이 아래에 〈說難〉편을 모두 실어놓았다.

韓非는 韓나라의 여러 公子 가운데 한 사람이다. 刑名과 法術의 학설을 좋아하였으며 그 학설의 근본은 黃老 사상에 귀결되었다. 한비는 천성적으로 말더듬이여서 언변에는 능하지 못했지만 저술은 잘하였다. 李斯와 함께 荀卿에게 수학하였는데 이사는 자신이 한비보다 못하다고 여겼다. 한비는 한나라가 영토가 줄고 국력이 약해지는 것을 보고 자주 상서하여 韓王에게 간언하였으나 韓王은 받아들이지 않았다. 이에 한비는 나라를 다스림에 어진 인재를 등용하는 데 힘쓰지 않고, 도리어 사특한 소인배들을 등용하여 실제 공적이 있는 자보다 높은 자리를 주는 것을 병통으로 여겼다. 그래서 유학자는 경전이나 예법으로 법도를 어지럽히고 俠客은 무력으로 나라의 금령을 어기며, 나라가 편안할 때는 명성을 좇는 유학자를 총애하고 나라가 위급할 때는 갑옷을 입고 투구를 쓴 협객을 등용하니, 적임자는 녹봉을 주어 기르지 않고 실제 녹봉을 주어 기르는 자는 적임자가 아니라고 생각하였다. 청렴하고 강직한 사람이 사악한 신하에게 용납되지 못하는 것을 슬퍼하고 지난 역사 속에서 일어났던 득실의 변화를 살피게 되었다. 그러므로 〈孤憤〉, 〈五蠹〉, 〈內儲說〉, 〈外儲說〉, 〈說難〉 등 55편 10여만 자의 글을 지었다.

人或傳其書至秦하니 **秦王見孤憤五蠹之書**하고 **曰 嗟乎**라 **寡人得見此人與之游**면 **死不恨矣**로다 **李斯曰 此韓非之所著書**①니이다 **秦因急攻韓**한대 **韓始不用**②이라가 **及急**하야 **乃遣韓非使秦**③하다 **秦王悅之**나 **未任用**④이러니 **李斯害之**⑤ **秦**

王하야 曰[⑥] 非는 韓之諸公子也니이다 今欲幷諸侯어늘 非終爲韓不爲秦하리니 此人情也[⑦]니이다 今王不用하고 久留而歸之면 此自遺患也니 不如過法誅之[⑧]니이다 秦王以爲然하야 下吏治非하다 李斯使人遺藥하야 令早自殺[⑨]하다 韓非欲自陳이나 不見[⑩]하다 秦王後悔하야 使人赦之나 非已死矣라 乾道改元中元日黃三八郎印하다

① ○先愼曰 史記에 有也字라
○王先愼 : ≪史記≫에 '也'자가 있다.
② ○先愼曰 史記에 下韓字下有王字요 用下有非字라
○王先愼 : ≪史記≫에 아래 '韓'자의 아래에 '王'자가 있고 '用'자 아래에 '非'자가 있다.
③ ○先愼曰 史記에 無韓字라
○王先愼 : ≪史記≫에 '韓'자가 없다.
④ ○先愼曰 史記에 任作信이라
○王先愼 : ≪史記≫에 '任'자가 '信'으로 되어 있다.
⑤ ○先愼曰 史記에 李斯下有姚賈二字라
○王先愼 : ≪史記≫에 '李斯' 아래에 '姚賈' 2자가 있다.
⑥ ○先愼曰 史記에 秦王作毁之요 曰下有韓字라
○王先愼 : ≪史記≫에 '秦王'이 '毁之'로 되어 있고, '曰'자 아래에 '韓'자가 있다.
⑦ ○先愼曰 史記에 人下有之字라
○王先愼 : ≪史記≫에 '人'자 아래에 '之'자가 있다.
⑧ ○先愼曰 史記에 如下有以字라
○王先愼 : ≪史記≫에 '如'자 아래에 '以'자가 있다.
⑨ ○先愼曰 史記에 遺下有非字요 令作使요 無早字라
○王先愼 : ≪史記≫에 '遺'자 아래에 '非'자가 있고 '令'자는 '使'로 되어 있고 '早'자는 없다.
⑩ ○先愼曰 史記에 見上有得字라
○王先愼 : ≪史記≫에 '見'자 위에 '得'자가 있다.

어떤 사람이 韓非의 저서를 秦나라에 가지고 가니 秦王(훗날 秦始皇)이 〈孤憤〉과 〈五蠹〉의 글을 보고 말하기를 "아! 과인이 이 사람을 만나 종유할 수 있다면 죽어도 여한이 없겠다."라고 하니, 李斯가 말하길 "이것은 한비가 저술한 책입니다."라고 하였다. 진나라가 이 때문에 서둘러 한나라를 공격하자 한나라가 처음에는 한비를 등용하지 않았다가 위급한 상황에 닥쳤을 때 비로소 한비를 진나라에 사신으로 파견하였다. 진왕은 기뻐했으나 그를 임용하지 않았는데 이사가 한비를 해치려고 진왕에게 헐뜯어 말하기를 "한비는 한나라의 公子입니다. 지금 제후국들을

병합하려고 하는데 〈한비를 임용하면〉 한비는 끝내 한나라를 위하지 진나라를 위하지 않을 것이니, 이는 인지상정입니다. 지금 왕께서 그를 임용하지 않고 오랫동안 머물러두었다가 돌려보낸다면 이는 스스로 후환을 남기는 것이니, 법을 어긴 것을 핑계로 그를 죽이는 것만 못합니다. 진왕은 이사의 말이 옳다고 여겨 獄吏에게 넘겨 한비의 죄를 처리하게 하였다. 이사는 사람을 시켜 한비에게 사약을 보내 그가 일찌감치 자살하도록 하였다. 한비는 스스로 진왕에게 진언하고자 했으나 만나지 못하였다. 진왕은 후회하여 사람을 시켜 한비를 사면하려고 했지만 한비는 이미 죽은 뒤였다.

乾道 改元 中元日(1165년 7월 15일)에 黃三八郎이 인행하다.

第一 初見秦篇 제1편 처음 秦나라 왕을 알현하다

秦나라 왕에게 合從을 깨뜨리고 霸業을 이루는 策略을 진술한 말을 기록하였는데, 모두 다섯 단락으르 되어 있다. 첫째 자기의 忠心을 다해 알고 있는 바를 모두 진술하겠다는 내용이다. 둘째 山東 六國의 合從은 스스로 멸망을 초래하기에 충분하고, 진나라 백성이 죽음을 돌보지 않고 힘을 다해 싸우는 점은 패업을 이룰 수 있다고 강조하였다. 셋째 진나라가 霸王이 될 수 있는 기회를 낱낱이 들어 진나라 謀臣의 不忠을 論證하였다. 넷째 長平의 전쟁에서 당연히 망해야 할 趙나라가 망하지 않고, 당연히 패업을 이루어야 할 진나라가 패업을 이루지 못하여 천하 제후들의 합종을 이루는 계기가 되었다고 말하였다. 다섯째 현재 진나라의 情勢는 합당한 謀略을 쓰면 천하를 兼倂할 수 있으니, 합종을 깨뜨리고 패업을 이루는 책략을 써야 한다고 진술한 내용으로 되어 있다.

○顧廣圻[1]曰 戰國策[2]에 作張儀[3]說(세)라하야늘 高誘[4]注에 秦惠王也라 吳師道補

---

*) 본서는 王先愼의 ≪韓非子集解≫에 수록된 諸家의 설을 번역하였으나, 原文의 번역은 왕선신의 견해를 適用하지 않고 역자의 판단에 따라 번역하였음을 밝혀둔다.

1) 顧廣圻 : 1770~1835. 淸나라의 유명한 校勘學者이자 藏書家이다. ≪說文解字≫ · ≪禮記≫ · ≪儀禮≫ · ≪國語≫ · ≪戰國策≫ · ≪文選≫ 등 많은 서적을 교감하여 乾隆 嘉慶 연간에 盧文弨와 함께 최고로 일컬어졌다.

2) 戰國策 : ≪戰國策≫의 〈秦策〉을 말한다. 아래의 ≪전국책≫은 모두 같다. ≪전국책≫은 戰國時代의 국가별로 엮은 역사책의 하나로, ≪國策≫이라고도 한다. 이 책에 수록된 나라는 西周 · 東周와 秦 · 齊 · 楚 · 趙 · 魏 · 韓 · 燕 · 宋 · 衛 · 中山 등 12개국으로, 약 240년간에 일어난 各國의 일을 기록하였다. 記事를 戰國 초기에서 시작하여 秦나라가 六國을 멸망시킨 데에서 마쳤다. 모두 12策, 33卷으로 나누어 497篇을 실었는데, 記述한 내용은 주로 戰國時期의 遊說家들이 주장한 정치와 策略에 관한 것이다. 西漢의 劉向이 33篇으로 편성하였고, 書名도 유향이 정했다고 한다. 宋나라 때에 이미 殘缺되었는데, 曾鞏이 補訂하였다. 주석서로는 後漢의 高誘의 注가 있었으나 지금은 잔결되었고, 송나라의 鮑彪가 지은 新注가 있고 元나라의 吳師道가 지은 ≪戰國策校注≫가 있다.

3) 張儀 : 전국시대 縱橫家의 한 사람이다. 魏나라 사람으로 蘇秦과 함께 鬼谷子에게 수학하였다. 秦 惠王에게 소진의 合從說에 반대하여 連衡說을 주장하며 列國 諸侯가 秦나라를 섬겨야 한다고 건의하여 재상이 되었으나, 진 혜왕이 죽은 뒤 여러 신하의 참소로 실현되지 못하였

注[5)]에 云 張儀誤니 當作韓非라 非以韓王安五年使秦하니 始皇十三年이라하니 今案 吳依此 是也라 先愼[6)]曰 史記秦本紀六國表[7)]에 竝以韓非使秦이 在始皇十四年하고 韓世家에 屬之王安五年이라 案秦攻韓을 紀表未書라 始皇十三年에 用兵於趙하야 十四年에 定平陽武城宜安하고 而後從事於韓하니 則非之使秦은 當在韓王安六年이니 紀表爲是라 吳師道以非爲韓王安五年使秦은 據世家言之니 不知作五年者는 史駁文也라 又案 趙本[8)]篇目은 頂格[9)]이요 下同하니 不復出이라

○顧廣圻 : ≪戰國策≫에 張儀의 遊說로 되어 있는데, 高誘의 注에 "秦 惠王에게 유세한 것이다."라고 하였다. 吳師道의 ≪戰國策補注≫에 말하기를, "장의라고 한 것은 잘못이다. 韓非가 되어야 마땅하다. 한비가 韓 安王 5년에 秦나라에 사신을 갔으니, 이때는 始皇 13년(B.C. 234)이다."라고 하였다. 지금 내가 살펴보건대, 오사도가 여기에 의거하여 말했으니, 옳다.

王先愼 : ≪史記≫ 〈秦本紀〉와 〈六國表〉에는 모두 한비가 진나라에 사신을 간 일이 시황 14년(B.C. 233)에 있고, 〈韓世家〉에는 안왕 5년(B.C. 234)에 달아놓았다. 살펴보건대, 秦나라가 韓나라를 공격한 일을 〈진본기〉와 〈육국표〉에는 기록하지 않았다. 시황 13년에 趙나라와 전쟁하여, 14년에 平陽·武城·宜安을 평정하고 난 뒤에 韓나라와 전쟁하였다. 그렇다면 한비가 진나라에 사신을 간 것은 당연히 한 안왕 6년일 것이니, 〈진

다. 뒤에 위나라에 돌아와 재상이 되었다.

4) 高誘 : 後漢 涿郡 涿縣(지금의 河北省 涿州市) 사람이다. 젊었을 때 같은 縣의 盧植에게 배웠다. 著書에 ≪孟子章句≫(현재 佚失됨)·≪孝經注≫(현재 佚失됨)·≪戰國策注≫(현재 殘存)·≪淮南子注≫(현재 許愼注와 섞여 있음)·≪呂氏春秋注≫ 등이 있다.

5) 吳師道補注 : 吳師道(1283~1344)는 元나라 婺州 蘭溪 사람으로 자는 正傳이다. 詞章에 뛰어났다. 英宗 至治 원년(1321)에 進士가 되고, 高郵縣丞에 올랐다. 寧國路錄事·建德縣尹·國子博士·禮部郎中을 역임하였다. 젊어서 眞德秀의 저서를 읽고 義理之學에 마음을 정하였고, 許謙에게 수학했다. 저서에 ≪禮部集≫·≪敬鄕錄≫·≪戰國策校注≫·≪吳禮部詩話≫·≪吳正傳文集≫ 등이 있다. 補注는 그가 지은 ≪戰國策補注≫를 말한다.

6) 先愼 : ≪韓非子集解≫를 편찬한 王先愼이다. 湖北省 長沙 사람으로 王先謙의 從弟이다.

7) 六國表 : ≪史記≫의 〈六國年表〉를 말한다. 六國은 전국시대의 魏·韓·趙·楚·燕·齊이다. 周 元王(B.C. 476)에 시작하여 秦 二世까지 모두 270년(B.C. 207)간의 周·秦과 함께 山東 여섯 諸侯國의 일을 정리하여 표한 年表이다.

8) 趙本 : 明나라 趙用賢 刻本의 약칭이다.

9) 頂格 : 문서나 원고의 단락을 편집할 때 題目이나 篇目의 글자를 띄우지 않고 상단에 붙여서 배치하는 것을 말한다.

본기〉와 〈육국표〉의 기록이 옳다. 오사도가 한비가 한 안왕 5년에 진나라에 사신을 갔다고 한 것은 〈한세가〉에 의거하여 말한 것이니, 5년이라고 한 것은 歷史書의 서로 배치되는 문장인 줄 모른 것이다. 또 살펴보건대, 趙本의 篇目은 頂格으로 되어 있고 아래도 같으니 다시 말하지 않는다.

1-1 臣聞不知而言이면 不智요 知而不言이면 不忠이라하니

신은 듣건대, 알지 못하면서 말하면 지혜롭지 못하고, 알면서 말하지 않으면 충성스럽지 못하다 하였습니다.

○先愼曰 秦策은 言下에 竝有爲字라

○王先愼 : ≪戰國策≫ 〈秦策〉은 '言' 아래에 모두 '爲'자가 있다.

1-2 爲人臣하야 不忠이면 當死요 言而不當도 亦當死니이다

남의 신하가 되어서 충성스럽지 못하면 당연히 죽음에 처해야 되고, 말을 하였으나 합당하지 않으면 그도 당연히 죽음에 처해야 됩니다.

○盧文弨[10)]曰 言而不當은 策作言不審이라

○盧文弨 : '言而不當'은 ≪戰國策≫ 〈秦策〉에 '言不審'으로 되어 있다.

1-3 雖然이나 臣願悉言所聞하노니 唯大王은 裁其罪하소서

그렇지만 신은 들어서 알고 있는 바를 다 말씀드리기를 원하오니, 오직 대왕께서 저의 죄를 헤아려 판정하십시오.

○先愼曰 爾雅에 裁는 度(탁)也라하니라 罪는 卽指上言而不當 亦當死而言이라 國策

---

10) 盧文弨 : 1717~1795. 淸나라의 유명한 校勘學者이며 藏書家이다. 학문을 좋아하여 戴震·段玉裁 등과 친하였으며, 漢字에 전념하여 古籍의 校勘으로 크게 이름이 알려졌다. 그가 교감한 고적으로 ≪逸周書≫·≪孟子音義≫·≪荀子≫·≪呂氏春秋≫·≪賈誼新書≫·≪韓詩外傳≫·≪春秋繁露≫·≪方言≫·≪白虎通≫ 등의 수많은 책이 있고, 著書에 ≪抱經堂集≫·≪禮儀注疏詳校≫·≪鍾山箚記≫·≪龍城箚記≫·≪廣雅釋天以下注≫ 등이 있다.

高誘注에 訓裁爲制는 失其義라

○王先愼 : ≪爾雅≫에 "'裁'는 '度(헤아리다)'이다."라 하였다. '罪'는 곧 위의 '言而不當亦當死(말을 하였으나 합당하지 않으면 그도 당연히 죽임에 처해야 한다.)'를 가리켜 한 말이다. ≪戰國策≫ 〈秦策〉 高誘의 注에 '裁'를 '制(억제하다)'로 풀이하였는데, 그 뜻을 잘못 해석하였다.

1-4 臣聞天下陰燕陽魏[11)]하고

신은 듣건대, 天下의 形勢는 〈趙나라가〉 북쪽의 燕나라와 남쪽의 魏나라와 友好를 맺고,

燕北이라 故曰陰이요 魏南이라 故陽이라 ○先愼曰 高注에 陰小陽大라 案舊注[12)]是요 高注非也라 此不過擧關東地形而言이니 燕在陰하고 魏在陽耳라 周禮柞氏疏에 引爾雅山南曰陽이요 山北曰陰하니 陰陽은 隨山水所指요 無庸取大小爲說이라

舊注 : 燕나라는 북쪽에 있기 때문에 '陰'이라 하였고, 魏나라는 남쪽에 있기 때문에 '陽'이라 하였다.

○王先愼 : 高誘의 注에 "'陰'은 작은 것이고, '陽'은 큰 것이다." 하였다. 살펴보건대, 舊注가 옳고 고유의 주가 틀렸다. 이것은 函谷關 동쪽 지형을 들어서 燕나라는 북쪽에, 魏나라는 남쪽에 있음을 말한 것에 불과하다. ≪周禮≫ 〈柞氏〉의 疏에 ≪爾雅≫를 인용하여 "산의 남쪽을 '陽', 산의 북쪽을 '陰'이라 한다." 하였는데, 음과 양은 산과 물을 따라 그 위치를 가리킨 것이지, 크고 작다는 뜻을 취하여 말한 것은 아니다.

1-5 連荊[13)]固齊하며 收韓而成從하야

楚나라와 연합하며 齊나라와 결속하고, 韓나라를 포섭하여 合從의 맹약을 맺어

---

11) 天下陰燕陽魏 : 당시는 戰國時代로, 周 顯王 36년(B.C. 333)에 蘇秦이 齊·楚·燕·韓·趙·魏의 六國에 合從을 맺어 秦나라를 막아내자고 遊說하였다. 이에 조나라가 從約의 長이 되어 육국이 합종하였으므로 조나라를 중심에 놓고 번역하였다.

12) 舊注 : 唐나라 翰林學士를 지낸 李瓚의 注이다. 이찬은 李宗閔의 아들로, ≪舊唐書≫ 권176에 "大中(847~859) 연간에 進士에 급제하여……한림학사를 역임하였다."라 하였다. ≪新唐書≫ 권174와 ≪唐語林≫ 권6에도 보인다.

13) 荊 : 楚나라의 옛 이름이다.

○盧文弨曰 策에 作收餘韓成從이라

○盧文弨 : ≪戰國策≫ 〈秦策〉에는 '收餘韓成從'으로 되어 있다.

1-6 將西面以與秦强爲難하니

서쪽을 향해 억지로 秦나라와 맞서려고 한다 하니,

○盧文弨曰 策無强字라 此倒하니 當作强秦이라 先愼曰 盧說非니 强音其兩切[14)]이라

○盧文弨 : ≪戰國策≫ 〈秦策〉에는 '强'자가 없다. 여기서는 도치되었으니 당연히 '强秦(강한 秦나라)'이 되어야 한다.

王先愼 : 盧文弨의 설은 틀렸으니, '强(억지로)'은 音이 其와 兩의 半切이다.

1-7 臣竊笑之하노이다 世有三亡이어늘 而天下得之하니

臣은 삼가 이를 비웃고 있습니다. 세상에는 나라를 망하게 하는 세 가지 요인이 있는데, 天下의 여섯 나라가 이것들을 고스란히 갖추고 있으니,

知三亡者 得天下라 ○盧文弨曰 天下得亡之形也니 舊注는 謬甚이라 宋本에 三亡이 作二亡하고 注同이라 吳師道國策補注에도 亦云 韓子作二라하니라 顧廣圻曰 策作三하고 末多以逆功順者亡一句라 或此脫이라 張文虎[15)]曰 三亡은 卽下所云 以亂功治者亡 以邪攻正者亡 以逆功順者亡① 三端也라 天下二字는 承上臣聞天下來니

---

14) 强音其兩切 : 强字의 뜻을 半切의 방식으로 밝힌 것이다. 반절은 한자의 音을 나타낼 때 다른 두 한자의 음을 반씩 따서 합치는 방법이다. 예를 들면 '焉'의 음은 '於'의 초성인 'ㅇ'과 '虔'의 중성 및 종성인 'ㅓ, ㄴ'을 합친 '언'이 되는 방식이다. '反'이나 '切'을 쓰는데, 反語·反音이라고도 한다. 한 글자가 聲調에 따라 여러 뜻으로 나뉠 때 성조를 쓰기도 하고 반절법을 써서 해당 글자의 뜻을 명확하게 제시한다. 여기서 强의 音이 其와 兩의 半切이면 '억지로'의 뜻으로 번역하였다.

15) 張文虎 : 1808~1885. 淸나라의 經學家·校勘學者이다. 그가 교감한 책으로는 ≪守山閣叢書≫ 18種과 ≪續藝海珠塵≫·≪千癸集≫·≪小萬卷樓叢書≫ 등이 있고, 저서에 ≪舒藝室雜著≫·≪鼠壤餘蔬≫·≪周初朔望考≫·≪懷舊雜記≫·≪索笑詞≫·≪舒藝室隨筆≫·≪古今樂律考≫·≪春秋朔閏考≫·≪駁義餘編≫·≪湖樓校書記≫와 ≪詩存·詩續存·尺牘偶存≫·≪史記及三家注校勘箚記≫ 등이 있다.

謂天下之攻秦者 犯此三亡也라 先愼曰 吳據誤本引作二요 盧說宋本은 即指吳所引而言이라 乾道本[16)]作三하고 張榜本[17)]趙本竝同하니 不當作二라 顧張說是라

① 今本脫하야 依秦策이라

今本에는 〈'以逆功順者亡'이〉 탈락되어 ≪戰國策≫ 〈秦策〉에 의거하여 보충하였다.

舊注 : 세 가지 망할 요인을 아는 자가 천하를 얻는다는 말이다.

○盧文弨 : 천하 육국이 망하게 될 형세를 말한 것이니, 舊注는 틀린 것이 심하다. 宋本에는 '三亡'이 '二亡'으로 되어 있고, 注도 동일하다. 吳師道의 ≪戰國策補注≫에도 "≪韓非子≫에 '二'로 되어 있다."라 하였다.

顧廣圻 : ≪戰國策≫ 〈秦策〉에는 '三'으로 되어 있고, 끝 부분에 '以逆攻順者亡'이라는 한 구절이 더 있다. 어떤 本에는 이 구절이 탈락되었다.

張文虎 : '三亡'은 곧 아래에서 말한 '以亂功治者亡', '以邪攻正者亡', '以逆功順者亡'이라는 세 가지 요인이다. '天下' 두 글자는 위의 '臣聞天下'를 이어받아 한 말이니, 천하의 육국이 秦을 공격하는 것은 이 세 가지 망할 요인을 범하는 것임을 이른 것이다.

王先愼 : 吳師道는 잘못된 판본에 근거하여 '二'라고 한 것이고, 盧文弨가 말한 宋本은 바로 오사도가 인용한 판본을 가리켜 말한 것이다. 乾道本은 '三'으로 되어 있고, 張榜本과 趙本도 동일하니, '二'가 되어서는 안 된다. 顧廣圻과 張文虎의 설이 옳다.

1-8 其此之謂乎인저 臣聞之호니 曰以亂攻治者亡이요 以邪攻正者亡이요 以逆攻順者亡이라호이다

바로 이 경우를 두고 한 말일 것입니다. 신은 들으니, "어지러운 나라가 잘 다스려지는 나라를 공격하면 망하고, 사악한 나라가 올바른 나라를 공격하면 망하고, 이치를 거스르는 나라가 이치를 따르는 나라를 공격하면 망한다."고 하였습니다.

○先愼曰 乾道本에 無以逆功順者亡句하고 張榜本에 有하야 與策合하니 是也라 上言三亡하니 此不當少一句라 御覽三百十八의 引有以逆功順者亡六字하니 是宋人所見本不脫일새 今據補하노라

---

16) 乾道本 : 南宋 乾道 연간(1165~1173)에 출간된 黃三八郎本을 말한다. ≪韓非子≫ 刻本 중에 가장 善本으로 일컬어진다.

17) 張榜本 : 明나라 張榜의 刻本이다.

○王先愼 : 乾道本에는 '以逆功順者亡'이라는 구절이 없고 張榜本에는 있어서 ≪戰國策≫〈秦策〉과 부합하니 이것이 옳다. 위에서 '三亡'이라고 말하였으니, 여기서 이 한 구절이 적어서는 안 된다. ≪太平御覽≫ 권318의 인용한 글에 '以逆功順者亡'의 여섯 자가 있으니, 宋人이 보았던 판본은 이 구가 탈락되지 않았기 때문에 지금 이에 의거하여 보충하였다.

1-9 今天下之府庫不盈하고 囷(균)倉空虛어늘 悉其士民하야 張軍數十百萬하니이다

지금 天下 여섯 나라의 창고는 채워지지 않았고 곳간은 텅 비어 있는데 士民을 모두 동원하여 군대가 수십만에서 백만이라고 떠벌리고 있습니다.

○先愼曰 策에 作張軍數千百萬하고 姚本[18]云 曾作張軍聲이라 案有聲字者是也라 此奪十字當從策作千이니 虛張其軍하야 號稱數千百萬耳라 下云 秦師數十百萬이라하니 則天下之士民이 應不止此어든 況自張其聲乎아 十字는 涉下而誤라

○王先愼 : ≪戰國策≫〈秦策〉에는 '張軍數千百萬'으로 되어 있고, 姚本에는 "曾鞏의 本에 '張軍聲'으로 되어 있다."라고 하였다. 살펴보건대, '聲'자가 있는 것이 옳다. 여기서는 '十'자를 빼고 응당 ≪戰國策≫〈秦策〉을 좇아 '千'이 되어야 하니, 거짓으로 군대를 과장하여 數千百萬이라 일컬은 것뿐이다. 아래에 '秦師數十百萬(秦나라 군대가 수십만에서 백만이다.)'이라 하였으니, 그렇다면 천하의 士民의 수가 응당 여기에 그치지 않을 것인데, 하물며 그 聲勢를 스스로 과장하는 경우이겠는가. '十'자는 아래 글과 연계되어 틀린 것이다.

1-10 其頓首戴羽爲將軍하야 斷死於前이 不至千人[19]하야 皆以言死하니이다

---

18) 姚本 : 宋나라 姚宏이 지은 ≪戰國策續注≫本을 말한다. 요굉은 浙江省 剡川 사람으로, 徽宗 宣和 연간(1119~1125)에 太學生이 되고 高宗 建炎 연간(1127~1130)에 刪定官이 되었다. 뒤에 秦檜와의 宿怨 때문에 옥중에서 죽었다.

19) 頓首戴羽……不至千人 : '頓首'를 尹東陽은 "절할 때 머리를 땅에 닿는 것이 돈수이니, 이를 차용하여 땅에 엎드려 명령을 듣는다는 말로 썼다." 하였고, 陳奇猷의 ≪韓非子新校注≫에는 "頓은 정리함이니, '整首戴羽'는 옛사람은 長髮이어서 머리에 새의 깃을 꽂기 위해서는 먼저 머리칼을 매만져 정리해야 한다."라 하였다. '斷死'를 高亨은 "'斷'은 '必'과 같으니 難에 달려가 반드시 죽기로 맹세하는 것이 '斷死'다."라 하였다. 고형은 또 "'至'는 '止'이니 '군대가 수십만에서 백만이다.'라고 떠벌렸다면 장군이 된 자는 반드시 천 명을 넘었을 것이기 때문에

그러나 머리칼을 정리하여 깃을 꽂은 장군이 되어 죽기를 각오하고 전진하는 자가 천 명에 그치지 않아 모두 죽기로 싸우겠다 말합니다.

○盧文弨曰 策에 無此下二十字라 頓은 國策補注[20]에 引作頡하고 說文에 頡은 直項也라하니 頓字는 無理라 孫詒讓曰 頓首는 疑作頓足이니 下文頓足徒裼 犯白刃 蹈鑪炭 斷死於前者 皆是也 正與此文相應하니 是其證이라 王先謙[21]曰 文選羽獵賦에 賁育[22]之倫이 蒙盾負羽라하고 後漢賈復傳에 被羽先登이라하니 謂繫鳥羽爲標識(지)也라 戴는 與負被로 其義一耳라 千은 當爲干이니 形近致誤라 干은 犯也니 不至干人皆以言死는 謂未至犯敵人時에 皆言必死라 先愼曰 頓首는 當依策注作頡首니 猶言抗首也라 頓足亦通이나 然與戴羽로 文義不貫이라

○盧文弨 : ≪戰國策≫ 〈秦策〉에는 이 아래의 20字가 없다. '頓'은 ≪戰國策補注≫에 인용한 글이 '頡'로 되어 있고, ≪說文解字≫에 "'頡'은 목을 곧게 세움이다." 하였으니, '頓' 자는 意義가 없다.

孫詒讓 : '頓首'는 아마도 '頓足'이 되어야 될 듯하니, 아래 '頓足徒裼 犯白刃 蹈鑪炭 斷死於前者 皆是也'의 문장이 바로 이 문장과 상응하니, 이것이 그 증거이다.

王先謙 : ≪文選≫ 〈羽獵賦〉에 "孟賁과 夏育의 무리가 방패를 머리에 덮고 깃털을 등에 꽂았다."라 하였고, ≪後漢書≫ 〈賈復傳〉에 "깃털로 만든 깃발을 등에 꽂고 먼저 城에 올랐다." 하였으니, 새의 깃털을 꽂아 標識로 삼은 것을 이른다. '戴'는 負・被와 같은 뜻이다. '千'은 응당 '干'이 되어야 하니, 글자의 모양이 비슷하여 틀리게 된 것이다. '干'은 '犯(부딪치다)'이니, '不至干人 皆以言死'는 적과 부딪치지 않았을 때에 모두 반드시 목숨 바쳐 싸우겠다고 말함을 이른다.

'천 명에 그치지 않았다.' 말한 것이다."라 하였다. 이런 주장을 진기유도 옳다고 여겼기에 따라 번역하였다.

20) 國策補注 : ≪戰國策補注≫를 말한다. 吳師道가 지었다. 앞의 역주 5) 참조.

21) 王先謙 : 1842~1917. 淸末의 經學家・訓詁學者이다. 同治 연간(1863~1874)에 進士에 급제하였다. 曾國藩에게 師事하여 당시 學界의 泰斗로 칭송받았고 國子監 祭酒를 역임하였다. ≪續皇淸經解≫・≪十朝東華錄≫・≪續古文辭類纂≫ 등을 編刊하였고, 저서에 ≪漢書補注≫・≪水經注合箋≫・≪後漢書集解≫・≪荀子集解≫・≪莊子集解≫・≪詩三家義集疏≫・≪虛受堂詩文集≫ 등이 있다.

22) 賁育 : 孟賁과 夏育의 합칭이다. 孟賁은 전국시대 秦 武王 때의 勇士이고, 夏育은 춘추시대 衛나라의 용사이다.

王先愼 : '頓首'는 응당 ≪戰國策≫ 〈秦策〉의 注에 의거하여 '頡首'가 되어야 하니, 머리를 꼿꼿이 든다는 말과 같다. '頓足(발로 땅을 구르다)'도 뜻이 통하기는 하지만, '戴羽(새의 깃을 꽂는다)'와 의미가 연관되지 않는다.

1-11 白刃在前하고 斧鑕[23)]在後면 而卻走不能死也는

앞에 적의 시퍼런 칼날이 도사리고 있고 뒤에 아군의 도끼와 모탕이 있는 상황에 처하면 뒷걸음쳐서 도망치기만 할 뿐 나라를 위해 죽으려 들지 않는 것은,

○先愼曰 也는 與者同義니 說見王氏經傳釋詞[24)]하니라 策에 無也字及下非字하고 有罪字하니 是合也非二字而誤라 當依此訂正이라

○王先愼 : '也'는 '者'와 뜻이 같으니, 그 해설이 王氏의 ≪經典釋詞≫에 나온다. ≪戰國策≫ 〈秦策〉에는 '也'자와 아래의 '非'자가 없고, '罪'자가 있는데, '也'와 '非' 두 글자를 합치는 바람에 틀리게 된 것이다. 응당 이에 의거하여 바로잡아야 한다.

斧(≪和漢三才圖會≫)

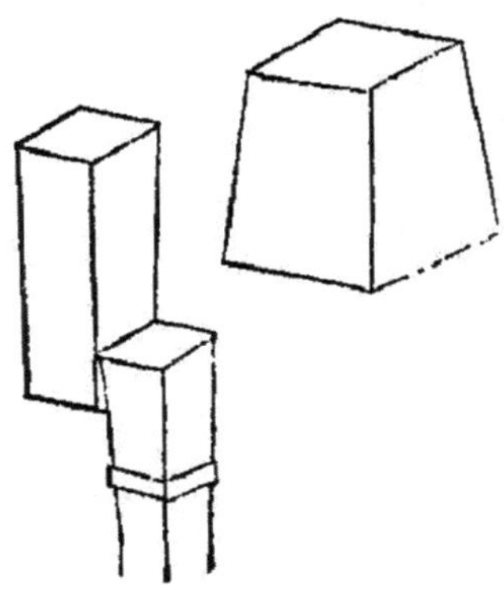

鑕(≪和漢三才圖會≫)

1-12 非其士民不能死也라 上不能故也니 言賞則不與하고 言罰則不行하야 賞罰不信이라 故士民不死也니이다

士民이 나라를 위해 죽으려 들지 않는 것이 아니

23) 斧鑕 : 죄인을 처형할 때 쓰는 刑具이다. 斧는 도끼이고, 鑕은 죄인의 목을 받치는 모탕이다.
24) 王氏經傳釋詞 : 淸나라 王引之가 前漢까지의 經傳에 나오는 虛詞에 대하여 해설한 책으로 모두 10권이다.

라, 임금이 사민을 그렇게 하도록 하지 못해서입니다. 賞을 준다고 말하고는 상을 주지 않고, 罰을 내린다고 말하고는 벌을 시행하지 않아서, 상벌이 명확하지 못한 까닭에 사민들이 나라를 위해 죽으려 들지 않는 것입니다.

○先愼曰 不能故는 策에 作不能殺이라 案殺은 乃故字形近而誤라 士民之不死는 其故由上之不能이니 賞罰無信이 正不能之實也라 若作殺이면 則文氣不屬이라

○王先愼 : '不能故'는 ≪戰國策≫ 〈秦策〉에 '不能殺'로 되어 있다. 살펴보건대, '殺'은 '故'자와 모양이 비슷하여 틀린 것이다. 사민이 나라를 위해 죽으려 들지 않는 것은, 그 까닭이 임금이 그렇게 하도록 하지 못했기 때문이다. 상벌을 신뢰할 수 없이 행한 것이 바로 그렇게 하도록 하지 못한 실상이다. 만약 '殺'이 되면 문맥이 이어지지 않는다.

1-13 今秦出號令而行賞罰호되 有功無功相事[25)]也니이다

지금 진나라가 명령을 선포하여 賞罰을 시행하되 功이 있고 없는 것을 사실을 살펴서 결정하고 있습니다.

○兪樾[26)]曰 事者는 治也니 高注呂氏春秋淮南內篇[27)]에 屢見이라 詩卷耳毛傳에 采采는 事采之也라하야늘 正義引鄭志答張逸云 事는 謂事事一一用意之事라하니 蓋事訓治라 故一一用意를 謂之事也라 此言有功無功相事는 正一一用意之義니 謂分別其有功無功하야 不混淆也라 秦策에 作不攻耳 無相攻事也하야 與上下文義不屬하니 蓋後人不達事字之義而臆改라 其功與攻은 則古字通用이라

25) 有功無功相事 : '事'를 兪樾은 '治'로 해석하여 "공이 있고 없는 것을 하나하나 마음을 써서 분별함이다."로 풀이하였으나, 高亨이 "'相'은 ≪爾雅≫ 〈釋詁〉에 '「相」은 「視(살피다)」이다.'라 하였으니, 이는 공이 있고 없는지 사실을 살펴서 論定하여 사사로움에 치우침이 없다는 말이니, 유월의 說은 틀렸다."라고 한 말을 따라 번역하였다.

26) 兪樾 : 1821~1907. 淸末의 文學・經學・古文字學・書法 등에 저명한 학자이다. 道光 30년(1850)에 進士 급제하고, 翰林院 編修를 지냈다. 經學을 학문의 기본으로 삼았으나 諸子學・史學・訓詁學 및 戲曲・詩詞・小說・書法 등에도 두루 통하였다. 저서에 ≪群經平議≫・≪諸子平議≫・≪茶香室經說≫・≪書疑義擧例≫・≪春在堂全書≫ 등이 있다.

27) 淮南內篇 : ≪淮南子≫ 〈內篇〉을 이른다. ≪漢書≫ 〈藝文志〉에 "≪淮南子≫는 〈內篇〉이 21편이고 〈外篇〉이 33편이다." 하였는데, 顔師古의 注에 "〈내편〉은 道를 論한 것이고, 〈외편〉은 雜說로 되어 있다." 하였다. 현재 남아 있는 21편이 바로 〈내편〉에 속하는 것이다.

○俞樾：'事'는 '治(다스림)'이니 ≪呂氏春秋≫와 ≪淮南子≫ 〈內篇〉 高誘의 注에 여러 차례 보인다. ≪詩經≫ 〈周南 卷耳〉의 毛亨 傳에 "'采采'는 마음을 써서〔事〕 캐는 것이다."라 하였는데, ≪毛詩正義≫에 ≪鄭志≫[28]의 張逸에게 답한 내용을 인용하여 "'事'는 일마다 일일이 마음을 쓴다는 '事'이다."라고 하였으니, '事'를 '治'로 해석하였다. 그러므로 일일이 마음을 쓰는 것을 '事'라 하였다. 여기서 말한 '有功無功相事'는 바로 일일이 마음을 쓴다는 뜻이니 공이 있고 없는 것을 분별하여 뒤섞이지 않게 함을 이른다. ≪戰國策≫ 〈秦策〉에 '不攻耳 無相攻事也'로 되어 있어서 위아래 글의 뜻이 연결되지 않으니 後人이 '事'자의 뜻에 통달하지 못하여 추측으로 고친 것이다. '功'과 '攻'은 古字에서 통용이다.

1-14 出其父母懷衽之中하야 生未嘗見寇耳어늘

부모의 품속을 벗어나서 태어나 일찍이 敵軍을 만난 적이 없었는데

○盧文弨曰 當句라 策에 作也하니라

○盧文弨：응당 여기서 구두를 끊어야 한다. ≪戰國策≫ 〈秦策〉에 〈'耳'가〉 '也'로 되어 있다.

1-15 聞戰에 頓足徒裼(석)하고

전쟁이 일어났다는 말을 들은 뒤에 발로 땅을 박차고 일어나 웃옷을 벗어 몸을 드러내고

○先愼曰 裼은 趙本及策에 均作裼(양)하니 誤라 爾雅釋訓에 襢(단)裼은 肉袒也라하야늘 郭注[29]에 脫衣而見(현)體라하니라 史記張儀傳에 秦人이 捐甲徒裼而趨敵이라하야늘 索隱에 裼은 袒也니 謂袒而見(현)肉也라하니라

○王先愼：'裼'은 趙本과 ≪戰國策≫ 〈秦策〉에 모두 '裼'으로 되어 있으니 틀렸다. ≪爾雅≫ 〈釋訓〉에 "'襢裼'은 '肉袒'이다."라 했는데, 郭璞의 注에 "옷을 벗고 몸을 드러내는 것

28) 鄭志：三國時代 魏나라 사람인 鄭小同이 편찬한 책 이름이다. 모두 11권으로, 鄭玄과 그의 제자들 사이의 문답한 내용을 엮었다.

29) 郭注：郭璞의 注를 말한다. 곽박은 晉나라 河東 사람으로 박식하고 詩文과 점술에 뛰어났다. 著作佐郎으로 ≪晉史≫ 편찬에 참여하였고, ≪爾雅≫·≪方言≫·≪穆天子傳≫·≪山海經≫을 주석하여 유명해졌다. 後人이 편집한 문집 ≪郭弘農集≫이 있다.

이다." 하였다. ≪史記≫ 〈張儀列傳〉에 "秦나라 사람이 갑옷을 버리고 맨발에 옷을 벗고 적군에게 달려갔다."라 했는데, ≪史記索隱≫에 "'裼'은 '袒(옷을 벗다)'이니, 옷을 벗고 몸을 드러내는 것이다."라 하였다.

1-16 **犯白刃蹈鑪炭**하야 **斷死於前者**는 **皆是也**니이다 **夫斷死與斷生者不同**이어늘

시퍼런 칼날에 충돌하고 화로 속에 이글거리는 숯불 같은 위험을 밟으면서 죽기를 각오하고 전진하는 자는 모두 이런 사람입니다. 죽기를 각오하는 것과 기필코 살아남으려는 것은 같지 않은데,

○**先愼曰 拾補**[30]에 **者**는 **作也**라 **盧文弨云 今從藏本**[31]**張本**[32]하니 **策同**이라하니라

○王先愼 : ≪群書拾補≫에 '者'는 '也'로 되어 있다. 盧文弨가 말하기를 "지금 藏本과 張本을 따랐으니 ≪戰國策≫ 〈秦策〉도 같다."라 하였다

1-17 **而民爲之者**는 **是貴奮死也**니이다

백성들이 죽기를 각오하는 것은 바로 나라를 위해 용감하게 죽는 것을 귀중하게 여겨서입니다.

○**先愼曰 策**에 **無死字**요 **高注**에 **奮**은 **勇也**라하니라

○王先愼 : ≪戰國策≫ 〈秦策〉에 '死'자가 없고, 高誘의 注에 "'奮'은 '勇(용감함)'이다." 하였다.

1-18 **夫一人奮死**면 **可以對十**이요 **十可以對百**이요 **百可以對千**이요 **千可以對萬**이요 **萬可以剋天下矣**니이다

---

30) 拾補 : 盧文弨의 ≪群書拾補≫를 말한다.

31) 藏本 : 道藏本의 약칭이다. 도장본은 道家經傳의 總集으로, 南宋 政和 연간(1111~1117)에 刻印한 '政和道藏'이 있었으나 일찍이 失傳되었고, 明나라 正統 10년(1445)에 각인한 ≪道藏≫이 '正統道藏'인데, 여기서 말한 도장본이 바로 '정통도장본'이다.

32) 張本 : 張鼎文本의 약칭이다. 장정문은 明나라 사람으로, 嘉靖 37년(1558)에 간행한 潁東書院本이 있고, 가정 44년(1565)에 간행한 本이 있다.

한 사람이 용감하게 싸우다 죽으면 열 사람의 적군을 대적할 수 있고, 열 사람이 백 사람의 적군을 대적할 수 있으며, 백 사람이 천 사람의 적군을 대적할 수 있고, 천 사람이 만 사람의 적군을 대적할 수 있으며, 만 사람이 천하를 다 이길 수 있습니다.

○先愼曰 四對字는 策에 作勝하니라

○王先愼：네 개의 '對'자는 ≪戰國策≫ 〈秦策〉에 '勝'자로 되어 있다.

1-19 今秦地折長補短하면 方數千里요 名師數十百萬이니 秦之號令賞罰과 地形利害는 天下莫若也니이다 以此(與)〔擧〕[33]天下면 天下不足[34]兼而有也라 是故로 秦戰未嘗不剋하고 攻未嘗不取하며 所當未嘗不破하야 開地數千里하니 此其大功也니이다

지금 秦나라 국토를 긴 곳을 잘라 짧은 곳을 보충하면 넓이〔方〕가 수천 리이고, 멀리 이름을 떨친 군대가 수십만에서 백만입니다. 진나라의 엄정한 號令, 분명한 賞罰과 地勢의 이로움은 천하의 제후국 중에 이보다 나은 곳이 없으니, 이런 우수한 형세를 가지고 천하 각국을 공격하여 점령하면 쉽게 천하를 겸병하여 소유할 수 있습니다. 이 때문에 진나라는 전쟁하면 승리하지 못한 적이 없고, 공격하면 얻지 못한 적이 없으며, 맞서 겨루면 격파하지 못한 적이 없어서 수천 리의 영토를 개척하였으니, 이 때문에 매우 큰 공을 이룬 것입니다.

○先愼曰 策에 其는 作甚하니 是也라 先言秦之功極大하고 爲下霸王之名不成하야 作反勢하니라 若作其면 則文氣平實하니 其는 當爲甚之殘字라

○王先愼：≪戰國策≫ 〈秦策〉에 '其'는 '甚'으로 되어 있으니 이것이 옳다. 진나라의 공이 지극히 큼을 먼저 말하고, 아래의 '霸王의 이름을 이루지 못하였다.'는 말을 하여 文勢

---

33) (與)〔擧〕：저본에는 '與'로 되어 있으나, "'與'는 '擧'와 통용이다."라고 한 陳奇猷의 설에 의거하여 '擧'로 바로잡았다. 이를 따라 '공격하여 점령하면'으로 번역하였다.

34) 不足：≪韓非子新校注≫에서 陳奇猷는 '足'위의 '不'는 衍文이라 하였으나, ≪漢書≫ 〈黥布列傳〉 "楚兵至滎陽成皐 漢堅守而不動 進則不得攻 退則不能解 故楚兵不足罷也"의 顔師古 注에 "부족이란 말은 쉽다는 말이다.〔不足者 言易也〕"라는 해석을 취하여 '쉽다'로 번역하였다.

를 반대로 만들었다. 만일 '其'자가 되면 文辭가 평이하고 질박하니 '其'는 응당 '甚'의 殘缺된 글자가 되어야 한다.

1-20 然而兵甲頓하고 **士民病**하며 **蓄積索**하고 **田疇荒**하며 **囷倉虛**하고 **四隣諸侯不服**하야 **霸王之名不成**하니 **此無異故**라

그런데도 병기와 갑옷은 파괴되고 士民은 지쳤으며 축적된 재물은 고갈되고 농토는 황폐해졌으며 곳집은 텅 비고 사방 이웃의 諸侯들은 복종하지 아니하여 霸王의 이름을 이루지 못하였으니, 이는 다른 까닭이 없습니다.

○先愼曰 異故는 猶它故라

○王先愼 : '異故'는 '它故(다른 까닭)'와 같다.

1-21 其謀臣皆不盡其忠也일새니이다

아마 謀臣이 모두 충성을 다하지 않았기 때문입니다.

○盧文弨曰 謀上其字는 可省이니 策無라 先愼曰 不省도 亦可니 盧說非라

○盧文弨 : '謀'자 위의 '其'자는 삭제함이 옳으니, ≪戰國策≫ 〈秦策〉에는 없다. 王先愼 : 삭제하지 않아도 괜찮으니, 盧文弨의 설은 틀렸다.

1-22 臣敢言之하노이다 **往者**에 **齊南破荊**하고 **東破宋**하며

신은 감히 말씀드리겠습니다. 지난날 齊나라가 남쪽으로는 楚나라를 격파하고 동쪽으로는 宋나라를 격파하였으며,

○先愼曰 東은 策에 作中하니 誤라 當依此訂이라 下云中使韓魏라하니 五戰之事備矣라

○王先愼 : '東'은 ≪戰國策≫ 〈秦策〉에 '中'자라고 되어 있으니 틀렸다. 응당 이것을 의거하여 바로잡아야 한다. 아래 글에서 '中使韓魏(중앙으로는 한나라와 위나라를 부렸다.)'라 하였으니, 다섯 곳과 전쟁한 일이 갖추어져 있다.

1-23 西服秦하고 北破燕하며 中使韓魏하고 土地廣而兵强하야

서쪽으로는 秦나라를 굴복시키고 북쪽으로는 燕나라를 격파하였으며, 중앙으로는 韓나라와 魏나라를 부리고 땅은 넓고 兵力이 강성하여

○先愼曰 策에 無土字라

○王先愼 : ≪戰國策≫ 〈秦策〉에 '土'자가 없다.

1-24 戰剋攻取하야 詔令天下하니이다 齊之淸濟濁河 足以爲限이요

전쟁하면 승리하고 공격하면 얻어서 천하를 호령하였습니다. 제나라의 맑은 濟水와 탁한 黃河가 막아주는 곳이 되기에 충분하고,

○先愼曰 策에 作濟淸河濁하니 誤라 史記蘇秦傳은 與此同하니라

○王先愼 : ≪戰國策≫ 〈秦策〉에 '濟淸河濁'으로 되어 있으니 틀렸다. ≪史記≫ 〈蘇秦列傳〉은 이곳과 같다.

1-25 長城巨防이 足以爲塞니이다

長城과 巨防이 요새가 되기에 충분합니다.

○王先謙曰 水經濟水注에 平陰城南에 有長城하니 東至海하고 西至濟하니 河道所由라 名防門이니 去平陰三里라 齊侯塹防門이라하니 卽此也라 其水引濟하니 故瀆尙存이라하니라 續漢郡國志에 濟北國盧縣下劉昭注에 引史記蘇代說燕王曰 齊有長城巨防이라하니 巨防이 卽防門이라하니라 先愼曰 策에 作鉅坊하니 案鉅巨字通이요 坊誤니 當作防이라 史記에 亦作防하니라

○王先謙 : ≪水經注≫ 〈濟水〉에 "平陰城 남쪽에 長城이 있는데, 동쪽으로는 바다에 닿고 서쪽으로는 濟水에 닿으니, 黃河의 물길이 경유하는 곳이다. 이름을 防門이라 하니 평음에서 3리쯤의 거리이다. 齊侯가 방문을 팠다고 하였는데, 바로 이곳이다. 제수에서 물을 끌어왔는데, 예전의 도랑이 아직 남아 있다." 하였다. ≪續漢書≫ 〈郡國志〉의 濟北國 盧縣 밑의 劉昭 注에서 "≪史記≫ 〈蘇秦列傳〉에 蘇代가 燕王에게 遊說하기를 '齊나라에는 장성과 거방이 있다.' 하였다."라고 인용하고서, "거방이 곧 방문이다." 하였다.

王先愼：≪戰國策≫〈秦策〉에 '鉅坊'으로 되어 있다. 살펴보건대 '鉅'와 '巨'자는 통용이고, '坊'은 오자이니 응당 '防'이 되어야 한다. ≪史記≫〈蘇秦列傳〉에도 '防'으로 되어 있다.

1-26 齊는 五戰之國也로되

齊나라는 다섯 번 싸워 승리한 나라이지만

謂五破國也라

舊注：다섯 번 적국을 격파한 나라임을 이른다.

1-27 一戰不剋而無齊니이다

한 번의 전쟁에 승리하지 못하여 제나라가 망할 뻔하였습니다.

爲樂毅破齊於濟西라 ○先愼曰 見齊世家라 無字는 張榜本趙本에 作不하니라 盧文弨云 藏本張本에 作無하니 策同이라

舊注：樂毅가 濟水 서쪽에서 齊나라를 격파한 일을 말한다.

○王先愼：≪史記≫〈齊世家〉에 보인다. '無'자는 張榜本・趙本에 '不'자로 되어 있다. 盧文弨는 "藏本・張本에는 '無'자로 되어 있으니, ≪戰國策≫〈秦策〉도 같다." 하였다.

1-28 由此觀之컨대 夫戰者는 萬乘之存亡也니이다 且聞之호니 曰

이를 통해 살펴보건대 전쟁은 萬乘 나라(제후국)의 存亡이 달려 있는 것입니다. 또 들으니 옛말에

○先愼曰 且下에 脫臣字하니 策에 有라

○王先愼：'且'자 밑에 '臣'자가 빠졌으니, ≪戰國策≫〈秦策〉에는 있다.

1-29 削迹無遺根하야 無與禍隣이면 禍乃不存이라하니이다

"禍亂의 形迹을 제거할 적에는 남은 뿌리를 없게 하여 화란과 가까이함이 없으면 화란이 비로소 존재하지 않는다." 하였습니다.

言禍敗之迹을 削去本根이면 則無禍敗니 言秦宜以齊爲戒라 ○盧文弨曰 策에 作削株掘根이라 顧廣圻曰 當從策이라

舊注：禍敗의 형적을 뿌리까지 제거해 없애면 화패가 없게 됨을 말한 것이다. 秦나라는 齊나라 일로 경계를 삼음이 마땅함을 말한 것이다.

○盧文弨：≪戰國策≫ 〈秦策〉에 '削株掘根(그루를 제거하고 뿌리를 파낸다.)'으로 되어 있다.

顧廣圻：응당 ≪戰國策≫ 〈秦策〉을 따라야 한다.

1-30 秦與荊人戰하야 大破荊하야 襲郢하고 取洞庭五湖江南하니

진나라가 초나라와 전쟁하여 초나라를 크게 격파하고서 국도인 郢을 습격하고 洞庭과 五湖와 江南을 점령하니,

○盧文弨曰 湖는 策에 作都하고 一作渚라 顧廣圻曰 吳師道云 都는 當從韓作湖라하니 今案吳說이 非也라 燕策云 四日而至五渚라하고 蘇秦列傳同이라 集解[35]에 引戰國策取洞庭五渚하니 渚都同字요 湖는 是渚之譌라 王先謙曰 史記秦紀에 昭王[36]三十年에 取江南爲黔中郡이라하야늘 正義[37]에 引括地志云 黔中故城이 在辰州沅陵縣西二十里하고 又三十一年에 楚人反我江南이라하고 六國表云 秦所拔我江旁反秦이라하니 楚世家所謂江旁十五邑也라 先愼曰 蘇秦傳集解에 引戰國策云 秦與荊人戰하야 大破荊하야 襲郢하고 取洞庭五渚라하고 然則五渚는 在洞庭이라하다 案裴說誤讀策文耳라 高注에 郢은 楚都也요 洞庭五渚江南은 皆楚邑也라 索隱[38]에 五渚는 五處洲也라 劉氏[39]以爲五渚는 宛鄧之間으로 臨漢水하니 不得在

35) 集解：≪史記集解≫를 말한다. 南朝 宋나라의 裴駰이 歷代 諸家의 說을 모아서 편찬한 ≪史記≫의 注釋書로, ≪史記索隱≫・≪史記正義≫와 함께 ≪史記≫ 三家注의 하나이다.

36) 昭王：秦 昭襄王의 약칭으로, 秦 始皇의 증조부이다.

37) 正義：≪史記正義≫를 말한다. 唐나라 張守節이 지은 ≪史記≫의 注釋書로, ≪史記≫ 三家注의 하나이다.

38) 索隱：≪史記索隱≫을 말한다. 唐나라의 司馬貞이 지은 ≪史記≫의 주석서로, ≪史記≫ 三家注의 하나이다.

39) 劉氏：唐나라의 劉伯莊을 말한다. 유백장은 彭城 사람으로, 弘文館學士를 지냈다. 許敬宗 등과 ≪文思博要≫・≪文官詞林≫을 편찬하였고, 저서에 ≪史記音義≫・≪史記地名≫・

洞庭이라하니 湖乃渚之誤니 顧說是라

○盧文弨 : '湖'는 ≪戰國策≫ 〈秦策〉에 '都'로 되어 있고, 어느 책에는 '渚'로 되어 있다.

顧廣圻 : 吳師道는 "'都'는 응당 ≪韓非子≫를 따라 '湖'가 되어야 한다."고 하였는데, 지금 살펴보건대 오사도의 설이 틀렸다. ≪戰國策≫ 〈燕策〉에 "4일 만에 五渚에 도착했다." 하였고, ≪史記≫ 〈蘇秦列傳〉도 이와 같다. ≪史記集解≫에 ≪戰國策≫ 〈秦策〉의 '取洞庭五渚'라는 말을 인용하였으니, '渚'와 '都'는 같은 글자이고, '湖'는 바로 '渚'의 오자이다.

王先謙 : ≪史記≫ 〈秦本紀〉에 "昭王 30년(B.C. 277)에 江南을 점령하여 黔中郡을 삼았다."라 하였는데, ≪史記正義≫에서 "≪括地志≫에 '黔中 古城이 辰州 沅陵縣의 서쪽 20리에 있다.'고 하였다." 한 것을 인용하였고, 또 소왕 31년에 "楚人이 江南에서 우리(秦)를 배반하였다."라 하였고, ≪史記≫ 〈六國表〉에 "秦나라가 함락했던 우리 江旁 지역의 사람들이 진나라를 배반하였다."라 하였으니, 〈楚世家〉에서 말한 '강방 15邑'이다.

王先愼 : ≪史記≫ 〈蘇秦列傳〉의 ≪史記集解≫에서 "≪戰國策≫ 〈秦策〉에 '秦나라가 楚나라와 전쟁하여 초나라를 크게 격파하여 郢都를 습격하고 洞庭과 五渚를 점령하였다.' 하였다."고 인용하고 "그렇다면 '五渚'는 동정에 있는 것이다."라 하였다. 살펴보건대 裴駰의 설(≪史記集解≫의 설)은 ≪戰國策≫ 〈秦策〉의 내용을 잘못 읽은 것이다. 高誘의 注에 "郢은 楚나라 國都이고, 동정・오저・강남은 모두 초나라의 읍이다." 하였다. ≪史記索隱≫에 "五渚는 다섯 곳의 물속 섬이다. 劉氏는 '오저는 宛과 鄧 사이의 땅으로 漢水에 접해 있으니, 동정에 있지 않다.' 하였다."라고 하였다. '湖'는 곧 '渚'의 오자이니, 고광기의 설이 옳다.

1-31 荊王君臣亡走하야 東服[40)]於陳하니이다

초왕과 신하들이 도망쳐 동쪽의 陳城에 가서 지켰습니다.

○張文虎曰 服은 當依策作伏이라 史記楚世家에 頃襄王二十一年에 秦將白起[41)]

≪漢書音義≫가 있다.

40) 服 : ≪戰國策≫ 〈秦策〉에 '伏'으로 되어 있으나, '服'은 '保'와 통용이라는 劉師培의 설을 옳다고 한 ≪韓非子新校注≫를 따라 '지키다'로 번역하였다.

41) 白起 : 전국시대 秦나라의 뛰어난 군사 전략가로 전국시대 廉頗・李牧・王翦 등과 四大名將의 한 사람이다. 본래의 이름은 公孫起이다. 昭襄王 때 韓・魏 등 여러 나라와의 전쟁에서 연속 승리하고, 楚나라의 國都 郢을 공격하여 점령한 공으로 武安君에 봉해졌다. 趙나라 長平의 전투에서 조나라 장군 趙括의 군대를 大破하고 항복한 조괄의 군사 40만 명을 묻어 죽

遂拔我郢하야 燒先王墓하고 夷陵하니 楚襄王兵散하야 遂不復戰하고 東北保於陳城①이라하다 故云伏이니 謂竄伏也라 又曰 此秦昭襄王二十九年事니 秦策에 以此篇爲張儀說秦王文이라 案儀以秦武王元年에 去秦入梁하니 在前三十三年矣라 又下文에 稱秦攻魏하야 軍大梁이라가 白起擊魏華陽軍이라하고 及長平之事[42]하얀 更在其後하니 足以明國策之誤矣라

① 六國表에 作王亡走陳이라하고 白起列傳에 作東走徙陳이라하니라
≪史記≫ 〈六國表〉에 '王亡走陳(왕이 도망쳐 진성으로 달아났다.)'으로 되어 있고, ≪史記≫ 〈白起列傳〉에 '東走徙陳(동쪽으로 달아나 陳城으로 옮겼다.)'으로 되어 있다.

○張文虎 : '服'은 응당 ≪戰國策≫ 〈秦策〉에 의거하여 '伏'이 되어야 한다. ≪史記≫ 〈楚世家〉에 "頃襄王 21년(B.C. 278)에 秦나라 장군 白起가 마침내 우리의 郢都를 함락하고서 先王의 무덤을 불태우고 王陵을 파헤쳐 평지로 만드니, 楚 襄王은 군사가 흩어져서 마침내 다시 전쟁하지 못하고 동북쪽으로 陳城에 가서 지켰다." 하였다. 그러므로 〈≪戰國策≫ 〈秦策〉에〉 '伏'이라 한 것이니, '竄伏(도망쳐서 숨음)'임을 말한 것이다.

張文虎 : 이 일은 秦 昭襄王 29년(B.C. 278)의 일인데, ≪戰國策≫ 〈秦策〉에 이 篇을 張儀가 秦王에게 遊說한 글이라 하였다. 살펴보건대 장의는 秦 武王 원년(B.C. 310)에 진나라를 떠나 大梁(魏나라의 도읍)에 들어갔으니, 이보다 33년 전의 일이다. 또 〈〈秦策〉의〉 아래 글에 "진나라가 魏나라를 공격하여 大梁에 주둔하였다가 백기가 위나라 華陽의 군대를 공격하였다." 하였고, 長平의 전쟁에 있어서는 더욱 그 뒤에 있었던 일이니, ≪戰國策≫ 〈秦策〉의 오류를 증명하기에 충분하다.

1-32 當此時也하야 隨荊以兵이면 則荊可擧요 荊(可)[43]擧면 則民足貪也요 地足利也리이다 東以弱齊燕하고

이때를 당하여 군대로 초왕을 추격하였다면 초나라를 멸할 수 있었고, 초나라가 멸망했다면 초나라의 백성을 차지할 수 있었고, 땅의 이익을 취할 수 있었을

였다. 뒤에 范雎와 不和하여 병졸로 강등되었다가 賜死되었다.

42) 長平之事 : 전국시대 秦나라의 장군 白起가 趙나라의 장군 趙括을 대패시키고 항복한 조나라 군사 40만 명을 묻어 죽인 전쟁을 이른다. 장평은 지금의 山西省 高平市 북서쪽에 있는 당시 조나라의 지명이다.

43) (可) : 저본에는 '可'가 있으나, ≪韓非子新校注≫ 陳奇猷의 설에 의거하여 衍文으로 처리하였다.

것입니다. 그리하여 동쪽으로 齊나라와 燕나라를 약화시키고,

○顧廣圻曰 弱은 策에 作强하니 高注에 言以强於燕齊也라하니라 下文同[44)]이라 先愼曰 弱齊燕與凌三晉對文이라 齊燕遠於秦하야 非兵力所能驟及이니 我滅敵勢强이면 則齊燕自畏而親附라 故但言弱也라 下文兩言弱齊燕이 尤其明證이라 策誤를 高順文爲說하니 亦未合이라

○顧廣圻 : '弱'은 ≪戰國策≫ 〈秦策〉에 '强'으로 되어 있는데, 高誘의 注에 "연나라와 제나라보다 강성해짐을 말한 것이다."라 하였다. 아래 글도 같다.

王先愼 : '弱齊燕'은 〈아래 글의〉 '凌三晉'과 對句이다. 齊나라와 燕나라는 秦나라에서 거리가 멀어서 병력이 대번에 갈 수 있는 곳이 아니니, 우리가 敵을 멸하여 세력이 강성해지면 제나라와 연나라는 저절로 두려워하여 가까이 다가올 것이다. 그러므로 단지 '弱'이라고만 말한 것이다. 아래 글의 두 군데 '弱齊燕'이라고 말한 것이 더욱 분명한 증거이다. ≪戰國策≫ 〈秦策〉의 틀린 것을 고유가 文句를 따라 해설하였으니 합당하지 않다.

1-33 中以凌三晉[45)]하니이다

중앙으로는 삼진을 침범할 수 있었을 것입니다.

○盧文弨曰 張本에 凌作陵하니 下同이요 策同이라

○盧文弨 : 張本에 '凌'이 '陵'으로 되어 있으니, 아래도 같고 ≪戰國策≫ 〈秦策〉도 같다.

1-34 然則是一擧而霸王之名을 可成也요 四隣諸侯可朝也어늘 而謀臣不爲하고 引軍而退하야 復與荊人爲和하야

그렇게 하였다면 이는 일거에 霸主나 帝王의 功名을 이룰 수 있고, 사방 제후를 朝見하게 할 수 있었을 것입니다. 그런데 진나라의 謀臣이 이렇게 하지 않고 군대를 이끌고 퇴각하여, 다시 초나라 사람과 화친하여

44) 下文同 : 아래 1-40의 '東以弱齊燕'을 말한다.

45) 凌三晉 : '凌'은 陳奇猷의 설을 따라 '침범'으로 번역하였다. '三晉'은 戰國時代 趙나라·韓나라·魏나라의 合稱이다. 趙氏·韓氏·魏氏는 원래 晉나라의 大夫였으나 전국시대 초기에 진나라를 나누어 각각 나라를 세워 三國이 되었기 때문에 '三晉'이라 이른다.

○王先謙曰 史記秦紀昭王二十九年에 取郢爲南郡하고 王與楚王會襄陵이라하니 此所謂軍退復和也라 楚世家襄王二十三年①에 襄王收東地兵得十餘萬하야 復西取秦所拔江旁十五邑以爲郡하야 距秦이라하니 下文所謂與秦爲難也라

① 六國表에 昭王三十一年이라
≪史記≫ 〈六國表〉에 소왕 31년이라 하였다.

○王先謙：≪史記≫ 〈秦本紀〉의 昭王 29년에 "郢都를 점령하여 南郡을 만들고 소왕이 楚王과 襄陵에서 회합하였다."라 하였으니, 이 일이 이른바 '군대가 퇴각하여 다시 화친했다.〔軍退復和〕'는 것이다. ≪사기≫ 〈楚世家〉의 襄王 23년에 "양왕이 동쪽 지역의 군사를 거두어 10여만 명을 얻어 다시 서쪽으로 진격하여 秦나라가 함락시킨 江旁의 15邑을 취해 郡을 만들어 진나라의 군대를 막았다."라 하였으니, 아래 글의 이른바 '진나라와 맞서게 하였다.〔與秦爲難〕'라는 것이다.

1-35 令荊人得收亡國하고 聚散民하며 立社稷主하고 置宗廟하야 令率天下西面以與秦爲難하니

초나라 사람에게 망하게 된 나라를 수습하고 흩어진 백성을 모으며, 사직의 神主를 세우고 종묘을 설치하게 하여 천하 제후를 통솔하여 서쪽으로 향해 진나라와 맞서게 하였으니,

○顧廣圻曰 策無稷字하고 以廟字句絶하야 令字屬下라 兪樾曰 策是也니 收亡國 聚散民 立社主 置宗廟를 皆三字爲句어늘 後人誤以令字上屬하야 成四字句하고 遂於上句에 加稷字配之耳니 置宗廟令은 義不可通이라 此言荊人置宗廟요 非言其置令也라 古宗廟亦未聞有令하니 足知其非矣라 下文云 令魏氏反收亡國 聚散民 立社稷主 置宗廟 令 此固以失霸王之道二矣라하니 稷字亦衍文이라 令下에 亦常有率天下西面以與秦爲難十字어늘 秦策에 闕此句하니 後人據以刪韓子하야 而令字誤屬上讀이라 故得僅存耳라 夫率天下以與秦爲難이라 故失霸王之道하니 若惟是收亡國 聚散民 立社主 置宗廟면 則是魏之得이나 猶未足以見秦之失也라 然則此句不可闕이니 因一字之幸存하야 而全句轉可據補라 先愼曰 令字下屬이 是也라 立社稷主四字는 不誤니 白虎通社稷篇云 土地廣博하야 不可徧敬이요 五穀衆多하야

不可一一祭일새 立社稷而祭之라하니 故謂之社稷主라 策에 無稷字는 自是脫文이니 必欲以四句爲對文도 亦太泥矣라

○顧廣圻：≪戰國策≫〈秦策〉에 '稷'자가 없고, '廟'자에서 句를 끊어서 '令'자를 아래 구에 붙였다.

兪樾：≪戰國策≫〈秦策〉의 기록이 옳다. '收亡國'·'聚散民'·'立社主'·'置宗廟'를 모두 세 글자로 문구를 만들었는데, 後人이 잘못 '令'자를 위의 글자에 붙여서 네 글자로 문구를 만들고 마침내 위 문구에 '稷'자를 덧붙여 배치하였다. 그러니 '종묘령을 두었다.〔置宗廟令〕'는 말은 뜻이 통하지 않는다. 이는 초나라 사람이 종묘를 설치했음을 말한 것이지, 종묘에 영을 두었음을 말한 것이 아니다. 예전의 종묘에 영을 두었다는 것도 듣지 못했으니, 잘못되었음을 알 수가 있다.

아래 글에 '令魏氏反收亡國 聚散民 立社稷主 置宗廟 令……此固以失霸王之道二矣(魏나라 사람에게 도리어 망하게 된 나라를 수습하고 흩어진 백성을 모으며, 사직의 神主를 세우고 종묘를 설치하게 하여 하여금……이것이 진실로 진나라가 패주나 제왕이 되는 두 번째 기회를 잃은 것입니다.)'라 하였으니, '稷'자도 衍文이다. '令'자 밑에도 마땅히 '率天下 西面以與秦爲難'의 열 글자가 있어야 하는데, ≪戰國策≫〈秦策〉에서 이 문구를 빠뜨리자 후인이 이것에 의거하여 ≪韓非子≫에서 이를 삭제하여 '令'자를 잘못 위의 문구에 붙여 읽게 되었다. 그 때문에 겨우 남은 부분만 있게 된 것이다. 천하의 제후를 통솔하여 진나라와 맞섰기 때문에 〈진나라가〉 패주나 제왕이 되는 기회를 잃었다. 만일 다만 이렇게 망하게 된 나라를 수습하고 흩어진 백성을 모으며, 社의 신주를 세우고 종묘를 두었다면 이는 魏나라로서는 잘된 일이긴 하지만 진나라의 실패로 볼 수는 없다. 그렇다면 이 문구('率天下 西面以與秦爲難')를 빠뜨려서는 안 되니, 한 글자(令)가 다행히 남아 있는 것을 인하여 전체의 문구를 더욱 이에 근거하여 보충할 수 있게 되었다.

王先愼：'令'자는 아래로 붙이는 것이 옳다. '立社稷主' 네 글자는 틀리지 않았으니, ≪白虎通≫〈社稷篇〉에 "토지가 넓어서 두루 공경을 표할 수 없고, 五穀의 수가 많아서 일일이 제사할 수가 없기 때문에 사직의 신주를 세워서 제사 지낸다." 하였다. 그러므로 '社稷主'라고 말한 것이다. ≪戰國策≫〈秦策〉에 '稷'자가 없는 것은 본래 빠진 글자이니, 굳이 네 문구로 對句를 만들려고 한 것도 지나치게 집착한 것이다.

1-36 此固以失霸王之道一矣니이다

이것이 진실로 霸主나 帝王이 되는 첫 번째의 기회를 잃은 것입니다.

○先愼曰 以失은 策無하니 下同이라

○王先愼 : '以失'은 ≪戰國策≫ 〈秦策〉에 '無'로 되어 있으니 아래도 같다.

1-37 天下又比周[46]而軍華下[47]어늘

천하 제후국의 군대가 또 집결하여 華下에 주둔하였는데,

○顧廣圻曰 周는 當作意니 下文云 天下皆比意甚固라하고 策에 兩意字를 皆作志하니라 王先謙曰 高注에 華下는 華山之下也라하니라 案據史記紀表世家參之컨대 秦昭王九年에 魏齊韓이 共敗秦軍函谷[48]하고 十一年에 齊韓魏趙宋中山이 共攻秦[49]하니 文蓋指此라 天官書에 中國山川이 東北流하야 首在隴蜀[50]하고 尾沒勃碣이라하야늘 張守節所謂自南山華山渡河하야 東北盡碣石者니 是函崤諸山이 皆華嶽支麓이라 故函谷亦得稱爲華下라 戰國之兵이 始終未踰秦關一步하니 華山之下는 固非天下所能軍也라 比意는 猶言合謀라

○顧廣圻 : '周'는 응당 '意'가 되어야 하니, 아래 글에 '天下皆比意甚固(천하의 제후국들이 한마음으로 매우 굳게 연합하다.)'라 하였고, ≪戰國策≫ 〈秦策〉에는 두 '意'자가 모두 '志'로 되어 있다.

王先謙 : 高誘의 注에 "'華下'는 華山의 아래다." 하였다. ≪史記≫ 〈秦本紀〉·〈六國表〉·〈世家〉에 의거하여 참고하고 살펴보건대 秦 昭王 9년(B.C. 298)에 魏·齊·韓이 함께 函谷에서 진나라 군대를 패배시켰고, 11년에 齊·韓·魏·趙·宋·中山이 함께 진나라를 공격하였으니, 이 글은 이 일을 가리킨 듯하다. ≪史記≫ 〈天官書〉에 "중국의 산천이

46) 比周 : 顧廣圻와 王先謙은 모두 '周'를 '意'가 되어야 마땅하다고 하여 '合謀'와 같은 뜻으로 이해하였다. 그러나 陳奇猷는 '比周'가 이 책에서 여러 차례 '集結'의 뜻으로 쓰였음을 例示로 들어 주장하였기에 '집결'로 번역하였다.

47) 華下 : '華下'를 王先謙은 '華山의 아래'라 하고, 高亨·太田方·陳奇猷는 '華陽의 아래'라고 주장하였다. 太田方은 '華陽'은 옛 華國의 땅으로 춘추시대에는 鄭나라에, 전국시대에는 韓나라에 속했는데 지금의 河南省 新鄭市 동남의 華陽亭이라고 하였다.

48) 魏齊韓 共敗秦軍函谷 : ≪史記≫ 〈魏世家〉 哀王 21년에 보인다.

49) 齊韓魏趙宋中山 共攻秦 : ≪史記≫ 〈秦本紀〉 昭襄王 11년에 보인다.

50) 隴蜀 : 隴右와 西蜀을 아울러 말한다. 농우는 대략 지금의 甘肅省 六盤山 서쪽과 黃河 동쪽의 일대 지역을 말한다. 서촉은 지금의 四川省인데 서쪽에 위치한다 하여 서촉이라 한다.

동북쪽으로 흘러가서 머리는 隴蜀에 있고, 꼬리는 渤海·碣石에서 침몰되었다." 하였는데, 張守節이 이른바 "南山·華山으로부터 황하를 건너 동북쪽으로 내려가 갈석에서 다하였다."는 것이다. 이는 函谷과 崤山이 모두 華嶽에서 갈려 나온 산이다. 그러므로 함곡도 화하라고 일컬을 수 있다. 전국시대(六國)의 군대가 처음부터 끝까지 진나라의 관문을 한 발짝도 넘지 못했으니 화산의 아래는 본디 천하 제후국의 군대가 주둔할 수 있는 곳이 아니다. '比意'는 '合謀(함께 모의함)'라는 말과 같다.

1-38 大王以詔破之하사 兵至梁郭下하니

대왕께서 격파하라 명하시어 군대가 大梁의 外郭 아래까지 쳐들어갔으니,

○先愼曰 策에 無下字라

○王先愼 : ≪戰國策≫ 〈秦策〉에는 '下'자가 없다.

1-39 圍梁數旬이면 則梁可拔이요 拔梁이면 則魏可擧요 擧魏면 則荊趙之意絶이요 荊趙之意絶이면 則趙危요 趙危而荊狐疑[51)]니이다

大梁을 수십 일 동안 포위하였다면 대량을 함락시킬 수 있었고, 대량을 함락시켰다면 魏나라를 점령할 수 있었을 것입니다. 위나라를 점령했다면 楚나라와 趙나라의 연합하려는 뜻이 단절되었을 것이고, 초나라와 조나라의 연합하려는 뜻이 단절되었다면 조나라는 위태롭게 되었을 것이고, 조나라가 위태롭게 되었다면 초나라는 의심하게 되었을 것입니다.

○盧文弨曰 策에 作荊孤하니 是라 顧廣圻曰 狐는 當從策作孤요 衍疑字니 策에 無라

51) 狐疑 : 顧廣圻와 王先愼은 ≪戰國策≫ 〈秦策〉을 따라 '孤'가 되어야 한다고 주장하였다. 그러나 陳奇猷는 "楚나라와 趙나라가 서로 왕래할 적에 魏나라가 그 通路가 되는데, 위나라가 점령당하면 초나라와 조나라의 통로가 막히게 되어 서로 연합하려는 뜻이 통하지 못한다. 그 때문에 '초나라와 조나라의 연합하려는 뜻이 단절된다.〔荊趙之意絶〕'라고 말하였다. 조나라가 고립되면 秦나라와의 거리가 가깝기 때문에 조나라는 위험하게 된다. 초나라는 위나라에 있는 진나라 군대를 공격하여 조나라의 위급한 상황을 완화할 수 있었으나 다만 연합하려는 뜻이 통하지 못하여 조나라가 진나라와 다른 약속이 있는지를 모른다. 이 때문에 필시 의심〔狐疑〕하는 마음이 생길 것이라고 여긴 것이다. 이는 당시의 정세를 말한 것이 매우 분명하니 고칠 필요가 없다." 하였다.

兪樾曰 存韓篇云 趙氏破膽하고 荊人狐疑라하니 則狐疑字不誤니 盧顧說非라 先愼曰 彼趙云破膽이면 則楚云狐疑어니와 旣趙云危면 則楚不得僅云狐疑也라 孤危之與破膽狐疑는 語言輕重大相逕庭하니 從策作孤爲是라

○盧文弨 : ≪戰國策≫ 〈秦策〉에 '荊孤'로 되어 있으니 이것이 옳다.

顧廣圻 : '狐'는 응당 ≪전국책≫ 〈진책〉을 따라 '孤'가 되어야 하고, '疑'자는 衍字이니 ≪전국책≫ 〈진책〉에는 '疑'자가 없다.

兪樾 : ≪韓非子≫ 〈存韓篇〉에 "조나라 사람은 간담이 찢어지고 초나라 사람은 의심한다.〔趙氏破膽 荊人狐疑〕"라 하였다. '狐疑'자는 틀리지 않았으니, 盧文弨와 顧廣圻의 말이 틀렸다.

王先愼 : 저 조나라 사람에 대해 '간담이 찢어진다〔破膽〕'고 말했으면 楚나라 사람에 대해 '의심한다〔狐疑〕'고 말하겠으나, 이미 조나라가 '위태롭다'고 말했으면 초나라에 대해서 겨우 '의심한다'고 말할 수는 없다. 이곳의 '孤'와 '危'가 저곳의 '破膽狐疑'와는 말의 비중에 큰 차이가 있으니 ≪전국책≫ 〈진책〉을 따라 '孤'가 되는 것이 옳다.

1-40 東以弱齊燕하고 中以凌三晉이니 然則是一擧而霸王之名을 可成也요 四隣諸侯可朝也어늘 而謀臣不爲하고 引軍而退하야 復與魏氏爲和하야

그리하여 동쪽으로 齊나라와 燕나라를 약화시키고 중앙으로 三晉을 침범할 수 있었을 것입니다. 그렇게 하였다면 일거에 霸主나 帝王의 功名을 이룰 수 있고, 사방의 諸侯를 朝見하게 할 수 있었을 것입니다. 그런데 진나라의 謀臣이 이렇게 하지 않고 군대를 이끌고 퇴각하여, 다시 위나라 사람과 화친하여

○王先謙曰 據史記六國表魏世家하면 秦昭王三十二年은 魏安釐(희)王二年也라 秦軍大梁下하니 韓來救하야 予秦溫[52]以和하다 又穰侯傳에 穰侯[53]圍大梁하야 納梁大夫須賈[54]之說하야 而罷梁圍러니 明年에 魏背秦하고 與齊從親이라하니 即其

52) 溫 : 원래는 周나라 王畿 안에 있던 小國이었으나 이 당시에는 魏나라 邑이었다. 지금의 河南省 溫縣이다.

53) 穰侯 : 전국시대 秦나라 魏冉의 封號이다. 위염은 본래 楚나라 계통의 羋姓(미성)으로 秦昭王의 어머니 宣太后의 異父 아우이다. 소왕 때 태후의 신임을 얻어 네 번이나 相이 되었다. 白起를 장군으로 등용하여 關東 諸侯의 세력을 약화시키고 진나라의 국력을 강성하게 하였다.

事也라

○王先謙：≪史記≫ 〈六國表〉와 〈魏世家〉에 의거하면 秦 昭王 32년(B.C. 275)은 魏 安釐王 2년이다. 秦나라가 大梁을 공격하니 韓나라가 구원하러 와서 진나라에 溫邑을 주고 講和하였다. 또 〈穰侯列傳〉에 "穰侯가 대량을 포위하였다가 梁(魏)의 大夫 須賈의 설득을 받아들여 대량의 포위를 풀었다. 그런데 이듬해 魏나라가 진나라를 배반하고 齊나라와 從親(合從)했다." 하였으니 여기서 말한 바로 그 일이다.

1-41 令魏氏反收亡國하고 **聚散民**하며 **立社稷主**하고 **置宗廟**하야 **令〔率天下西面以與秦爲難〕**하니

위나라 사람에게 도리어 망하게 된 나라를 수습하고 흩어진 백성을 모으며, 社稷의 神主를 세우고 宗廟를 설치하게 하여 천하 제후를 통솔하여 서쪽으로 향해 진나라와 맞서게 하였으니,

○先愼曰 令下에 脫率天下西面以與秦爲難句하니 說詳上이라

○王先愼：'令'자 아래에 '率天下西面以與秦爲難'이 탈락하였으니, 이에 대한 설명을 위에서 자세히 말하였다.

1-42 此固以失霸王之道二矣니이다 **前者穰侯之治秦也**에 **用一國之兵**하야 **而欲以成兩國之功**[55]이라

이것이 진실로 霸主나 帝王이 되는 두 번째의 기회를 잃은 것입니다.

지난번 穰侯가 진나라를 다스릴 적에 온 나라의 병력을 사용하여 두 나라의 功을 이루려 하였습니다.

---

54) 須賈：전국시대 魏나라 사람이다. 자기의 手下에 있던 范雎를 오해하고 죄에 빠지게 하였으나, 후일 秦나라에 사신으로 갔을 때 진나라의 재상이 된 범저가 그를 용서하고 돌려보내주었다.

55) 成兩國之功：陳千鈞은 "≪史記≫ 〈穰侯列傳〉에 의하면 양후와 白起가 韓·趙·魏를 공격하여 위나라의 卷·蔡陽·長社와 조나라의 觀津을 빼앗았다가, 조나라의 관진을 되돌려주고 秦나라의 군대를 더 많이 파견하여 조나라를 도와 齊나라를 공격하려 했기 때문에 두 나라의 공을 이루려고 한 것이다."라 하였다.

穰侯營私邑謀秦이라 故非諷云兩國이라 ○王先謙曰 高注에 穰侯는 魏人이라 治는 猶相也라 穰侯相秦에 欲興秦而安魏라 故曰 欲成兩國之功이라하니 案舊注非요 高注尤謬라 穰侯得罪憂死일새 下文에 明斥其非하니 不須諷也라 史傳云 宣太后[56]異父弟로 姓魏氏요 其先楚人이라하니 則非魏人明矣라 又屢用兵於魏하니 何云安魏乎아 蓋穰侯志在併國拓地라 故云 欲成兩國之功耳라

舊注 : 穰侯가 자기의 封邑을 경영하고 秦나라를 위하는 계책을 행하였다. 그 때문에 韓非가 '두 나라'라고 비꼬아 말한 것이다.

○王先謙 : ≪戰國策≫〈秦策〉高誘의 注에 "穰侯는 魏나라 사람이다. '治'는 '相'과 같다. 양후가 秦나라의 相이 되었을 때 진나라를 昌盛시키고 위나라를 안정시키려고 하였다. 그러므로 '두 나라의 공을 이루려 했다.'고 말한 것이다."라고 하였다. 살펴보건대 舊注가 틀렸고, 고유의 주는 더욱 틀렸다. 양후가 죄를 얻어 죽을까 근심했기 때문에 아래 글에 그의 잘못을 분명히 지적하였으니 반드시 비꼰 것은 아니다. ≪史記≫〈穰侯列傳〉에 "穰侯는 宣太后의 아버지가 다른 아우로서 姓은 魏氏이고, 先祖는 楚나라 사람이다." 하였으니, 그렇다면 위나라 사람이 아닌 것이 분명하다. 또 여러 차례 위나라에 쳐들어가서 전쟁하였으니, 어찌 위나라를 안정시키려고 했겠는가. 양후의 뜻은 나라를 倂呑하여 국토를 개척하려는 데 있었다. 그러므로 '두 나라의 공을 이루려 했다.'라고 한 것이다.

1-43 是故로 兵終身暴露於外하고 士民疲病於內어늘

이 때문에 병사들이 죽을 때까지 외국에서 전쟁에 시달리고 士民은 국내에서 생활이 피폐해졌는데도

○先愼曰 策에 露作靈하고 疲作踏라 黃丕烈札記[57]云 此當各依本書라 策文下句에

56) 宣太后 : 전국시대 秦 惠文王의 妃이고, 昭襄王의 어머니이다. 楚나라 출신으로 羋(미)姓이다. 惠文王이 죽은 후 惠文王后의 아들인 武王이 즉위했으나 3년 만에 죽고, 자신의 아들 소양왕이 즉위하자 王太后가 되어 41년 동안 조정에 나와 황제의 직권을 대행하였다. 宣은 諡號이다.

57) 黃丕烈札記 : 黃丕烈이 지은 ≪戰國策札記≫를 말한다. 황비열은 淸나라의 유명한 藏書家・目錄學家이자 校勘家이다. 乾隆 연간의 擧人으로 천하제일의 부유한 재산을 써서 宋版本 수집에 심혈을 기울여 佞宋主人이라 自號하였다. 百宋一廛이라는 서실을 두고 100여 종

言潞病하니 潞露同字니 此句에 不得更言暴露라 靈者는 零之假借니 暴은 謂日이요 靈은 謂雨也라 其策文作潞病은 不與作疲病同이니 高注可證이라하니라 先愼案 此及策은 竝當作暴露於外와 潞病於內니 靈은 乃霝之借字라 說文에 霝은 雨零(락)也라하고 詩定之方中傳[58]에 零은 落也라하니 零은 當作霝이요 亦假靈爲之라 鄭風零露漙(단)兮 正義本에 作靈하고 箋云 靈은 落也라하니 是靈落이 卽霝落矣라 暴靈二字之義는 當如黃說潞病이니 高注云 潞는 羸라하고 呂覽不屈篇에 士民罷(피)潞라하니 罷潞與潞病義同이라 淺人多見暴露疲病하고 少見暴靈潞病이라 故改靈爲露하고 改潞爲疲하야 而古義俱湮矣라

○王先愼：≪戰國策≫〈秦策〉에 '露'는 '靈'으로 되어 있고, '疲'는 '潞'로 되어 있다. 黃丕烈의 ≪戰國策札記≫에 "이 句節은 응당 각각 本書에 따라야 한다. ≪戰國策≫〈秦策〉에는 아래 文句(潞病於內)에 '潞病(피로하여 병듦)'이라고 말했으니, '潞'와 '露'은 같은 글자라서 이 구절(暴靈於外)에 다시 '暴露'라고 말할 수는 없다. '靈'은 '零'의 假借字이니, '暴'은 태양을 말하고 '靈'은 비를 말한다. ≪戰國策≫〈秦策〉의 문구에 '潞病'으로 된 것은 〈≪韓策〉의〉 '疲病(피로하여 병듦)'으로 된 것과 같지 않으니, 高誘의 注(路羸於內)로 증명할 수 있다." 하였다.

내가 살펴보건대 이 책과 ≪戰國策≫〈秦策〉은 모두 응당 '暴露於外(밖에서 햇볕을 쬐고 비를 맞음)'와 '潞病於內(안에서 쇠약하여 병듦)'가 되어야 하니, '靈'은 곧 '霝'의 借字이다. ≪說文解字≫에 "'霝'은 비가 떨어짐이다."라 하였고, ≪詩經≫〈鄘風 定之方中〉의 毛亨의 傳에 "'零'은 '落'이다." 하였는데, '零'은 응당 '霝'이 되어야 하고, '靈'을 假借로도 쓸 수 있다. ≪詩經≫〈鄭風 野有蔓草〉 '零露漙兮'의 〈'零'이〉 ≪毛詩正義≫本에 '靈'으로 되어 있고, 鄭玄의 箋에 "'靈'은 落이다."라 하였으니, 여기서 말한 '靈落'이 바로 '霝落'이다. '暴靈' 두 글자의 뜻은 응당 황비열이 말한 '潞病'과 같은 뜻으로 보아야 한다. 高誘의 注에 "'潞'는 '羸(피로하다)'이다." 하였고, ≪呂氏春秋≫〈不屈篇〉에 "士民이 罷潞하다." 하였으니, '罷潞'와 '潞病'은 같은 뜻이다. 識見이 얕은 사람이 '暴露'와 '疲病'은 많이 보았고 '暴靈'과 '潞病'은 보지 못하였다. 그러므로 '靈'을 고쳐서 '露'를 만들고, '潞'를 고쳐서 '疲'를 만들어 예전의 뜻이 모두 묻혀버렸다.

의 송판본을 교감하고 復刻하여 士禮居叢書를 간행하였다. 저서에 ≪蕘言≫·≪士禮居藏書題跋記≫·≪續錄≫·≪汪本隸釋刊誤≫·≪芳林秋思≫ 등이 있다.

58) 詩定之方中傳：≪詩經≫〈鄘風 定之方中〉의 '靈雨旣零' 詩句에 대한 毛亨의 傳을 말한다.

1-44 **霸王之名不成**하니 **此固以失霸王之道三矣**니이다

霸主나 帝王의 功名을 이루지 못했으니, 이것이 진실로 패주나 제왕이 되는 세 번째의 기회를 잃은 것입니다.

1-45 **趙氏**는 **中央之國也**니 **雜民**[59]**所居也**라

趙나라는 여러 나라의 중앙에 위치한 나라이니, 잡다한 백성들이 살고 있는 곳인지라.

趙居邯鄲[60]하니 **燕之南**이요 **齊之西**며 **魏之北**이요 **韓之東**이라 **故曰中央**이요 **兼四國之人**이라 **故曰雜**이라 ○**先愼曰 乾道本注**에 **中上衍東字**니 **依趙本删**이라

舊注 : 趙나라는 邯鄲 지역에 있으니 燕나라의 남쪽이고 齊나라의 서쪽이며 魏나라의 북쪽이고 韓나라의 동쪽이다. 그러므로 중앙에 있다고 말하였고, 사방 나라의 사람들이 모두 있다. 그 때문에 잡다하다〔雜〕고 말한 것이다.

○王先愼 : 乾道本의 舊注에 '中'자 앞의 '東'자는 衍文이니, 趙本에 의거하여 삭제하였다.

1-46 **其民輕而難用也**니이다 **號令不治**하고 **賞罰不信**하며 **地形不便**하고

그 나라의 백성은 경박하여 전쟁에 쓰기 어렵습니다. 號令이 嚴整하지 않고 賞罰이 명확하지 않으며 地勢가 방어에 편리하지 못하고

○**先愼曰 高注**에 **趙王都邯鄲**하니 **無險固**라 **故曰不便**이라하니라

○王先愼 : ≪戰國策≫ 〈秦策〉 高誘의 注에 "趙王이 邯鄲에 도읍하니 험하고 견고한 형세가 없다. 그러므로 '방어에 편리하지 못하다.'고 말하였다." 하였다.

1-47 **(下)〔上〕**[61]**不能盡其民力**하니

---

59) 雜民 : 陳奇猷는 '工匠과 商賈와 놀고먹는〔遊食〕 사람'이라 하였다.

60) 邯鄲 : 河北省 남쪽 끝 지역에 있는 市의 이름이다. 전국시대 趙 敬侯가 中牟에서 이곳으로 國都를 옮겼다.

61) (下)〔上〕 : 저본에는 '下'로 되어 있으나, 兪樾의 說에 의거하여 '上'으로 바로잡았다.

윗사람이 백성들의 힘을 다 바치게 하지 못하였으니,

兪樾曰 下는 當從秦策作上이니 惟以上言이라 故曰其民이니 若以下言이면 則但曰不能盡其力足矣라 上文曰 號令不治 賞罰不信이라하니 此正上之所以不能盡民力이라 民力之不盡은 其故在上이요 不在下니 當言上不能이요 不當言下不能也라

兪樾 : '下'자는 응당 ≪戰國策≫ 〈秦策〉을 따라 '上'자가 되어야 한다. '上(윗사람)'으로 말했기 때문에 '其民(그 백성)'이라고 말했으니, 만일 '下(아랫사람)'으로 말했으면 그저 '不能盡其力(힘을 다 쓰지 않았다.)'이라 말해도 충분하다. 윗글에 '號令不治 賞罰不信'이라 말했으니, 이것이 바로 윗사람이 백성들의 힘을 다 바치지 못하게 한 까닭이다. 백성들이 힘을 다하지 않은 것은 그 까닭이 윗사람에게 있는 것이지 아랫사람에게 있는 것이 아니니, '上不能(윗사람이 그렇게 하지 못했다.)'이라고 말해야 마땅하지 '下不能(아랫사람이 그렇게 하지 못하게 했다.)'이라고 말하는 것은 마땅하지 않다.

1-48 彼固亡國之形也어늘 而不憂民萌하고

저들은 본래 나라를 망하게 할 형세가 있는데도 백성들의 삶을 걱정하지 않고,

○顧廣圻曰 萌은 策作氓이나 本書例用萌字라 先愼曰 說文에 民衆이 萌也라하니 後人이 於經傳中萌字를 皆改作氓하니 如周禮遂人의 以興耡利萌을 說文引作萌이어늘 而今本皆作氓하니라 又說文衆萌字를 毛本作氓之類是也라 幸本書尙存其眞이라

○顧廣圻 : '萌'은 ≪戰國策≫ 〈秦策〉에 '氓'자로 되어 있으나 ≪韓非子≫에서는 으레 '萌'자로 되어 있다.

王先愼 : ≪說文解字≫에 "民衆이 萌이다."라 하였는데 후세 사람이 經傳 중의 '萌'자를 모두 '氓'으로 改作하였으니, 예컨대 ≪周禮≫ 〈遂人〉의 '以興耡利萌(서로 도와 백성들을 이롭게 함으로써 홍기시키다.)'을 ≪說文解字≫에서 '萌'으로 인용하였는데, 今本에는 모두 '氓'으로 되어 있다. 또 ≪說文解字≫의 여러 '萌'자를 毛本에는 '氓'으로 되어 있는 따위가 이런 경우이다. 다행히 ≪韓非子≫에는 아직 본래의 글자가 남아 있다.

1-49 悉其士民하야 軍於長平之下하야 以爭韓上黨[62]하니 大王以詔破之하사 拔

---

62) 上黨 : 山西省의 동남 지역에 있던 옛 地名이다. 太行山의 산마루 쪽에 위치하였는데 높은 지대에 있다 하여 붙여진 이름이라고 한다. 예전부터 전략의 요충지로 戰略家들이 반드시

武安하니이다

士民을 모두 동원하여 長平 부근에 주둔하여 韓나라의 上黨을 다투려 하니 대왕께서 격파하라 명령하시어 武安을 함락시켰습니다.

○先愼曰 高注에 趙括封於武安[63]이라 武安君將趙四十萬하고 拒秦하니 秦將白起阬括四十萬衆於長平下라 故曰拔武安이라하니라

○王先愼 : ≪戰國策≫ 〈秦策〉 高誘의 注에 "趙括이 武安에 봉해졌다. 武安君이 趙나라 군사 40만 명을 거느리고 秦나라 군대를 막으니, 진나라 장군 白起가 조괄의 군사 40만 명을 장평 부근에 묻어 죽였다. 그러므로 '무안을 함락시켰다.'라 한 것이다."라 하였다.

1-50 **當是時也**하야 **趙氏上下不相親也**하고 **貴賤不相信也**하니 **然則邯鄲不守**라

이때를 당하여 趙나라는 君臣 상하가 서로 친애하지 않고 부귀한 이와 비천한 이가 서로 신뢰하지 않으니, 그렇다면 이는 조나라가 邯鄲을 굳게 지켜내지 못하는 것입니다.

○先愼曰 則下에 當有是字니 此與下文然則是趙擧로 文法一律이라 策有是字라

○王先愼 : '則'자 아래에 응당 '是'자가 있어야 하니, 이 文句는 아래 글의 '然則是趙擧'와 같은 격식이다. ≪戰國策≫ 〈秦策〉에는 '是'자가 있다.

1-51 **拔邯鄲**하고 **筦山東河間**[64]하며

邯鄲을 함락시키고 山東과 河間을 점유하며

○顧廣圻曰 乾道本에 河間을 作可聞하고 藏本에 亦作可하니 皆譌라 盧文弨曰 策作完河閒하고 無山東二字라 先愼曰 完은 卽筦字殘闕이니 當依此訂正이라 樂記鄭

차지하려고 다투던 땅으로, 지금의 長治市이다.

63) 武安 : 지금의 河北省 邯鄲市에 딸린 縣級市이다. 太行山 동쪽 기슭에 해당하는 지역으로, 전국시대 蘇秦과 秦나라 名將 白起, 趙나라 명장 李牧 등이 武安君으로 봉해졌던 곳이다.

64) 河閒 : 河北省 滄州市에 딸린 縣級市이다. 춘추시대에는 燕나라의 城이었고, 전국시대에는 燕나라와 趙나라에 分屬되었다.

注에 **筦**은 **猶包也**라하니 **謂秦軍包擧其地**라 **可聞**은 **乃河間之譌**니 **改從張榜本趙本**이라

○顧廣圻 : 乾道本에는 '河間'이 '可聞'으로 되어 있고, 藏本에도 '可'로 되어 있으니 모두 틀렸다.

盧文弨 : ≪戰國策≫ 〈秦策〉에는 '完河間'으로 되어 있고 '山東' 두 글자는 없다.

王先愼 : '完'은 곧 '筦'자의 이지러진 글자이니 응당 여기에 의거하여 바로잡아야 한다. ≪禮記≫ 〈樂記〉 鄭玄의 注에 "'筦'은 '包(점유하다)'와 같다." 하였으니, 秦나라 군대가 그 땅을 전부 점유함을 이른다. '可聞'은 곧 '河間'의 오자이니, 張榜本과 趙本을 따라 고쳤다.

1-52 **引軍而去**하야 **西攻修武**[65]하고 **踰(華)〔羊腸〕**[66]하야

군대를 이끌고 가서 서쪽으로 修武를 공격하고 羊腸을 넘어

○**顧廣圻曰 當從策作踰羊腸**이니 **高注**에 **羊腸**은 **塞名也**라하니라

○顧廣圻 : 응당 ≪戰國策≫ 〈秦策〉을 따라 '踰羊腸'으로 고쳐야 되니, 高誘의 注에 "'羊腸'은 요새 이름이다." 하였다.

1-53 **絳〔代〕**[67] **上黨**이니이다

代와 上黨을 항복 받았을 것입니다.

○**顧廣圻曰 當從策作降代上黨**이라

○顧廣圻 : 응당 ≪戰國策≫ 〈秦策〉을 따라 '降代上黨'이 되어야 한다.

---

65) 修武 : 河南省 서북 지역의 焦作市에 딸린 縣 이름이다. 周나라 이전에는 寧邑으로 일컬어졌으나 周 武王의 商紂를 토벌하러 가는 군대가 영읍을 지나갈 때 폭우를 만나 3일 동안 行軍을 못하자 이곳에 주둔하여 군사 훈련〔修兵練武〕을 했기 때문에 修武로 고쳤다 한다.

66) 〔羊腸〕 : 太行山의 가장 험한 옛 산길 이름이다. 일반적으로 羊腸坂이라고 하는데, 수없이 꼬불꼬불한 길이 羊의 창자처럼 생겼다 하여 붙여진 이름이다. 남쪽의 河南省 沁陽市 常平村에서 시작되어 북쪽의 山西省 晉城市 澤州縣 碗城村에서 끝나는데, 전체 길이가 4km에 달한다.

67) 〔代〕 : 전국시대 趙나라의 郡 이름이다. 지금의 山西省 동북부와 河北省 蔚縣 일대에 있었다.

1-54 代四十六縣과

그러니 代의 46縣과

○盧文弨曰 四는 策作三하니 疑是라

○盧文弨 : '四'는 ≪戰國策≫ 〈秦策〉에 '三'으로 되어 있으니, 이것이 옳은 듯하다.

1-55 上黨七十縣을

上黨의 70縣을

○顧廣圻曰 七十은 策作十七하니 是라 王渭[68]云 卽趙策今有城市之邑七十이라하니라 今案史記趙世家컨대 彼亦作十七이라

○顧廣圻 : '七十'은 ≪戰國策≫ 〈秦策〉에 '十七'로 되어 있으니, 옳다. 王渭는 "바로 ≪戰國策≫ 〈趙策〉에 '지금 〈趙나라에〉 城市의 邑이 70이 있다.'라 하였는데, 지금 ≪史記≫ 〈趙世家〉를 살펴보건대 그곳에도 '十七'로 되어 있다." 하였다.

1-56 不用一領甲하고 不苦一士民이라도 此皆秦有也리이다 代上黨은 不戰而畢爲秦矣요

한 벌의 갑옷도 쓰지 않고 한 명의 士民을 괴롭히지 않더라도 이곳은 모두 秦나라의 소유가 되었을 것입니다. 代와 上黨은 전쟁을 하지 않고도 모두 秦나라 땅이 되었을 것이고,

○先愼曰 乾道本은 代上에 有以字라 盧文弨云 凌本[69]無以字하고 策同이라하고 張文虎云 以字는 疑卽上句也字譌衍이라하니라 先愼案 張榜本亦無일새 今據刪하노라

○王先愼 : 乾道本에는 '代' 위에 '以'자가 있다. 盧文弨는 "凌本에는 '以'자가 없고 ≪戰國策≫ 〈秦策〉도 같다." 하였고, 張文虎는 "'以'자는 아마 위 문구의 '也'자가 잘못 衍文이 된 듯하다." 하였다. 내가 살펴보건대 張榜本에도 '以'자가 없기 때문에 지금 이에 의거하

---

68) 王渭 : ≪顧氏韓非子識誤引≫을 지었는데, 인적사항은 미상이다.

69) 凌本 : 凌瀛初本을 말한다. 능영초는 明末에 書籍出版業者 중의 한 사람이다. 盧文弨가 ≪韓非子≫를 校勘할 때 능영초가 雕版하여 印出한 ≪韓非子≫를 初校에 이용하였다.

여 삭제하였다.

1-57 東陽[70)]河外[71)]는 不戰而畢反爲齊矣요 中山[72)]呼沲以北은 不戰而畢爲燕矣리이다

京陽·河外는 전쟁을 하지 않고도 모두 도로 齊나라 땅이 되었을 것이며, 中山·呼沲河 이북 지역은 전쟁을 하지 않고도 모두 燕나라 땅이 되었을 것입니다.

○先愼曰 秦兵力所不及이면 則齊燕將分取之니 此皆趙地라 故下云趙擧라하니라

○王先愼 : 秦나라의 병력이 미치지 못하면 齊나라와 燕나라가 장차 나누어 점령할 것이다. 이곳은 모두 趙나라 땅이기 때문에 아래에서 '조나라가 멸망할 것이다.'라고 말하였다.

1-58 然則是趙擧요 趙擧則韓亡이요

그렇게 하였다면 이는 趙나라가 멸망하는 것이고, 조나라가 멸망했다면 韓나가 멸망했을 것이며,

○先愼曰 策作然則是擧趙則韓必亡이라

○王先愼 : ≪戰國策≫ 〈秦策〉에는 '然則是擧趙則韓必亡(그렇게 하였다면 이는 조나라가 멸망하는 것이고 그렇다면 한나라가 반드시 멸망했을 것이다.)'으로 되어 있다.

1-59 韓亡則荊魏는 不能獨立이니이다 荊魏不能獨立이면 則是一擧而壞韓蠹魏拔荊이니이다 東以弱齊燕하고

한나라가 멸망하면 초나라와 위나라는 獨立하지 못할 것입니다. 초나라와 위나라가 독립하지 못하면 이는 일거에 한나라를 무너뜨리고 위나라를 잠식하며 초나

---

70) 東陽 : 전국시대 趙나라의 영토로, 지금의 河北省 淸河縣 지역이다.

71) 河外 : 滹沱河의 바깥 지역을 말한다. 호타하는 河北省 서쪽 지역을 흐르는 강이다. 일설에는 '外'는 '北'의 誤字로, 黃河의 북쪽인 齊나라 북쪽 지역을 이른다고 한다.

72) 中山 : 춘추시대의 鮮虞國이고 전국시대의 中山國으로, 지금의 河北省 定州市와 平山縣 지역에 있었다.

라를 함락시킬 것입니다. 동쪽으로 연나라와 제나라를 약화시키고,

○先愼曰 乾道本은 燕上有强字라 盧文弨云 衍强字니 凌本無라하니라 先愼案 策無强字일새 今據刪하니 上兩言弱齊燕이 卽其證이라

○王先愼 : 乾道本에는 '燕'자 위에 '强'자가 있다. 盧文弨는 "'强'자는 衍文이니, 凌本에 '强'자가 없다." 하였다. 내가 살펴보건대 ≪戰國策≫ 〈秦策〉에 '强'자가 없기에 지금 이를 의거하여 삭제하였으니, 위에서 두 번이나 '弱齊燕'이라 말한 것이 바로 그 증거이다.

1-60 決白馬之口[73]以沃魏氏면

白馬 나루의 물을 터서 魏나라에 물을 대어 침몰시키면

○盧文弨曰 沃은 策作流라 王先謙曰 水經河水注에 黎陽縣東岸에 有故城하야 險帶長河하니 謂之鹿鳴城이라 濟取名鹿鳴津하고 亦曰白馬濟라 津之東南에 有白馬城하니 河水舊於白馬縣南泆하야 通濮濟黃溝[74]라 故蘇代[75]說燕曰 決白馬之口하면 魏無黃濟陽이라하고 魏世家에 無忌[76]說魏王曰 決熒澤水하야 灌大梁하면 大梁必亡이라하더니 後王賁[77]攻魏에 卒引河溝[78]하야 灌大梁而取之하니라 先愼

---

73) 白馬之口 : 고대 黃河의 나루 이름이다. 지금의 河南省 滑縣 동북쪽에 있었다.

74) 黃溝 : 춘추시대 吳王 夫差가 黃池에서 諸侯와 會合할 때 뚫은 運河이다. 동쪽의 江蘇省 沛縣에서 시작하여 山東省 單縣과 曹縣을 거쳐 河南省의 蘭考縣·封丘縣 등을 지나 서쪽의 濟水에까지 이르는 물길이었다.

75) 蘇代 : 전국시대 縱橫家의 한 사람이다. 東周 洛陽 사람으로, 蘇秦의 아우이다. 縱橫術을 익혀 처음 燕王 噲(쾌)를 섬기고 또 齊 愍王을 섬기다가 연나라로 돌아와 昭王에게 楚나라·魏나라와 연합하여 齊나라를 격파할 것을 유세하였다. 일설에는 소진의 형이라고 한다.

76) 無忌 : 전국시대 魏나라 昭王의 아들이다. 封號는 信陵君인데 이름보다 봉호로 불리어진다. 집에 食客이 3천 명이나 있었고, 賢明하다는 소문이 널리 퍼져 제후들이 위나라를 침입하지 못하였다. 侯嬴의 智謀를 빌려 趙나라의 平原君을 구원한 일로 유명하다. 참소를 당하여 중용되지 않자 술로 세월을 보내다가 죽었다.

77) 王賁 : 전국시대 秦나라 장군이다. 名將 王翦의 아들로, 아버지와 함께 진나라가 六國을 멸하는 전쟁에서 중요한 역할을 하였다. 楚나라 군대를 크게 격파하고 돌아와 魏나라를 공격하여 항복받았고, 李信과 함께 燕나라를 멸하였으며 代王 嘉를 사로잡고 趙나라와 齊나라를 멸하여 진나라가 천하를 통일하는 대업을 이루는데 일조하였다.

78) 河溝 : 鴻溝 또는 梁溝로 일컫는 물 이름이다. 지금의 河南省 開封市 서북쪽에 있었다.

曰 沃流二字義同하니 說文에 沃作渓하니 漑灌也라하고 高注에 流는 灌也라하니라

○盧文弨 : '沃'은 ≪戰國策≫ 〈秦策〉에 '流'로 되어 있다.

王先謙 : ≪水經注≫ 〈河水〉에 "黎陽縣 동쪽 언덕에 옛 城이 있어서 험한 黃河가 띠처럼 둘러 있으니 이를 鹿鳴城이라 한다. 그 이름을 따서 나루의 이름을 鹿鳴津이라 하고, 白馬濟라고도 한다. 나루의 동남쪽에 白馬城이 있는데 황하의 물이 예전에 白馬縣 남쪽에서 넘쳐흘러 濮水·濟水·黃溝로 통한다. 그러므로 蘇代가 燕王에게 유세하여 '백마 나루의 물을 터서 흘려보내면 魏나라의 黃城과 濟陽城이 없어질 것이다.' 하였고, ≪史記≫ 〈魏世家〉에 "無忌가 魏王에게 유세하여 '焚澤의 물을 터서 大梁에 대면 대량은 반드시 멸망할 것입니다.'라 하였는데, 후일 王賁이 위나라를 공격할 때 마침내 河溝의 물을 끌어와 대량에 대어 대량을 점령하였다." 하였다.

王先愼 : '沃'과 '流' 두 글자는 뜻이 같다. ≪說文解字≫에 "'沃'은 '渓'자로 되어 있는데, 물을 댄다는 뜻이다." 하였고, ≪전국책≫ 〈진책〉 高誘의 注에 "'流'는 '灌(물을 대다)'이다." 하였다.

1-61 是一擧而三晉亡하야 從[79]者敗也리이다

바로 일거에 三晉이 멸망하여 合從이 무너질 것입니다.

○先愼曰 高注에 從者는 山東六國[80]이요 敗는 從不成也라하니라

○王先愼 : ≪戰國策≫ 〈秦策〉 高誘의 注에 "'從'은 山東 여섯 나라의 合從이고, '敗'는 합종이 이루어지지 못함이다." 하였다.

1-62 大王垂拱[81]以須之면

79) 從 : 合從을 말한다. 전국시대 山東의 南北에 걸쳐 자리 잡고 있는 여섯 나라가 同盟을 맺고, 그 서쪽에 있는 秦나라에 공동 대응해야 한다는 군사 외교적 방책이다. 蘇秦이 제창하였다. '從'은 '縱'으로도 쓴다.

80) 山東六國 : 전국시대 崤山(또는 華山) 동쪽에 자리 잡고 있던 여섯 나라를 말한다. 효산은 河南省 洛寧縣 북쪽에 위치한 산으로 고대 군사 지리적인 요충지였다. 일명 嶔崟山이라고도 하며 肴山으로도 쓴다. 육국은 燕·趙·韓·魏·齊·楚이다.

81) 垂拱 : 垂衣拱手의 준말이다. 拱手(두 손을 마주 잡음)하여 옷소매를 늘어뜨림이라는 뜻으로, 帝王이 직접 일을 하지 않고도 잘 다스려지는 無爲之治를 이른다.

대왕께서 두 손을 모아 잡아 옷소매를 드리우고 기다리시면

○兪樾曰 策에 作大王拱手以須하니 吳師道補云 韓作須之라하니 然則韓非異於國策者는 但句末多之字라 其拱手字는 必與策同이니 若作垂拱以須之면 則吳師道何以不及乎리오 此必後人所改니 當依國策訂正이라

○兪樾 : ≪戰國策≫ 〈秦策〉에 '大王拱手以須'로 되어 있는데, 吳師道의 ≪戰國策補注≫에 "≪韓非子≫에는 '須之'로 되어 있다."라 하였다. 그렇다면 ≪한비자≫가 ≪전국책≫과 다른 부분은 단지 문구 끝에 '之'자만 더 있을 뿐이다. 그곳(≪한비자≫)의 '拱手' 글자는 필시 ≪전국책≫과 같을 것이니, 만일 '垂拱以須之'로 되어 있다면 오사도가 무엇 때문에 언급하지 않았겠는가. 이것은 필시 후세 사람이 고친 것이니, 당연히 ≪전국책≫ 〈진책〉을 따라 바로잡아야 한다.

1-63 天下編隨而服矣니

천하의 諸侯國들이 줄줄이 서로 따라와서 복종할 것이니,

○先愼曰 拾補에 編作徧하고 服作伏이라 盧文弨云 徧字는 高誘注國策本同이어늘 吳師道補注作編하고 云以繩次物曰編이라하니 張本淩本에 此亦作編字라하니라 顧廣圻云 藏本同하니 今本에 編作徧은 誤라하니라 先愼案 吳說是라

○王先愼 : ≪群書拾補≫에 '編'은 '徧'으로 되어 있고, '服'은 '伏'으로 되어 있다. 盧文弨는 "'徧'자는 高誘의 注 ≪戰國策≫本에 똑같이 '徧'으로 되어 있는데, 吳師道의 ≪戰國策補注≫에 '編'으로 만들고는 '노끈으로 물건을 차례로 묶는 것을 「編」이라 한다.'라 하였다. 張本과 淩本에 이 글자가 역시 '編'으로 되어 있다." 하였다. 顧廣圻는 "藏本도 같으니 今本에 '編'이 '徧'으로 된 것은 틀렸다." 하였다. 내가 살펴보건대 오사도의 說이 옳다.

1-64 霸王之名可成이어늘 而謀臣不爲하고 引軍而退하야 復與趙氏爲和하니이다 夫以大王之明과 秦兵之强으로 棄霸王之業하야 地曾不可得하고

霸主나 帝王의 功名을 이룰 수 있었는데 秦나라의 謀臣이 이렇게 하지 않고 군대를 이끌고 퇴각하여 다시 趙나라와 강화하였습니다.

대왕의 현명함과 진나라 군대의 강성함을 가지고 패주나 제왕이 되는 功業을 버

려서 땅을 취득하지 못하고,

○盧文弨曰 曾은 策作尊이라 先愼曰 尊字誤니 當依此訂正이라

○盧文弨 : '曾'자는 ≪戰國策≫ 〈秦策〉에 '尊'으로 되어 있다.
王先愼 : '尊'자는 誤字니 응당 이 문구를 따라 바로잡아야 한다.

1-65 乃取欺於亡國하니 是謀臣之拙也니이다 且夫趙當亡而不亡하고 秦當霸而不霸하니 天下固以量秦之謀臣一矣니이다 乃復悉士卒以攻邯鄲이나 不能拔也하야 棄甲(兵)〔負〕[82]弩하고 戰竦而卻하니 天下固已量秦力二矣니이다

도리어 멸망해야 할 나라(趙나라)에 속임을 당하였으니 이는 謀臣의 졸렬함 때문입니다. 또 조나라는 당연히 멸망해야 하는데 멸망하지 않고 秦나라는 당연히 霸主가 되어야 하는데 패주가 되지 못했으니, 천하의 제후국들이 진실로 진나라 모신의 智謀를 헤아려 안 것이 첫 번째 실수입니다.

진나라가 마침내 다시 士卒을 모두 동원하여 邯鄲을 공격하였으나 함락시키지 못하여 갑옷을 버리고 쇠뇌를 짊어진 채 두려워 벌벌 떨면서 퇴각하였으니, 천하의 제후국들이 진실로 이미 진나라의 군사력을 헤아려 안 것이 두 번째 실수입니다.

○先愼曰 乾道本에 無卻字라 顧廣圻云 今本에 兵作負하니 誤요 而下에 有卻字하고 策有하니 高注에 卻은 退也라 吳師道引此無라 弩는 策作怒하고 吳引作拏하니 不合이라하니라 先愼案 而下에 當有卻字니 依今本增이라 棄甲兵弩四字는 不成文이라 兵當作與니 說文에 與는 古文作𠔏하고 兵은 作𠬞하니 二字篆形相近而誤라

○王先愼 : 乾道本에 '卻'자가 없다. 顧廣圻는 "今本에 '兵'은 '負'로 되어 있으니 틀렸고, '而'자 아래에 '卻'자가 있고, ≪戰國策≫ 〈秦策〉에는 있는데, 高誘의 注에 '「卻」은 퇴각함이다.'라 하였다. 吳師道는 이 부분을 인용한 것이 없다. '弩'는 ≪戰國策≫ 〈秦策〉에 '怒'로 되어 있고, 吳師道는 인용하면서 '拏'로 되어 있으니 합당하지 않다."라 하였다.

내가 살펴보건대 '而'자 아래에 당연히 '卻'자가 있어야 하니 今本에 의거하여 추가하였

82) (兵)〔負〕: 저본에는 '兵'으로 되어 있으나, "今本(迂評本·趙本·凌本 등)에 '兵'은 '負'로 되어 있다."라고 한 ≪韓非子新校注≫ 顧廣圻의 설에 의거하여 '負'로 바로잡았다.

다. '棄甲兵弩' 네 글자는 문장이 되지 않는다. '兵'은 응당 '與'가 되어야 하니, ≪說文解字≫에 '與'는 古文에 ''로 되어 있고, '兵'은 ''으로 되어 있으니, 두 글자의 篆字 모양이 서로 근사하여 잘못된 것이다.

1-66 軍乃引而退하야 幷於李下하고

秦나라가 군대를 이끌고 후퇴하여 李下에서 군사를 수합하고

○先愼曰 乾道本에 退作復하고 李作孛라 盧文弨云 復은 乃很之譌요 李는 吳注引韓作孛라하니라 先愼案 孛는 乃李之誤라 策作李하니 高注에 李下는 邑名이니 在河內라하니라 張榜本趙本에 復作退하고 孛作李是라 今據改하노라

○王先愼 : 乾道本에 '退'는 '復'으로 되어 있고, '李'는 '孛'로 되어 있다. 盧文弨는 "'復'은 곧 '很'의 譌字이고, '李'는 吳師道의 ≪戰國策補注≫에 '≪韓非子≫에는 「孛」자로 되어 있다.'고 인용하였다." 하였다. 내가 살펴보건대 '孛'는 곧 '李'의 와자이다. ≪戰國策≫ 〈秦策〉에 '李'자로 되어 있는데 高誘의 注에 "'李下'는 邑名이니 河內에 있다." 하였다. 張榜本・趙本에 '復'은 '退'로 되어 있고, '孛'는 '李'로 되어 있으니 이것이 옳다. 지금 이에 의거하여 고쳤다.

1-67 大王又幷軍而至하사

대왕이 또 증원 군대를 거느리고 오셔서

○盧文弨曰 至는 策作致라 先愼曰 張榜本에 作致하니 誤라

○盧文弨 : '至'는 ≪戰國策≫ 〈秦策〉에 '致'로 되어 있다.
王先愼 : 張榜本에 '致'로 되어 있으니 오자이다.

1-68 與戰不能剋之也하고

趙軍과 교전하여 승리하지 못하고

○顧廣圻曰 七字爲一句라

○顧廣圻 : 일곱 글자(與戰不能剋之也)가 한 句가 된다.

1-69 又不能反運하야 罷(피)而去하니

또 양식을 운송하지 못하여 군사들이 피곤하여 떠났으니.

○盧文弨云 運은 或改作軍이라하니라 顧廣圻曰 又不能反運句絶이니 反은 當作及이요 運은 讀爲餫(운)이라 罷而去爲一句니 罷는 讀爲疲라 策作又交罷卻하니 按無不能運而四字不同也라 兪樾曰 運은 乃軍之誤니 上云大王又幷軍而至라하니 此云軍罷而去라하면 文義正相應이라 蓋不能勝則宜退어늘 旣不能剋하고 又不能反이라 故其軍至於罷病而後去也라 先愼曰 顧說較長하니 不能及運은 言饋運不繼也라 文義甚順하니 當從之라 張榜本에 運作交는 依策改하니 非라

○盧文弨는 "'運'은 혹 '軍'으로 고쳐 쓴 本도 있다."고 하였다.

顧廣圻 : '又不能反運'에서 句를 끊어야 되는데, '反'은 응당 '及'이 되어야 하고 '運'은 '餫'자로 읽어야 된다. '罷而去'가 한 문구가 되는데, '罷'는 '疲'자로 읽어야 된다. ≪戰國策≫ 〈秦策〉에는 '又交罷卻'으로 되어 있으니, 살펴보면 '不'·'能'·'運'·'而' 네 글자가 없어서 이 글과 같지 않다.

兪樾 : '運'은 곧 '軍'의 오자이다. 윗글에서 "대왕이 또 증원 군대를 거느리고 오셨다.〔大王又幷軍而至〕"라 하였으니, 이곳에서 "군대가 피곤하여 떠나갔다.〔軍罷而去〕"라 한다면 文義가 서로 호응한다. 승리하지 못하면 당연히 퇴각해야 하는데, 이미 승리하지 못하고 또 돌아가지도 못하였다. 그러므로 그의 군대가 지치게 된 뒤에 떠나간 것이다.

王先愼 : 顧廣圻의 설이 비교적 나으니, '不能及運'은 양식의 運送이 이어지지 못함을 말한 것이다. 문의가 매운 순조로우니 당연히 이를 따라야 한다. 張榜本에 '運'이 '交'로 된 것은 ≪戰國策≫ 〈秦策〉에 의거하여 고친 것이니 틀렸다.

1-70 天下固量秦力三矣니이다

천하 제후국들이 진실로 秦나라의 능력을 헤아려 안 것이 세 번째 실수입니다.

○先愼曰 固下에 當有以字니 與上文一律이어늘 此脫이라

○王先愼 : '固'자 아래에 응당 '以'자가 있어야 하니 윗글과 같은 격식인데 이곳에 탈락되었다.

1-71 內者量吾謀臣하고 外者極吾兵力하니 由是觀之컨대

제후국들이 안으로는 우리나라 謀臣의 능력을 헤아려 알고, 밖으로는 우리나라의 兵力을 다 소모시켰습니다. 이것을 따라 살펴본다면

○先愼曰 張榜本에 觀作親하니 誤라

○王先愼 : 張榜本에는 '觀'자가 '親'자로 되어 있으니 오자이다.

1-72 臣以爲天下之從은 幾不難矣라하노이다

臣은 천하의 제후국들이 合從하여 秦나라에 대항하는 일은 아마 어렵지 않게 이루리라 생각합니다.

言諸侯知秦兵頓民疲면 則從益堅이라 (固)〔故〕[83] 曰不難矣라하니라 ○先愼曰 乾道本에 難作能하니 盧文弨云 案注是難字니 策作豈其難이라 注曰上에 當有故字라하니라 王渭云 能은 當作難이라하니라 先愼案 張榜本에 作難일새 今據改하노라 幾는 猶殆也라

舊注 : 제후들이 秦나라의 군대는 사기가 꺾이고 백성은 피곤해졌음을 알면 合從이 더욱 견고해질 것이라는 말이다. 그러므로 '어렵지 않다.'고 말한 것이다.

○王先愼 : 乾道本에 '難'이 '能'으로 되어 있는데, 盧文弨는 "〈'能'은〉 舊注를 살펴보건대 '難'자가 맞으니, ≪戰國策≫ 〈秦策〉에 '豈其難'으로 되어 있다. 舊注의 '曰'자 위에는 응당 '故'자가 있어야 한다."고 하였다. 王渭는 "'能'은 응당 '難'이 되어야 한다."라고 하였다. 내가 살펴보건대, 張榜本에 '難'으로 되어 있기 때문에 지금 이에 의거하여 고쳤다. '幾'는 '殆(아마)'와 같다.

1-73 內者는 吾甲兵頓하고 士民病하며 蓄積索하고 田疇荒하며 囷倉虛요 外者는 天下(皆)比意甚固하니

나라 안에서는 우리의 갑옷과 무기는 殘破되고 士民은 지쳤으며 축적한 재물을 고갈되고 농토는 황폐해졌으며 창고는 텅 비었습니다. 나라 밖에서는 천하의 제후국들이 한마음으로 매우 굳게 연합하고 있으니,

83) (固)〔故〕 : 저본에는 '固'로 되어 있으나, ≪韓非子新校注≫ 陳奇猷의 설에 의거하여 '故'로 바로잡았다.

○兪樾曰 皆字는 衍文이니 蓋卽比字之誤而複者라 秦策에 無皆字라

○兪樾 : '皆'자는 衍文이니 곧 '比'자가 잘못되어 중복된 것이다. ≪戰國策≫ 〈秦策〉에는 '皆'자가 없다.

1-74 願大王有以慮之也하노이다

대왕께서는 이러한 정황을 고려하시기 바랍니다.

○先愼曰 高注에 慮는 謀也라하니라

○王先愼 : ≪戰國策≫ 〈秦策〉 高誘의 注에 "'慮'는 '謀(고려함)'이다." 하였다.

1-75 且臣聞之호니 曰 戰戰栗栗하야 日愼一日이니 苟愼其道면 天下可有라하니이다 何以知其然也잇고 昔者에 紂[84]爲天子하야 將率天下甲兵百萬하야 左飮(임)於淇(기)溪[85]하고

臣은 또 들으니 "경계하고 두려워하여 하루를 하루보다 더 삼가야 되니, 만일 정치하는 도리를 신중히 한다면 천하를 소유할 수 있다."라 하였습니다. 무엇으로 그러한 줄을 알겠습니까. 예전에 紂가 天子가 되어 천하의 100만 대군을 거느리고 나가 왼쪽(동쪽)에서는 淇溪에서 〈말에〉 물을 먹이고

○先愼曰 趙本에 溪作谿라 盧文弨云 谿는 策作谷이라하니라 先愼按 御覽六十四八百九十六과 事類賦二十一에 引飮下에 竝有馬字하고 無谿字하니 下同이라

○王先愼 : 趙本에 '溪'는 '谿'로 되어 있다. 盧文弨는 "'谿'는 ≪戰國策≫ 〈秦策〉에 '谷'으로 되어 있다." 하였다. 내가 살펴보건대 ≪太平御覽≫ 권64・권896과 ≪事類賦≫ 권21에 이 부분을 인용하면서 '飮'자 밑에 모두 '馬'자가 있고 '谿'자는 없으니, 아래 문구도

---

84) 紂 : 殷나라의 마지막 왕으로 紂는 시호이고 이름은 受・受德・辛이다. 帝辛이라 호칭하며 紂王으로도 부른다. 帝乙의 아들로 지혜와 말솜씨가 뛰어나고 체격이 크고 완력이 대단하였다 한다. 술을 좋아하고 방탕하며 포악한 정치를 자행하여 민심을 잃었다. 周 武王의 군대와 牧野에서 싸울 때 군사들의 반란으로 패배하자 鹿臺에서 자살하고 은나라는 멸망하였다.

85) 淇溪 : 河南省 東北쪽을 흐르는 淇水이다. 본래 黃河의 지류였는데, 曹操가 둑을 막아 衛河로 흘러들게 하였다.

같다.

1-76 右飮(임)於洹(원)谿[86)]하니

오른쪽(서쪽)에서는 洹谿에서 〈말에〉 물을 먹이니,

○盧文弨曰 策에 作水라

○盧文弨 : ≪戰國策≫ 〈秦策〉에 〈'谿'자가〉 '水'로 되어 있다.

1-77 淇水竭而洹水不流라

기계의 물은 마르고 원계의 물은 흐르지 않았는데

○先愼曰 御覽事類賦에 竝引作洹水竭하고 淇水不流라

○王先愼 : ≪太平御覽≫과 ≪事類賦≫에 이 부분을 인용하면서 모두 '洹水渴 淇水不流(원수의 물은 마르고 기수의 물은 흐르지 않았다.)'로 되어 있다.

1-78 以與周武王爲難이니이다 武王將素甲三千하고 戰一日에

이런 大軍을 거느리고 周 武王과 대적하였습니다. 무왕은 흰 갑옷을 입은 군사 3천 명을 거느리고 交戰한 지 하루 만에

○先愼曰 策은 千下에 有領字라 張榜本趙本에 日作夜하니 非라 高注에 一日은 甲子之日也니 太公望[87)]爲號到牧野[88)]하야 便剋紂라 故曰一日이라하니라

○王先愼 : ≪戰國策≫ 〈秦策〉에는 '千'자 밑에 '領'자가 있다. 張榜本과 趙本에 '日'자가

86) 洹谿 : 河南省 북쪽을 흐르는 洹水(安陽河)이다. 林縣에서 발원하여 衛河로 흘러드는 지류이다.

87) 太公望 : 姜太公을 말한다. 姓은 姜, 氏는 呂, 이름은 尙이다. 周 文王이 사냥을 나갔다가 渭水 가에서 여상을 만나 대화하고 난 뒤 크게 기뻐하여 "우리 태공(祖父 太王)께서 선생을 기다린 지 오래였다.〔吾太公望子久矣〕"라고 한 말에서 얻은 別號이다.

88) 牧野 : 河南省 新鄕市의 別稱이다. 지금의 신향시 北部 지역으로 신향시를 포괄한다. 원래는 地名의 고유명사가 아니고, 殷나라 수도 朝歌(지금의 河南省 淇縣)를 상대하여 이른 말이었다. 이는 '郊' 밖을 '牧', '牧' 밖을 '野'라고 하는 일반 명사의 합칭이다.

'夜'로 되어 있으니 틀렸다. 高誘의 注에 "'一日'은 甲子日이니, 太公望이 군사를 호령하여 牧野에 이르러 곧 紂를 이겼기 때문에 '一日(하루)'이라 했다."라 하였다.

周 武王(≪萬古際會圖像≫)

太公望(≪萬古際會圖像≫)

1-79 而破紂之國하야 **禽其身**하며 **據其地而有其民**호되 **天下莫傷**하니이다

紂의 殷나라 國都를 격파하고 본인을 사로잡았으며, 그의 國土를 점거하고 그의 백성을 차지하였으나 천하 사람들이 가엾게 여기지 않았습니다.

○先愼曰 高注에 **傷**은 **愍也**라하니라 **策**은 **傷上**에 **有不字**하니 **誤**라

○王先愼 : 高誘의 注에 "'傷'은 '愍(가엾다)'이다." 하였다. ≪戰國策≫ 〈秦策〉에는 '傷'자 위에 '不'자가 있으니 틀렸다.

1-80 知伯[89]率三國之衆[90]하야 **以攻趙襄主[91]於晉陽[92]**하야 **決水而灌之三月**하니

89) 知伯 : 춘추시대 말기 晉나라 六卿 중의 한 사람으로, 이름은 瑤이다. 智는 知와 통용한다. 본래의 姓은 荀인데 그의 先祖 荀首가 知(智)를 食邑으로 받은 뒤로 知(智)氏가 되었기 때문에 荀瑤·知伯(智伯)이라고도 한다. 趙·韓·魏와 함께 范氏와 中行氏를 멸하고 그 토지를 나누어 소유하였고, 뒤에 趙氏의 토지를 달라고 강요하다가 趙襄子에게 패하여 죽었다.

90) 三國之衆 : 智氏·韓氏·魏氏 三家의 병력을 말한다.

91) 趙襄主 : 춘추 말기 晉나라 六卿의 한 사람 趙襄子를 말한다. 이름은 無恤이고, 主는 公卿

知伯이 세 나라 군대를 이끌고 가서 晉陽에서 趙襄主를 공격하여 晉水의 물을 터 晉陽城에 석 달 동안 물을 대니

○盧文弨曰 秦策趙策에 俱作三年이라 先愼曰 此誤니 下十過篇에 正作三年하니라

○盧文弨 : ≪戰國策≫ 〈秦策〉과 〈趙策〉에 모두 〈'三月'이〉 '三年'으로 되어 있다.

王先愼 : 이곳의 〈'三月'은〉 틀렸으니, 이 책 아래의 〈十過篇〉에는 정작 '三年'으로 되어 있다.

1-81 城且拔矣라 襄主鑽龜筮占兆[93]하야 以視利害하고

晉陽城이 장차 함락될 형세가 되었다. 趙襄主가 거북과 시초로 점을 쳐서 얻은 占兆로 吉凶을 살펴보고

○盧文弨曰 策에 作錯(조)龜數筴(책)[94]하니 此筮上疑脫一字라 顧廣圻曰 筮는 當從策作數筴二字라 案飾邪篇에 鑿龜數筴하니 兆曰大吉이 凡三見하니 可證此爲脫誤라 先愼曰 吳師道補云 錯는 韓作鑽이라하니 是라 韓之異於國策이 止一鑽字니 其數筴도 必與策同이라 當依以訂正이라

○盧文弨 : ≪戰國策≫ 〈秦策〉에 〈'鑽龜筮'는〉 '錯龜數筴'으로 되어 있으니 이곳의 '筮'자 위에 한 글자(數)가 탈락된 듯하다.

顧廣圻 : '筮'는 응당 ≪전국책≫ 〈진책〉을 따라 '數筴' 두 글자가 되어야 한다. 살펴보건대 ≪韓非子≫ 〈飾邪篇〉에 "鑿龜數筴 兆曰大吉(거북이 등딱지를 뚫거나 시초를 셈하여 大

大夫의 존칭이므로 趙襄主라 하였다. 趙簡子 鞅의 아들로, 知伯・韓・魏와 范氏・中行氏를 멸한 뒤 그 땅을 나누어 차지하였고, 晉 出公을 放逐하였다. 뒤에 땅을 요구하는 지백에 대항하여 晉陽에서 맞서 싸우다가 韓・魏와 연합하여 지백을 멸하고 그의 땅을 삼분하여 각기 소유하였다.

92) 晉陽 : 山西省 太原市 서남쪽에 있던 옛 地名이다. 周代에 唐나라 땅인데, 周 成王이 아우 叔虞를 이곳에 봉하여 나라 이름을 晉이라 고친 지역이다. 춘추 말기에 趙襄子가 知伯을 敗滅한 곳이다.

93) 鑽龜筮占兆 : '鑽龜'는 거북이의 등딱지를 뚫거나 불에 태워 그 갈라진 문양을 보고 吉凶을 점치는 일이다. '筮'는 蓍草를 이용하여 길흉을 판단하는 周易占을 말한다. '占兆'는 거북점이나 시초점을 쳐서 나타나는 兆象을 가지고 길흉을 판단하는 일이다.

94) 數筴(책) : 시초로 점을 치는 것이다. '筴'은 '策'과 같다.

吉이라 占兆하였다.)"이라 한 말이 모두 세 번 보이니, 이곳의 脫誤를 증명할 수 있다.

王先愼 : 吳師道의 ≪戰國策補注≫에 "'錯'는 ≪韓非子≫에 '鑽'으로 되어 있다."라 하였으니 옳다. ≪한비자≫의 내용이 ≪전국책≫ 〈진책〉과 다른 것은 단지 '鑽' 한 글자이니, '數筴'도 반드시 ≪전국책≫ 〈진책〉과 같을 것이다. 응당 이에 의거하여 바로잡아야 한다.

1-82 何國可降고하고 乃使其臣張孟談하다 於是乃潛行而出하야

어느 나라를 굴복시켜 동맹을 맺을까 하고는 곧 그의 신하 張孟談을 파견하였다. 이때 장맹담은 몰래 숨어서 진양성을 나가

○先愼曰 乾道本에 潛下에 有於字라 張文虎云 秦策呂氏春秋淮南子에 皆無於字라 案於疑游字之譌니 蓋韓子作游하고 他本作行하니 讀者旁注[95]異文을 轉寫竝存하고 又以形近譌爲於耳라 游者는 泅水也니 此時城爲水灌하야 不沒者三版[96]이라 故泅水而出이라하니라 孫詒讓云 十過篇云 張孟談曰 臣請試潛行而出하야 見韓魏之君이라하야늘 潛下에 亦無於字라하니라 先愼案 趙本에 正無於字일새 今據刪하노라

○王先愼 : 乾道本에는 '潛'자 밑에 '於'자가 있다. 張文虎는 "≪戰國策≫ 〈秦策〉과 ≪呂氏春秋≫·≪淮南子≫에 모두 '於'자가 없다. 살펴보건대 '於'자는 아마 '游'자의 잘못인 듯하다. 대개 ≪韓非子≫에는 '游'자로 되어 있고 다른 본에 '行'자로 되어 있는데, 읽는 사람이 旁注의 다른 글자를 轉寫하면서 그 글자(於)까지 함께 남겨두었거나, 또는 '游'자와 비슷한 모양을 가지고 잘못 '於'자를 만들었을 뿐이다. '游'는 물에서 헤엄치는 것이니, 이때 晉陽城에 물을 대어서 水沒되지 않은 곳이 三版이었다. 그러므로 물에 헤엄을 쳐서 나간 것이다."라 하였다. 孫詒讓은 "≪韓非子≫ 〈十過篇〉에 '張孟談이 말하기를 「臣이 한번 몰래 숨어서 진양성을 나가 韓·魏의 君主를 만나보겠습니다.」 하였다.'라고 하였는데 '潛'자 밑에 역시 '於'자가 없다." 하였다. 내가 살펴보건대 趙本에 바로 '於'자가 없기 때문에 지금 이에 의거하여 삭제하였다.

1-83 反知伯之約하고

95) 旁注 : 正文 옆에 단 小注를 말한다.

96) 三版 : 성벽이나 담장의 높이를 말한다. 옛날 성벽이나 담장을 쌓을 때 사용하는 널빤지 하나의 높이가 두 자〔尺〕이니 삼판이면 여섯 자이다.

〈韓·魏가〉 知伯과 맺은 盟約을 배반하게 하고

○先愼曰 乾道本에 無反字라 顧廣圻云 今本은 知上有反字하니 策同이라하니라 先愼案 有反字是일새 今據補라 高注에 知伯與韓魏攻襄子한대 張孟談辭於韓魏하니 韓魏與趙同이라 故曰反知伯之約也라하니라

○王先愼 : 乾道本에 '反'자가 없다. 顧廣圻는 "今本은 '知'자 위에 '反'자가 있으니, ≪戰國策≫ 〈秦策〉도 같다."라 하였다. 내가 살펴보건대 '反'자가 있는 것이 옳기 때문에 지금 이에 의거하여 보충하였다. 高誘의 注에 "지백이 韓·魏와 연합하여 趙襄子를 공격하자 張孟談이 한·위의 군주를 설득하니 한·위가 조양자와 동맹하였기 때문에 '지백과 맺은 맹약을 배반했다.〔反知伯之約〕'고 말했다." 하였다.

1-84 得兩國之衆하야 以攻知伯하야 禽其身하고 以復襄主之初하니이다

두 나라(韓·魏)의 군대를 얻어서 지백을 공격하여 본인을 사로잡고 趙襄主의 원래 지위를 회복하였습니다.

○盧文弨曰 策作以成襄子之功이라 先愼曰 張榜本에 初作功이라

○盧文弨 : 〈'以復襄主之初'는〉 ≪戰國策≫ 〈秦策〉에 '以成襄子之功'으로 되어 있다. 王先愼 : 張榜本에 '初'가 '功'으로 되어 있다.

1-85 今秦地折長補短하면 方數千里요 名師數十百萬이니이다 秦國之號令賞罰과 地形利害는 天下莫如也니 以此(與)〔擧〕[97]天下면 天下를 可兼而有也리이다

지금 秦나라 국토를 긴 곳을 잘라 짧은 곳을 보충하면 넓이〔方〕가 수천 리이고, 천하에 이름을 떨친 군대가 수십만에서 백만입니다. 진나라의 엄정한 號令, 분명한 상벌과 地勢의 이로움은 천하의 제후국 중에 이보다 나은 곳이 없으니, 이런 우수한 형세를 가지고 천하 각국을 공격하여 점령하면 천하를 겸병하여 소유할 수 있을 것입니다.

○先愼曰 乾道本에 無以字하고 天下二字不重하며 可作何하고 無而字라 盧文弨云

97) (與)〔擧〕 : 앞의 역주 33) 참조.

一本은 此上有以字하고 藏本은 兼下有而字하며 何作可하니 策同이라하니라 顧廣圻云 今本은 重天下하고 策有今하야 據補改라하니라

○王先愼 : 乾道本에 '以'자가 없고 '天下' 두 글자는 중복되지 않았으며 '可'는 '何'로 되어 있고 '而'자가 없다. 盧文弨는 "어떤 本은 '此'자 위에 '以'자가 있고, 藏本은 '兼'자 밑에 '而'자가 있으며 '何'자는 '可'자로 되어 있으니 ≪戰國策≫ 〈秦策〉도 같다."라 하였다. 顧廣圻는 "今本은 '天下' 두 글자가 중복되어 있고 ≪전국책≫ 〈진책〉에 '今'자가 있어서 이에 의거하여 보충하고 고쳤다." 하였다.

1-86 臣昧死願望見(현)大王은

臣이 죽음을 무릅쓰고 대왕을 알현하기를 원한 것은

○先愼曰 策無願字요 姚校劉作願望이라

○王先愼 : ≪戰國策≫ 〈秦策〉에 '願'자가 없고, 姚宏의 ≪戰國策續注≫에 "劉敞[98]本은 '願望'으로 되어 있다." 하였다.

1-87 言所以破天下之從하야 擧趙亡韓하고 臣荊魏하며 親齊燕하야 以成霸王之名하고 朝四隣諸侯之道니이다 大王誠聽其說호되

천하 제후들의 合從을 파괴하여 趙나라를 함락시키며 韓나라를 멸망시키고 楚나라와 魏나라를 신하로 삼으며 齊나라와 燕나라가 친근하게 歸附하여 霸主나 帝王의 功名을 이루고 사방 이웃의 제후들이 와서 朝見하도록 하는 방법을 말씀드리려는 것 때문입니다. 대왕께서 참으로 저의 말씀을 따랐으나

○盧文弨曰 誠은 策作試라

○盧文弨 : '誠'자는 ≪戰國策≫ 〈秦策〉에 '試'자로 되어 있다.

---

98) 劉敞 : 北宋의 史學者·經學者로, 아우 劉攽과 同科 進士에 급제하여 벼슬이 集賢院 學士에 이르렀다. 梅堯臣·歐陽脩와 交遊하였다. 六經을 비롯해 諸子百家 및 天文·地理·卜醫 등에 두루 통하였고 문장이 넉넉하여 아우 攽과 함께 北宋二劉로 일컬어졌다. 특히 ≪春秋≫에 정통하여 公是先生으로 불렸다. 저서에 ≪春秋權衡≫·≪春秋傳≫·≪七經小傳≫·≪春秋傳說例≫·≪春秋意林≫·≪公是集≫ 등이 있다.

1-88 一擧而天下之從不破하야 趙不擧하고 韓不亡하며 荊魏不臣하고 齊燕不親하야

일거에 천하 제후들의 합종이 파괴되지 않아 조나라가 함락되지 않고 한나라가 멸망하지 않으며 초나라와 위나라가 신하 노릇 하지 않고 제나라와 연나라가 친근하게 귀부하지 않아

○張文虎曰 依上文하야 親은 當作弱이라 先愼曰 此卽承上擧趙亡韓臣荊魏親齊燕而言이라 不當作弱이니 張說誤라

○張文虎 : 윗글(앞의 '弱齊燕')에 의거하여 '親'은 응당 '弱'이 되어야 한다.

王先愼 : 이 구절은 곧 위 구절의 '擧趙亡韓 臣荊魏 親齊燕'을 이어서 말한 것이라서 '弱'이 되는 것은 합당하지 않으니 張文虎의 설이 틀렸다.

1-89 霸王之名不成하고 四隣諸侯不朝어든 大王斬臣以徇國하사 以爲王謀不忠者也하소서

霸主나 帝王의 功名을 이루지 못하고 사방 이웃의 제후들이 조현하지 않으면 대왕께서 臣을 斬首하여 나라 안에 조리돌려서 대왕을 위해 忠心으로 계책을 내지 않은 죄를 밝히십시오.

○先愼曰 拾補에 重爲字라 盧文弨云 舊少一爲字어늘 今據吳注引增하니 上爲如字요 下去聲[99]이라 者下張本有戒字하고 策作以主不忠於國者라하니라 顧廣圻云 當從策作以主爲謀不忠者니 主는 謂爲主首也요 爲謀는 造謀也라 此文例言大王하고 不言王하니 王字必誤라 吳師道引此無也字하니 是요 重爲字非라하니라 先愼曰 姚本國策與盧引同하고 鮑本與顧同이라 故所引各異하니라 又策國上에 有於字라 今案王當作主니 顧說是也요 爲上以字當衍이니 以徇國爲主謀不忠者也로 作一句讀면 文氣自順이라

○王先愼 : ≪群書拾補≫에 '爲'자가 중복되어 있다. 盧文弨는 "舊注本에는 '爲'자 한 자가 적은데 지금 吳師道의 ≪戰國策補注≫에 의거하여 '爲' 한 글자를 더 썼으니, 위의 '爲'

99) 上爲如字 下去聲 : 위에 있는 '爲'자는 平聲의 本音대로 읽어 '삼다, 간주하다'로 해석하고, 밑의 '爲'자는 去聲으로 읽어 '위하다'로 해석하라는 말이다. 吳師道의 ≪戰國策補注≫에는 "韓以爲爲王謀不忠者"로 되어 있다.

자는 本音대로 읽고 밑의 '爲'자는 去聲으로 읽어야 한다. '者'자 아래 張本에는 '戒'자가 있고 ≪戰國策≫ 〈秦策〉은 '以主不忠於國者'로 되어 있다." 하였다. 顧廣圻는 "응당 ≪전국책≫ 〈진책〉을 따라 '以主爲謀不忠者'가 되어야 하니, '主'는 주모자가 됨을 이르고, '爲謀'는 계책을 만든 것이다. 이 글은 으레 '大王'이라 말하고 '王'이라 말하지 않았으니 '王'자는 틀림없이 잘못된 글자이다. 오사도가 이 문구를 인용하였으나 '也'자가 없으니 이것은 옳고, '爲'가 중복된 것은 옳지 않다."라 하였다.

내가 살펴보건대 姚宏의 ≪戰國策續注≫本은 노문초의 인용한 내용과 같고, 鮑彪의 ≪戰國策注≫本은 고광기의 인용한 내용과 같기 때문에 인용한 내용이 각각 다르다. 또 ≪전국책≫ 〈진책〉에는 '國'자 위에 '於'자가 있다. 지금 살펴보건대 '王'자는 응당 '主'가 되어야 하니 고광기의 설이 옳고, '爲'자 위의 '以'자는 응당 연문이 되어야 하니 '以徇國爲主謀不忠者也(계책 수립을 主持하면서 忠心을 다하지 않은 자를 조리돌리다.)'를 한 句讀로 만들어 읽으면 문맥이 절로 순조롭게 통한다.

第二 存韓篇 제2편 韓나라의 보존을 꾀하다

본편은 韓非가 秦 始皇 14년(B.C. 233)에 秦나라에 사신을 가서 진 시황에게 올린 글이다. 진나라가 한나라를 공략하여 병탄하고자 하는 계획을 세우자, 한비가 秦王에게 그 계획의 이롭지 못함을 유세하여 한나라의 존속을 도모하고자 하였으므로 편명을 '存韓'이라 한 것이다. 내용은 진나라가 趙나라의 禍患은 생각하지 않고 한나라를 공격하는 것은 六國의 合從을 재촉하는 것, 한나라도 쉽게 공격하여 취할 수 없다는 것, 따라서 조나라를 공격하는 것이 진나라 입장에서 상책이라는 것이다. 그러나 결국 한비의 뜻은 관철되지 못해 한비는 죽임을 당하고 한나라는 진나라에 항복한다. 본편의 뒤에 李斯가 진 시황에게 한비의 논리를 반박한 글과 이사가 韓王에게 올린 글이 딸려 있다. 이는 한비가 직접 지은 글은 아니지만, 편자가 관련되는 글을 하나로 묶어서 편집하고자 한 의도로 붙여놓은 듯하다.

2-1 韓이 事秦三十餘年에 出則爲扞蔽하고 入則爲蓆薦하니이다

〈韓非가 秦 始皇에게 글을 올렸다.〉

"韓나라가 秦나라를 30여 년 섬기는 동안에 밖으로는 방패막이 구실을 하고 안으로는 거적자리 구실을 하였습니다.

出貢以供하고 若蓆薦居人下라 ○先愼曰 乾道本注에 人下二字作久字어늘 今從趙本하노라

舊注 : 공물을 내어 바치고, 거적자리처럼 남의 아래에 있는 것이다.

秦 始皇(≪三才圖會≫)

○王先愼 : 乾道本의 舊注에 '人下' 두 자는 '久'자로 되어 있는데, 지금 趙本을 따랐다.

2-2 秦은 特出銳師하야 取(韓)地而〔韓〕隨之하니

진나라는 정예병을 출동하여 다른 나라의 영토를 공략하고 한나라가 그 뒤를 좇아서 후원하였으니,

○先愼曰 韓字는 當在而下라 取地는 略地也라 下文에 韓與秦兄弟共苦天下라

○王先愼 : '韓'자는 '而' 아래에 있어야 한다. '取地'는 영토를 공략함이다. 아래 글에 "韓與秦兄弟共苦天下(韓나라와 秦나라가 형제가 되어 함께 천하를 괴롭힌다.)"라고 하였다.

2-3 怨懸於天下하고 功歸於强秦하니이다

따라서 한나라는 天下 각국과 원한을 맺고, 공적은 다 강한 진나라로 돌아갔습니다.

○王渭曰 秦은 當作趙라 先愼曰 秦字는 不誤니 謂韓則受其怨하고 秦則得其功也라

○王渭 : '秦'은 응당 '趙'가 되어야 한다.

王先愼 : '秦'자는 誤字가 아니니, 韓나라는 각국의 원한을 사고 秦나라는 공적을 차지함을 말한 것이다.

2-4 且夫韓人貢職하야 與郡縣無異也니이다 今臣竊聞貴臣之計컨대

또 한나라는 공물과 부역을 바쳐서 진나라의 郡縣과 다름이 없습니다. 이제 신이 귀국 대신들의 계책을 듣건대,

○先愼曰 乾道本은 今下에 有日字라 盧文弨云 日字衍이니 張本無라하니 今據刪하노라

○王先愼 : 乾道本은 '今' 아래에 '日'자가 있다. 盧文弨는 "'日'자는 衍文이니, 張本에는 없다." 하였으니, 지금 이에 의거하여 삭제하였다.

2-5 擧兵將伐韓이라하니이다 夫趙氏聚士卒하고 養從徒[1)]하야

군대를 일으켜 韓나라를 치려 한다고 합니다. 그런데 趙나라는 士卒을 모으고

1) 從徒 : '從'은 合從策을 가리키고, '徒'는 그것을 주장하는 무리를 가리킨다. 여기서는 시기적으로 보아 蘇秦이 죽은 뒤, 그를 계승하여 합종책을 주도한 蘇代 등을 가리킨다.

合從을 주장하는 무리를 길러서

○先愼曰 乾道本에 無徒字라 顧廣圻云 藏本今本은 從下에 有徒字라하니 今據補하노라

○王先愼 : 乾道本에는 '徒'자가 없다. 顧廣圻는 "藏本과 今本은 '從' 아래에 '徒'자가 있다." 하였으니, 지금 이에 의거하여 보충하였다.

2-6 欲贅(췌)天下之兵하니이다

천하 제후의 군대를 연합하려고 합니다.

贅는 綴連也라

舊注 : '贅'는 연합함이다.

2-7 明秦不弱이면 則諸侯必滅宗廟하고

〈제후들에게〉 秦나라를 약화시키지 않으면 제후의 종묘사직은 반드시 진나라에게 멸망할 것이라고 설명하고

○先愼曰 諸侯宗廟 必爲秦滅라

○王先愼 : 제후의 종묘사직이 반드시 秦나라에게 멸망한다는 말이다.

2-8 欲西面行其意하니 非一日之計也니이다 今釋趙之患하고 而攘內臣之韓이면 則天下明趙氏之計矣리이다

서쪽을 향하여 진나라를 칠 뜻을 실행하려고 하니, 이는 하루아침의 계획이 아닙니다. 지금 조나라로부터 닥칠 우환을 버려두고 內臣이나 다름없는 한나라를 친다면 천하 제후들은 조나라의 계책이 분명히 성공하리라고 여길 것입니다.

韓爲內臣이어늘 秦猶滅之면 則天下從趙攻秦하리니 計爲得矣라

舊注 : 한나라는 內臣이나 다름없는데 진나라가 오히려 한나라를 멸한다면 천하 제후들이 조나라를 따라 진나라를 공격할 것이니, 계책이 성공할 것이라는 말이다.

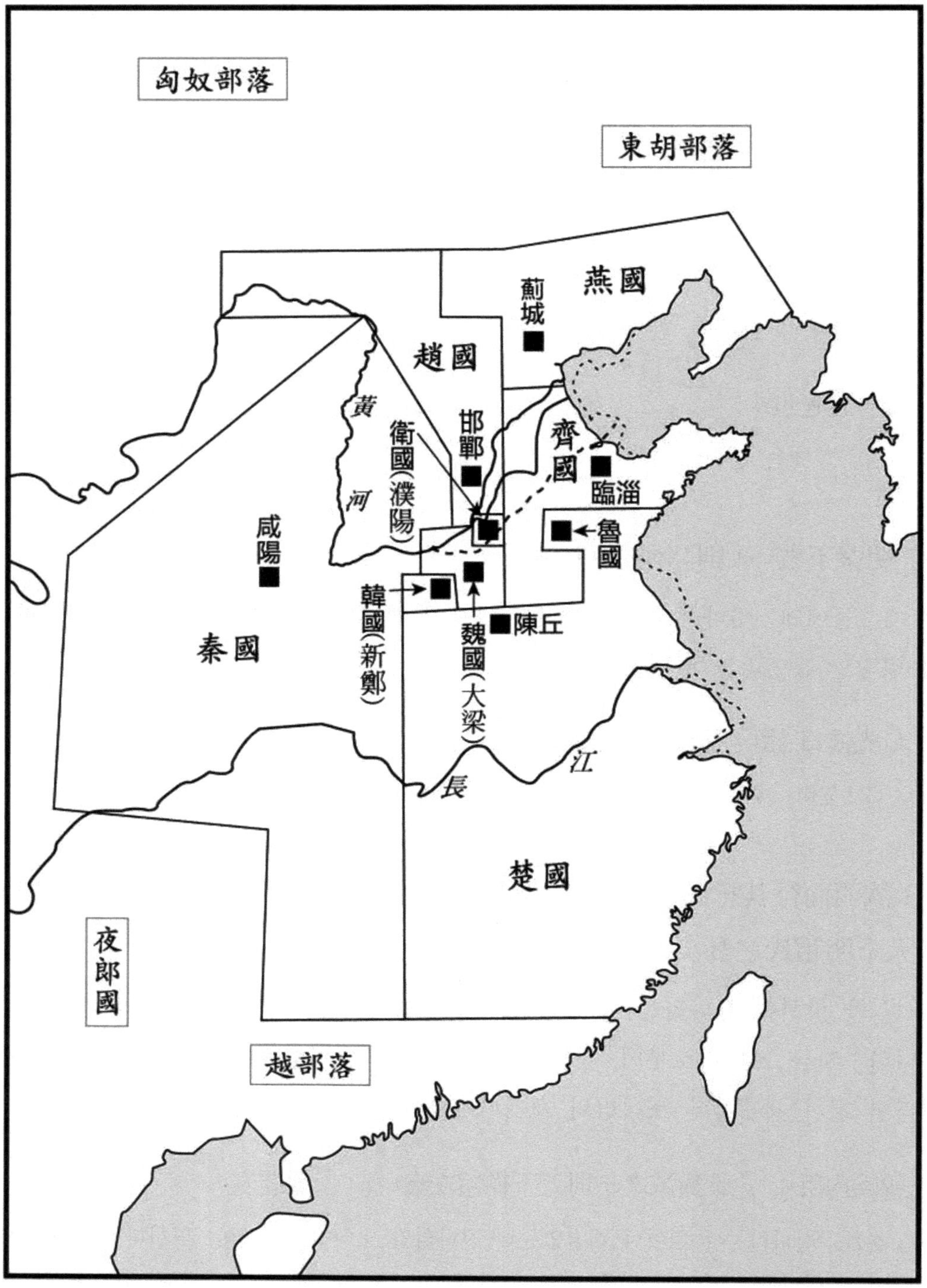
匈奴部落
東胡部落
燕國
薊城
趙國
黃
河
邯鄲
衛國(濮陽)
齊國
臨淄
魯國
咸陽
韓國(新鄭)
陳丘
魏國(大梁)
秦國
長
江
楚國
夜郎國
越部落

戰國時期圖

2-9 夫韓은 **小國也**일새 **而以應天下四擊**이라 **主辱臣苦**하야 **上下相與同憂久矣**니이다 **修守備**하야 **戒强敵**하며 **有蓄積**하고 **築城池**하야 **以守固**라 **今伐韓**이라도 **未可一年而滅**이리니 **拔一城而退**면 **則權輕於天下**하야 **天下摧我兵矣**리이다

韓나라는 작은 나라여서 천하 사방에서 들어오는 공격에 대응해야 합니다. 그래서 군주는 치욕을 참고 신하는 고통을 견디며 위아래가 오랫동안 근심을 함께해 왔습니다. 방어 시설을 수축하여 강한 적을 경계하고 물자를 축적하며 城을 쌓고 해자를 파서 수비를 견고히 하고 있습니다. 지금 진나라가 한나라를 공격하더라도 1년 안에 멸망시키지는 못할 것입니다. 고작 성 하나를 함락하고서 퇴각한다면 진나라의 권위가 천하 제후들에게 경시되어, 천하 제후들이 우리 진나라의 군대를 굴복시키려고 할 것입니다.

○先愼曰 說文에 摧는 折也라하니라

○王先愼 : ≪說文解字≫에 "'摧'는 '折(꺾다, 굴복시키다)'이다." 하였다.

2-10 韓叛則魏應之하고 **趙據齊以爲(原)〔厚〕**하리이다

한나라가 배반하면 魏나라가 이에 호응하고 趙나라는 齊나라에 의지하여 세력을 강화할 것입니다.

若山原然이라 ○顧廣圻曰 原은 當作厚니 舊注誤라

舊注 : 〈'原'은〉 산언덕처럼 의지한다는 말이다.
○顧廣圻 : '原'은 '厚'가 되어야 하니, 舊注는 틀렸다.

2-11 如此則以韓魏資趙假齊하야 **以固其從**하야 **而以與爭强**하리니

이렇게 된다면 한나라와 위나라로써 조나라를 도와주고, 조나라는 제나라에 의지해서 合從의 맹약을 공고하게 하여, 진나라를 상대로 강함을 다투게 될 것이니,

○先愼曰 與秦爭强也라

○王先愼 : 秦나라와 강함을 다툰다는 말이다.

2-12 **趙之福而秦之禍也**니이다 **夫進而擊趙**라도 **不能取**요 **退而攻韓**이라도 **弗能拔**이면 **則陷銳之卒**은 **懃於野戰**하고

조나라에는 복이지만 진나라에는 재앙입니다. 나아가서 조나라를 치더라도 이기지 못하고, 물러나서 한나라를 공격하더라도 함락하지 못한다면, 적의 정예병을 공격하는 진나라의 사졸들은 야전에서 고생하고

○**盧文弨曰 懃**은 **張本**에 **作勤**이라

○盧文弨 : '懃'은 張本에 '勤'으로 되어 있다.

2-13 **負任之旅**는 **罷**(피)**於內攻**[2)]하리이다

보급품을 옮기는 군대는 軍內에 군수물자를 공급하느라 지칠 것입니다.

勞餉者라

舊注 : 군량을 옮기느라 수고로운 것을 말한다.

2-14 **則合群苦弱以敵(而共)二萬乘**[3)]이니

그렇다면 갖은 고생으로 약해진 군사를 모아 萬乘의 두 대국을 대적하는 것이니,

○**王渭曰 當衍而共二字**이라

○王渭 : '而共' 두 글자는 응당 衍文이 되어야 한다.

2-15 **非所以亡(趙)〔韓〕之心也**니이다

이는 韓나라를 멸망시키려는 본래 의도가 아닙니다.

---

2) 攻 : ≪韓非子新校注≫에서 高亨은 '攻'을 '共給'의 '共'으로 읽었다. '共'은 '供'과 통용한다.

3) 二萬乘 : '乘'은 西周와 춘추전국시대의 핵심 병력인 戰車를 세는 단위로, 보통 전차 1승에는 말 4필, 귀족 軍士 10인, 30인이나 72인의 잡역부, 각종 청동제 무기 등이 부속된다. 西周의 禮制 하에서 天子는 萬乘之國, 諸侯는 千乘之國, 大夫는 百乘之國이라는 등급별 규정이 있었으나 왕실의 쇠락과 제후들의 성장으로 춘추시대 초기부터 이 규정은 유명무실해졌다. 여기서 萬乘의 두 대국은 趙나라와 齊나라를 가리킨다.

○顧廣圻曰 趙는 當作韓이니 亡韓이 貴人之計也라

○顧廣圻 : '趙'는 응당 '韓'이 되어야 한다. 韓나라를 멸망시키려는 것이 貴國(秦나라) 대신들의 계책이다.

2-16 均如貴人之計면

귀국 대신들의 계책과 똑같이 한다면,

均은 同也니 謂同其計而用之라 ○盧文弨曰 張本에 人은 作臣이라

舊注 : '均'은 '同(같음)'이니, 그 계책대로 똑같이 따르는 것을 이른다.

○盧文弨 : 張本에 '人'은 '臣'으로 되어 있다.

2-17 則秦必爲天下兵質矣리이다

秦나라는 필시 천하 제후 군대의 공격 목표가 될 것입니다.

旣進退不能이면 則同於爲質者라 ○顧廣圻曰 質은 如字니 射的也라 舊注誤라

舊注 : 나아가지도 물러나지도 못하는 상황이 되면 인질이 되는 것과 같다.

○顧廣圻 : '質'은 본음대로 읽으니, 표적이라는 뜻이다. 舊注는 틀렸다.

2-18 陛下雖以金石相弊라도

폐하께서 비록 쇠와 돌처럼 오랜 수명을 누리시더라도

弊는 盡也니 盡以召士라 ○盧文弨曰 馮氏云 言其時之久也라 注解謬니 石何可以召士리오 王渭曰 文選二十九卷注에 引以作與니 以卽與也라 顧廣圻曰 七發注에 亦引作與라 王先謙曰 與金石相弊는 謂與金石齊壽也라 雖永壽라도 而無兼天下之日이니 極言其非計라

舊注 : '弊'는 '盡(다함)'이니, 선비를 모조리 불러들인다는 말이다.

○盧文弨 : 馮氏가 말하기를, "때가 오래됨을 말한다. 舊注의 해석은 틀렸으니, 돌을 가지고 어떻게 선비를 부를 수 있겠는가." 하였다.

王渭 : ≪文選≫ 권29의 〈古詩十九首〉 李善의 注에 이 글을 인용하면서 '以'는 '與'자로 되어 있다. '以'는 곧 '與'이다.

顧廣圻 : ≪문선≫ 〈七發〉 이선의 注에서도 이 글을 인용하면서 '與'자로 되어 있다.

王先謙 : '與金石相弊'는 쇠와 돌과 더불어 수명이 나란하다는 말이다. 비록 긴 수명을 누리더라도 천하를 병합할 날은 없다는 것이니, 그것이 잘못된 계책임을 극단적으로 말한 것이다.

2-19 則兼天下之日未也니이다 今賤臣之愚計는

천하를 병합할 날은 오지 않을 것입니다. 지금 신의 어리석은 계책으로는

○先愼曰 乾道本은 愚上에 有遇字라 顧廣圻云 張本에 無遇字니 是也라 今本에 遇는 作進하니 誤라 先愼案 遇는 卽愚之誤而衍者니 今從藏本하니라

○王先愼 : 乾道本은 '愚' 위에 '遇'자가 있다. 顧廣圻는 "張本에 '遇'자가 없으니 옳고, 今本에 '遇'가 '進'으로 되어 있으니 잘못이다." 하였다. 내가 살펴보건대, '遇'는 곧 '愚'의 誤字이자 衍文이니, 지금 藏本을 따랐다.

2-20 使人使(시)荊하야 重幣用事之臣하야

사람을 楚나라에 사신으로 보내어 권력을 잡고 있는 신하들에게 뇌물을 후하게 주고서

○先愼曰 重幣는 猶言厚賂라

○王先愼 : '重幣'는 뇌물을 후하게 준다는 말과 같다.

2-21 明趙之所以欺秦者하고 與魏質以安其心하며 從(韓)[4]而伐趙하면 趙雖與齊爲一이라도 不足患也니이다 二國事畢이면

趙나라가 秦나라를 속인 내용을 설명하게 하고, 魏나라에는 인질을 보내서 그들을 안심시킨 뒤에 곧이어 조나라를 치면 조나라가 비록 齊나라와 하나가 되더라

4) (韓) : 저본에는 '韓'으로 되어 있으나, 본서 2-22의 兪樾의 說에 따라 衍文으로 보고 '從而(곧이어)'로 번역하였다.

도 근심할 것이 없습니다. 두 나라를 치는 일만 성공적으로 마치면,

齊趙라

舊注 : 〈두 나라는〉 제나라와 조나라를 말한다.

2-22 則韓可以移書定也니이다

韓나라는 편지 한 장을 보내어 평정할 수 있습니다.

○先愼曰 韓은 乾道本에 作轉이라 盧文弨云 藏本에 亦作轉하니 是라 上已云 從韓而伐趙라하니 則不待再收韓이 明矣라하고 顧廣圻云 今本에 轉作韓하니 誤라 此는 言定荊魏라하니라 兪樾云 轉字는 無義요 趙本에 作韓하니 是也라 此篇名存韓은 本因秦貴臣之計 擧兵將伐韓이라 故爲是說勸之釋韓而伐趙하야 趙齊事畢而韓可移書定이니 正見韓之不必伐也라 乃乾道本道藏本에 皆作轉하니 則字之誤久矣라 趙本은 改轉爲韓하니 是也타 盧顧는 以上文已云從韓伐趙로 此不必更言定韓이라하니 今案韓未聞其將伐趙어늘 秦何得從韓以伐趙리오 且秦之伐趙에 亦何必從韓이리오 疑韓字는 是衍文이라 蓋旣使人使(시)荊하고 又與魏質이면 則荊魏不與我爲難矣라 於是에 從而伐趙라 從而者는 繼事之詞니 明其事次第當如此요 非從他國之謂也라 後人이 不達其義하야 妄補韓字以實之하고 盧顧는 不知上韓字之衍하야 而疑下韓字之非하니 誤矣라하니라 先愼案 兪說이 是라 張榜本에 轉亦作韓하니 今據改하노라

○王先愼 : '韓'은 乾道本에 '轉'으로 되어 있다. 盧文弨는 "藏本에도 '轉'으로 되어 있으니 옳다. 위에 이미 '從韓而伐趙'라고 하였으니, 그렇다면 한나라를 다시 거두어들일 필요가 없다는 것이 자명하다." 하였고, 顧廣圻는 "今本에 '轉'이 '韓'으로 되어 있으니 잘못이다. 이것은 초나라와 위나라를 평정함을 말한 것이다." 하였다.

兪樾은 "'轉'자는 아무 의미가 없고, 趙本에 '韓'으로 되어 있으니 옳다. 이 篇이 '存韓'이라고 명명된 것은 본래 진나라 대신들의 계책이 군대를 일으켜 한나라를 치려는 것이었으므로, 이에 유세하여 권하기를, 韓나라를 제쳐두고 趙나라를 공격하여, 조나라와 齊나라를 치는 일을 성공적으로 마치면 한나라는 편지 한 장을 보내어 평정할 수 있다고 한 것이니, 실로 한나라를 칠 필요가 없음을 보인 것이다. 곧 乾道本과 道藏本에 모두 '轉'으로 되어 있으니, 글자가 잘못된 지 오래되었다. 趙本은 '轉'을 '韓'으로 바로잡았으니 옳다. 노문초와 고광기는 윗글에 이미 '從韓而伐趙'라고 하였기 때문에 여기서 한나라를 평

정한다는 말은 다시 할 필요가 없다고 하였다. 지금 살펴보건대, 한나라는 진나라가 아직 조나라를 친다는 정보를 듣지 못했는데, 진나라가 어찌 한나라를 좇아 조나라를 칠 수 있겠는가. 또 진나라가 조나라를 치는 데에 어찌 반드시 한나라를 좇아야 하겠는가. 아마도 '韓'자는 衍文인 듯하다. 대개 사람을 초나라에 사신으로 보내고 또 위나라에 인질을 보냈다면 초나라와 위나라는 우리 진나라와 대적하는 상황이 아니게 되므로, 이에 곧이어 조나라를 치는 것이다. '從而'는 일이 연속됨을 뜻하는 말이니, 그 일이 차례로 이와 같음을 밝힌 것이지, 다른 나라를 좇는다는 말이 아니다. 후대 사람이 그 뜻을 알지 못하여 엉터리로 '韓'자를 보충하여 채워넣었고, 노문초와 고광기는 위의 '韓'자가 衍文인지 알지 못하여 아래의 '韓'자가 잘못임을 의심하였으니, 틀렸다."라고 하였다.

내가 살펴보건대, 유월의 설이 옳다. 張榜本에 '轉'은 또한 '韓'으로 되어 있으니, 지금 이에 의거하여 바로잡았다.

2-23 是我一擧에 二國有亡形이니

이렇게 되면 우리 진나라의 한 번의 거사로 두 나라는 멸망할 형국이 이루어질 것이니,

○先愼曰 二國은 指齊趙라

○王先愼 : 두 나라는 제나라와 조나라를 가리킨다.

2-24 則荊魏又必自服矣리이다 故曰 兵者는 凶器也[5]라하니 不可不審用也니이다 以秦與趙敵衡이어늘 加以齊하고 今又背韓하며 而未有以堅荊魏之心이라 夫一戰而不勝이면 則禍搆矣리이다 計者는 所以定事也니 不可不察也니이다 (韓)〔趙〕[6]秦强弱은

그렇다면 초나라와 위나라도 반드시 스스로 굴복할 것입니다. 그러므로 "무기는 흉기이다."라고 하였으니, 신중하게 사용하지 않으면 안 됩니다. 진나라와 조나라

---

5) 兵者 凶器也 : ≪老子≫ 31장에 "兵者不祥之器(무기는 상서롭지 못한 도구이다.)"라고 보인다.

6) (韓)〔趙〕 : 저본에는 '韓'으로 되어 있으나, "'韓'자는 '趙'자가 되어야 하며, 韓나라를 치면 趙나라가 강해지고 趙나라를 치면 秦나라가 약해지는 것이다."라고 한 ≪韓非子新校注≫ 松皐圓의 설에 의거하여 '趙'로 바로잡았다.

는 엇비슷하게 서로 맞서고 있는데, 제나라가 조나라에 가세하고 이제 또 한나라가 진나라와 등을 돌렸으며 게다가 초나라와 위나라의 마음도 굳게 잡지 못한 상태입니다. 만약 한나라와 한번 싸워서 이기지 못한다면 화근을 만들게 될 것입니다. 계책이란 일의 성패를 결정하는 것이니, 신중히 살피지 않으면 안 됩니다. 조나라와 진나라의 강약은

○顧廣圻曰 韓은 當作轉이라 兪樾曰 韓秦强弱은 各本皆同하니 顧氏謂當作轉은 誤라 先愼曰 顧說이 是라 如貴臣之計하야 秦爲天下兵質이면 則秦必弱이요 如非之計하야 齊趙可亡하고 荊魏必服이면 則秦强矣라 秦計一定에 强弱隨之하나니 若韓之强弱을 豈非所敢言乎리오

○顧廣圻 : '韓'은 응당 '轉'이 되어야 한다.

兪樾 : '韓秦强弱'으로 된 것은 각 본이 모두 같으니, 顧廣圻가 응당 '轉'이 되어야 한다고 한 것은 잘못이다.

王先愼 : 고광기의 설이 옳다. 秦나라 대신들의 계책대로 하여 진나라가 천하 제후 군대의 공격 목표가 되면 진나라가 반드시 약해질 것이고, 韓非의 계책대로 하여 齊나라와 趙나라를 멸망시키고 초나라와 위나라를 반드시 굴복시킨다면 진나라가 강해질 것이다. 진나라의 계책이 한번 정해지면 두 나라의 강약은 따라서 정해질 것이니, 한나라의 강약 문제를 어찌 한비가 감히 말할 바이겠는가.

2-25 在今年耳요 且趙與諸侯陰謀久矣니이다 夫一動而弱於諸侯는 危事也요 爲計而使諸侯有意伐之心은

금년에 결판이 날 것입니다. 그리고 조나라가 제후들과 음모를 꾸민지도 이미 오래되었습니다. 이제 한번 병력을 동원하여 제후들에게 약점을 보이는 것은 위험한 일이며, 계책을 세우되 도리어 제후들로 하여금 진나라가 자기 나라를 정벌할까 의심하게 하는 것은

○盧文弨曰 伐은 張本凌本에 作我라 趙敬夫云 意秦之伐之也니 不必作我라하니라

○盧文弨 : '伐'은 張本과 凌本에 '我'로 되어 있다. 趙敬夫는 "진나라가 자기 나라를 정벌할까 의심하는 것이니, 꼭 '我'가 될 필요는 없다." 하였다.

2-26 至殆也니이다 見(현)二疏는

매우 위태롭습니다. 이 두 가지 허술한 계책을 드러내는 것은

○先愼曰 乾道本에 疏는 作疎라 盧文弨云 從藏本作疏라하니 今依改하노라

○王先愼 : 乾道本에 '疏'는 '疎'로 되어 있다. 盧文弨는 "藏本에 '疏'로 되어 있는 것을 따랐다." 하였으니, 지금 이에 의거하여 바로잡았다.

2-27 非所以强於諸侯也니이다 臣竊願陛下之幸熟圖之하노니 夫攻伐而使從者間焉이면 不可悔也니이다

제후들보다 강국이 되는 방법이 아닙니다. 신은 폐하께서 이 점에 대하여 심사숙고하시길 바랍니다. 한나라를 공격하였다가 合從한 나라들로 하여금 틈을 엿보게 한다면, 그때는 후회해도 어찌할 수 없을 것입니다."

○先愼曰 乾道本은 攻上에 無夫字요 間은 作聞이라 盧文弨云 夫字脫하니 張凌本有夫字라 聞은 一作間이라하고 顧廣圻云 聞은 當作間이니 間은 反間也라하니라 先愼案 盧校是니 今據改하노라 存韓文은 止此니 下乃附見其事라

○王先愼 : 乾道本에는 '攻' 위에 '夫'자가 없고, '間'은 '聞'으로 되어 있다. 盧文弨는 "'夫'자가 탈락되었으니, 張本과 凌本에는 '夫'자가 있다. '聞'은 어떤 본에 '間'으로 되어 있다." 하였고, 顧廣圻는 "'聞'은 응당 '間'이 되어야 하니, '間'은 反間이다." 하였다. 내가 살펴보건대, 노문초의 교감이 옳으니, 지금 이에 의거하여 바로잡았다. 〈存韓篇〉의 글은 여기에서 끝나니, 이 아래는 관련되는 일을 부록으로 보인 것이다.

2-28 詔以韓客之所上書로 書言韓之未可擧를 下臣斯[7)]하시니

〈李斯가 秦 始皇에게 글을 올렸다.〉

"詔令으로 韓나라의 客이 올린 글 중에 한나라를 쳐서는 안 된다고 말한 내용에 대해 臣 李斯에게 내려 검토하게 하셨으니,

---

7) 詔以韓客之所上書……下臣斯 : 이 구절부터 아래의 '願陛下幸察愚臣之計 無忽'까지는 秦나라의 李斯가 韓非의 주장을 반박하여 秦나라 왕에게 올린 글이다.

○先愼曰 乾道本言韓下에 有子字라 兪樾云 子字는 衍文이라 韓非因聞貴臣之計러니 擧兵將伐韓이라 故上此書하야 言韓之未可擧라 誤衍子字하야 義不可通이라 趙本無子字니 亦當從之라하니라 先愼案 張榜本亦無子字니 今據刪하니라

○王先愼 : 乾道本에는 '言韓' 아래에 '子'자가 있다. 兪樾은 "'子'자는 衍文이다. 韓非가 秦나라 대신의 계책이 군대를 일으켜 韓나라를 치려는 것임을 들었기 때문에 이 글을 올려 韓나라를 쳐서는 안 된다고 말한 것이다. '子'자가 잘못 들어가서 뜻이 통하지 않는다. 趙本에 '子'자가 없으니, 또한 응당 따라야 한다." 하였다. 내가 살펴보건대, 張榜本에도 '子'자가 없으니, 지금 이에 의거하여 삭제하였다.

2-29 甚以爲不然하노이다

그 주장에 대해 신은 몹시 옳지 않다고 생각합니다.

○先愼曰 拾補에 甚上有臣斯二字라 盧文弨云 舊本不重하고 一本有라하니라 先愼案 臣斯二字는 誤複이니 以下皆李斯言이라

○王先愼 : ≪群書拾補≫에 '甚' 위에 '臣斯' 두 글자가 있다. 盧文弨는 "舊本에는 이 두 글자가 중복되어 나오지 않고, 한 본에만 그렇게 되어 있다." 하였다. 내가 살펴보건대, '臣斯' 두 글자는 잘못 중복되어 나온 것이니, 이 아래가 모두 李斯의 말이다.

2-30 秦之有韓은 若人之有腹心之病也니이다

秦나라에게 韓나라의 존재는 마치 사람이 몸속 깊이 병을 갖고 있는 것과 같습니다.

○盧文弨曰 腹心은 舊本倒어늘 今從藏本張本하니 與下同이라

○盧文弨 : '腹心'은 舊本에 도치되어 있는데, 지금 藏本과 張本을 따른다. 아래도 마찬가지이다.

2-31 虛處則㤥然하야

가만히 있을 때에도 괴로워

恀는 妨心腹虛也니 而病爲妨이라 喩秦虛心待韓이면 韓終爲妨이라 恀는 音艾라 ○盧文弨曰 注에 恀는 音艾어늘 淩本音改라 案說文에 苦也라 胡槪切이라하고 玉篇에 恨苦也라하니라

舊注 : '恀'는 심복을 비우는 데 장애가 되는 것이니, 병이 장애가 되는 것이다. 秦나라가 마음을 비우고 韓나라를 대하면, 한나라가 끝내 장애가 됨을 비유한 것이다. '恀'는 음이 艾(애)이다.

○盧文弨 : 舊注에 "'恀'는 음이 艾이다." 하였는데, 淩本에는 "음이 改이다." 하였다. 살펴보건대, ≪說文解字≫에 "'苦(괴로움)'이니, 胡와 槪의 半切이다." 하였고, ≪玉篇≫에 "'恨苦(한스럽고 괴로움)'이다." 하였다.

2-32 若居濕地하고 著(착)而不去라가 以極走면 則發矣니이다

마치 축축한 곳에 사는 것과 같으며, 병이 달라붙어서는 떨어지지 않고 있다가 급히 달리기라도 하면 발작합니다.

謂疾得冷이라가 卒然而走면 必發矣니 喩秦이 雖加恩於韓이라도 有急이면 韓之不臣之心이 必見矣라 ○顧廣圻曰 虛處逗니 平居也라 與極으로 對文이니 則恀然若居濕地著而不去十一字爲一句라 恀는 說文에 苦也라하고 廣韻云 患苦니 胡槪切이라하니 舊注는 皆誤라 以極이 逗니 走字는 衍이라 兪樾曰 顧氏視舊讀爲長이나 然平居不得謂之虛處요 且走與處對文이니 則走字는 非衍也라 按此當以虛處則恀然若居濕地爲句라 虛는 乃衍字也니 蓋卽處字之誤而複者라 著而不居爲句요 以極走則發矣爲句라 極은 猶亟也니 古字通用이라 荀子賦篇에 出入甚極이라하고 又曰 反覆甚極이라하니 楊注竝云 極은 讀爲亟이라하니 是其證이라 此言腹心之病이 附著不去하니 平居猶可나 亟走則發矣라 亟走는 喩急也라 舊注에 卒然而走라하니 是正讀極爲亟也라 下文에 今若有卒報之事韓不可信也라하니 若有卒報之事與亟走之喩相應이라 顧訓極爲困이라하야 而刪走字하니 未得其旨라 先愼曰 兪說이 是라 乾道本注에 冷作令이어늘 今依趙本하니라

舊注 : 병이 잦아들었다가 갑자기 달리면 반드시 發病함을 말한다. 진나라가 비록 한나라에 은혜를 베풀더라도 위급한 경우를 만나면 한나라의 臣服하지 않는 마음이 반드시

드러날 것임을 비유하였다.

○顧廣圻 : '虛處'에서 구두해야 하니, '平居(평상시)'라는 뜻이다. '極'과 對文이니, '則恔然若居濕地著而不去' 11자가 한 구가 된다. '恔'는 ≪說文解字≫에 "'苦(괴로움)'이다." 하고, ≪廣韻≫에 "'患苦(근심스럽고 괴로움)'이니, 胡와 槪의 半切이다." 하였다. 舊注는 모두 틀렸다. '以極'에서 구두해야 하고, '走'자는 衍文이다.

兪樾 : 顧廣圻의 설이 舊注보다는 낫지만 '平居'를 '虛處'라고 말할 수는 없고, 또 '走'와 '處'가 對文이니, 그렇다면 '走'자는 衍文이 아니다. 살펴보건대, 이 문장은 응당 '虛處則恔然若居濕地'를 한 구로 해야 한다. '虛'는 곧 衍文이니, 대개 '處'자가 잘못 쓰이면서 중복된 것이다. '著而不居'가 한 구가 되고, '以極走則發矣'가 한 구가 된다. '極'은 '亟'과 같으니, 古字에서 통용이다. ≪荀子≫ 〈賦篇〉에 "出入甚極(출입함이 매우 급하다.)"이라 하고, 또 "反復甚極(반복함이 매우 급하다.)"이라 하였는데, 楊倞의 注에 모두 "'極'은 '亟'으로 읽어야 한다." 한 것이 그 증거이다. 이것은 腹心의 병이 붙어서 떨어지지 않고 있으니, 평안하게 있을 때는 그래도 괜찮지만 급히 달리면 발병한다는 것이다. '亟走(급히 달림)'는 위급한 상황을 비유한 것이다. 舊注에 '갑자기 달리다[卒然而走]'라고 하였으니, '極'을 '亟'으로 바로잡아 읽은 것이다. 아래 글에 '今若有卒報之事 韓不可信也'라고 하였는데, '若有卒報之事'와 '亟走'의 비유가 서로 호응한다. 顧廣圻는 '極'을 '困'으로 해석하고 '走'자를 삭제하였으니, 본뜻을 터득하지 못한 것이다.

王先愼 : 유월의 설이 옳다. 乾道本의 舊注에 '冷'은 '令'으로 되어 있는데, 지금 趙本을 따른다.

2-33 **夫韓**이 **雖臣於秦**이나 **未嘗不爲秦病**이니 **今若有卒報之事**면 **韓不可信也**니이다

저 韓나라가 비록 秦나라에 신하로서 복종하고 있지만 진나라의 골칫거리가 아닌 적이 없었으니, 이제 만약 갑작스런 사태가 발생한다면 한나라를 결코 믿어서는 안 됩니다.

○**兪樾曰 報**는 **讀爲赴疾之赴**라 **禮記少儀篇**에 **毋報往**이라하고 **喪服小記篇**에 **報葬者報虞**라하니 **鄭注竝云 報**는 **讀爲赴疾之赴**라하니 **是也**라

○兪樾 : '報'는 '赴疾(병에 달려감)'의 赴로 읽는다. ≪禮記≫ 〈少儀篇〉에 "毋報往(급하게 가지 말라.)"이라 하고, ≪예기≫ 〈喪服小記篇〉에 "報葬者報虞(葬事를 빨리 지낸 경우에 虞祭도 빨리 지낸다.)"라고 하였는데, 鄭玄의 注에 모두 "'報'는 赴疾의 '赴'로 읽는다."라고 하

였으니 옳다.

2-34 秦與趙爲難하야 荊蘇使齊나 未知何如[8]니 以臣觀之컨대 則齊趙之交는 未必以荊蘇絶也요 若不絶이면 是悉(趙)〔秦〕而應二萬乘也니이다

진나라가 조나라와 적대하여 〈조나라와 국교를 단절시키려고〉 荊蘇를 제나라에 사신으로 보냈지만 그 성사 여부가 어떨지 장담할 수가 없습니다. 신이 보건대, 제나라와 조나라의 국교는 결코 형소 한 사람의 힘으로 단절되지는 않을 것이며, 만약 단절되지 않는다면 진나라의 병력을 총동원하여 萬乘의 두 대국을 한꺼번에 상대해야 합니다.

○王渭曰 趙는 當作秦이라

○王渭 : '趙'는 응당 '秦'이 되어야 한다.

2-35 夫韓은 不服秦之義而服於强也니 今專於齊趙면 則韓은 必爲腹心之病而發矣니이다 韓與荊有謀하고 諸侯應之면 則秦은 必復見崤塞[9]之患이리이다

한나라는 진나라의 의리에 복종하는 게 아니라 강한 위력에 굴복하는 것입니다. 이제 만약 진나라가 제나라와 조나라를 상대하느라 온 힘을 쏟는다면 한나라는 반드시 뱃속의 병이 되어 발작할 것입니다. 한나라와 초나라가 진나라를 공격하기로 계책을 꾸미고 제후들이 이에 호응한다면 진나라는 반드시 崤塞에서 적을 맞아야 하는 환난을 다시 겪게 될 것입니다.

○先愼曰 謂諸國兵이 將復至函谷이라

○王先愼 : 제후국의 군대가 장차 다시 函谷關에 이를 것이라는 말이다.

---

8) 荊蘇使齊 未知何如 : 진나라는 제나라가 다른 나라와 동맹을 맺지 못하도록 하기 위해 특별히 荊蘇를 제나라에 사신으로 보내 제나라 왕에게 유세하도록 하였다. 이 계책이 결국 성공을 거두어 韓, 趙, 魏, 楚, 燕 등 다섯 나라를 무너뜨리는 전쟁에서 제나라는 시종 간섭하지 않았다.

9) 崤塞 : 崤山의 험한 요새라는 뜻이다. 崤山은 河南省 洛寧縣 북쪽에 위치하여 函谷關과 이어져 있는 요충지인데, 곧 秦나라에 들어가는 입구이다.

2-36 夫非之來也는 未必不以其能存韓也하야 爲重於韓也니이다

韓非가 진나라에 온 까닭은 기필코 한나라를 존속시켜서 그 공으로 한나라에서 중용되려는 것입니다.

○先愼曰 非之來秦은 爲存韓也니 則說雖爲秦이나 心必爲韓이라 故云爲重於韓也라

○王先愼 : 한비가 진나라에 온 까닭은 한나라를 존속시키기 위해서이니, 그의 유세 내용이 비록 진나라를 위하고 있지만 내심으론 반드시 한나라를 위하는 것이다. 그러므로 "한나라에 중용되려고 한다."고 하였다.

2-37 辯說屬辭하고 飾非詐謀하야 以釣利於秦하야 而以韓利闚陛下니이다

변설을 펼치며 문장을 짓고 잘못을 文飾하고 속임수를 짜내어 진나라로부터 이익을 낚아서 한나라의 이득을 구하려고 폐하의 틈을 엿보고 있습니다.

闚陛下之意는 因隙而入說하야 以求韓利라

舊注 : '闚陛下'의 뜻은 틈을 타서 들어가 유세하여 韓나라의 이득을 구하는 것이다.

2-38 夫秦韓之交親이면 則非重矣니

진나라와 한나라의 국교가 친밀해지면 한비가 중용될 것이니,

見重於二國이라

舊注 : 한비가 두 나라에서 중용된다는 것이다.

2-39 此自便之計也니이다 臣視非之言호니 文其淫說靡辯才甚하니 臣恐陛下淫非之辯而聽其盜心이라가

이것은 바로 자기의 편의를 위한 계략입니다.

신이 한비의 말을 보니, 邪說과 靡辯을 꾸미는 재주가 탁월하니, 신은 폐하께서 한비의 변설에 빠져들어 그의 도둑 같은 心計를 들어주었다가

○王先謙曰 浸淫而聽納之라

○王先謙 : 점차 빠져들어서 들어주는 것이다.

2-40 因不詳察事情일까하노이다 今以臣愚議컨대 秦發兵而未名所伐이면 則韓之用事者以事秦爲計矣니이다

일의 실정을 제대로 살피지 못할까 두렵습니다. 이제 신의 어리석은 견해로는 진나라가 군사를 일으켜서 어느 나라를 정벌할 것인지 분명히 지칭하지 않는다면, 한나라의 중신들이 진나라를 섬기는 계책을 세울 것입니다.

疑伐己也라

舊注 : 자기를 정벌할까 의심하기 때문이다.

2-41 臣斯는 請往見韓王하야 使來入見호리니 大王見하고 因內其身而勿遣하소서

신 이사는 청컨대 한나라에 가서 그 왕을 만나서 진나라에 들어와 폐하를 알현하도록 할 것입니다. 대왕께서는 그를 만나보시고 그대로 그의 신병을 잡아들이고는 보내지 마십시오.

○盧文弨曰 淩本大王二字重이라 張本不重이니 是라

○盧文弨 : 淩本에 '大王' 두 글자가 중복되었다. 張本에는 중복되지 않았으니, 옳다.

2-42 稍召其社稷之臣하야 以與韓人爲市면 則韓可深割也니이다

그런 뒤에 한나라의 중신들을 차차 불러들여 한나라 왕을 한나라 사람에게 넘기는 것으로 협상을 하면, 한나라의 영토를 깊숙이 쪼개어 받을 수 있을 것입니다.

○王先謙曰 韓遣韓非入秦은 在王安六年이니 其時에 滎陽上黨이 悉已入秦하고 存者獨穎川一郡地耳라 非存韓之說은 不得已而爲宗社計어니와 李斯所云深割者는 卽盡入其地之謂也라

○王先謙 : 한나라가 한비를 진나라에 들여보낸 것이 韓 安王 6년(B.C. 233)인데, 그

때에 滎陽과 上黨이 모두 이미 진나라에 편입되었고 남은 것이라곤 潁川 1郡 땅뿐이었다. 한비가 한나라를 보존시키고자 한 유세는 어쩔 수 없이 종묘사직을 위해서 낸 계책이었지만, 이사가 말한 깊숙이 쪼개어 받는다는 것은 바로 그 땅을 다 편입시킴을 말한다.

2-43 因令(象)〔蒙〕武[10)]하야

이어 蒙武에게 명하여

○王渭曰 象은 當作蒙이니 蒙武는 見始皇本紀蒙恬列傳이라

○王渭 : '象'은 '蒙'이 되어야 하니, 蒙武는 ≪史記≫ 〈始皇本紀〉와 〈蒙恬列傳〉에 나온다.

2-44 發東郡之卒하야 闚兵於境上하되 而未名所之면 則齊人懼而從蘇之計리니

東郡의 군사를 출동시켜서 국경에서 병력으로 시위하되 진격할 방향을 분명히 지칭하지 않게 한다면, 齊나라 사람이 두려워하여 荊蘇의 계책을 따를 것이니,

○先愼曰 蘇는 卽荊蘇니 秦使之齊하야 絶趙交也라

○王先愼 : '蘇'는 荊蘇니, 진나라가 그를 제나라에 사신으로 보내어 조나라와의 국교를 단절하도록 하였다.

2-45 是我兵未出이로되 而勁韓以威擒하고 强齊以義從矣니이다 聞於諸侯也면 趙氏破膽하고 荊人狐疑하야 必有忠計리이다

이는 우리 진나라의 군대를 출동하지 않고도 뻣뻣한 한나라를 위력으로 휘어잡고, 강력한 제나라를 의리로써 복종시키는 것입니다. 이 일이 제후들에게 알려지면 조나라는 가슴이 철렁하고 초나라는 갈피를 못 잡아 반드시 진나라에 충성할 계책을 세울 것입니다.

---

10) 〔蒙〕武 : 蒙武는 전국시대 秦나라 무장으로, 蒙驁의 아들이자 蒙恬의 아버지이다. 秦 始皇 23년에 飛將軍이 되어 王翦을 따라 楚나라를 격파하고 項燕을 죽였으며, 24년에 또다시 楚나라를 공격하여 楚王 負芻를 사로잡았고, 百越을 항복시키는 등 여러 차례 전공을 세웠다. (≪史記≫ 〈蒙恬列傳〉)

○先愼曰 荊疑四國必不欺秦이라

○王先愼 : 초나라는 네 나라가 반드시 秦나라를 속이지 않을 것이라고 의심함을 이른다.

2-46 荊人不動이면 魏不足患也니 則諸侯可蠶食而盡이요 趙氏可得與敵矣니이다 願陛下幸察愚臣之計하야 無忽하소서

초나라가 움직이지 않으면 위나라는 근심할 필요가 없을 것이니, 그렇다면 제후들의 영토를 잠식해 들어가 다 차지할 수 있을 것이고, 조나라와도 대적할 수가 있을 것입니다. 원컨대 폐하께서는 부디 어리석은 신의 계책을 살펴 소홀히 하지 마십시오."

2-47 秦遂遣斯使韓也[11)]하다 李斯往詔韓王이나 未得見하야 因上書하야 曰 昔에 秦韓勠力一意하야 以不相侵하야 天下莫敢犯하니 如此者數世矣요 前時에 五諸侯嘗相與共伐韓할새 秦發兵以救之러니이다

진나라가 마침내 李斯를 한나라에 사신으로 보냈다. 이사가 한나라 왕에게 가서 〈사신으로 오게 된 취지를〉 아뢰고자 하였으나, 만날 수가 없어서 글을 올려서 말하였다.

"옛날 진나라와 한나라가 힘을 합치고 뜻을 하나로 모아 서로 침략하지 않아서 천하 제후들이 아무도 감히 넘보지 못하였으니, 이와 같은 정세가 여러 대에 걸쳐 이어졌습니다. 지난번 다섯 나라의 제후들이 연합하여 한나라를 공격하였을 때에도 진나라가 군대를 일으켜 구원하였습니다.

○先愼曰 韓世家에 釐(희)王二十三年에 趙魏共伐韓한대 韓使陳筮告急於秦하니 秦昭王遣白起救韓하야 八日而至하야 大破趙魏之師라하다 據六國表컨대 事在昭王三十一年이라

11) 秦遂遣斯使韓也 : 이 구절부터 〈存韓篇〉의 끝까지는 李斯가 韓나라에 사신을 가서 한나라 왕을 만나지 못하고 올린 글을 수록한 것이다.

○王先愼：≪史記≫〈韓世家〉에 "韓나라 釐王 23년에 조나라와 위나라가 함께 한나라를 공벌하자, 한나라가 陳筮를 진나라에 사신으로 보내어 위급함을 고하였다. 진나라 昭王이 白起를 보내 한나라를 구원하게 해서, 백기가 8일 만에 한나라에 이르러 조나라와 위나라의 군대를 더파하였다." 하였다. 〈六國表〉에 근거하면 진나라 소왕 31년의 일이다.

2-48 **韓居中國**하야 **地不能滿千里**로되 **而所以得與諸侯班位於天下**하야 **君臣相保者**는 **以世世相教事秦之力也**일새니이다

한나라가 中原에 있으면서 땅이 사방 천 리를 채우지 못하지만, 천하에 제후들과 같은 반열에 끼어서 군주와 신하가 함께 생존할 수 있었던 까닭은 대대로 가르쳐서 진나라를 섬겼기 때문입니다.

○王先謙曰 韓自懿侯後니 事見世家者라 如昭侯十一年에 如秦하고 宣惠王十九年에 以太子倉質秦하고 襄王十年에 太子嬰朝秦하고 釐王時에 兩會秦王하니 非不世世事秦이나 而無世不被秦兵이요 常出兵佐秦伐諸侯라 其得秦救는 惟釐王二十三年一役而已라 所謂勠力一意以不相侵은 特策士之游談이니 初無關於事實也라

○王先謙：韓나라가 〈秦나라를 섬긴 것은〉 懿侯 이후로부터이니 이 일이 ≪史記≫〈韓世家〉에 보인다. 이를테면 昭侯 11년에 진나라에 갔고, 宣惠王 19년에 태자 倉이 진나라에 인질로 갔으며, 襄王 10년에 태자 嬰이 진나라에 朝見하였고, 釐王 때 두 차례 진나라 왕과 회합하였으니, 대대로 진나라를 섬기지 않은 적이 없었다. 그러나 어느 때고 진나라 군대의 침공을 겪지 않은 적이 없었고 늘 군대를 내어 진나라가 제후를 치는 것을 도왔다. 진나라에게 구원을 받은 것은 오직 희왕 23년 한 차례뿐이다. 이른바 '힘을 합치고 뜻을 하나로 모아 서로 침략하지 않았다.'는 것은 단지 策士가 유세하여 하는 말이지, 애초에 사실과는 무관하다.

2-49 **先時五諸侯共伐秦**에 **韓反與諸侯先爲雁行**하야 **以嚮秦軍於關下矣**러니이다

지난번 다섯 나라의 제후들이 연합하여 진나라를 쳤을 적에는 한나라가 도리어 제후들 편에 가세하여 선봉에 서서 函谷關 아래에서 진나라 군대와 맞섰습니다.

○王先謙曰 秦昭王九年에 齊魏韓共擊秦於函谷하고 十一年에 齊韓趙魏宋中山五國[12] 共攻秦하니 韓襄王十四十六年事也라 先愼曰 乾道本關作闕이라 盧文弨云 藏本作關이니 下云先爲雁行而攻關이라하니라 先愼案 闕은 乃關字形近而譌니 卽函谷關이라 今據藏本改하니라

○王先謙 : 秦나라 昭王 9년에 齊・魏・韓이 연합하여 函谷關에서 진나라를 공격하였고, 11년에 齊・韓・趙・魏・宋・中山 등 다섯 나라가 연합하여 진나라를 공격하였으니, 한나라 襄王 14년, 16년의 일이다.

王先愼 : 乾道本에 '關'은 '闕'로 되어 있다. 盧文弨는 "藏本에 '關'으로 되어 있으니, 아래 글에 '先爲雁行而攻關(선봉에 서서 函谷關을 공격했다.)'이라 하였다."라고 하였다. 내가 살펴보건대, '闕'은 곧 '關'자와 모양이 비슷하여 잘못된 것이니, 곧 函谷關을 말한다. 지금 藏本에 근거하여 바로잡았다.

2-50 諸侯兵困力極에 無奈何하야 諸侯兵罷러니이다

제후들의 군대가 지치고 힘이 다하자 어쩔 수 없이 제후들은 철군하였습니다.

○王先謙曰 秦割地以和니 見表及秦紀라 此飾言之라

○王先謙 : 진나라가 땅을 떼어주고 화친한 것이니, ≪史記≫ 〈六國表〉 및 〈秦本紀〉에 나온다. 이것은 좋게 꾸며서 말한 것이다.

2-51 杜倉相秦하야 起兵發將以報天下之怨하야 而先攻荊하니이다

杜昌이 진나라의 재상이 되자 군대를 일으키고 장수를 보내어 천하 제후들에게 원수를 갚고자 먼저 초나라를 공격하였습니다.

○王先謙曰 據表記世家컨대 秦昭王二十七年은 楚頃襄王十九年이요 韓釐王十六年也라 自是連三年秦擊楚破之하야 遂拔郢이라 先愼曰 乾道本先作失이니 非也라 顧廣圻云 今本失作先이라하니 今據改하니라

○王先謙 : ≪史記≫의 〈六國表〉・〈本紀〉・〈世家〉를 근거로 하면, 秦나라 昭王 27년은

12) 五國 : 당시 中山은 趙나라에 속해 있었기 때문에 '五國'이라고 하였다.(≪史記正義≫)

楚나라 頃襄王 19년이고, 韓나라 釐王 16년이다. 이때부터 3년을 연이어 진나라가 초나라를 공격해 무너뜨려서 마침내 郢을 함락하였다.

王先愼 : 乾道本에 '先'은 '失'로 되어 있으니, 틀렸다. 顧廣圻는 "今本에 '失'은 '先'으로 되어 있다." 하였으니, 지금 이에 의거하여 바로잡았다.

2-52 荊令尹이 患之하야 曰 夫韓以秦爲不義로되 而與秦兄弟共苦天下라가

초나라 令尹이 이를 근심하여 말하기를, '저 한나라는 진나라를 의롭지 못하다고 생각하면서도 진나라와 형제의 관계를 맺고 함께 천하를 괴롭히다가,

○先愼曰 謂與秦爲兄弟也라

○王先愼 : 秦나라와 형제가 됨을 말한다.

2-53 已又背秦하야 先爲雁行以攻關하니 韓則居中國하야 展轉不可知라하니이다

이번에는 또 진나라를 배반하여 선봉에 서서 函谷關을 공격했다. 한나라는 中原에 있으면서 이랬다저랬다 하니 믿을 수 없는 나라로다.' 하였습니다.

○先愼曰 展轉은 猶反覆也라

○王先愼 : '展轉'은 '反覆(이랬다저랬다 함)'과 같다.

2-54 天下共割韓上地十城以謝秦하니 解其兵하니라

그리하여 천하 제후들이 함께 한나라의 上黨 지역 열 개 城을 떼어서 진나라에 바치고 사죄하니, 이에 진나라가 군대를 물렸습니다.

○王先謙曰 據秦紀及表컨대 昭王四十五年에 攻韓하야 取十城하니 未知卽此事否라 四十七年에 秦卽攻上黨호되 亦未嘗解兵이라

○王先謙 : ≪史記≫ 〈秦本紀〉 및 〈六國表〉에 근거해보면, 秦나라 昭王 45년에 한나라를 쳐서 열 개 城을 취하였는데, 바로 이 일인지 알 수 없다. 47년에 秦나라가 곧 上黨을 쳤으니, 역시 군대를 물린 적은 없다.

2-55 夫韓嘗一背秦이라가 而國迫地侵하고 兵弱至今하니 所以然者는 聽姦臣之浮說하야

한나라는 일찍이 한번 진나라를 배반하였다가 나라는 핍박당하고 영토는 침략을 당하며 병력은 약해진 채로 지금에 이르렀습니다. 그렇게 된 까닭은 간사한 신하의 근거 없는 말을 듣고서

○先愼曰 乾道本臣作人이라 盧文弨云 張本人作臣이라하니라 先愼案 下文亦作臣이니 作臣者是라 今據改하니라

○王先愼 : 乾道本에 '臣'은 '人'으로 되어 있다. 盧文弨는 "張本에 '人'은 '臣'으로 되어 있다." 하였다. 내가 살펴보건대, 아래 글에 또한 '臣'으로 되어 있으니, '臣'이 되는 것이 옳다. 지금 이에 근거하여 바로잡았다.

2-56 不權事實일새니이다 故雖殺戮姦臣이라도 不能使韓復强이니이다 今趙欲聚(兵)士卒하야 以秦爲事호되

사실을 제대로 가늠해보지 못하였기 때문입니다. 그러므로 비록 간사한 신하를 죽인다 하더라도 한나라를 다시 강국으로 되돌릴 수는 없습니다. 이제 조나라가 사졸을 모아 진나라와 전쟁을 치르려고 하면서

○先愼曰 兵字는 疑衍이라 上文趙氏聚士卒에 無兵字하니 卽其證이라

○王先愼 : '兵'자는 衍文인 듯하다. 윗글 '趙氏聚士卒'에 '兵'자가 없으니, 바로 그 증거이다.

2-57 使人來借道하야 言欲伐秦이어늘 欲伐秦이라도 其勢必先韓而後秦이니이다

사자를 한나라에 보내와서 길을 빌려달라고 하며 진나라를 치겠다고 말하는데, 진나라를 치려고 한다 하더라도 형세로 보면 필시 한나라를 먼저 친 뒤에 진나라를 칠 것입니다.

○先愼曰 乾道本不重欲伐秦三字라 盧文弨云 舊不重이어늘 今依張凌本補라하고 顧廣圻云 藏本重欲伐秦三字하니 非也라하니라 先愼案 重三字文義較足하니 未必

乾道本獨是而衆本皆非也라 顧說太泥하니 今據補하니라

○王先愼：乾道本에 '欲伐秦' 세 자가 중복되지 않았다. 盧文弨는 "舊本에 중복되지 않았는데, 지금 張本과 凌本에 의거하여 보충하였다." 하였고, 顧廣圻는 "藏本에 '欲伐秦' 세 자가 중복되어 있는데, 틀렸다." 하였다. 내가 살펴보건대, 세 자가 중복된 것이 문맥으로 보아 비교적 타당하니, 꼭 건도본만이 옳고 여러 판본이 다 잘못이라고 할 것은 없다. 고광기의 설은 건도본에 너무 얽매여 있다. 지금 이에 의거하여 보충하였다.

2-58 且臣聞之호니 脣亡則齒寒이라하니 夫秦韓은 不得無同憂니 其形可見이니이다 魏欲發兵以攻韓할새 秦使人將使者於韓이러니이다

또 신이 들으니, '입술이 없으면 이가 시리다.' 하였습니다. 진나라와 한나라는 근심을 함께하지 않을 수 없으니, 이는 그 형세로 보아 알 수가 있습니다. 위나라가 군대를 일으켜 한나라를 공격하려고 했을 적에, 진나라는 사람을 시켜서 위나라에서 보낸 사자를 한나라에 보내주려고 하였습니다.

○王先謙曰 此言魏遣使於秦하야 約其攻韓할새 秦欲送其使於韓하니 所以誑恐之라

○王先謙：이는 위나라가 진나라에 사자를 보내어 한나라를 공격하기로 약조하려고 하자, 진나라는 그 사자를 한나라에 보내려고 하였다는 말이니, 곧 기만하여 위협하기 위한 것이다.

2-59 今秦王使臣斯來而不得見이니 恐左右襲曩姦臣之計하야 使韓復有亡地之患일까하노이다 臣斯不得見인댄

이제 진나라 왕이 신 李斯를 보냈으나, 신은 폐하를 뵙지 못하고 있습니다. 측근 신하들이 이전에 간사한 신하가 세웠던 계책을 답습하여 한나라로 하여금 다시 영토를 잃는 환난을 겪게 할까 염려됩니다. 신 이사가 폐하를 뵙지 못한다면,

○先愼曰 乾道本無得字라 顧廣圻云 藏本今本에 不下有得字라하니 今據補하니라

○王先愼：乾道本에 '得'자가 없다. 顧廣圻는 "藏本과 今本에 '不' 아래에 '得'자가 있다." 하였으니, 지금 이에 근거하여 보충하였다.

2-60 請歸報하노니 秦韓之交는 必絶矣리이다 斯之來使는 以奉秦王之歡心하야 願效便計어든 豈陛下所以逆賤臣者邪잇가 臣斯願得一見하야 前進道愚計하고 退就葅(저)戮[13]하노니 願陛下有意焉하소서 今殺臣於韓이라도 則大王不足以强이어니와 若不聽臣之計면 則禍必搆矣리이다 秦發兵不留行인댄 而韓之社稷憂矣리니 臣斯暴身於韓之市면 則雖欲察賤臣愚忠之計라도 不可得已리이다 邊鄙殘하고 國固守하야 鼓鐸[14]之聲〔盈〕於耳면

진나라로 돌아가서 復命하게 해주십시오. 그렇게 되면 진나라와 한나라의 국교는 반드시 단절될 것입니다. 제가 사신으로 온 것은 한나라에 대한 진나라 왕의 호의를 받들어 한나라에 이로운 계책을 바치고자 한 것입니다. 그런데 어찌하여 폐하는 저를 이런 식으로 맞는단 말입니까. 신 이사는 폐하를 한번 뵙고 폐하 앞에 나아가 저의 어리석은 계책을 아뢴 뒤에 물러나 극형을 받고자 합니다. 아무쪼록 폐하께서 유념해주시길 바랍니다.

이제 한나라에서 신을 죽인다 하더라도 대왕께서는 나라를 강대하게 할 수 없거니와, 만약 신의 계책을 들어주지 않으신다면 반드시 화란이 생길 것입니다. 진나라가 군대를 일으켜 멈추지 않고 진격할 경우 한나라의 사직은 위태로울 것입니다. 그러니 신 이사의 시신이 한나라의 저자에 내걸린다면, 그때는 비록 어리석지만 충성스러운 저의 계책을 다시 고려해보려고 하더라도 할 수 없을 것입니다. 변방이 짓밟히고 나서 도성만을 굳게 지키다가 적군의 북소리와 방울소리가 귀에 가득 들려오면

○先愼曰 邊鄙殘句요 國固守句라 於上에 脫盈字라

○王先愼 : '邊鄙殘'이 한 구이고, '國固守'가 한 구이다. '於' 위에 '盈'자가 탈락되었다.

2-61 而乃用臣斯之計라도 晩矣니이다 且夫韓之兵於天下可知也어늘 今又背强秦하니 夫棄城而敗軍이면

---

13) 葅(저)戮 : 죄인을 죽여 肉醬을 담그는 酷刑을 말한다.

14) 鼓鐸 : 전쟁에서 명령을 전하는 북과 큰 방울이다.

그제야 신 이사의 계책을 쓴다 해도 이미 늦습니다. 또 한나라의 병력이 어느 정도인지는 천하에 뻔히 다 알려져 있는데 지금 강한 진나라를 배반하려고 하니, 성을 떼어주고 군대를 패주시키면

○顧廣圻曰 敗軍은 當作軍敗니 軍句絶이요 敗下屬이라 王先謙曰 言割城而又敗其軍이라 於義自順하니 無庸倒文이라

○顧廣圻 : '敗軍'은 응당 '軍敗'가 되어야 하니, '軍'에서 구가 끊어지고 '敗'는 아래 구에 이어진다.

王先謙 : 성을 떼어주고 또 군대를 패주시킨다는 말이다. 문맥이 자연히 잘 이어지기 때문에 글자를 도치시킬 필요가 없다.

2-62 則反掖之寇

내부에서 반란을 일으키는 무리가

反掖者는 謂麾下反以禽君掖也라 ○盧文弨曰 反於掖下는 言內變將作也니 注迂晦라 王先謙曰 謂韓本國之寇니 與下秦興兵으로 對文이라

舊注 : '反掖'은 휘하에서 배반하여 군주의 겨드랑이를 잡는다는 말이다.

○盧文弨 : 겨드랑이 아래에서 반란을 일으킨다는 것은 내부의 변란이 일어날 것이라는 말이다. 舊注의 해설은 너무 오활하고 분명하지 않다.

王先謙 : 韓나라 본국에서 반란을 일으키는 무리를 이르니, 아래 글에 나오는 '秦興兵(秦나라가 일으킨 군대)'과 對文이다.

2-63 必襲城矣리니 城盡則聚散이요 聚散則無軍矣니이다

반드시 성을 습격할 것이니, 城이 함락되면 백성들이 흩어지고, 백성들이 흩어지면 군대는 없어집니다.

○先愼曰 乾道本不重聚散二字라 顧廣圻云 藏本今本에 重聚散이라하니 先愼案城盡則聚者散하고 聚者散則國無軍이라 重聚散二字라야 語乃明顯하니 今據補하니라

○王先愼 : 乾道本에 '聚散' 두 글자가 중복되어 있지 않다. 顧廣圻는 "藏本과 今本에 '聚

散'이 중복되어 있다."라고 하였으니, 내가 살펴보건대, 성이 함락되면 백성들이 흩어지고, 백성들이 흩어지면 나라에 군대가 없게 된다. '聚散' 두 글자를 중복하여야 말이 분명해지니, 지금 이에 의거하여 보충하였다.

2-64 城固守인댄

가령 성을 굳게 지킨다면

○顧廣圻曰 藏本今本城上有使字라 先愼曰 城固守는 與上城盡으로 對文이니 無使字是라

○顧廣圻 : 藏本과 今本에 '城' 위에 '使'자가 있다.
王先愼 : '城固守'는 윗글의 '城盡'과 對文이니, '使'자가 없는 것이 옳다.

2-65 則秦必興兵而圍王一都하리니

秦나라가 필시 군대를 일으켜 왕의 하나의 큰 성읍을 포위할 것이니,

○王先謙曰 或云 一字는 當在道字下라하니 非也라 古城邑大者를 皆謂之都니 不必王所居方爲都라 孟子云 王之爲都者 臣知五人이 是也라 韓世家에 公仲請王賂秦以一名都라하고 楚陳軫言秦得韓之名都一이라하니 正與此文一都相類라

○王先謙 : 혹자는 "'一'자는 마땅히 〈아래 글의〉 '道'자 아래에 있어야 한다."고 하였는데, 틀렸다. 옛 성읍 중에 큰 것을 모두 '都'라고 하였으니, 꼭 왕이 머물러야만 '都'가 되는 것이 아니다. ≪孟子≫ 〈公孫丑 下〉에 "王之爲都者 臣知五人(왕의 都)를 다스리는 자를 신이 다섯 사람 알고 있습니다.)"라고 한 것이 그 예이다. ≪史記≫ 〈韓世家〉에 "公仲請王賂秦以一名都(公仲이 한나라 왕에게 이름난 읍성 하나를 진나라에게 뇌물로 주라고 청하였다.)"라고 하고, "楚陳軫言秦得韓之名都一(초나라 陳軫이 진나라가 한나라의 이름난 읍성 하나를 얻었다고 말하였다.)"이라고 하였는데, 바로 이 문구의 '一都'와 서로 비슷하다.

2-66 道不通이면 則難必謀하야

그리하여 길이 막혀 통하지 않으면 벗어날 계책을 세우기 어려워

○王先謙曰 說文에 慮難曰謀라

○王先謙：≪說文解字≫에 "어려움을 해결하려고 생각하는 것을 '謀'라 한다." 하였다.

2-67 其勢不救니이다 左右計之者不用일새니

그 형세를 구원할 길이 없을 것입니다. 이는 측근에서 계책을 세우는 자들이 주도면밀하지 못해서이니,

○顧廣圻曰 用은 當作周니 周는 密也라

○顧廣圻：'用'은 응당 '周'가 되어야 하니, '周'는 '密(치밀함)'이다.

2-68 願陛下熟圖之하소서 若臣斯之所言이 有不應事實者인댄 願大王幸使得畢辭於前하노니 乃就吏誅不晩也니이다 秦王은 飮食不甘하고 遊觀不樂하니 意專在圖趙니이다 使臣斯來言이니 願得身見하야 因急與陛下有計也하노이다

부디 폐하께서는 자세히 헤아려보시기 바랍니다. 만약 신 이사가 한 말 중에 사실에 부합하지 않은 점이 있다면, 부디 대왕께서 저를 면전에 부르시어 할 말을 다하게 해주십시오. 그런 뒤에 獄吏에게 내려 주벌하여도 늦지 않을 것입니다. 지금 진나라 왕은 어떤 음식을 먹어도 맛을 느끼지 못하고 유람을 해도 즐겁지 않으니, 조나라를 치는 데 온 정신을 쏟고 있습니다. 그리하여 신 이사로 하여금 이곳에 와서 진언하게 한 것이니, 부디 직접 만나 뵙고 그 자리에서 급히 폐하와 계책을 의논할 수 있기를 바랍니다.

○先愼曰 乾道本無見字라 顧廣圻云 藏本今本에 有見字라하니 今據補하니라

○王先愼：乾道本에 '見'자가 없다. 顧廣圻는 "藏本과 今本에는 '見'자가 있다." 하였으니, 지금 이에 의거하여 보충하였다.

2-69 今使臣不通이면 則韓之信未可知也니 夫秦必釋趙之患하야 而移兵於韓이리이다 願陛下幸復察圖之하야 而賜臣報決하노이다

이제 신으로 하여금 폐하를 뵙지 못하게 한다면 한나라의 신의는 장담할 수가 없는 것이니, 진나라는 반드시 조나라에 대한 근심은 제쳐두고 군대를 한나라로 이동할 것입니다. 부디 폐하께서는 다시 한번 깊이 생각해보시고 신에게 결단을 내려주시길 바랍니다."

○趙用賢曰 此當時記載之文이라 故幷敍李斯語라

○趙用賢 : 이 편은 당시에 기록한 글이므로 이사의 말을 아울러 서술해놓은 것이다.

第三 難言篇 제3편 進言하는 어려움

임금에게 進言하기 어려운 점을 논한 것이다. 말이 아름답고 화려하면 실속이 없는 것으로 여겨지고, 고지식하고 완고하면 보기에 졸렬하고 상식과 맞지 않는다고 여겨지고, 남의 사정을 캐내는 듯이 하면 참람하여 겸손하지 못하다고 여겨지고, 너무 넓거나 원대하게 말하여 헤아릴 수 없다면 과장되어 쓸모가 없다고 여겨지는 등 신하로서 말하는 태도와 내용에 따라 군주가 어떻게 받아들이는지에 대해 총 12조목을 열거하였다. 그러므로 신하의 진언이 비록 올바르더라도 반드시 군주가 받아들이는 것은 아니며, 의리가 비록 완전하더라도 반드시 군주가 쓰는 것은 아니다. 이처럼 간언을 하다가 죽임을 당하거나 치욕을 당한 역사적 인물들을 열거하였으니 伍子胥, 仲尼, 管夷吾, 翼侯, 鬼侯 등 총 22명이다. 마지막으로 이러한 인물들이 결국은 패란하고 미혹된 군주를 만났기 때문이었음을 강조하고, 지극한 말은 귀에 거슬리고 마음을 뒤집어놓아 賢人과 聖人이 아니면 들어주지 않음을 大王에게 재차 당부하였다. 이 편 끝의 大王에 대해 梁啓超·陳奇猷는 韓王이라 하였고 陳啓天은 秦王이라 하였다.

3-1 **臣非非難言也**로되 **所以難言者**니이다 **言順比滑澤**하고 **洋洋纚纚然**하면 **則見以爲華而不實**하리이다

臣 韓非는 進言하는 것을 어려워하지 않는데, 진언하기가 어려운 이유는 이렇습니다. 말이 거슬리지 않고 윤택하며 아름답고 화려하면 듣고서 화려하기만 하고 실질이 없다고 여길 것입니다.

言順於愼하고 比於班이라 洋洋은 美요 纚纚는 有編次也라 ○盧文弨曰 順比는 不拂逆也라 注言順於愼比於班은 轉難解라 淩本에 澤作瀉하니 誤라 先愼曰 意林引見下有者字하고 爲作謂하니 下同이라

舊注 : 말이 신중해서 거스르지 않고 반반해서 가지런한 것이다. '洋洋'은 아름다운 것

이고, '纚纚'는 조리가 있는 것이다.

○盧文弨 : '順比'는 거스르지 않는 것이다. 舊注에서 "順於慎 比於班"이라고 한 것은 더욱 이해하기 어렵다. 凌本에 '澤'은 '瀉'로 되어 있으니 잘못되었다.

王先愼 : ≪意林≫에 이 글을 인용하면서 '見'자 아래에 '者'자가 있고 '爲'자는 '謂'자로 되어 있으니 아래도 마찬가지이다.

3-2 敦厚恭祗하고

말이 돈후하고 공경스러우며

○先愼曰 乾道本에 作敦祗恭厚라 意林引作敦厚恭祗하니 是也라 今據改라

○王先愼 : 乾道本에 '敦祗恭厚'로 되어 있다. ≪意林≫에 이 글을 인용하면서 '敦厚恭祗'로 되어 있으니 옳다. 지금 이에 의거하여 고쳤다.

3-3 鯁固愼完하면 則見以爲拙而不倫하리이다

고지식하고 신중하고 완고하면 듣고서 졸렬하고 〈상식과〉 맞지 않는다고 여길 것입니다.

○先愼曰 乾道本에 拙作掘이라 顧廣圻云 藏本今本에 掘作拙이라하니라 先愼案 意林에 亦作拙하니 今據改라

○王先愼 : 乾道本에 '拙'은 '掘'로 되어 있다. 顧廣圻은 "藏本과 今本에는 '掘'이 '拙'로 되어 있다."라고 하였다. 내가 살펴보건대 ≪意林≫에 또한 '拙'로 되어 있으니, 지금 이에 의거하여 고쳤다.

3-4 多言繁稱하고 連類比物하면 則見以爲虛而無用하리이다 摠微說約하고 徑省(생)而不飾하면 則見以爲劌而不辯하리이다

말이 많고 번다하며 비슷한 사건과 사물을 줄지어 비유하면 듣고서 허황되어 쓸모가 없다고 여길 것입니다. 정미한 것만 모으고 요점만 말하며 직설적이고 생략하여 꾸미지 않으면 듣고서 말이 어눌하여 말주변이 없다고 여길 것입니다.

○先愼曰 意林에 劌作訥이라

○王先愼 : ≪意林≫에 '劌'이 '訥'로 되어 있다.

3-5 激急親近하고 探知人情하면 則見以爲僭而不讓하리이다

〈군주가〉 친근하게 여기는 것을 다그치고 남의 사정을 캐내는 듯이 하면 듣고서 참람하여 겸손하지 못하다고 여길 것입니다.

○先愼曰 乾道本에 僭作譖이라 拾補에 急下旁注意字[1]라 盧文弨云 張本에 意作急이요 探一作深이요 凌本에 譖作僭이라하니라 顧廣圻云 今本에 急作意하니 誤라 先愼案 譖凌本作僭이니 是라 今據改라 意林에 急亦誤作意라 釋名[2]에 急은 及也니 操切之使相逮及也라하니라 說文에 探은 遠取之也라하니라 疏遠之臣이 慮事廣肆라가 竝及人主之親近하야 以刺取其向背면 卽說(세)難所謂非間己卽賣重也라 故見者以爲僭而不讓이라

○王先愼 : 乾道本에 '僭'이 '譖'으로 되어 있다. ≪群書拾補≫에 '急' 아래에 '意'자를 旁注로 달았다. 盧文弨는 "張本에 '意'가 '急'으로 되어 있고 '探'이 어떤 본에는 '深'으로 되어 있으며 凌本에 '譖'이 '僭'으로 되어 있다."라고 하였다. 顧廣圻는 "今本에 '急'이 '意'로 되어 있으니 잘못되었다."라고 하였다.

내가 살펴보건대 '譖'은 凌本에 '僭'으로 되어 있으니 옳다. 지금 이에 의거하여 고쳤다. ≪意林≫에 '急' 또한 '意'로 잘못되어 있다. ≪釋名≫에 "'急'은 '及(미치다)'이니, 재촉하여 서로 미치게 하는 것이다."라고 하였다. ≪說文解字≫에 "'探'은 멀리서 취하는 것이다."라고 하였다. 소원한 신하가 일을 염려하고 말을 거침없이 하다가 군주가 친근하게 여기는 것을 아울러 언급하여 그 속마음을 끄집어내면, 이는 곧 〈說難篇〉의 이른바 '자신을 이간질하는 것〔間己〕'이 아니면 '권력을 파는 것〔賣重〕'이다. 그러므로 듣는 자가 참람하여 겸손하지 못하다고 여기는 것이다.

---

1) 急下旁注意字 : 旁注는 正文 옆에 단 小注를 말한다. 즉 ≪群書拾補≫에서 '急'은 '意'라고 한 것이다.

2) 釋名 : 後漢 때 劉熙가 지은 책으로, 〈釋天〉·〈釋地〉 등 27종으로 나누어 訓詁를 싣고 뜻을 풀이한 사전이다.

3-6 閎大廣博하고 妙遠不測하면

너무 크거나 넓으며 오묘하고 원대하게 말하여 헤아릴 수 없다면

○先愼曰 意林에 妙遠作深而라

○王先愼 : ≪意林≫에 '妙遠'이 '深而'로 되어 있다.

3-7 則見以爲夸而無用하리이다 家計小談하야 以具數言이면 則見以爲陋하리이다

듣고서 과장되어 쓸모가 없다고 여길 것입니다. 집안의 계획이나 소소한 얘기를 해서 빠짐없이 낱낱이 말하면 듣고서 비루하다고 여길 것입니다.

○顧廣圻曰 藏本에 同이요 今本에 家作穢하니 誤라 盧文弨曰 張本에 作家라 先愼曰 此卽說難篇所謂米鹽博辯也니 作家字是라

○顧廣圻 : 藏本에는 마찬가지로 되어 있고, 今本에 '家'는 '穢'로 되어 있으니 잘못되었다.
盧文弨 : 張本에는 '家'로 되어 있다.
王先愼 : 이는 곧 〈說難篇〉의 이른바 '쌀이나 소금처럼 소소한 것까지 널리 변설하는 것〔米鹽博辯〕'이니, '家'자로 되어 있는 것이 옳다.

3-8 言而近世하고 辭不悖逆하면 則見以爲貪生而諛上하리이다

말이 세속에 영합하고 말이 남을 거스르지 않으면 듣고서 제 목숨을 부지하려고 윗사람에게 아첨한다고 여길 것입니다.

○顧廣圻曰 逆當作遻(오)라 詩巧言如流[3]箋云 故不悖逆이라하니라 釋文[4]云 遻는 五故反이니 本亦作逆이라하니라 按說難篇云 大意無所拂悟라하니 拂은 悖同字요 遻는 悟同字라 作逆者는 形近之誤也라 又鄭檀弓注에 噫는 弗寤之聲이라하니 弗寤는 卽 拂悟라 正義讀弗如字者는 非라 今本因之改弗作不하니 尤誤라 列女傳에 不拂不

3) 巧言如流 : ≪詩經≫ 〈小雅 雨無正〉에 "좋겠네 말을 잘하는 이여, 교묘한 그 말이 물 흐르듯 하여 몸이 좋은 자리에 처하게 하도다.〔哿矣能言 巧言如流 俾躬處休〕"라는 말에 보인다.

4) 釋文 : 六朝 唐나라의 陸德明이 저술한 ≪經典釋文≫을 가리킨다. 14종 경전의 音義와 문자의 同異에 대한 학자들의 주석을 모아 정리하였다.

寤라하니 亦用寤字라

○顧廣圻 : '逆'은 마땅히 '遻'가 되어야 한다. ≪詩經≫ 〈小雅 雨無正〉의 '巧言如流(물 흐르듯이 말을 잘한다.)'에 대한 鄭玄의 箋에 '故不悖逆(그러므로 거스르지 않는다.)'이라 하였다. ≪釋文≫에 "'遻'는 五와 故의 半切이니 본래 또한 '逆'으로 되어 있다."라고 하였다. 살펴보건대 〈說難篇〉에서 '大意無所拂悟(큰 뜻에 거스르는 바가 없다.)'라고 하니, '拂'은 '悖'와 같은 자이고 '遻'는 '悟'와 같은 자이다. '逆'이라 쓴 것은 모양이 비슷해서 잘못된 것이다. 또 ≪禮記≫ 〈檀弓篇〉 鄭玄의 注에 "'噫'는 거스르는 소리이다."라고 했으니 '弗寤'는 곧 '拂悟'이다. ≪禮記正義≫에서 '弗'을 본음대로 읽은 것은 틀렸다. 今本은 여기에 근거하여 '弗'을 고쳐 '不'르 되어 있으니 더욱 잘못되었다. ≪列女傳≫에 "不拂不寤(거스르지 않고 위배되지 않는다.)"라고 했으니 또한 '寤'자를 썼다.

3-9 言而遠俗하고 詭躁人間하면 則見以爲誕하리이다

말이 세속과 遙遠하고 인간 세상에 허황되면 듣고서 허탄하다고 여길 것입니다.

○先愼曰 釋名에 躁는 燥也니 物燥면 乃動而飛揚也라하니 則躁有華而不實之意라 易繫辭에 躁人之辭多라하니라

○王先愼 : ≪釋名≫에 "'躁'는 '燥(메마름)'이니 사물이 메마르면 움직여서 날아오른다."라고 하니, '躁'는 화려하기만 하고 실질이 없다는 뜻이다. ≪周易≫ 〈繫辭傳 下〉에 "조급한 사람은 말이 많다.〔躁人之辭多〕"라고 하였다.

3-10 捷敏辯給하고 繁於文采면 則見以爲史하리이다

민첩하게 말을 잘하고 문채가 성대하면 듣고서 겉치레에 힘쓴다고 여길 것입니다.

○先愼曰 儀禮聘(記)〔禮〕[5)]云 辭多則史라하고 鄭注에 史는 謂策祝이니 亦言史官辭多文也라하니라

○王先愼 : ≪儀禮≫ 〈聘禮〉에 "말이 많으면 겉치레일 따름이다."라고 했고, 鄭玄의 注에 "'史'는 '策祝(간책에 쓰는 축문)'을 가리키니 또한 史官의 말이 많고 화려함을 말한 것이다."라고 하였다.

5) (記)〔禮〕: 저본에는 '記'로 되어 있으나, ≪儀禮≫에 의거하여 '禮'로 바로잡았다.

3-11 **殊釋文學**하고

문학적인 수식을 끊어내고

○王先謙曰 殊釋은 猶言絶棄라

○王先謙 : '殊釋'은 끊고 버린다는 말과 같다.

3-12 **以質性言**하면 **則見以爲鄙**하리이다

질박한 성질대로 말하면 듣고서 비루하다고 여길 것입니다.

○先愼曰 乾道本에 性作信이라 盧文弨云 信은 張凌本에 皆作性이라하니라 顧廣圻云 藏本에 信作性하니 是也라하니 今據改라

○王先愼 : 乾道本에 '性'은 '信'으로 되어 있다. 盧文弨는 "'信'은 張本과 凌本에 모두 '性'으로 되어 있다."라고 하였다. 顧廣圻는 "藏本에 '信'은 '性'으로 되어 있으니 옳다."라고 했으니 지금 이에 의거하여 고쳤다.

3-13 **時稱詩書**하고 **道法往古**면 **則見以爲誦**하리이다

때때로 ≪詩經≫과 ≪書經≫을 일컫고 옛일을 본받아야 한다고 말하면 듣고서 옛일만을 외운다고 여길 것입니다.

誦說舊事이라

舊注 : 옛일을 외우고 말한다는 것이다.

3-14 **此臣非之所以難言而重患也**니이다 **故度量雖正**이라도 **未必聽也**며 **義理雖全**이라도 **未必用也**니이다 **大王若以此不信**하시면 **則小者以爲毁訾誹謗**하고 **大者患禍災害死亡及其身**하리이다 **故子胥善謀而吳戮之**[6]하고 **仲尼善說而匡圍之**[7]하며

---

6) 子胥善謀而吳戮之 : 伍子胥는 춘추시대 楚나라 사람인데 아비와 형이 모함을 받아 楚 平王에게 처형당하자 원수를 갚기 위해 吳나라로 망명하였다. 당시 吳王 闔廬는 오자서의 힘으로 霸者가 되었으나, 합려의 아들 夫差가 즉위한 후에는 그의 계책을 쓰지 않고 간신인 伯嚭(백비)의 말을 따라 越나라와 화친하고, 오자서에게는 屬鏤劍을 주어 자결하도록 하였다. 자세

管夷吾實賢而魯囚之[8)]니이다 **故此三大夫豈不賢哉**리잇가 **而三君不明也**니이다 **上古有湯**은 **至聖也**요 **伊尹**은 **至智也**니이다 **夫至智說至聖**이나 **然且七十說而不受**하야 **身執鼎俎爲庖宰**[9)]하야 **昵近習親**하니 **而湯乃僅知其賢而用之**니이다 **故曰以至智說至聖**이라도 **未必至而見受**라하니 **伊尹說湯是也**니이다 **以智說愚**라도 **必不聽**이니 **文王說紂是也**니이다 **故文王說紂而紂囚之**[10)]하고

이것이 신 한비가 진언하기를 어렵게 여겨 신중히 하고 두려워하는 이유입니다. 그러므로 헤아림이 비록 올바르더라도 반드시 받아들여지는 것은 아니며, 의리가 비록 완전하더라도 반드시 쓰이는 것은 아닙니다. 大王께서 만약 이러한 이유로 진언하는 말을 믿지 않으신다면 작게는 〈진언한 자를〉 비방하고 헐뜯는 경우가 생기며 크게는 환난과 재앙, 죽음이 진언한 자의 몸에 미치게 될 것입니다. 그래서 伍子胥는 모략에 뛰어났지만 吳王이 그를 죽였고, 仲尼는 언변에 뛰어났지만 匡 지역 사람들이 그를 포위했으며, 管夷吾는 실로 현인이었지만 魯나라가 그를 가두었습니다. 그러니 이 세 사람이 어찌 현명하지 못해서이겠습니까. 이는 세 군주가 총명하지 못해서입니다.

한 내용은 ≪史記≫ 권66 〈伍子胥列傳〉에 보인다.

7) 仲尼善說而匡圍之 : 魯나라 陽虎란 자가 일찍이 匡 지역에서 횡포를 부렸는데, 孔子의 외모가 양호와 비슷했으므로, 匡 지역 사람들이 공자를 양호인 줄 잘못 알고 포위했던 일이 있었다. 관련 내용은 ≪論語≫ 〈子罕〉에 보인다.

8) 管夷吾實賢而魯囚之 : 齊나라 襄公이 무도한 정치를 펴자, 鮑叔牙는 公子 小白을 받들고 莒나라로 망명하였고 管仲과 召忽은 공자 糾를 받들고 魯나라로 망명하였다. 양공이 죽게 되자 소백이 먼저 제나라로 돌아와서 임금이 된 다음, 노나라에 명하여 공자 규를 죽이고 관중과 소홀을 제나라로 돌려보내게 하였다. 이에 소홀은 그곳에서 자살하고 관중은 檻車에 갇히기를 자청하여 제나라로 왔는데, 포숙아가 환공에게 청하여 관중을 정승으로 삼게 하였다. 관련 내용은 ≪史記≫ 권32 〈齊太公世家〉에 보인다.

9) 身執鼎俎爲庖宰 : 伊尹은 殷나라 湯王의 재상이다. 당초에 이윤은 탕왕을 만날 길이 없자 탕왕의 처인 有莘氏 집의 요리사가 된 뒤에, 솥과 도마를 등에 지고 탕왕을 만나 음식으로써 천하의 도리를 비유해 설명했다는 고사가 전한다. 관련 내용이 ≪史記≫ 권3 〈殷本紀〉에 보인다.

10) 文王說紂而紂囚之 : 周 文王이 일찍이 殷나라 紂의 밑에서 九侯, 鄂侯와 함께 三公으로 있을 적에 紂가 무죄한 구후와 악후를 처참하게 죽인 데 대하여 몰래 탄식을 했다가, 소인의 참소에 의해 紂의 노염을 사서 羑里(유리)에 수감되었다. 관련 내용이 ≪史記≫ 권4 〈周本紀〉에 보인다.

상고시대에 湯王은 지극한 성인이었고 伊尹은 지극히 지혜로운 자였습니다. 지극히 지혜로운 자가 지극한 성인을 설득하였으나 일흔 번이나 설명을 하였지만 받아들여지지 않자 몸소 솥과 도마를 잡고 요리사가 되어 가까이에서 친숙하게 지내니, 그런 다음에야 탕왕이 겨우 그의 현명함을 알아보고 등용하였습니다. 그러므로 "지극히 지혜로운 자가 지극한 성인을 설득해도 반드시 받아들여지는 것은 아니다."라고 하니 이윤이 탕왕을 설득한 경우가 이것입니다. 지혜로운 자가 어리석은 자를 설득해도 반드시 받아들여지지 않으니 文王이 紂를 설득한 경우가 이것입니다. 그러므로 문왕이 紂를 설득하였지만 紂는 그를 가두었고

○先愼曰 乾道本에 無而紂二字라 顧廣圻云 藏本今本에 紂下有而紂二字라하니 今據補라

○王先愼 : 乾道本에는 '而紂' 두 자가 없다. 顧廣圻는 "藏本과 今本에는 '紂' 아래에 '而紂'가 있다."라고 하니 지금 이에 의거하여 보충하였다.

伍子胥(≪吳郡名賢圖傳讚≫)

孔子(≪萬古際會圖像≫)

湯(≪萬古際會圖像≫)

伊尹(≪萬古際會圖像≫)

周 文王(≪萬古際會圖像≫)

3-15 翼侯炙[11)]하고

翼侯는 불에 구워졌고

○顧廣圻曰 戰國策史記皆作鄂侯라 先愼曰 左隱五年에 邢人伐翼하니 翼侯奔隨라하고 六年에 納諸鄂謂之鄂侯라하니 翼鄂地近이라 故相通稱이라 史記楚世家에 熊渠中子紅爲鄂王이라하고 吳越春秋句踐陰謀外傳에 號翼侯라하니 可借證翼鄂通稱이라

○顧廣圻 : ≪戰國策≫과 ≪史記≫에는 모두 '鄂侯'로 되어 있다.

王先愼 : ≪春秋左氏傳≫ 隱公 5년 조에 "邢人이 翼을 정벌하니 翼侯가 隨로 달아났다." 라고 하였고, 6년 조에 "鄂에 머물게 하니 '鄂侯'라 하였다."라고 하니 翼과 鄂은 지역이 가까워 서로 통칭한 것이다. ≪史記≫ 〈楚世家〉에 "熊渠의 둘째 아들 熊紅을 鄂王으로 삼았다."라고 하였고 ≪吳越春秋≫ 〈句踐陰謀外傳〉에 "翼侯라 불렀다."라고 하니 翼과 鄂을 통칭했음을 증명할 수 있다.

3-16 鬼侯腊(석)[12)]하고

鬼侯는 포 떠졌고,

○先愼曰 史記에 作九侯라 徐廣注에 九侯一作鬼侯니 鄴縣有九侯城이라하니라 九鬼는 聲近通用이라

○王先愼 : ≪史記≫에는 '九侯'로 되어 있다. 徐廣의 注에 "'九侯'는 어떤 본에는 '鬼侯'로 되어 있으니 鄴縣에 九侯城이 있다."라고 하였다. '九'와 '鬼'는 소리가 비슷하여 통용이다.

3-17 比干剖心[13)]하고 梅伯醢[14)]하고

---

11) 翼侯炙 : 翼侯는 鄂侯를 가리킨다. 鄂侯는 殷나라 紂 때의 제후였는데, 紂의 비행을 간하자 紂가 노하여 악후를 脯 떠버렸다. 관련 내용이 ≪史記≫ 권3 〈殷本紀〉에 보인다.

12) 鬼侯腊(석) : 鬼侯는 九侯를 가리킨다. 九侯는 자신의 딸을 紂에게 바쳤는데, 구후의 딸이 음란한 것을 좋아하지 않으니, 紂가 노하여 구후의 딸을 죽이고 구후의 뼈를 바르고 젓 담그는 형벌을 내렸다. 관련 내용이 ≪史記≫ 권3 〈殷本紀〉에 보인다.

13) 比干剖心 : 比干은 殷나라의 충신으로, 紂의 음란과 학정을 직언하자 紂가 심장을 도려내어

比干은 심장이 찢기고 梅伯은 소금에 절여졌고,

○先愼曰 見晏子라 楚辭云 數(삭)諫至醢라하니라

○王先愼 : ≪晏子春秋≫에 보인다. ≪楚辭≫에 "자주 간언하면 소금에 절여지는 형벌에 이르게 된다."라고 하였다.

比干(≪古聖賢像傳略≫)

3-18 夷吾束縛[15]하고 而曹羈(기)奔陳[16]하고 伯里子道乞[17]하고

管夷吾는 결박을 당하였고, 曹羈는 陳나라로 달아났고, 伯里子는 길에서 구걸하였고,

○盧文弨曰 卽百里奚亡秦走宛事라 顧廣圻曰 伯은 讀爲百이라

○盧文弨 : 百里奚가 秦나라에서 도망쳐서 宛 지역으로 달아난 일이다.

顧廣圻 : '伯'은 '百'자로 읽어야 한다.

管仲(≪萬古際會圖像≫)

죽였다. 관련 내용이 ≪史記≫ 권3 〈殷本紀〉에 보인다.

14) 梅伯醢 : 梅伯은 紂의 제후로, 바르고 곧아 자주 紂의 잘못을 간하자 紂가 노하여 그의 몸으로 젓갈을 담았다고 한다.

15) 夷吾束縛 : 夷吾는 管仲의 이름이고 仲이 字이다. 관중이 결박당한 내용은 역주 8) 참조.

16) 曹羈(기)奔陳 : 曹羈는 춘추시대 曹나라 대부로, 간언을 하다가 받아들여지지 않자 陳나라로 달아났다.

17) 伯里子道乞 : 伯里子는 百里奚이다. 그는 춘추시대 虞나라의 賢臣으로 불우하게 떠돌아다니다가 잘못 楚나라에 억류되었는데, 이때 秦 穆公이 그의 어질다는 소문을 듣고는 암양 가죽 다섯 벌을 초나라 사람에게 주고 억류된 백리해를 데려와 정승으로 삼았다. 그래서 백리해를 五羖(고)大夫라고도 한다. 관련 내용이 ≪史記≫ 권5 〈秦本紀〉에 보인다.

3-19 傳說(열)轉鬻(육)[18]하고

傳說은 여기저기 돌아다니며 품팔이하였고,

轉次而傭故曰鬻이라

舊注 : 여기저기 다니며 품팔이하는 것을 '鬻'이라 한다.

傳說(≪歷代古人像讚≫)

3-20 孫子臏脚於魏[19]하고 吳起收泣於岸門[20]하야

孫子는 魏나라에서 다리가 잘렸고, 吳起는 岸門에서 눈물을 거두면서

○盧文弨曰 收는 **疑是抆**(문)**字**니 **見呂氏春秋長見篇**이라 **顧廣圻曰 仲冬紀云 抿**(민)**泣**이라하고 **恃君覽云 雪泣**이라하니라 **先愼曰 收當作抆**하니 **形近而誤**라

○盧文弨 : '收'는 '抆(닦다)'자인 듯하니 ≪呂氏春秋≫ 〈長見篇〉에 보인다.

顧廣圻 : ≪呂氏春秋≫ 〈仲冬紀篇〉에는 '抿泣(눈물을 닦다)'이라 하였고, 〈恃君覽篇〉에는 '雪泣(눈물을 훔치다)'이라 하였다.

王先愼 : '收'는 응당 '抆'이 되어야 하니 모양이 비슷하여 생긴 오류이다.

---

18) 傳說(열)轉鬻(육) : 傳說은 殷나라 高宗의 재상으로, 고종이 傅巖의 길을 닦는 공사판에서 부열을 발견하여 정승으로 삼고는 "만약 크게 가문다면, 내가 그대를 장맛비로 삼겠다."라고 말했다. 관련 내용이 ≪書經≫ 〈說命 上〉에 보인다.

19) 孫子臏脚於魏 : 孫子는 전국시대 齊나라 병략가인 孫臏으로, 발을 잘리는 臏刑을 당했으므로 그렇게 부른 것이다. 손빈은 동문수학했던 魏나라의 장수 龐涓에게 발을 잘리는 혹형을 당한 뒤 齊나라의 軍師가 되어 수레 안에서 군대를 지휘하며 방연의 군사를 크게 격파하였다. 관련 내용이 ≪史記≫ 권65 〈孫子列傳〉에 보인다.

20) 吳起收泣於岸門 : 吳起는 魯나라로부터 魏나라와 楚나라를 전전하면서 君師가 되었으나 일찍이 위나라를 위하여 황하 서쪽 西河 지역을 지킬 때에 모함을 받아 소환을 당하자, 돌아가는 길에 岸門을 지나면서 눈물을 흘리며 탄식하였다. 또한 楚 悼王에게 변법을 단행하도록 하자 원한을 품은 귀족에게 손발이 찢기는 형을 받았다. 관련 내용이 ≪史記≫ 권65 〈吳起列傳〉에 보인다.

3-21 痛西河之爲秦이어늘 卒枝解於楚하고

西河가 秦나라 땅이 될 것임을 통탄하였는데 끝내 楚나라에서 손발이 찢기는 형벌을 당하였고,

○先愼曰 說詳姦劫弑臣篇이라

○王先愼 : ≪韓非子≫ 〈姦劫弑臣篇〉에서 자세히 말하였다.

3-22 公叔痤言國器反爲悖[21)]하야 公孫鞅奔秦하고 關龍逢斬[22)]하고 萇宏分胣(치)[23)]하고

公叔痤는 國器라고 추천하였다가 도리어 거절당하여 公孫鞅이 秦나라로 달아났고, 關龍逢은 참수를 당하였고 萇宏은 창자가 찢겨졌고

關龍逢(≪古聖賢像傳略≫)

21) 公叔痤言國器反爲悖 : 魏나라 재상 公叔痤가 병이 위중하자 惠王이 병문안을 가서 그가 죽은 후의 대책을 물었더니 공숙좌가 대답하기를, “公孫鞅이 나이가 비록 젊으나 奇才가 있으니 왕께서 온 나라를 들어다 맡기소서.” 하니, 왕이 아무 말도 하지 않고 나가려 하였다. 이에 다시 “왕께서 공손앙을 등용하지 않으시겠다면 반드시 그를 죽여서 국경 밖으로 나가지 못하게 하소서.” 하였다. 그런 다음 공손앙을 불러다 “신하보다 임금을 우선시하는 마음에 너를 죽여야 한다고 하였으니 빨리 도망치거라.” 하니, 공손앙이 “왕이 나를 등용하라는 말을 듣지 않았으니 나를 죽이라는 말 또한 어찌 듣겠습니까.” 하고는 끝내 도망가지 않았다. 하지만 그는 결국 秦나라 孝公을 섬겨 재상이 되었다. 관련 내용이 ≪史記≫ 권68 〈商君列傳〉에 보인다.

22) 關龍逢斬 : 關龍逢은 夏나라 桀王 때의 충신으로, 걸왕이 술을 지나치게 마시는 잘못에 대해 간하다가 죽임을 당하였다.

23) 萇宏分胣(치) : 萇宏은 萇弘으로도 표기한다. 周나라 敬王 때의 충신 장홍은 주나라의 대신 劉文公을 섬겼는데, 晉나라에서 范氏와 中行氏의 난이 일어나자 범씨와 대대로 혼인 관계를 가진 유문공을 도와 범씨를 지원하였다. 내란이 평정된 후 진나라의 趙鞅이 이 일을 구실 삼아 주나라 왕실이 범씨를 도왔다고 하여 토벌하려고 하자, 진나라의 도움으로 왕위에 올랐던 주나라 경왕은 부득이 장홍을 죽였다. 전설에 따르면 장홍이 죽은 뒤 3년이 되자 그 피가 푸른 벽옥으로 변하였다고 한다. 관련 내용이 ≪春秋左氏傳≫ 哀公 3년 조에 보인다.

磔(설)**裂也**니 **勅氏反**이라 ○**先愼曰 趙本**에 **無注六字**라 **莊子胠篋篇釋文引司馬云 萇弘**은 **周靈王賢臣也**라 **案周景王敬王之大夫**니 **魯哀公三年六月**에 **周人殺萇弘**이라 **一云刳腸曰胣**라하니라 **六微篇**에 **以爲叔向之讒**이라하니라

舊注 : 〈'胣'는〉 '磔裂(찢다)'이라는 말이니 勅과 氏의 半切이다.

○王先愼 : 趙本에는 舊注 여섯 자가 없다. ≪莊子≫ 〈胠篋篇〉 ≪釋文≫에 이 글을 인용하면서 다음과 같이 말하였다. "司馬彪는 '萇弘은 周나라 靈王의 賢臣이다.'라고 하였다. 살펴보건대 周나라 景王과 敬王의 대부이니 魯나라 哀公 3년 6월에 周나라 사람이 萇弘을 죽였다. 어떤 이는 '창자를 도려내는 것을 「胣」라고 한다.'라고 하였다." ≪韓非子≫ 〈六微篇〉에는 "叔向에게 참소를 당했다."고 하였다.

3-23 尹子穽於棘[24)]하고

尹子는 가시 구덩이 속에 던져졌고

投之於穽棘中이라 ○**顧廣圻曰 未詳**이라 **先愼曰 趙本**에 **無注**라 **盧文弨云 張本**에 **有注**라하니라

舊注 : 가시 구덩이 속에 던져졌다는 말이다.

○顧廣圻 : 자세히 알 수 없다.

王先愼 : 趙本에는 舊注의 글자가 없다. 盧文弨는 "張本에는 舊注의 글자가 있다."라고 하였다.

3-24 司馬子期死而浮於江[25)]하고 田明辜射(역)[26)]하고

司馬子期는 죽어서 강물에 띄워졌고, 田明은 몸뚱이를 찢어 죽이는 형벌을 받았고

---

24) 尹子穽於棘 : ≪韓非子新校注≫의 尹桐陽의 설에 따르면 尹子는 文公 尹固이다. 다만 본문과 관련된 내용은 자세하지 않다.

25) 司馬子期死而浮於江 : ≪韓非子新校注≫의 尹桐陽의 설에 따르면 司馬子期는 楚나라 子西의 아우이며 昭王의 형인 公子 結을 가리킨다. 白公이 난을 일으켜 子西와 子期를 시해한 일이 있다. 관련 내용이 ≪春秋左氏傳≫ 哀公 16년 조에 보인다.

26) 田明辜射(역) : ≪韓非子新校注≫의 尹桐陽의 설에 따르면 田明辜射은 齊明 혹은 田光이다. 본문과 관련된 내용은 자세하지 않다.

非罪爲辜하야 射而殺之라 ○顧廣圻曰 未詳이라 兪樾曰 舊注曲說이니 辜射(석)은 卽辜磔(책)이라 磔은 從石聲이니 與射聲相近이라 故得通用이라 辜磔은 本疊韻字니 荀子正論篇에 斬斷枯磔은 以枯爲辜요 此云辜射은 又以射爲磔이라 古書每無定字하니 學者當以聲求之라 周禮掌戮에 殺王之親者辜之라하고 注曰 謂磔之라하니 田明辜射은 卽此刑也라 字又作矺하니 史記李斯傳에 十公主矺死於杜라하고 索隱曰 矺은 與磔同이니 古今字異耳라하니라

舊注 : 〈'辜射'은〉 죄가 아닌데 허물지어 화살을 쏘아 죽인다는 말이다.

○顧廣圻 : 〈'辜射'은〉 자세히 알 수 없다.

兪樾 : 舊注는 왜곡된 설명이니 '辜射'은 곧 '辜磔(몸뚱이를 찢다)'이다. '磔'은 石聲을 따르니 '射'과 음이 비슷하기 때문에 통용이다. '辜'와 '磔'은 본래 疊韻字이니 ≪荀子≫ 〈正論篇〉에 '斬斷枯磔(참수하고 찢어 죽인다)'라고 한 것은 '枯'를 '辜'로 쓴 것이고, 여기서 '辜射'이라고 한 것은 또 '射'을 '磔'으로 쓴 것이다. 古書에는 항상 고정된 글자가 없으니 배우는 자는 응당 소리로써 뜻을 찾아야 할 것이다. ≪周禮≫ 〈秋官 掌戮〉에 "殺王之親者辜之(군주를 친속을 죽인 자는 辜刑을 가한다.)"라고 하고 그 注에 "磔刑을 가하는 것을 말한다."라고 했으니 '田明辜射'는 곧 이 형벌을 가리킨다. '磔'자가 또 '矺'으로 되어 있기도 하니 ≪史記≫ 〈李斯列傳〉에 "十公主矺死於杜(열 명의 公主가 杜縣에서 矺刑을 당해 죽었다.)"라 하고 ≪史記索隱≫에 "'矺'은 '磔'과 같은 자이니 고금의 글자가 다를 뿐이다."라고 하였다.

3-25 宓(복)子賤[27)]西門豹[28)]不鬪而死人手하고 董安于[29)]死而陳於市하고

宓子賤과 西門豹는 다투지 않았는데도 남의 손에 죽임을 당했고, 董安于는 죽어서 시신이 시장에 널렸고

---

27) 宓(복)子賤 : 宓子賤은 孔子의 제자로 성품이 매우 仁愛하여 일찍이 單父(선보)를 다스릴 적에 항상 거문고만 타고 堂 아래를 내려가지 않았으나 선보가 잘 다스려졌다고 한다.

28) 西門豹 : 전국시대 魏나라 사람이다. 그가 鄴의 수령으로 있을 때 그 지방 풍속이 무당을 믿어 해마다 돈을 거두어서 민가의 여자를 선출하여 하수에 던지며 이를 河伯에게 시집보낸다고 했다. 이 일로 인하여 그 지방 백성들이 괴로워했는데, 서문표가 그 무당을 하수에 던짐으로써 그 폐단이 없어지게 되었다는 치적이 유명하다.

29) 董安于 : 춘추시대 晉나라 趙鞅의 유능한 家臣이다.

○先愼曰 安于는 十過七術篇作闕于요 觀行篇作安이니 與此同이라 案安闕은 古通이라 左定十三年傳에 作安이요 淮南道應訓作闕이니 是也라 惟趙策安闕兩有爲誤라

○王先愼 : '安于'는 ≪韓非子≫ 〈十過篇〉과 〈內儲說 上 七術篇〉에 '闕于'로 되어 있고 〈觀行篇〉에는 '安'으로 되어 있으니 여기와 마찬가지이다. 살펴보건대 '安'과 '闕'은 古字에서 통용이다. ≪春秋左氏傳≫ 定公 13년 조에는 '安'으로 되어 있고, ≪淮南子≫ 〈道應訓〉에는 '闕'로 되어 있으니 이것이다. 오직 ≪戰國策≫ 〈趙策〉에는 '安'과 '闕'이 함께 쓰여 있으니 잘못된 것이다.

西門豹(≪古聖賢像傳略≫)

3-26 宰予不免於田常[30)]하고 范睢(저)折脅於魏[31)]니이다 此十數人者는 皆世之仁賢忠良有道術之士也언마는 不幸而遇悖亂闇惑之主而死니이다 然則雖賢聖이라도 不能逃死亡避戮辱者는 何也잇가 則愚者難說(세)也니 故君子難言也니이다

宰予는 田常에게 죽음을 면치 못하였고 范睢는 魏나라에서 갈비뼈가 부러졌습니

宰予(≪聖賢像讚≫)

30) 宰予不免於田常 : 宰予는 孔子의 제자로, 田常이 齊나라 簡公을 시해하여 권력을 빼앗자 이에 맞서다가 죽임을 당하였다.

31) 范睢(저)折脅於魏 : 范睢가 일찍이 魏나라에서 中大夫 須賈를 섬겼는데, 위나라 승상 魏齊가 수가의 잘못된 말을 듣고 범저를 때려 갈비가 부러지고 이가 부러져 거의 죽을 뻔하였다. 그 후 범저는 張祿으로 성명을 바꾸고 鄭安平의 주선으로 秦 昭王의 사자 王稽를 따라 秦나라로 가서 재상이 되었다. 관련 내용은 ≪史記≫ 권79 〈范睢列傳〉에 보인다.

다. 이들 십 수 명은 모두 세상에서 어질고 현명하며 충성스럽고 선량하여 도술에 통달한 선비들이었건만 불행하게도 패란하고 미혹된 군주를 만나 죽임을 당했습니다. 그렇다면 비록 현인이나 성인일지라도 죽임에서 달아나거나 도륙에서 벗어나지 못한 것은 어째서이겠습니까. 이는 어리석은 자를 설득하기가 어려워서이니, 그래서 군자는 進言하기를 어렵게 여기는 것입니다.

○先愼曰 乾道本에 難言作不少라 顧廣圻云 今本에 不少作難言하니 誤라 案此句下有脫文이라하니라 先愼案 君子難言은 文甚明白易曉하니 今從之라

○王先愼 : 乾道本에 '難言'이 '不少'로 되어 있다. 顧廣圻는 "今本에 '不少'가 '難言'으로 되어 있으니 잘못되었다. 살펴보건대 이 句 아래에 탈락된 글이 있다."라고 하였다. 내가 살펴보건대 '君子難言'은 문장이 매우 명백하여 이해하기 쉬우니 지금은 이것을 따랐다.

3-27 且至言忤於耳而倒於心하야 非賢聖이면 莫能聽하니 願大王熟察之也하소서

지극한 말은 귀에 거슬리고 마음에 어그러져서 현인과 성인이 아니면 능히 들어주지 않으니, 바라건대 大王께서는 깊이 살펴주십시오.

第四 愛臣篇 제4편 신하에 대한 총애

臣下의 권세가 과도하면 君主에게 큰 危害가 됨을 경계한 내용이다. 군주가 寵愛하는 大臣은 잠재적인 威脅의 요소가 되므로 신하를 대할 적에 반드시 똑같이 法으로 制裁하고 미리 방비를 두어 견제해야 된다고 하였다. 그 방법으로 국내에 별도의 私朝를 두지 못하게 하고, 封地 안에 독립적인 세력을 구축하지 못하게 하며, 무장한 私兵을 소유하지 못하게 하고, 다른 諸侯國과 개인적인 교류를 하지 못하게 하며, 개인의 재물을 써서 민심을 얻지 못하게 해야 군주가 危難에 빠지지 않는다고 주장하였다.

4-1 愛臣太親이면 必危其身이요

〈임금이〉 신하를 총애하여 지나치게 친근히 하면 반드시 그 자신의 목숨이 위험하게 되고,

威權上逼이라 **故危其身**이라

舊注 : 위세와 권력으로 윗사람을 핍박하기 때문에 윗사람의 목숨이 위험하게 되는 것이다.

4-2 (人)〔大〕[1]臣太貴면 必易主位요

대신이 지나치게 존귀해지면 반드시 임금의 지위가 바뀌게 되며,

○**盧文弨曰 一作人臣太擅**이면 **必易主命**하야 **與韻不叶**하니 **非也**라

○盧文弨 : 어떤 본에는 '人臣太擅 必易主命(신하가 지나치게 권력을 독점하면 반드시 임금의 명운을 바꾼다.)'으로 되어 있어서 韻과 맞지 않으니 틀렸다.

---

1) (人)〔大〕: 저본에는 '人'으로 되어 있으나, ≪韓非子新校注≫ 陶鴻慶·太田方·陳奇猷 등의 설에 의거하여 '大'로 바로잡았다.

4-3 主妾[2]無等이면 **必危嫡子**요

王后와 妃嬪의 등급이 없으면 반드시 嫡子가 危害를 받게 되고,

主는 謂室主라

舊注 : '主'는 室主(妻)를 이른다.

4-4 兄弟不服이면 **必危社稷**이니이다

형제가 복종하지 않으면 반드시 社稷이 위험하게 됩니다.

君之兄弟不相從服이라

舊注 : 임금의 형제가 서로 따르며 복종하지 않는 것이다.

4-5 臣聞千乘[3]之君無備면 **必有百乘之臣在其側**이라가 **以徙其民而傾其國**하고

신은 들으니 千輛의 兵車를 소유한 임금이 방비가 없으면 반드시 百輛의 병거를 소유한 신하가 그 곁에 있다가 그의 백성을 탈취하여 그의 나라를 전복시키고,

○王渭曰 民當作威라

○王渭 : '民'자는 응당 '威'자가 되어야 한다.

4-6 萬乘之君無備면 **必有千乘之家在其側**이라가 **以徙其威而傾其國**이라호이다 **是以姦臣蕃息**이면 **主道衰亡**이라 **是故**로 **諸侯之博大**면 **天子之害也**요 **群臣之太富**면 **君主之敗也**니 **將相之(管)〔營〕主而隆(國)家[4]**면

2) 主妾 : ≪韓非子新校注≫에서 陳奇猷는 "古代에 妾이 妻를 일컬어 主母라 불렀고, 禮에 正室을 主婦라 하였으니, '主妾'은 바로 妻妾이다." 하였다. 이 주장을 따라 '王后와 妃嬪'으로 번역하였다.

3) 千乘 : 전국시대 諸侯國 중에서 작은 나라를 말한다. 천승은 兵車 천 대인데, 천승을 소유한 나라는 小國이고, 大國은 萬乘을 소유하였다.

4) 將相之(管)〔營〕主而隆(國)家 : 저본에는 '管'으로 되어 있으나, ≪韓非子新校注≫ 孫詒讓의 說에 의거하여 '營'으로 바로잡았고, 저본에는 '國'이 있으나 손이양의 說에 의거하여 衍文으로 처리하였다. 다만 '隆家'의 번역은 손이양을 따르지 않고 陳奇猷의 "'隆'은 盛大함이다."라

萬輛의 병거를 소유한 임금이 방비가 없으면 반드시 천량의 병거를 소유한 大夫가 그 곁에 있다가 그의 권위를 탈취하여 그의 나라를 전복시킨다 하였습니다. 이 때문에 姦臣이 번성하면 君主의 나라 다스리는 道가 衰亡하게 됩니다. 그러므로 諸侯의 强大함은 天子의 危害가 되고 신하가 지나치게 부귀함은 군주가 실패하는 원인이 됩니다. 장군과 재상이 임금을 현혹시키고 자신의 집을 성대하게 하면

○孫詒讓曰 日本蒲阪圓本에 作後主而隆家하고 云物茂卿本에 後作管하고 隆下有國字라 凌本同하니 非라 八經篇에 家隆劫殺之難이라하니라 詒讓案 管主後主竝無義라 管當作營이니 形近而誤라 營主는 謂營惑其主也라 淮南子原道訓의 高注에 營은 惑也라하니라 隆國家는 當依蒲阪圓本刪國字니 隆家는 言搆諸大家使爭鬩이니 詳後八經篇[5]하니라

○孫詒讓 : 日本의 蒲阪圓本에 '後主而隆家'로 되어 있고 "物茂卿本에 '後'자는 '管'자로 되어 있고 '隆'자 아래에 '國'자가 있다. 凌本도 같으니 틀렸다. ≪韓非子≫ 〈八經篇〉에 '家隆劫殺之難(대신의 권세가 강성하면 임금을 겁박하여 죽이는 난이 생김)'이라 하였다."라고 하였다. 내가 살펴보건대 '管主'·'後主'는 다 무의미하다. '管'은 응당 '營'이 되어야 하니 글자 모양이 비슷하여 잘못된 것이다. '營主'는 그 임금을 현혹시키는 것이다. ≪淮南子≫ 〈原道訓〉의 高誘의 注에 "'營'은 '惑(현혹시키다)'이다." 하였다. '隆國家'는 응당 포판원본에 의거하여 '國'자를 삭제해야 하니, '隆家'는 여러 大臣들을 誣陷하여 싸우게 함을 말하니 뒤의 〈八經篇〉에 자세히 말하였다.

4-7 此君人者所外也니이다

이런 자는 임금이 당연히 멀리하여 제거해야 합니다.

君當疎外斥遠之라

舊注 : 임금이 당연히 소외시켜서 배척하고 멀리해야 한다.

고 한 주장을 따라 번역하였다.

5) 詳後八經篇 : 孫詒讓은 ≪韓非子≫ 〈八經篇〉에서 "大臣兩重提衡而不跨曰卷禍 其患家隆劫殺之難作"의 '隆'을 '鬩(서로 싸우다)'으로 읽어야 된다 하였다.(≪韓非子新校注≫)

4-8 萬物莫如身之至貴也와 位之至尊也와 主威之重과 主勢之隆也니이다

모든 사물 중에 지극히 존귀한 자신의 몸과 지극히 尊榮한 자신의 지위와 임금의 엄중한 권위와 임금의 성대한 세력 같은 것은 없습니다.

○先愼曰 乾道本에 無位之至尊也下三句라 顧廣圻云 今本也下에 衍十四字라하니라 先愼案 下四美는 卽指此身位威勢而言이니 少三句면 則下四美無著(착)일새 今據補라

○王先愼：乾道本에 '位之至尊也' 아래에 세 문구가 없다. 顧廣圻는 "今本은 '也'자 아래에 14자(位之至尊也 主威之重 主勢之隆也)가 많다." 하였다. 내가 살펴보건대 아래 글의 '네 가지 아름다움〔四美〕'은 곧 이 몸과 지위와 권위와 세력을 가리켜 말한 것이니, 이 세 문구가 없으면 아래의 '네 가지 아름다움'이 붙을 수가 없기 때문에 지금 今本에 의거하여 보충하였다.

4-9 此四美者는 不求諸外며 不請於人이요 (議)〔義〕之而得之矣니이다

이 네 가지 아름다운 일은 내 몸 밖에서 찾는 것이 아니며 남에게 달라고 요청하는 것도 아니고, 임금의 處事가 적절하면 얻는 것입니다.

○先愼曰 議는 當作義니 義者는 事之宜也라 人君合其宜면 則得之矣라

○王先愼：'議'는 응당 '義'가 되어야 하니 '義'란 일의 처리가 적절함이다. 임금의 처사가 적합하면 이것을 얻는 것이다.

4-10 故曰人主不能用其富면 則終於外也니

그러므로 임금이 자기의 네 가지 구비한 것을 잘 쓰지 못하면 결국 밖으로 축출당하는 것이니,

旣不能用富면 臣則竊之라 ○先愼曰 富之言은 備也라 四美不備면 則國非其有矣니 此君人者之所識(지)也라

舊注：이미 자기의 부유한 요건을 잘 쓰지 못하면 신하가 훔쳐가는 것이다.

○王先愼：'富'의 뜻은 '備(구비함)'이다. 네 가지가 구비되지 못하면 나라는 자기의 소

유가 아니니, 이것이 임금 된 자가 기억해야 하는 것이다.

4-11 **此君人者之所識**(지)**也**니이다 **昔者紂之亡**과 **周之卑**[6]는 **皆**(從)〔以〕**諸侯之博大也**요

이것이 임금 된 자가 기억해야 하는 것입니다. 예전에 殷나라 紂의 멸망과 周나라 王室의 衰微는 모두 제후가 강대했기 때문이고,

殷諸侯는 文王이요 周諸侯는 秦襄王[7]이라 ○先愼曰 從은 當作以니 以與古文从相似하야 因誤爲从이어늘 校者不審하고 又改爲從이라 下文에 皆以群臣之太富也라하니 與此文正一律이니 明此從爲以之誤라

舊注 : 殷나라의 제후는 周 文王이고, 周나라의 제후는 秦 襄王이다.

○王先愼 : '從'자는 응당 '以'자가 되어야 하니, '以'자가 古字의 '从'과 서로 비슷하여 이 때문에 잘못 '从'이 되었는데 校正하는 사람이 이를 알지 못하고 다시 고쳐서 '從'이 되었다. 아래 글에 모두 '以群臣之太富也'라 하였다. 이 문구와 바로 같은 격식이니 이곳의 '從'자가 '以'자의 잘못임이 분명하다.

4-12 **晉之分**[8]**也**와

晉나라의 국토가 분할된 일과

趙魏韓也라

舊注 : 趙나라・魏나라・韓나라이다.

---

6) 周之卑 : 武王이 殷나라를 멸하고 周 王朝를 세운 뒤로부터 幽王이 犬戎의 공격을 받아 시해되기까지를 西周라 하고, 유왕의 아들 平王이 동쪽의 洛陽으로 遷都한 뒤로부터 날마다 더욱 쇠미해져서 赧王 때에 이르러 秦나라에 멸망당하니 이를 東周라 한다.

7) 秦襄王 : 秦나라 昭襄王을 말한다. 昭王이라고도 한다. 秦 惠王의 아들이고 武王의 아우이다. 재위 56년 동안 진나라 영토를 크게 늘리고 국력을 강성하게 하여 曾孫인 秦 始皇이 천하를 통일하는 초석을 놓았다.

8) 晉之分 : 춘추 말기에 晉나라가 세 나라로 나뉘어 魏나라・趙나라・韓나라가 된 것을 말한다. 당시 진나라 大夫였던 魏斯・趙籍・韓虔이 진나라를 분할하여 諸侯가 되었다.

4-13 **齊之奪**[9]**也**는

齊나라가 찬탈당한 일은

陳恒弑簡公[10]**也**라

舊注 : 陳恒이 齊 簡公을 시해하였다.

4-14 **皆以群臣之太富也**니이다 **夫燕宋之所以弑其君**[11]**者**도

모두 신하가 지나게 부귀했기 때문입니다. 燕나라와 宋나라가 그의 임금을 시해한 원인도

○**先愼曰 子罕劫宋**하고 **子之奪燕**이라

○王先愼 : 子罕이 宋나라 임금을 협박하고, 子之가 燕나라를 탈취하였다.

4-15 **皆(以)〔此〕類也**니이다

---

9) 齊之奪 : 姜氏의 齊나라를 田氏가 차지하여 전씨의 제나라를 만든 사건을 말한다. 제나라는 본래 姜太公 呂尙의 封國으로 강씨의 나라였으나 춘추 말기 陳나라 公族 陳(田)完이 제나라에 와서 工正이 되었다. 진완의 4대손 陳無宇(桓子)가 제나라의 정권을 독점하고 은혜를 베풀어 민심을 얻었고, 전국 초기에 그의 5대손 田和가 齊 康公을 바닷가로 축출한 뒤 周 安王에게 승인을 얻어 齊侯가 되었다. 강씨의 제나라를 姜齊라 하고 전씨의 제나라를 田齊라 하는데, '陳'과 '田'은 音이 같아서 같이 일컫는다고 한다.

10) 陳恒弑簡公 : 周 敬王 39년(B.C. 481)에 陳恒(成子)이 齊 簡公을 시해하고 平公을 세운 일을 말한다.

11) 燕宋之所以弑其君 : 시해를 당한 燕나라의 임금은 燕王 噲이다. 연왕 쾌가 즉위한 뒤에 신하 子之를 國相으로 임명하자 政事를 과단성 있게 처리하고, 臣僚들을 잘 감독하여 신임을 받아 重用되었다. 늙은 연왕 쾌는 國事를 모두 자지가 결정하게 하고 정사를 묻지 않았고, 또 鹿毛壽의 건의를 받아들여 연나라의 정권을 모두 자지에게 넘겨주었다. 자지가 정권을 장악한 지 3년 만에 연나라가 크게 혼란해지자 齊나라 군대가 공격하여 연왕 쾌와 자지를 죽였다. 자지가 연왕 쾌를 직접 시해하지는 않았지만 그를 죽게 한 것은 자지이기 때문에 이렇게 말한 것이다.

宋나라의 시해를 당한 임금은 宋 桓侯이다. 환후의 司城이었던 皇喜(字는 子罕)가 당시 執政이었던 太宰 戴驩과 정권을 다투다가 마침내 환후를 시해하고 스스로 즉위하여 宋君이 된 사건이다.

다 이것과 똑같은 사정입니다.

○孫詒讓曰 以類는 當作此類라

○孫詒讓 : '以類'는 응당 '此類'가 되어야 한다.

4-16 故上比之殷周하고 中〔比之晉齊하고 下〕[12)]比之燕宋이면 莫不從此術也니이다 是故로 明君之蓄其臣也에 盡之以法하고

그러므로 위로는 殷나라와 周나라에 對比하고 중간으로는 〈晉나라와 齊나라에 대비하고 아래로는〉 燕나라와 宋나라에 대비해보면 신하가 이런 방법을 써서 찬탈하지 않은 경우가 없습니다. 이 때문에 명철한 임금은 그 신하를 기를 적에 똑같이 法으로 制裁하고

臣雖有貴賤이나 同以法也라

舊注 : 臣下는 비록 貴賤의 등급이 있으나 똑같이 法으로 制裁하여야 한다.

4-17 質之以備라

미리 방비를 두어 바로잡아야 합니다.

謂薄其賞賜也니 臣貧則易制라 ○王先謙曰 廣雅釋詁에 質은 正也라하니라 備者는 未至而設之니 所以逆杜其邪心也라 舊注誤라

舊注 : 賞을 적게 내림을 말한 것이니, 신하가 가난하면 제재하기가 쉽다.

○王先謙 : ≪廣雅≫ 〈釋詁〉에 "'質'은 '正(바로잡음)'이다." 하였다. '備'는 어떤 사건이 생기기 전에 대비함이니, 미리 그 간사한 마음을 막는 것이다. 舊注의 해석은 틀렸다.

4-18 故不赦死하고 不宥刑하나니 赦死宥刑이면 是謂(威淫)〔淫威〕[13)]이니이다

12) 〔比之晉齊 下〕 : 저본에는 '比之晉齊下'가 없으나, ≪韓非子新校注≫ 松皐圓의 설에 의거하여 보충하였다.

13) (威淫)〔淫威〕 : 저본에는 '威淫'으로 되어 있으나, ≪韓非子新校注≫ 陳奇猷의 설에 의거하여 '淫威'로 바로잡았다. '淫'은 舊注에서 '散(잃다)'이라 하였고, 진기유도 '淫'은 婬과 통용으

그러므로 죽을죄는 사면하지 않고 형벌 받을 죄는 용서하지 않는 것이니, 죽을 죄를 사면하고 형벌 받을 죄를 용서하면 이를 '군주의 威勢를 잃는다.〔淫威〕'고 하는 것입니다.

淫은 散也라

舊注 : '淫'은 '散(잃다)'이다.

4-19 **社稷將危**하고 **國家偏威**니이다

그리되면 社稷은 장차 위험해지고, 국가의 威勢는 신하에게 편중되는 것입니다.

君威散하고 臣威成이라 故曰偏威라 ○先愼曰 乾道本注에 無成字하니 今從趙本이라

舊注 : 군주는 위세를 잃고 신하는 위세를 이루기 때문에 '偏威'라고 한 것이다.

○王先愼 : 乾道本의 舊注에는 '成'자가 없으니 지금 趙本을 따랐다.

4-20 **是故**로 **大臣之祿雖大**나 **不得藉(威)城市**요

이 때문에 大臣의 녹봉은 많이 주더라도 城市에서 세금을 징수하게 해서는 안 되고,

市는 衆所聚니 恐其乘衆而生心也라 ○兪樾曰 威字는 衍文이요 藉는 當讀爲籍이니 詩韓奕篇의 實畝實籍을 唐石經에 作實畝實藉(적)하니 是其例矣라 漢武帝紀籍吏民馬의 師古注에 籍者는 總入籍錄而取之라하니 卽此籍字之義라 管子輕重甲篇의 桓公欲藉於室屋하며 欲藉於萬民하며 欲藉於六畜하며 欲藉於樹木이 與此正同이라 言大臣之祿雖大나 而城市之地不得藉而取之也라 下云黨與雖衆이나 不得臣士卒이라하니 臣士卒與藉城市 相對成文이어늘 今涉上文是謂威淫及國家偏威하야 而誤衍威字라 舊注에 不解威字하니 是舊本猶未衍也라

舊注 : 시장은 민중이 모이는 곳이니, 민중을 이용하여 다른 마음을 낼까 두려운 것이다.

로 '逸(잃다)'의 뜻이라 하였다. 진기유는 또 '威淫'은 '淫威'의 倒置로 보아 위의 宥刑의 '刑'이 韻字이고, 淫威의 '威'와 아래 글의 '危'·'威'가 운자라 하였다.

○兪樾 : '威'자는 衍文이요, '藉'는 응당 '籍'으로 읽어야 된다. ≪詩經≫ 〈大雅 韓奕篇〉의 '實畝實籍(진실로 농지를 다스리고 진실로 稅法을 바르게 함)'을 唐나라 石經本에는 '實畝實藉'으로 되어 있으니, 이것이 그 〈'籍'과 '藉'을 통용한〉 例이다. ≪漢書≫ 〈武帝紀〉 '籍吏民馬(관리와 백성의 말을 장부에 기록하다.)'에 대한 顔師古의 注에 "'籍'은 총 수입을 장부에 기록하여 세금으로 받는 것이다."라고 하였으니, 바로 이 '籍'자의 뜻이다. ≪管子≫ 〈輕重甲篇〉의 '桓公欲藉於室屋 欲藉於萬民 欲藉於六畜 欲藉於樹木(桓公이 家屋稅를 징수하려고 하고 人口稅를 징수하려고 하고 家畜稅를 징수하려고 하고 材木稅를 징수하려고 하였다.)'이라고 한 것이 이곳의 '藉'자 뜻과 똑같다. 대신의 녹봉은 많이 주더라도 城市에서 세금을 거두어 받게 해서는 안 됨을 말한 것이다. 아래 글에 '黨與雖衆 不得臣士卒'이라 하였으니, '臣士卒'과 '藉城市'가 서로 對句로 된 문장인데 지금 윗글의 '是謂威淫'과 '國家偏威'에 관계되어 '威'자를 잘못 연문으로 넣은 것이다. 舊注에 '威'자를 해석하지 않았으니, 이는 舊本에는 그때까지 '威'자가 연문이 되지 않았다.

4-21 黨與雖衆이나 不得臣士卒이라 故人臣處國無私朝요

黨與는 많게 하더라도 士卒을 大臣의 臣僕이 되게 해서는 안 됩니다. 그러므로 신하가 조정에서 벼슬할 적에는 사적인 조정이 없어야 하고,

謂臣自私朝라

舊注 : 大臣 자신의 사적인 조정을 말한다.

4-22 居軍無私交하며 其府庫를 不得私貸於家니이다

군대를 통솔하는 자리에 있을 적에는 개인적인 교제가 없어야 하며, 軍中의 창고에 보관된 재물을 개인적으로 남에게 빌려주게 해서는 안 됩니다.

不欲令其樹福也라

舊注 : 개인적인 福을 심지 못하도록 하려는 것이다.

4-23 此明君之所以禁其邪라 是故不得四從하며

이는 현명한 임금이 大臣의 간사한 행위를 금지하는 방법입니다. 이 때문에 駟

乘과 從車를 두지 못하며

四隣之國爲私交라 ○孫詒讓曰 注說非也라 此四從의 四는 與駟通이니 謂駟乘[14]也[①]요 從은 謂從車[15]니 皆論貴臣隨從車乘之事라 下云不載奇兵하니 卽蒙上四從而言이라 史記商君傳에 趙良[16]曰 五羖大夫之相秦也에 行於國中할새 不從車乘하며 不操干戈라하고 又曰 君之出也에 後車十數요 從車載甲하고 多力而駢脅者爲驂乘[②]이라하니 商君[17]正以從車載兵甲이라 故爲趙良所責하니 可證此文之義라 先愼曰 四從은 孫說是라 舊注는 當在居軍無私交下니 傳寫에 誤置於此耳라

① 左文公一年傳注에 駟乘은 四人共車라하니라
《春秋左氏傳》 文公 1년 조의 注에 "'駟乘'은 네 사람이 함께 탄 수레이다."라 하였다.

② 參乘은 爲驂乘이요 四乘은 爲駟乘이니 二者略同이라
'參乘'은 '驂乘'을 말하고, '四乘'은 '駟乘'을 말하니, 두 가지가 대략 같다.

舊注 : 사방 이웃 나라들과 개인적으로 교유하는 것이다.

○孫詒讓 : 舊注의 해석은 틀렸다. 여기서 말한 '四從'의 '四'는 '駟'와 통용이니 '駟乘'을 말하고 '從'은 '從車'를 말하니, 모두 大臣의 뒤를 따르는 '車乘(타는 수레와 兵車)'에 관한 일을 말한 것이다. 아래 글에 '不載奇兵'이라고 말했으니, 곧 윗글의 '四從'을 받아서 말한 것이다. 《史記》 〈商君列傳〉에 "趙良이 말하기를 '五羖大夫(百里奚)가 秦나라의 재상으로 나라 안을 다닐 적에 車乘이 따르지 않았으며 兵器를 잡고 호위하지 않았다.' 하였고, 또 말하기를 '당신(商君)이 출타할 적에 後車(副車, 시종하는 수레)가 열 채쯤 되고 從車에 甲士가 타며 힘이 세고 갈비뼈가 붙은(통뼈인) 勇士가 驂乘이 되어 호위한다.' 하였다."라고 하였으니, 商君이 바로 從車에 兵甲을 실었다. 그 때문에 조량이 상군을 책망하였으니, 이것으로 이 문구의 뜻을 증명할 수 있다.

---

14) 駟乘 : 兵車를 말한다. 古代의 兵車는 일반적으로 세 사람이 타는데, 네 사람이 탈 경우 이를 '駟乘'이라 한다.

15) 從車 : 신분이 높은 사람을 扈從하거나 수행하는 수레를 말한다.

16) 趙良 : 秦 孝公 때 사람으로 姓은 嬴, 氏는 趙, 이름은 良이다. 商鞅이 실패할 것을 예견하고 은퇴하여 禍를 면하라고 권유하였다.

17) 商君 : 公孫鞅을 말한다. 공손앙은 본래 衛나라 公孫이었기 때문에 衛鞅이라고도 하며, 뒤에 秦나라게 들어가 秦 孝公을 도와 富國强兵을 이루어 商・於(오) 6백 리의 땅에 봉해졌기 때문에 商君・商鞅이라고 한다.

王先愼 : '四從'의 해석은 손이양의 설이 옳다. 舊注는 응당 '居軍無私交'의 아래에 있어야 되니, 傳寫할 때 이곳에 잘못 배치하였다.

4-24 不載奇兵하나니

佩劍과 佩刀 같은 兵器를 휴대하지 않게 해야 하니,

○王先謙曰 淮南墜形訓高注에 奇는 隻也라하니 奇兵은 佩刀劍之屬이니 與上四從對文이라 不載는 謂不載以從이니 戰國策의 秦群臣侍殿上者는 不得持尺寸之兵이 卽此義也라 惟傳遽[18]以備非常은 乃得載兵甲이라 故下又申言之니라 秦御臣民至嚴峻하야 此法制已然者어늘 非之言此는 特以中其意라

○王先謙 : ≪淮南子≫ 〈墜形訓〉 高誘의 注에 "'奇'는 '隻'이다." 하였다. '奇兵'은 佩刀·佩劍 따위이니 上文의 '四從'과 상대되는 문구이다. '不載'는 휴대하지 않고 따름을 말하는 것이니, ≪戰國策≫ 〈燕策〉의 "秦나라 신하들 가운데 殿上에서 임금을 모시는 자는 한 자나 한 치 정도의 짧은 兵器도 지닐 수 없다."는 것이 바로 이 뜻이다. 다만 非常에 대비하는 '傳遽'는 兵甲을 실을 수 있다. 그러므로 아래 글에서 다시 거듭 말하였다. 秦나라는 臣民을 통제하는 일이 지극히 엄격하여 이 法制가 이미 그러하였는데, 韓非가 이것을 말한 것은 단지 그의 뜻에 부합하려고 해서이다.

4-25 非傳非遽에 載奇兵革이면 罪死不赦니 此明君之所以備不虞者也니이다

傳車나 驛馬가 아닌 것에 佩劍과 佩刀 같은 兵器를 휴대하면 그 죄가 사형에 처하고 赦免하지 않는 것이니, 이것이 현명한 임금이 뜻밖의 사태를 방비하는 방법입니다.

18) 傳遽 : 傳車와 驛馬를 가리킨다. 傳車는 역참에 비치된 수레를 가리킨다.

第五 主道篇 제5편 군주의 도리

이 편은 통치자인 군주가 기본적으로 갖추어야 할 도리를 논하였다. 군주가 신하를 효과적으로 부리며 국가를 통치할 수 있는 방도로, 우선 마음을 비워 고요한 상태인 '虛靜'를 유지하여 신하들로 하여금 군주에 대해 쉽게 파악하지 못하게 하는 방법을 제시하였다. 이는 道家의 핵심사상인 無爲를 뿌리로 하여 그 뒤에 法家 정치사상의 원칙을 세우고자 하는 것이다. 그리고 군주가 지켜야 할 도리를 견지하기 위해서는 군주의 권력을 위협하는 다섯 가지를 차단할 것을 주장하였다. 첫째, 신하가 군주의 눈과 귀를 가리는 것, 둘째 신하가 나라의 재정을 장악하는 것, 셋째 신하가 명령을 마음대로 내리는 것, 넷째 신하가 백성에게 제멋대로 선행을 베푸는 것, 다섯째 신하가 사사로이 패거리를 짓는 것이다. 이를 위해서 명분과 실제를 부합하도록 하는 것, 상과 벌을 엄정히 집행하는 것을 필수 요소로 제안하였다.

5-1 道者는 萬物之始요

道는 만물이 생겨나는 始原이며

物從道生이라 故曰始라

舊注 : 만물은 道에서 생겨나기 때문에 '始(시원)'라고 하였다.

5-2 是非之紀也니라

옳고 그름을 판별하는 실마리이다.

是非因道彰이라 故曰紀라

舊注 : 시비가 道로 인해 드러나기 때문에 '紀(실마리)'라고 하였다.

5-3 是以로 明君은 守始以知萬物之源하고

이 때문에 현명한 군주는 시원을 지켜서 만물이 생겨나는 근원을 알고,

得其始니 其源을 可知也라 ○先愼曰 乾道本注에 可作亦이어늘 今據張榜本趙本改하니라

舊注 : 그 시원을 얻었으니, 그 근원을 알 수 있다.

○王先愼 : 乾道本의 舊注에는 '可'가 '亦'으로 되어 있는데, 지금 張榜本과 趙本에 의거하여 바로잡았다.

5-4 治紀以知善敗之端이니라

실마리를 다스려서 선악을 판별하는 단서를 안다.

得其紀니 其端을 可知也라

舊注 : 그 실마리를 얻었으니, 그 단서를 알 수 있다.

5-5 故虛靜以待(令)[1]하야 令名自命也하고 令事自定也니라 虛則知實之情하고 靜則(知)〔爲〕動者正[2]이니라

그러므로 〈군주가〉 마음을 비우며 태도를 조용히 하고 기다려서 명분을 절로 맞게 하고 일을 저절로 안정되게 한다. 마음을 비우면 실제 정황을 알게 되고 태도를 조용히 하면 움직이는 자들의 주인이 된다.

○兪樾曰 下知字는 當作爲라 靜則爲動者正는 猶下文云不智而爲智者正也라 涉上句而誤作知니 於義不可通이라 先愼曰 兪說是라 下者字는 張榜本作之라

○兪樾 : 아래의 '知'자는 응당 '爲'가 되어야 한다. '靜則爲動者正'은 아래 글의 '不智而爲智者正(지혜롭지 않으면서도 지혜로운 신하들의 주인이 되는 것이다.)'과 같다. 위의 구와

---

1) (令) : 저본에는 '令'이 있으나, "'令'은 뒷구의 '令'자로 인해 중복된 것이다."라고 한 ≪韓非子新校注≫ 陳奇猷의 설에 따라 衍文으로 처리하였다.

2) 正 : ≪老子≫에 "淸靜爲天下正(맑고 고요하면 천하의 주인이 된다.)"이라는 말이 나오고, ≪呂氏春秋≫ 〈君守〉에 "旣靜而又寧 可以爲天下正(이미 고요하고 또 평안하면, 천하의 주인이 될 수 있다.)"이라고 하였는데, 高誘의 注에 "'正'은 주인이다."라고 한 것에 근거하여, 주인 또는 군주의 뜻으로 보았다.

관련이 되어 '知'로 잘못된 것이니, 文義가 통하지 않는다.

王先愼 : 유월의 설이 옳다. 아래 '者'자는 張榜本에 '之'로 되어 있다.

5-6 **有言者**는 **自爲名**하고 **有事者**는 **自爲形**하나니 **形名參同**하면 **君乃無事焉**이라도 **歸之其情**이라 **故曰 君無見**(현)**其所欲**이니 **君見其所欲**이면 **臣**(自將)〔**將自**〕**雕琢**이요

진언할 말이 있는 자는 스스로 말하게 되고 일을 하는 자는 저절로 성과를 드러내게 되는 것이니, 그 성과와 명분을 대조하여 맞추어보기만 하면 군주는 아무 일을 하지 않아도 일이 실정에 맞게 돌아가게 된다. 그러므로 "군주는 바라는 것을 드러내지 않아야 하니, 군주가 바라는 바를 드러내면 신하가 스스로 잘 보이려고 꾸밀 것이며,

臣因欲彫琢而稱之라 ○**盧文弨曰 自將二字**는 **疑倒**니 **當與下文一例**라

舊注 : 신하가 이로 인해 자기를 꾸며 임금에게 맞추려고 한다.

○盧文弨 : '自將' 두 자는 아마 도치된 듯하니, 응당 아래 글과 같은 예로 보아야 한다.

5-7 **君無見其意**니 **君見其意**면 **臣將自表異**라하니라

군주는 자기 의도를 드러내지 않아야 하니, 군주가 자기 의도를 드러내면 신하가 스스로 남과 다른 의견을 표시하려고 할 것이다."라고 한 것이다.

君見其意면 **臣因其意以稱之**라

舊注 : 군주가 의도를 드러내면 신하는 그 의도에 따라 맞추려고 한다.

5-8 **故曰 去好去惡**(오)면 **臣乃見素**요 **去舊**[3]**去智**면 **臣乃自備**라하니라

---

3) 去舊 : '去巧(기교를 제거하다)'의 뜻이다. '舊'는 '故'와 같은데, '智'와 함께 쓰일 경우에는 흔히 기교라는 뜻으로 쓰였다. ≪淮南子≫ 〈原道訓〉에 '不設智故(지혜와 기교를 베풀지 않는다.)'라 하였는데, 高誘의 注에 "'智故'는 '巧飾'이다."라고 하였고, 〈俶眞訓〉에 '不利曲故 是非相尤(작은 지혜를 희롱하거나 시비를 가지고 서로 허물하지 않는다.)'라 하였는데, 高誘의 注에 "'曲故'는 '曲巧'이다."라고 한 것이 그 예이며, ≪韓非子≫ 〈解老篇〉에 '諸夫飾智故(사람들이 지혜와 기교

그러므로 말하기를 "군주가 좋아하고 싫어하는 내색을 드러내지 않으면 신하는 바로 본심을 드러낼 것이고, 지혜와 기교를 버리면 신하는 이에 스스로 신중하게 처신할 것이다."라고 한 것이다.

好惡不形이면 臣無所效니 則戒而自備라 ○王念孫曰 去舊去智는 本作去智去舊라 惡素爲韻이요 舊備爲韻이라 舊는 古讀若忌니 大雅蕩篇의 殷不用舊는 與時爲韻[4)]이요 召閔篇의 不尙有舊는 與里爲韻[5)]이요 管子牧民篇의 不恭祖舊는 與備爲韻[6)]이니 皆其證也라 後人이 讀舊爲巨救反하니 則與備字不協이라 故改爲去舊去智라 不知古音智屬支部요 備屬之部니 兩部絶不相通이라 自唐以後로 始溷爲一類니 此非精於三代兩漢之音者면 不能辨也라

舊注 : 좋아하고 싫어하는 내색을 드러내지 않으면 신하가 본받을 바가 없으니, 조심하며 스스로 신중하게 처신한다.

○王念孫 : '去舊去智'는 본래 '去智去舊'로 되어 있다. '惡'와 '素'가 韻字가 되고, '舊'와 '備'가 운자가 된다. '舊'는 예전에 '忌'와 같이 읽었으니, ≪詩經≫ 〈大雅 蕩篇〉 '殷不用舊(殷나라가 옛 신하를 쓰지 않았다.)'의 '舊'는 '時'와 운자가 되고, 〈召閔篇(召旻篇)〉 '不尙有舊(옛 덕이 있는 사람이 있지 아니한가.)'의 '舊'는 '里'와 운자가 되며, ≪管子≫ 〈牧民篇〉 '不恭祖舊(옛 조상을 공손히 받들지 않는다.)'의 '舊'는 '備'와 운자가 되니, 모두 그 증거이다. 후대 사람이 '舊'를 巨와 救의 半切로 읽으니, '備'자와 協韻이 되지 않는다. 그러므로 '去舊去智'로 고친 것이다. 옛날의 음으로는 '智'는 支部에 속하고, '備'는 之部에 속해서, 이 두 部가 전혀 상통하지 않는다는 것을 알지 못한 것이다. 唐代 이후로 비로소 섞여버려서 하나의 유가 되었으니, 이것은 三代와 兩漢의 음에 정통하지 못한 자라면 제대로 분별해 내지 못한다.

로 겉치레를 한다.)'라 하였고, 〈八經篇〉에 '衆諫以效智故(신하들이 간언하여 지혜와 기교를 과시한다.)'라고 한 예가 있다.

4) 大雅蕩篇……與時爲韻 : 〈蕩篇〉의 '匪上帝不時'의 '時'가 '殷不用舊'의 '舊'와 운자가 되는 것이다.

5) 召閔篇……與里爲韻 : 〈召閔篇〉의 '日辟國百里'와 '日蹙國百里'의 '里'가 '不尙有舊'의 '舊'와 운자가 되는 것이다.

6) 管子牧民篇……與備爲韻 : 〈牧民篇〉의 '不恭祖舊'의 '舊'가 '孝悌不備'의 '備'와 운자가 되는 것이다.

5-9 故有智而不以慮하야 使萬物知其處하며 有(行)〔賢〕而不以(賢)〔行〕하야 觀臣下之所因하며

따라서 군주는 지혜가 있어도 그것으로 일을 꾀하지 않아서 모든 사람들로 하여금 자신의 처지를 알게 하고, 현명함을 지녔어도 그것으로 섣불리 행하지 않아서 신하가 일을 수행하는 근거를 살피며,

○先愼曰 當作有賢而不以行이니 與有智而不以慮와 有勇而不以怒로 文法一律이라 下文去智去賢去勇을 不作去行이 是其證이라

○王先愼 : 응당 '有賢而不以行'이 되어야 하니, '有智而不以慮', '有勇而不以怒'와 같은 문법이다. 아래 글의 '去智', '去賢', '去勇'을 '去行'이라 하지 않은 것이 그 증거이다.

5-10 有勇而不以怒하야 使群臣盡其武하니라 是故로 去智而有明하며

용기를 가졌어도 그것으로 분발하지 않아서 뭇 신하들로 하여금 武勇을 발휘하게 해야 한다. 이 때문에 지혜를 버림으로써 총명함을 갖게 되고,

去君智면 則臣智自明也라

舊注 : 군주의 지혜를 버리면 신하의 지혜가 절로 밝아질 것이다.

5-11 去賢而有功하며

현명함을 버림으로써 공적을 얻게 되며,

去君賢이면 則臣事自功이라

舊注 : 군주의 현명함을 버리면 신하가 일에 종사하여 스스로 공적을 이룰 것이다.

5-12 去勇而有强이니라

용기를 버림으로써 강대함을 지니게 된다.

去君勇則臣武自强이라

舊注 : 군주의 용기를 버리면 신하의 무용이 스스로 강해질 것이다.

5-13 群臣守職하고 百官有常하야 因能而使之를 是謂習常이라 故曰 寂乎其無位而處하야 漻乎莫得其所라

뭇 신하들이 직분을 충실히 수행하게 하고 백관이 일정한 법규를 따르게 하여, 각각의 능력에 따라 부리는 것을 '한결같은 법도를 따른다.〔習常〕'라고 한다. 그러므로 말하기를 "군주는 마치 자리에 없는 듯이 조용하게 있으며, 마음을 텅 비워서 그 의도를 전혀 파악할 수 없도록 한다.

○顧廣圻曰 漻는 讀爲寥니 正字作廫라 說文云 空虛也라

○顧廣圻 : '漻'는 '寥(료)'로 읽어야 되니 正字는 '廫'이다. ≪說文解字≫에 "텅 빔〔空虛〕이다." 하였다.

5-14 明君無爲於上호되 群臣竦懼乎下라하니라

현명한 군주는 위에서 아무것도 하지 않지만 신하들은 아래에서 두려움에 떤다."라고 한 것이다.

○盧文弨曰 乎는 藏本作於라

○盧文弨 : '乎'는 藏本에 '於'로 되어 있다.

5-15 明君之道는 使智者盡其慮하야 而君因以斷事라 故君不窮於智요

현명한 군주가 통치하는 방법은, 지혜로운 신하들이 자기 지략을 다 쓰게 하여, 군주는 그에 따라 일을 결정하므로 군주는 지혜를 무궁하게 쓸 수 있다.

用臣智라 故智不窮이라

舊注 : 신하의 지혜를 쓰기 때문에 지혜가 무궁한 것이다.

5-16 賢者勅其材하야

현명한 신하들이 자기 재주를 다 바치게 하여,

○盧文弨曰 勑은 一作效라

○盧文弨 : '勑'은 '效'로 된 곳도 있다.

5-17 君因而任之라 故君不窮於能이요 有功則君有其賢하고 有過則臣任其罪라 故君不窮於名이니라

군주는 이에 근거하여 일을 맡기므로 군주는 재능을 무한하게 펼칠 수 있다. 공이 있으면 군주가 현명하기 때문이고 과실이 있으면 신하가 책임을 지므로 군주는 명예가 끝없이 지속될 수 있다.

○先愼曰 乾道本君下有子字라 盧文弨云 子字衍이라하고 顧廣圻云 藏本無子字니 是也라하니 先愼案 張榜本亦無니 今據刪하니라

○王先愼 : 乾道本에 '君' 아래 '子'자가 있다. 盧文弨는 "'子'자는 衍文이다." 하였고, 顧廣圻는 "藏本에 '子'자가 없으니, 옳다." 하였는데, 내가 살펴보건대, 張榜本에도 역시 없으니, 지금 이에 근거하여 삭제하였다.

5-18 是故로 不賢而爲賢者師요

이 때문에 군주는 현명하지 않으면서도 현명한 신하들의 스승이 되고,

君雖不賢이나 爲賢臣之師라

舊注 : 군주가 비록 현명하지 않으나 현명한 신하의 스승이 된다.

5-19 不智而爲智者正이니라

지혜롭지 않으면서도 지혜로운 신하들의 주인이 되는 것이다.

爲臣之正이라 ○先愼曰 乾道本爲下有上字라 盧文弨云 爲下衍上字니 張凌本俱無라하고 顧廣圻云 藏本無上字니 是也라하니 先愼案 張榜本亦無니 今據刪하니라

舊注 : 〈군주가 지혜로운〉 신하의 주인이 된다.

○王先慎：乾道本에 '爲' 아래에 '上'자가 있다. 盧文弨는 "'爲' 아래에 '上'자는 衍文이니, 張本과 凌本에 모두 없다." 하였고, 顧廣圻는 "藏本에 '上'자가 없으니, 옳다." 하였는데, 내가 살펴보건대, 張榜本에도 없으니, 지금 이에 근거하여 삭제하였다.

5-20 臣有其勞하고 君有其成功하니

신하는 애써 일하고 군주는 그 성과를 누리니,

君取臣勞以爲己功이라 ○王先謙曰 依文義文勢讀之면 無功字爲是라 正成經이 又相均也라 據舊注면 則所見本已衍功字라

舊注：군주는 신하의 공로를 취하여 자기 공적으로 삼는다.

○王先謙：문장의 의미와 문맥에 의거하여 읽으면 '功'자가 없어야 옳다. '正', '成', '經'이 또 서로 고르게 놓여 있다. 舊注에 의거하면, 舊注에서 대본으로 한 판본에 이미 '功'자가 잘못 들어갔다.

5-21 此之謂賢主之經也라하니라

이것을 현명한 군주가 지켜야 할 영원불변의 법도라고 한다.

經은 常法也라

舊注：'經'은 '常法(영원불변의 법도)'이다.

5-22 道在不可見이요

군주의 도는 볼 수 없게 하는 데 있고,

君道를 必使臣不可見也라 ○盧文弨曰 張本不提行(항)이라

舊注：군주의 도를 반드시 신하로 하여금 볼 수 없게 해야 한다.

○盧文弨：張本은 행을 바꾸지 않았다.

5-23 用在不可知니라 虛靜無事하야 以闇見疵니라

그 작용은 알 수 없게 하는 데 있다. 마음을 비우고 태도를 조용히 하여 아무

일도 하지 않으면서 어둑한 곳에서 신하의 허물을 살핀다.

○先愼曰 人不知虛靜之道니 反以其闇而疵之라

○王先愼 : 사람들은 虛靜의 도를 알지 못하니, 도리어 그 어둠을 이용하여 흠을 잡는다.

5-24 見而不見하고 聞而不聞하고 知而不知니라 知其言以往하야 勿變勿更하야 以參合閱焉이니라 官有一人하야

보고도 못 본 척하고 들어도 못 들은 척하며 알아도 모른 척 한다. 신하의 말을 듣고 난 다음에는 그 말을 바꾸거나 고치지 못하게 해서 말과 실제가 일치하는지를 맞추어본다. 관직마다 한 사람씩을 두어서

○顧廣圻曰 揚權篇[7)]에 有作置라

○顧廣圻 : ≪韓非子≫ 〈揚權篇〉에 '有'는 '置'로 되어 있다.

5-25 勿令通言이면 則萬物皆盡이니라

서로 말을 주고받지 못하게 하면 모든 사람이 최선을 다할 것이다.

各令守職하야 勿使相通이면 情既相猜니 則自盡矣라 ○先愼曰 乾道本注盡作靜하니 據趙本改하노라

舊注 : 각기 자기의 직무를 보게 해서 서로 통교하지 못하게 하면 마음속으로 서로 시기하게 되니, 그렇게 하면 스스로 최선을 다할 것이다.

○王先愼 : 乾道本의 舊注에 '盡'은 '靜'으로 되어 있는데, 趙本에 근거하여 바로잡았다.

5-26 函(掩)[8)]其跡하고 匿其端하면

---

7) 揚權篇 : 저본에는 '揚權'으로 되어 있으나, 본서에서는 ≪韓非子新校注≫ 陳奇猷의 설에 의거하여 '揚搉'으로 교감하였다. 그러나 저본에서 인용한 여러 학자들의 용어는 변경하지 않고 遵用하였음을 밝혀둔다.

8) 函(掩) : 저본에는 '掩'이 있으나, "아래 글을 볼 때 '函其跡'이 되어야 하니, '函'은 '掩覆(덮어 가리다)'의 뜻이며, 본문의 '函掩'은 성음과 뜻이 비슷하여 잘못 병렬된 것이다."라고 한 ≪韓

군주가 자신의 종적을 숨기고 단서를 감추면

○盧文弨曰 掩字는 疑是注니 凌本無라 顧廣圻曰 則萬物皆盡函이 句絶라 舊注讀函屬下는 誤라 孫詒讓曰 函은 當爲亟이라 亟은 俗作亟이니 形近而誤라 爾雅釋詁云 亟은 疾也라하니 此當以亟掩其跡爲句라 顧讀非요 盧校尤誤라

○盧文弨 : '掩'자는 아마도 舊注의 글자인 듯하니, 凌本에는 없다.

顧廣圻 : '則萬物皆盡函'로 구두를 끊어야 한다. 舊注에서 '函'을 아래로 붙여서 구두한 것은 틀렸다.

孫詒讓 : '函'은 응당 '亟'이 되어야 한다. '亟'은 속자로 '亟'으로 쓰는데, 모양이 비슷하여 잘못된 것이다. ≪爾雅≫ 〈釋詁〉에 "'亟'은 '疾(빠름)'이다." 하였으니, 이 구는 응당 '亟掩其跡'이 한 구가 되어야 한다. 고광기는 구두가 틀렸고, 노문초의 설은 더욱 잘못되었다.

5-27 下不能原[9)]이요

신하는 군주의 속사정을 헤아릴 수가 없고,

○先愼曰 原은 當作緣이라 緣은 因也라 掩跡匿端이면 則下無所因以侵其主니 不能緣은 與下不能意로 同義라 原은 緣聲近而誤라 二柄篇云 人主不掩其情하고 不匿其端하야 而使人臣有緣以侵其主라하니 作緣字是其證이라

○王先愼 : '原'은 응당 '緣'이 되어야 한다. '緣'은 '因(의거하다)'이다. 자취를 가리고 단서를 감추면 신하는 의거하여 군주를 침범할 바가 없게 된다. '不能緣'은 아래 구절의 '不能意'와 같은 뜻이다. '原'과 '緣'이 聲音이 비슷하여 잘못된 것이다. ≪韓非子≫ 〈二柄篇〉에 "人主不掩其情 不匿其端 而使人臣有緣以侵其主(군주가 속마음을 가리지 않고 단서를 숨기지 않아서 신하로 하여금 근거하여 군주를 침범할 바를 갖게 한다.)"라 하였는데, 바로 '緣'자가 되어야 하는 증거이다.

非子新校注≫ 陳奇猷의 설에 의거하여 衍文으로 처리하였다.

9) 下不能原 : ≪韻會≫에 "'原'은 '推原(근원을 찾음)'이다." 하였고, ≪管子≫ 〈戒篇〉 尹知章의 注에 "'原'은 '察(살핌)'이다."라고 한 예를 보면, 王先愼의 설과 같이 굳이 '緣'으로 바로잡을 필요가 없으며, 또한 아래 문구의 '不能意'와 같은 뜻으로 '추측하다', '헤아리다'로 보는 것이 문맥상 비교적 타당하므로 그에 따라 번역하였다.

5-28 去其智하고 絶其能하면 下不能意니라 保吾所以往[10)]而稽同之하고 謹執其柄而固握之하야 絶其望하고 破其意하야 毋使人欲之니라

지혜를 버리고 재능을 끊으면 신하가 군주의 심중을 추측할 수가 없다. 군주는 자기가 의도하는 바를 견지하여 신하의 주장과 실적을 맞추어보고, 상벌의 권한을 신중하게 쥐고 권력을 확실하게 장악하여 신하의 야망을 끊고 의도를 깨뜨려, 그들로 하여금 함부로 욕심을 내지 못하게 한다.

執柄固면 則人意望絶也라 ○先愼曰 各本望上에 有能字어늘 拾補刪이라 盧文弨云 注에 則人意望絶이어늘 張本에 作絶其能望하니 亦衍能字라하고 顧廣圻云 藏本同이라 今本에 無望字니 誤라 此當衍能字라하니라 先愼案 無望字者는 因上有絶其能而妄刪之니 不知此能字正涉上文而誤衍이라 注則人意望絶이라하야 不釋能字니 明舊本亦無能字라 依盧校刪하노라

舊注 : 權柄을 확실히 장악하면 신하의 의도와 야망이 끊어진다는 말이다.

○王先愼 : 各本에 '望' 위에 '能'자가 있는데, ≪群書拾補≫에서 삭제하였다. 盧文弨는 "舊注에서 '人意望絶'이라 하였는데, 張本에는 '絶其能望'으로 되어 있으니 역시 '能'자가 잘못 들어갔다." 하였고, 顧廣圻는 "藏本도 같다. 今本에는 '望'자가 없으니, 잘못이다. 이것은 응당 '能'자가 衍文이 되어야 한다." 하였다. 내가 살펴보건대, '望'자가 없는 것은 위에 '絶其能'이 있는 것으로 인해 잘못 삭제한 것이니, 여기 '能'자는 바로 윗글과 관련이 되어 잘못 들어간 것임을 알지 못한 것이다. 舊注에서 '則人意望絶'이라 하여 '能'자를 해석하지 않았으니, 舊本에도 '能'자가 없었던 것이 분명하다. 노문초의 교감에 의거하여 삭제하였다.

5-29 不謹其閉하고 不固其門이면 虎乃將存이요

군주가 빗장을 신중하게 지르지 않고 문단속을 단단하게 하지 않으면 범이 나타날 것이며,

權柄不固면 則簒國之虎 因而存矣라

舊注 : 권병을 확실히 장악하지 않으면 나라를 찬탈하는 범이 따라서 나타날 것이라는

---

10) 所以往 : 뜻이 가는 바. 곧 의향, 의도를 뜻한다.

말이다.

5-30 不愼其事하고 不掩其情이면 賊乃將生하리라 弑其主하고 代其所하야 人莫不與라 故謂之虎라하니라 處其主之側하야

정사를 신중히 하지 않고 속마음을 숨기지 않으면 역적이 생겨날 것이다. 군주를 죽이고 그 자리를 대신 차지하여 백성들 가운데 누구도 따르지 않는 이가 없게 하기 때문에 범이라고 한 것이다. 군주의 측근에 있으면서

○顧廣圻曰 句絶이니 與下文忒賊爲韻이라

○顧廣圻 : 여기에 구두를 끊어야 하니, 〈'側'이〉 아래 글의 '忒', '賊'과 더불어 운자가 된다.

5-31 爲姦(臣)〔匿(특)〕하고

간특한 짓을 일삼고,

○王念孫曰 臣은 當爲匿字之誤라 匿은 讀爲慝이니 謂居君側而爲姦慝也라 逸周書大戒篇에 克禁淫謀하야 衆匿乃雍이라하니 衆匿은 卽衆慝이라 管子七法篇에 百匿傷上威라하니 百匿은 卽百慝이라 明法篇에 比周以相爲匿이라하야늘 明法解에 匿作慝이라 漢書五行志에 朔而月克東方謂之仄慝이라하야늘 書大傳作側匿이라 是匿與慝이 古字通이라 主所與虎爲韻이요 側匿忒賊爲韻이니 若作臣이면 則失其韻矣라 顧廣圻曰 臣은 當作以라 以는 正字作㠯(이)니 形相近이라 先愼曰 王說이 是라

○王念孫 : '臣'은 응당 '匿'자의 잘못이다. '匿'은 '慝'으로 읽어야 하니, 임금 곁에 있으면서 간특한 짓을 한다는 말이다. ≪逸周書≫ 〈大戒篇〉에 "克禁淫謀 衆匿乃雍(능히 음모를 금하여 여러 간특한 무리가 이에 사라졌다.)"이라 하였는데, '衆匿'은 '衆慝'이다. ≪管子≫ 〈七法篇〉에 "百匿傷上威(온갖 간특한 무리가 군주의 위엄을 손상시킨다.)"라 하였는데, '百匿'은 '百慝'이다. 〈明法篇〉에 "比周以相爲匿(편당을 지어서 서로 간특한 짓을 한다.)"이라 하였는데, 〈明法解〉에는 '匿'이 '慝'으로 되어 있다. ≪漢書≫ 〈五行志〉에 "朔而月克東方謂之仄慝(초하룻날 달이 동쪽에 보이는 것을 仄慝이라 한다.)"이라 하였는데, ≪尙書大傳≫에는 '側匿'으로 되어 있다. 곧 '匿'과 '慝'은 古字에서 통용이다. '主', '所', '與', '虎'가 운자가 되고,

'側', '匿', '忒', '賊'이 운자가 되니, '臣'으로 되면 그 운을 잃게 된다.

顧廣圻 : '臣'은 응당 '以'가 되어야 한다. '以'는 정자로는 '㠯'인데, 모양이 서로 비슷하다.

王先愼 : 王念孫의 설이 옳다.

5-32 (聞)〔間〕其主之忒이라

군주의 틈을 노린다.

○王念孫曰 聞은 蓋間之譌니 間은 伺也라

○王念孫 : '聞'은 '間'의 譌字이니, '間'은 '伺(엿봄)'이다.

5-33 故謂之賊이니라 散其黨하며 收其餘하며

그러므로 역적이라 한 것이다. 군주가 그 도당을 해산시키고 그 나머지 무리를 거두어들이며

○顧廣圻曰 餘는 當作與니 下文輔虎其韻也라

○顧廣圻 : '餘'는 응당 '與'가 되어야 하니, 아래 글의 '輔', '虎'가 그 운자이다.

5-34 閉其門하며 奪其輔면 國乃無虎리라 大不可量하고 深不可測하야 同合刑名하며

그들의 문호를 막고 그들을 돕는 자들을 빼앗는다면 나라에 범이 없어질 것이다. 〈군주가 다스리는 방도에 대한〉 크기를 신하들이 헤아릴 수 없게 하고 그 깊이를 가늠할 수 없게 하여, 신하들의 성과와 명분이 일치하는지를 맞추어보고

○顧廣圻曰 刑은 讀爲形이니 揚權篇同이라

○顧廣圻 : '刑'은 '形'으로 읽으니, ≪韓非子≫ 〈揚權篇〉도 같다.

5-35 審驗法式하야 擅爲者誅면 國乃無賊이리라 是故人主有五壅이니 臣閉其主曰壅이요 臣制財利曰壅이요 臣擅行令曰壅이요 臣得行義曰壅이요 臣得樹人曰壅이니라 臣閉其主면 則主失位요 臣制財利면 則主失(德)〔得〕이요

법도와 격식에 비추어 적합한지 점검하여 제멋대로 구는 자를 주벌한다면 나라에 역적이 없어질 것이다. 그러므로 군주에게는 다섯 가지 막힘이 있다. 신하가 군주의 눈과 귀를 가리는 것이 그 막힘이며, 신하가 재정을 장악하는 것이 그 막힘이며, 신하가 마음대로 명령을 내리는 것이 그 막힘이며, 신하가 仁義를 행사하는 것이 그 막힘이며, 신하가 사사로이 도당을 짓는 것이 그 막힘이다. 신하가 군주의 눈과 귀를 가리면 군주는 지위를 잃게 되며, 신하가 나라의 재정을 장악하면 군주는 이득을 잃게 되며,

○王先謙曰 德은 當作得이니 與上財利相應이라 此緣聲同而誤라

○王先謙 : '德'은 응당 '得'이 되어야 하니, 위의 '財利'와 상응한다. 이것은 聲音이 같기 때문에 잘못된 것이다.

5-36 臣擅行令이면 則主失制요 臣得行義면 則主失名이요

신하가 마음대로 명령을 내리면 군주는 통제력을 잃게 되며, 신하가 인의를 행사하면 군주는 명분을 잃게 되며,

○先愼曰 乾道本에 名作明이라 顧廣圻云 藏本今本에 明作名이라하니 今據改하노라

○王先愼 : 乾道本에 '名'은 '明'으로 되어 있다. 顧廣圻는 "藏本과 今本에 '明'이 '名'으로 되어 있다." 하였으니, 지금 이에 의거하여 바로잡았다.

5-37 臣得樹人이면 則主失黨이니 此人主之所以獨擅也요 非人臣之所以得操也니라 人主之道는 (靜退)〔虛靜〕以爲寶니라

신하가 사사로이 도당을 지으면 군주는 자기편을 잃게 되는 것이다. 이러한 것들은 군주 한 사람만이 장악하여 마음대로 해야 하는 것이지, 신하가 쥐어서는 안 되는 것이다. 군주가 취할 도리는 마음을 비우고 태도를 조용히 함을 보배로 삼는다.

○先愼曰 靜退는 當作虛靜이니 此承上虛靜以待令而言이라 下不操事不計慮而知巧拙福咎는 卽申虛則知實之情 靜則爲動之正之義라 今譌作靜退하니 則文之前

後不相照應矣라

○王先愼 : '靜退'는 응당 '虛靜'이 되어야 하니, 이는 윗글의 '虛靜而待令'을 이어서 말한 것이다. 아래 글에 "정사를 직접 관장하지 않고 계책을 직접 세우지 않고서 잘되고 못된 것과 화가 되는지 복이 되는지만 안다."고 한 것은 곧 "虛則知實之情 靜則爲動之正(마음을 비우면 실제 정황을 알게 되고, 태도를 조용히 하면 움직이는 자들의 주인이 된다.)"의 뜻을 부연한 것이다. 지금 잘못 '靜退'가 되었으니, 문맥의 앞뒤가 서로 호응되지 않는다.

5-38 不自操事而知拙與巧하고 不自計慮而知福與咎라 是以不言而善應하고

군주는 정사를 직접 관장하지 않고서 잘되고 못된 것만 알고, 계책을 직접 세우지 않고서 화가 되는지 복이 되는지만 알면 된다. 이 때문에 군주가 말을 하지 않아도 신하는 잘 응대하고,

○先愼曰 乾道本에 無而字라 顧廣圻云 藏本今本은 言下에 有而字라하니 今據補하노라

○王先愼 : 乾道本에 '而'자가 없다. 顧廣圻는 "藏本과 今本에 '言' 아래 '而'자가 있다." 하였으니, 지금 이에 의거하여 보충하였다.

5-39 不(約)〔事〕而善增이니라 言已應이면 則執其契요 事已增이면 則操其符니라

군주가 일을 하지 않아도 신하는 일을 잘 진척시킨다. 군주의 말에 신하가 이미 잘 응대하면 약속 증표로 한쪽 契券을 받아두며, 일이 이미 잘 진척되면 한쪽 符節을 쥐고 있어야 한다.

○兪樾曰 增字는 義不可通이니 兩增字는 疑皆會字之誤라 不言而善應은 語本老子不約而善會요 亦卽老子所謂善結無繩 約而不可解也니 善會는 猶善結也라 會는 誤作曾하고 又誤爲增耳라 先愼曰 約은 當作事라 言已應하고 事已增이니 正承上言之라 增은 讀如簪이니 與上應爲韻이라 兪改增爲會는 迂曲不可從하노라

○兪樾 : '增'자는 뜻이 통하지 않는다. 두 '增'자는 모두 '會'자의 잘못인 듯하다. 〈윗글의〉 '不言而善應(말을 하지 않아도 잘 응대한다.)'은 본래 ≪老子≫의 '不約而善會(묶지 않아도 잘 묶여 있다.)'라는 말에서 나온 것인데, 역시 곧 ≪노자≫에서 이른바 "善結無繩 約而

不可解(묶기를 잘하면 끈으로 꽉 묶지 않아도 풀 수가 없다.)"라는 것이니, '善會'는 '善結(묶기를 잘함)'과 같다. '會'는 '曾'으로 잘못되고, 또 '增'으로 잘못된 것이다.

王先愼 : '約'은 응당 '事'가 되어야 한다. 말은 잘 응대하고, 일은 잘 진척된다는 것이니, 윗글을 바로 이어서 말한 것이다. '增'은 '簪(잠)'과 같이 읽으니, 위의 '應'과 함께 운자가 된다. 兪樾이 '增'을 '會'로 고친 것은 迂曲하여 따르지 않았다.

5-40 **符契之所合**에 **賞罰之所生也**라 **故群臣陳其言**이면 **君以其言授其事**하고 (事以)〔以其事〕**責其功**이니라

符節과 契券이 합치되는가에 따라서 상을 주고 벌을 내리는 근거가 생긴다. 그러므로 신하가 자기 의견을 진언하면 군주는 그의 말에 따라 일을 맡기고, 그 일을 가지고 공적을 책임지게 한다.

○顧廣圻曰 藏本今本에 事以는 作以事라 按當作以其事라 先愼曰 二柄篇에 作專以其事責其功이라

○顧廣圻 : 藏本과 今本에 '事以'는 '以事'로 되어 있다. 살펴보건대 응당 '以其事'가 되어야 한다.

王先愼 : ≪韓非子≫ 〈二柄篇〉에 "專以其事責其功(오로지 그 일을 가지고 공적을 책임지게 한다.)"이라 하였다.

5-41 **功當其事**하고 **事當其言**이면 **則賞**하고 **功不當其事**하고 **事不當其言**이면 **則誅**하니 **明君之道**는 **臣不得陳言而不當**이니라

공적이 맡긴 일에 걸맞고 맡긴 일이 진언한 것과 합치되면 상을 주고, 공적이 맡긴 일에 걸맞지 않고 맡긴 일이 진언한 것과 합치되지 않으면 벌을 내린다. 그러니 현명한 군주가 통치하는 방도는 신하로 하여금 자신이 진언한 것이 실제 공적과 합치되지 않을 수 없게 하는 것이다.

○先愼曰 乾道本에 無得字라 盧文弨云 得字脫이니 藏本有라하니라 先愼案 二柄篇에 亦有得字니 今據補하노라 顧廣圻云 此句下有脫文이라하니라

○王先愼 : 乾道本에 '得'자가 없다. 盧文弨는 "'得'자가 탈락되었으니, 藏本에는 있다."

라고 하였다. 내가 살펴보건대, 〈二柄篇〉에 또한 '得'자가 있으니, 지금 이에 의거하여 보충하였다. 顧廣圻는 "이 구 아래에 탈락된 글이 있다." 하였다.

5-42 是故로 明君之行賞也에 曖乎如時雨하야

이 때문에 현명한 군주가 상을 줄 적에는 제때 내리는 비와 같이 따사로워서

○顧廣圻曰 曖는 讀爲愛라

○顧廣圻 : '曖'는 '愛'로 읽는다.

5-43 百姓利其澤이요 其行罰也에 畏乎如雷霆하야 神聖不能解也니라 故明君無偸賞하며 無赦罰하니 賞偸면 則功臣墮其業이요 赦罰이면 則姦臣易爲非니라

백성들이 그 은택을 이롭게 여기고, 벌을 내릴 때에는 우레와 같이 무서워서 神聖이라 할지라도 풀어줄 수가 없다. 그러므로 현명한 군주는 상을 아무렇게나 주지 않고 벌을 쉽게 용서해주지 않으니, 상을 아무렇게나 주면 공이 있는 신하도 자기 일을 태만히 하고 벌을 쉽게 용서해주면 간사한 신하가 쉽게 잘못을 저지르게 된다.

○盧文弨曰 臣은 張本에 作人이라

○盧文弨 : '臣'은 張本에 '人'으로 되어 있다.

5-44 是故誠有功이면 則雖疏賤이라도 必賞이요 誠有過면 則雖近愛라도 必誅니라

그런 까닭에 진실로 공이 있으면 비록 소원하고 비천한 신하라 해도 반드시 상을 주고, 진실로 죄가 있으면 비록 친근하고 총애하는 신하라 해도 반드시 벌을 내려야 한다.

○顧廣圻曰 此句下有脫文이라 先愼曰 此下當有疏賤必賞四字라

○顧廣圻 : 이 구 아래에 탈락된 글이 있다.

王先愼 : 이 아래에 응당 '疏賤必賞' 네 글자가 있어야 한다.

5-45 〔**疏賤必賞**하고〕 **近愛必誅**면 **則疏賤者不怠**하고 **而近愛者不驕也**니라

소원하고 비천한 신하에게 반드시 상을 주고 친근하고 총애하는 신하에게 반드시 벌을 내리면, 소원하고 비천한 신하는 태만하지 않고 친근하고 총애하는 신하는 교만하지 않을 것이다.

第六 有度篇 제6편 법도를 세움

나라를 다스리는 데 있어서 法度를 최우선으로 내세운 것이다. 역대 霸者가 될 수 있었던 국가들의 공통점은 모두 법도를 엄중하게 받들었던 것에서 기인한다. 楚나라 莊王, 齊나라 桓公, 燕나라 昭王, 魏나라 安釐王 등이 대표적인데, 이 국가들이 망하게 된 원인도 또한 국법을 내버렸기 때문이다. 그러므로 명석한 군주는 법으로 하여금 사람을 고르도록 하고 자신이 임의로 등용하지 않으며, 법으로 하여금 그 공적을 헤아리도록 하고 자신이 임의로 헤아리지 않는다. 군주는 오로지 법에 근거하여 시행할 뿐이고, 현명한 신하는 이러한 군주에게 자신을 맡긴 다음 두 마음을 품지 않는 것이 治世의 중요한 요결이다.

○先愼曰 乾道本에 六作七이니 據趙本改라

○王先愼 : 乾道本에는 '六'이 '七'로 되어 있으니 趙本에 의거하여 고쳤다.

6-1 國無常强이요 無常弱이니이다 奉法者强이면 則國强하고

국가가 항상 강한 것은 아니고 국가가 항상 약한 것은 아닙니다. 법 받들기를 강하게 하면 국가가 강해지고

强은 爲不曲法從私라 ○盧文弨曰 注爲字當作謂라 先愼曰 爲는 謂字同이라

舊注 : '强'은 법을 굽혀서 사사로움을 따르지 않는다는 말이다.

○盧文弨 : 舊注의 '爲'자는 응당 '謂'가 되어야 한다.

王先愼 : '爲'는 '謂'자와 같다.

6-2 奉法者弱이면 則國弱이니이다 荊莊王은 幷國二十六하야 開地三千里나 莊王之氓社稷也는 而荊以亡하며

법 받들기를 약하게 하면 국가가 약해집니다. 楚나라 莊王은 26개의 국가를 병

합하여 3천 리의 영토를 넓혔으나 장왕의 백성과 사직은 초나라와 함께 망했으며

荊全之時與荊亡之時에 民及社稷은 未改易이나 而全亡遂殊者는 則由奉法有强弱故也라 ○顧廣圻曰 氓은 當作民하니 下二句同이라 舊注未謬라

舊注 : 초나라가 온전한 때와 초나라가 망한 때에 백성과 사직은 바뀌지 않았지만, 온전하고 망하는 것이 끝내 달라지는 것은 법을 받드는 것이 강하냐 약하냐에 달려 있기 때문이다.

○顧廣圻 : '氓'은 마땅히 '民'이 되어야 하니 아래의 두 句도 마찬가지이다. 舊注는 잘못되지 않았다.

6-3 齊桓公은 幷國三十하야 啓地三千里나 桓公之氓社稷也는 而齊以亡하니이다 燕襄王은

齊나라 桓公은 30개의 국가를 병합하여 3천 리의 영토를 넓혔으나 환공의 백성과 사직은 제나라와 함께 망했습니다. 燕나라 襄王은

○顧廣圻曰 襄은 當作昭하니 下同이라 史記年表世家에 燕無襄王이라 下文云 殘齊는 在昭王二十八年이라 或一謚襄也라

齊 桓公(≪增像全圖東周列國志≫)

○顧廣圻 : '襄'은 응당 '昭'가 되어야 하니 아래도 마찬가지이다. ≪史記≫ 〈六國表〉와 〈世家〉에는 燕나라에 襄王이 없다. 아래 글에서 '殘齊(齊나라를 잔폐시켰다.)'는 昭王 28년의 일이다. 혹자는 소왕의 다른 諡號가 '襄'이라고도 한다.

6-4 以河爲境하고 以薊(계)爲國하야 襲涿(탁)方城하야

河水를 경계로 삼고 薊를 도읍으로 삼아 涿과 方城을 에워싸서

方城은 涿之邑也라 ○顧廣圻曰 句有誤라 王先謙曰 襲은 謂繞在外라 謂燕都在薊하고 涿方城在外하니 猶左傳言表裏也라 涿與方城은 二地니 注誤라 方城見燕世家하고 漢志에 涿屬涿郡하고 薊方城屬廣陽國이라하니라 方城詳見水經聖水巨馬水注中하니 今直隸固安縣西南有方城村이 即其地也라

舊注 : 方城은 涿의 고을이다.

○顧廣圻 : 句에 잘못이 있다.

王先謙 : '襲'은 밖에서 둘러싸는 것을 말한다. 연나라 도읍이 薊에 있고 涿과 方城이 밖에 있다는 말이니, ≪春秋左氏傳≫에서 "표리를 이룬다.〔表裏〕"고 말한 것과 같다. 涿과 方城은 다른 두 지역이니 舊注가 틀렸다. 方城은 ≪史記≫ 〈燕世家〉에 보이고, ≪漢書≫ 〈地理志〉에는 "涿은 涿郡에 속하고, 薊와 方城은 廣陽國에 속한다."라고 하였다. 方城은 ≪水經注≫ 〈聖水〉와 〈巨馬水〉에 자세히 보이니, 지금의 直隸 固安縣 서남쪽에 있는 方城村이 곧 그 지역이다.

6-5 殘齊平中山하며

齊나라를 잔폐시키고 中山을 평정하였으며

中山은 國名이라

舊注 : '中山'은 國名이다.

6-6 有燕者重하고 無燕者輕이나

연나라와 화친하면 중시되고 연나라와 화친하지 않으면 경시되었으나

謂隣國得燕爲黨者則重하고 反是者則輕也라

舊注 : 이웃 국가가 연나라와 화친을 맺으면 중시되고, 이와 반대면 경시되었다는 말이다.

6-7 襄王之氓社稷也는 而燕以亡하니이다 魏安釐(희)王은 攻(趙)〔燕〕救(燕)〔趙〕[1)]하고

양왕의 백성과 사직은 연나라와 함께 망했습니다. 魏나라 安釐王은 燕나라를 공격하고 趙나라를 구원하였으며,

○顧廣圻曰 當云攻燕救趙라 年表에 五年擊燕이라하고 二十年救邯鄲이라하고 二十一年救趙라하니라 又世家二十年云 趙得全也라하니라

○顧廣圻 : 응당 '攻燕救趙'가 되어야 한다. ≪史記≫ 〈六國表〉에 "〈安釐王〉 5년에 연나라를 공격하였다."고 하였고, "〈안희왕〉 20년에 邯鄲을 구원하였다."라고 하였고, "〈안희왕〉 21년에 조나라를 구원하였다."라고 하였다. 또 ≪史記≫ 〈魏世家〉 〈안희왕〉 20년에 "조나라가 온전해졌다."라고 하였다.

6-8 取地河東하며

河東 지역을 취하였으며,

河東은 故南燕國所在니 時魏救燕하야 燕人得之라 故以河東故國與魏也라 ○盧文弨曰 注河東故南燕國所在어늘 凌張本에 作故南燕之地요 無下河東二字요 德之誤作得之라 先愼曰 此蓋五年擊燕所得이니 注謂燕人與魏는 非也라

舊注 : 河東은 옛 南燕國에 있던 곳이니, 당시에 위나라가 연나라를 구원해주어 연나라가 그곳을 얻었다. 그래서 河東의 옛 도읍을 위나라에게 준 것이다.

○盧文弨 : 舊注에 '河東故南燕國所在'라고 되어 있는데, 凌本과 張本에는 '故南燕之地(옛 南燕의 땅)'로 되어 있고 아래에 '河東' 두 자가 없으며 '德之'는 '得之'로 잘못되어 있다.

王先愼 : 이곳은 安釐王 5년에 연나라를 공격하여 얻은 곳이니, 舊注에서 연나라가 위나라에게 주었다는 말은 틀렸다.

6-9 攻盡陶(魏)〔衛〕之地하고

定陶와 衛 지역을 모두 공략하였고,

陶는 定陶也라 ○顧廣圻曰 魏는 當作衛하니 見本書飾邪篇이라

1) 攻(趙)〔燕〕救(燕)〔趙〕 : 저본에는 '攻趙救燕'으로 되어 있으나, ≪史記≫ 〈六國表〉에 의거하여 '攻燕救趙'로 바로잡았다.

舊注 : 陶는 定陶이다.

○顧廣圻 : '魏'는 응당 '衛'가 되어야 하니, 本書의 〈飾邪篇〉에 보인다.

6-10 **加兵於齊**하야 **私平陸之都**하며

齊나라에 병력을 가하여 平陸의 邑을 점유하였고,

言魏加兵於齊하야 **平陸以爲私都也**라

舊注 : 위나라가 제나라에 병력을 가하여 平陸을 자신 소유의 邑으로 삼았다는 말이다.

6-11 **攻韓拔管**하고

韓나라를 공격하여 管을 빼앗고

管은 **故管叔所都**[2)]라

舊注 : '管'은 옛날 管叔이 도읍한 곳이다.

6-12 **勝於淇下**하며 **睢陽之事**에 **荊軍老而走**하며

淇城 아래에서 승리를 거두었으며, 睢陽의 싸움에서 초나라 군사는 오랫동안 주둔하다가 도망갔고

魏與楚相持睢陽이러니 **而楚師遁**이라 **師久爲老**라 ○**先慎曰 注趙本**에 **爲老作而老**하니 **誤**라

舊注 : 위나라와 초나라가 睢陽을 서로 지키고 있었는데 초나라 군사가 도망갔다. 군사가 오래 주둔하는 것을 '老'라고 한다.

○王先慎 : 趙本의 舊注에 '爲老'가 '而老'로 되어 있으니 잘못되었다.

6-13 **蔡召陵之事**에 **荊軍破**하니 **兵四布於天下**하야

蔡와 召陵의 싸움에서 초나라 군사를 패배시키니, 병력이 천하에 사방으로 펼

---

2) 管叔所都 : 管叔은 周나라 武王의 아우인 管叔 鮮을 가리킨다. 무왕이 천하를 평정한 다음 선에게 管 지역을 영지로 주었다. 관련 내용이 ≪史記≫ 권35 〈管蔡世家〉에 보인다.

쳐져

兵은 魏之兵也라

舊注 : '兵'은 魏나라의 병력이다.

6-14 威行於冠帶之國[3)]이나 安釐王死而魏以亡하니이다

위세가 冠帶의 지역에 떨쳤으나 안희왕이 세상을 떠나자 위나라는 망했습니다.

○先愼曰 乾道本에 無王字라 盧文弨云 脫藏本有라하니 今據補라

○王先愼 : 乾道本에 '王'자가 없다. 盧文弨는 "탈락된 '王'자가 藏本에는 있다."라고 하니, 지금 이에 의거하여 보충하였다.

6-15 故有荊莊齊桓하니 則荊齊可以霸하고

그러므로 초나라의 장왕과 제나라의 환공이 있었으니 초나라와 제나라가 패자가 될 수 있었고

○先愼曰 乾道本에 桓下有公字라 盧文弨云 公字衍이라하니라 顧廣圻云 藏本에 無하니 是也라하니라 今據刪이라

○王先愼 : 乾道本에 '桓'자 밑에 '公'자가 있다. 盧文弨는 "'公'자는 衍文이다."라고 하였다. 顧廣圻는 "藏本에는 없으니 이것이 옳다."라고 하였다. 지금 이에 의거하여 삭제하였다.

6-16 有燕襄魏安釐하니 則燕魏可以强이니이다 今皆亡國者는 其群臣官吏皆務所以亂하고 而不務所以治也니이다 其國亂弱矣어늘 又皆釋國法而私其外[4)]면

연나라의 양왕과 위나라의 안희왕이 있었으니 연나라와 위나라가 강해질 수 있었습니다. 지금은 모두 망한 국가가 된 것은 그 신하들과 관리들이 모두 어지

3) 冠帶之國 : 中原을 지칭하는 말로, 의관을 갖출 줄 아는 문명국이란 뜻이다.

4) 私其外 : ≪韓非子新校注≫ 陳奇猷의 說에 의거하여 "법을 어기고 사사로운 이익을 취한다.〔違法營私〕"로 번역하였다.

러워지는 데 힘을 쓰고 잘 다스려지는 데 힘을 쓰지 않아서입니다. 국가가 어지러워지고 약해지는데 또 모두가 국법을 내버리고 국법 밖에서 사사로이 이익을 취한다면

外는 謂臣之事也라

舊注 : '外'는 신하의 일을 말한다.

6-17 則是負薪而救火也니 亂弱甚矣리이다 故當今之時에 能去私曲[5]就公法者면 民安而國治요 能去私行行公法者면 則兵强而敵弱이리이다 故審得(失)〔夫〕有法度之制者하야 (加以)〔以加〕群臣之上이면 則主不可欺以詐僞하고

이는 땔감을 등에 지고 불을 끄려고 달려드는 꼴이니 더욱 어지러워지고 약해질 것입니다. 그러므로 지금 시기에 능히 私曲을 버리고 公法에 나아가면 백성은 안정되고 국가는 잘 다스려질 것이고, 능히 私行을 버리고 公法을 시행하면 병력이 강해지고 적국은 약해질 것입니다. 그 때문에 법도를 잘 운용할 자를 찾아서 등용하여 그를 여러 신하들 위에 배치하면 군주는 거짓에 속지 않을 것이며

謂得守法度之臣하야 授之以政하야 位加群臣之上이라 故不可欺以詐僞라 ○顧廣圻曰 失은 當作夫하니 下文審得失有權衡之稱者의 失도 亦當作夫라 加以는 當作以加하니 舊注未譌라 先愼曰 顧說是라 拾補에 加以作加於하니 是라 注趙本에 授誤作受라

舊注 : 법도를 잘 지키는 신하를 등용하여 그에게 정사를 맡겨 지위를 여러 신하들 위에 있게 만들기 때문에 거짓으로 군주를 속일 수 없다는 말이다.

○顧廣圻 : '失'은 응당 '夫'가 되어야 하니 아래 글의 '審得失有權衡之稱者'의 '失' 또한 응당 '夫'가 되어야 한다. '加以'는 응당 '以加'가 되어야 하니 舊注는 잘못되지 않았다.

王先愼 : 顧廣圻의 설이 옳다. ≪群書拾補≫에 '加以'가 '加於'로 되어 있으니 옳다. 趙本의 舊注에는 '授'가 '受'로 잘못되어 있다.

6-18 審得(失)〔夫〕有權衡之稱者하야 以聽遠事면 則主不可欺以天下之輕

5) 私曲 : 법을 지키지 않고 사사로운 이익을 취하는 것을 뜻한다.

重이니이다

경중을 잘 헤아릴 자를 찾아서 등용하여 먼 곳의 일을 맡기면 군주는 천하의 경중에 속지 않을 것입니다.

權衡은 所以稱輕重也라 臣既妙於輕重하야 使之聽遠이라 故不可欺以輕重也라

舊注 : '權衡'은 경중을 헤아리는 것이다. 신하가 이미 경중을 환히 알아 그를 보내어 먼 곳의 일을 듣게 하기 때문에 경중으로 군주를 속일 수 없다는 말이다.

6-19 今若以譽進能이면 則臣離上而下比周하고

지금 만약 명예에 다라 유능한 자를 등용하면 신하는 윗사람을 이반하여 아래로 편당을 만들 것이고

能由譽進이면 所以比周於下하야 求其虛譽라

舊注 : 유능한 자를 명예로 인해 등용한다면 아래에서 편당을 만들어 헛된 명예를 구한다는 말이다.

6-20 若以黨擧官이면 則民務交而不求用於法이니이다

만약 편당에 따라 관원을 천거한다면 백성들은 그들과 사귀는 것에만 힘써서 법도에 따라 등용되기를 구하지 않을 것입니다.

官由黨擧면 所以務交하야 求其親授라

舊注 : 관원을 편당에 따라 천거한다면 그들과 사귀는 것에만 힘써서 그들이 직접 관직을 제수해주기를 구한다는 말이다.

6-21 故官之失能者에 其國亂하며 以譽爲賞하고 以毁爲罰也면 則好賞惡(오)罰之人이 釋公(行)〔法〕하고 行私術하야 比周以相爲也니이다

그러므로 관직에 유능한 자를 등용하지 못하면 장차 나라는 어지러워질 것이고, 명예가 있다고 해서 상을 주고 비방을 받는다고 해서 벌을 내린다면 상을 좋아하

고 벌을 싫어하는 자가 公法을 버리고 私術(사사로운 술수)을 행하여 편당을 지어 서로를 위할 것입니다.

○先愼曰 上行字當作法이라 好賞惡罰之人 釋公法行私術은 與上去私曲就公法 去私行行公法과 下行私重輕公法 奉公法廢私術로 相應하니 四處皆作法字라 此行字涉下文而誤라

○王先愼 : 위의 '行'자는 마땅히 '法'이 되어야 한다. '好賞惡罰之人 釋公法行私術'은 윗글의 '去私曲就公法 去私行行公法(私曲을 버리고 公法에 나가고 私行을 버리고 公法을 시행하다.)'과 아래 글의 '行私重輕公法 奉公法廢私術(私重을 행하고 公法을 경시하며 公法을 받들고 私術을 폐한다.)'과 상응하니 네 곳 모두 '法'자로 되어 있다. 여기 '行'자는 아래 글과 연계되어 잘못되었다.

6-22 忘主外交하야 以進其與면

군주를 잊고 바깥으로 교제하여 자신의 黨與를 나오게 하면

與는 謂黨與也라

舊注 : '與'는 '黨與(무리)'를 말한다.

6-23 則其下所以爲上者薄矣니이다 交衆與多하야 外內朋黨이면 雖有大過라도 其蔽多矣니이다

아랫사람이 윗사람을 위하는 마음이 희박해질 것입니다. 교제가 넓어지고 무리가 많아져 안팎으로 붕당을 이루면 비록 큰 잘못이 있더라도 잘못을 은폐하는 경우가 많을 것입니다.

朋黨既多하야 遞相隱蔽면 雖有大過라도 無從而知也라

舊注 : 朋黨이 이미 많아져 서로 번갈아가며 은폐시키면 비록 큰 잘못이 있더라도 알 수 있는 방법이 없다는 말이다.

6-24 故忠臣危死於非罪하고 姦邪之臣安利於無功이니이다

그러므로 忠臣은 죄가 없음에도 위태롭고 죽임을 당하며, 간사한 신하는 공이 없음에도 편안하고 이익을 얻게 됩니다.

邪臣朋黨이면 則忠臣橫以非罪而見陷하고 邪臣輒以無功而獲利也라

舊注 : 간사한 신하들이 붕당을 이루면 忠臣은 갑자기 죄가 없음에도 함정에 빠지며, 간사한 신하는 번번이 공이 없음에도 이익을 얻는다는 말이다.

6-25 忠臣危死而不以其罪면 則良臣伏矣요

忠臣이 죄가 없음에도 위태롭고 죽임을 당하면 훌륭한 신하는 숨어버리고

臣傷其類라 故良臣伏也라 ○先愼曰 乾道本에 危上有之所以三字요 良下無臣字라 盧文弨云 之所以三字는 衍이니 一本無라하니라 顧廣圻云 藏本今本에 良下有臣字라하니라 先愼案 注云 則良臣伏이라하니 是注所見本 亦有臣字요 之所以三字는 不當有하니 此與下句文法一律이라 今從盧顧校改라 伏은 謂隱也라

舊注 : 충신이 그 부류한테 해를 당하기 때문에 훌륭한 신하가 숨어버린다는 말이다. ○王先愼 : 乾道本에 '危'자 위에 '之所以' 세 자가 있고 '良' 아래에 '臣'자가 없다. 盧文弨는 "'之所以' 세 자는 연문이니 어떤 본에는 없다."라고 하였다. 顧廣圻는 "藏本과 今本에 '良'자 아래에 '臣'자가 있다."라고 하였다. 내가 살펴보건대 舊注에 '則良臣伏'이라고 하였으니, 舊注가 보았던 本 역시 '臣'자가 있고 '之所以' 세 자는 응당 있지 않으니, 이는 아래 글의 문법과 마찬가지이다. 지금 노문초와 고광기의 교정을 따라 고쳤다. '伏'은 '隱(숨다)'을 이른다.

6-26 姦邪之臣安利不以功이면 則姦臣進矣하리니

간사한 신하가 공이 없음에도 편안하고 이익을 얻으면 간사한 신하만 나아갈 것이니

同氣相求[6]라 故姦臣進也라

---

6) 同氣相求 : 상호 의기투합하는 모습을 가리킨다. ≪周易≫ 〈文言傳〉에 "같은 소리끼리 서로 응하며, 같은 기운끼리 서로 찾는다. 물은 축축한 곳으로 번져가고, 불은 건조한 곳으로 타들어간다.〔同聲相應 同氣相求 水流濕 火就燥〕"라고 하였다.

舊注 : 같은 부류끼리 서로 찾기 때문에 간사한 신하만 나아가는 것이다.

6-27 此亡之本也니이다 若是면 則群臣廢法而行私重하고

이것이 국가가 망하는 근본입니다. 이와 같이 되면 신하들은 법을 폐기한 채 私重(사사로운 권력)을 행하고

○王渭曰 句絶이라

○王渭 : 句를 끊어야 한다.

6-28 輕公法矣니이다

公法을 업신여기게 됩니다.

私重은 謂朋黨私相重也라

舊注 : '私重'은 붕당을 지어 사사롭게 서로 권력을 챙긴다는 말이다.

6-29 數(삭)至能人之門이나

권세가 집에는 자주 드나들지만

此其所以私重也라 ○顧廣圻曰 能은 當作態라 態人은 卽荀子之態臣[7]이니 見臣道篇이라 先慎曰 能人은 則私人也니 見管子明法篇이라 本書에 作能字不誤라 三守篇不敢不下適近習能人之心이 卽其證이라 乾道本注此作比어늘 依張榜本趙本改라

舊注 : 이것이 서로 私重하게 되는 이유이다.

○顧廣圻 : '能'은 응당 '態'가 되어야 한다. 態人은 바로 ≪荀子≫의 '態臣'이니 〈臣道篇〉에 보인다.

王先愼 : '能人'은 '私人(권세가)'이니, ≪管子≫ 〈明法篇〉에 보인다. 本書에 '能'자로 되어 있는 것은 잘못되지 않았다. ≪韓非子≫ 〈三守篇〉에 "不敢不下適近習能人之心(감히 측근

---

7) 態臣 : ≪荀子≫ 〈臣道篇〉에 "안으로 백성을 통일시키기에 부족하고, 밖으로 난리를 막기에 부족하며, 백성이 친하지 않고, 제후가 믿지 않는데도 교묘하고 재빠르게 번지르르한 말로 윗사람에게 총애를 잘 취하는 자를 態臣이라고 한다." 하였다.

이나 권세가의 마음에 부합하지 않을 수 없다.)"이라고 한 것이 그 증거이다. 乾道本의 舊注에는 '此'가 '比'로 되어 있는데 張榜本과 趙本에 의거하여 고쳤다.

6-30 不壹至主之廷하며

군주의 조정에는 한 번도 가보지 않으며

○先愼曰 趙本에 壹作一하니 下同이라

王先愼 : 趙本에 '壹'이 '一'로 되어 있으니 아래도 마찬가지이다.

6-31 百慮私家之便이나 不壹圖主之國이니이다 屬數雖多나 非所以尊君也요

권세가의 편의를 위해 온갖 염려를 하지만 군주의 나라를 위해 한 번도 계획하지 않을 것입니다. 거느리는 자가 비록 많지만 그들은 군주를 존귀하게 하는 자가 아니며

君之徒屬之數雖多나 皆行私重이라 故非尊君이라 ○先愼曰 乾道本에 無以字라 顧廣圻云 今本所下에 有以字라하니라 先愼案 依下文當有하니 今據補라

舊注 : 군주가 거느리는 자의 수가 비록 많지만 모두 私重을 행하기 때문에 군주를 존귀하게 하는 자가 아니라는 말이다.

○王先愼 : 乾道本에는 '以'자가 없다. 顧廣圻는 "今本의 '所' 아래에 '以'자가 있다."라고 하였다. 내가 살펴보건대 아래 글에 의거하면 응당 〈'以'자가〉 있어야 하니 지금 이에 의거하여 보충하였다.

6-32 百官雖具나 非所以任國也니이다

백관이 비록 갖추어져 있으나 나랏일을 맡길 자가 아닙니다.

百官雖備나 皆慮私家之便이라 故非任國이라 任은 謂當其事也라

舊注 : 백관이 비록 갖추어져 있으나 모두 권세가의 편의를 염려하기 때문에 나랏일을 맡길 자가 아니라는 말이다. '任'은 국사를 담당한다는 말이다.

6-33 然則主有人主之名이요 而實託於群臣之家也니이다

그렇다면 군주에게 군주라는 이름만 있는 것이고 실제로는 신하들의 집에 의탁하고 있는 꼴입니다.

威權(不)〔下〕移故也라 ○盧文弨曰 注下移誤不移라

舊注 : 군주의 위엄과 권세가 아래로 내려왔기 때문이다.
○盧文弨 : 舊注에 '下移'가 '不移'로 잘못되어 있다.

6-34 故臣曰 亡國之廷에 無人焉이라하니이다

그래서 신은 망한 나라의 조정에는 사람이 없다고 말씀드리는 것입니다.

無憂國之人也라 臣은 韓非自謂也라 ○先愼曰 此篇은 多本管子明法篇이라

舊注 : 나라를 걱정하는 사람이 없다는 말이다. '臣'은 韓非가 스스로를 이른 것이다.
○王先愼 : 이 편은 대부분 ≪管子≫ 〈明法篇〉에 근본하였다.

6-35 廷無人者는 非朝廷之衰也니이다

조정에 사람이 없다는 것은 조정이 쇠락했다는 것이 아닙니다.

6-36 家務相益하고 不務厚國하며 大臣務相尊하고 而不務尊君하며

대신의 집안에서는 서로 이익을 얻는 데 힘쓰고 나라를 부유하게 만드는 데 힘쓰지 않으며, 대신들은 서로 존귀하게 되는 데 힘쓰고 군주를 존귀하게 만드는 데 힘쓰지 않으며,

○先愼曰 張榜本에 相益作之益이라 案家務相益은 謂務相益其家니 與大臣務相尊同이라 相益相尊은 對厚國尊君而言이라 張榜本에 相作之니 誤라

○王先愼 : 張榜本에 '相益'은 '之益'으로 되어 있다. 살펴보건대 '家務相益'은 서로 그 집안을 이롭게 하는 데 힘쓴다는 말이니, 대신들이 서로 존귀하게 되는 데 힘쓰는 것과 같다. '相益'과 '相尊'은 '厚國'과 '尊君'에 상대하여 말한 것이다. 張榜本에 '相'이 '之'로 되어 있으니 틀렸다.

6-37 小臣奉祿養交하야 不以官爲事니이다

소신들은 녹봉만 축내고 권세가와의 교제에 힘써 관직의 일을 자신의 일로 여기지 않습니다.

○顧廣圻曰 奉當作持하니 見本書三守篇이라 晏子春秋問下云 士者持祿하고 游者養交라하고 荀子臣道篇云 以之持祿養交而已耳니 國賊也라하고 又見韓詩外傳이라

○顧廣圻 : '奉'은 응당 '持'가 되어야 하니 本書의 〈三守篇〉에 보인다. ≪晏子春秋≫ 〈問下篇〉에 "士者持祿 游者養交(벼슬살이하는 자는 녹봉만 축내고 종유하는 자는 교제에만 힘쓴다.)"라고 하였고, ≪荀子≫ 〈臣道篇〉에 "以之持祿養交而已耳 國賊也(녹봉만 축내고 교제에만 힘쓸 뿐이니 나라의 도적이다.)"라고 하였고, ≪韓詩外傳≫에도 보인다.

6-38 此其所以然者는 由主之不上斷於法하고 而信下爲之也니이다 故明主使法擇人하고 不自擧也며 使法量功하고 不自度(탁)也니이다

이렇게 되는 까닭은 군주가 위에서 법대로 결단하지 않고 아랫사람이 하는 대로 내버려두기 때문입니다. 그러므로 현명한 군주는 법에 의해 사람을 간택하고 제 마음대로 등용하지 않으며, 법에 의해 공을 헤아리고 제 마음대로 헤아리지 않는 것입니다.

擇人量功之法은 布在方冊하니 謂成國之舊制니라

舊注 : 사람을 간택하고 공을 헤아리는 법은 典籍에 고루 실려 있으니 나라를 이루는 옛 제도를 말한다.

6-39 能者不可弊하고 敗者不可飾하며 譽者不能進하고 非者弗能退면

현능한 자가 가려지지 않고 실패한 자가 꾸며댈 수 없으며, 찬양을 받는 자라고 해서 등용하지 못하고 비방을 받는 자라고 해서 내치지 않는다면

以法量功이라 故能不可弊하고 敗不可飾也라 以法飾人이라 故譽不能進하고 非不能退也라 ○先愼曰 張榜本에 作蔽하고 管子亦作蔽라 非作誹하니 字竝通用이라

舊注 : 법으로써 공을 헤아리기 때문에 현능한 자가 가려지지 않고 실패한 자가 꾸며

댈 수 없다. 법으로써 사람을 평가하기 때문에 찬양을 받는다고 해서 등용하지 못하고 비방을 받는다고 해서 물리치지 않는다.

○王先愼 : 張榜本에 '蔽'로 되어 있고 ≪管子≫에도 '蔽'로 되어 있다. '非'가 '誹'로 되어 있으니 두 글자는 통용이다.

6-40 **則君臣之間**이 **明辯而易**(이)**治**하리니

군신의 사이가 분명히 변별되어 다스리기 쉬워질 것이니

明辯은 **謂善惡不相掩**이라

舊注 : '明辯'은 善惡을 서로 가릴 수 없다는 말이다.

6-41 **故主讐法**이면 **則可也**니이다

그러므로 군주가 법에 대조해보기만 하면 될 뿐입니다.

讐는 **謂校定可否**라

舊注 : '讐'는 대조하여 可否를 정한다는 말이다.

6-42 **賢者之爲人臣**은 **北面委質**(지)하야 **無有二心**이니이다 **朝廷不敢辭賤**하고 **軍旅不敢辭難**하며

남의 신하가 된 어진 사람은 北面하여 자신을 맡겨서 두 마음을 품지 않습니다. 조정에서는 천한 자리라고 해서 감히 사양하지 않고 전장에서는 위난한 일이라 해서 감히 사양하지 않으며,

朝廷辭賤은 **則下有缺上之心**이요 **軍旅辭難**은 **則士有偸存之志**라 ○**先愼曰 乾道本注**에 **士作事**하니 **今依張榜本趙本改**하노라 **盧文弨云 注缺譌作缺**하고 **士**는 **藏本作事**라

舊注 : 조정에서 천한 자리라고 해서 사양하는 것은 아랫사람이 윗사람을 업신여기는 마음이 있는 것이고, 전장에서 위난한 일이라 해서 사양하는 것은 군사가 구차하게 살려는 뜻이 있다는 말이다.

○王先愼 : 乾道本의 舊注에 '士'가 '事'로 되어 있으니 여기서는 張榜本과 趙本에 의거하여 고쳤다. 盧文弨는 "舊注에 '䟽'이 '缺'로 잘못되어 있고, '士'는 藏本에 '事'로 되어 있다."라고 하였다.

6-43 順上之爲하야 **從主之法**하며 **虛心以待令**하야 **而無是非也**니이다 **故有口不以私言**하고

윗사람이 하는 것에 순종하여 군주의 법을 따르며, 마음을 비워 명령을 기다리며 시비를 논하지 않습니다. 그러므로 입으로는 사사로운 말을 하지 않고

爲君言也라

舊注 : 신하가 군주를 위해 말하는 것이다.

6-44 有目不以私視하야

눈으로는 사사롭게 보지 않아

爲君視也라

舊注 : 신하가 군주를 위해 보는 것이다.

6-45 而上盡制之니이다 **爲人臣者**는 **譬之若手**니 **上以修頭**하고 **下以修足**하며 (清暖寒熱)〔**寒暖熱清**〕하야 **不得不救(入)**하고

윗사람이 모두 제어할 수 있습니다. 남의 신하가 된 자는 비유하자면 손과 같으니, 위로는 머리를 가다듬고 아래로는 발을 손질하며, 추울 때 따뜻하게 하고 더울 때 시원하게 하여 손으로 해결하지 않을 수 없으며

寒則救之以暖하고 熱則救之以清하니 凡此皆用手入이라 故曰不得不救入也라하니라 ○先愼曰 入字衍文이라 下不敢弗搏은 與不得不救로 相對成文하니 明此不當有入字라 舊注不審而曲爲之說하니 非라 張榜本에 刪入字하니 是也라 又案清暖寒熱은 據注文當作寒暖熱清이라

舊注 : 추우면 따뜻함으로 해결하고 더우면 시원함으로 해결하니 이 모든 것은 손을 사용하는 것이다. 그러므로 "〈손으로〉 해결하지 않을 수 없다.〔不得不救入也〕"라고 말한 것이다.

○王先愼 : '入'자는 衍文이다. 아래의 '不敢弗搏(감히 떨쳐내지 않을 수 없다.)'과 '不得不救(구제하지 않을 수 없다.)'는 대구가 되어 글을 이루니, 여기서 '入'자가 없어야 되는 것이 분명하다. 舊注가 잘 살펴보지 않고 왜곡하여 설명했으니 틀렸다. 張榜本에 '入'자를 삭제하였으니 옳다. 또 살펴보건대 '清暖寒熱'은 舊注의 문장에 의거하여 응당 '寒暖熱清'이 되어야 한다.

6-46 鏌鋣(막야)[8] 傅體면 不敢弗搏이니이다

鏌鋣와 같은 칼이 몸에 다가오면 감히 손으로 떨쳐내지 않을 수 없는 것입니다.

利刃近體면 手必搏之라 ○盧文弨曰 弗은 藏本作不이라

舊注 : 날카로운 칼날이 몸에 다가오면 손으로 필시 떨쳐낸다는 말이다.

○盧文弨 : '弗'은 藏本에 '不'로 되어 있다.

6-47 無私賢哲之臣하고 無私事能之士하니

어질고 명철한 신하라고 해서 사사롭게 대하는 법이 없고 능력 있는 선비라고 해서 사사롭게 대하는 법이 없으니,

賢哲之臣과 事能之士는 皆以公用之라

舊注 : 어질고 명철한 신하와 능력 있는 선비는 모두 공적으로 등용한다는 말이다.

6-48 故民不越鄕而交하야 無百里之慼이니이다

그러므로 백성은 자신이 사는 고을을 넘어 남과 교제하지 않아 백 리나 떨어진

---

8) 鏌鋣(막야) : 春秋時代에 吳나라의 干將이 만든 명검의 이름이다. 간장이 칼을 만들 때 鐵汁이 내리지 않자, 그의 처인 莫邪가 용광로에 들어가 희생됨으로써 칼이 만들어졌다는 고사가 있다.(≪吳地記≫)

곳에 친척이 없게 됩니다.

既任臣以公이면 則政平國里하야 人無異望無外心이라 故不越鄕而交하야 所以無百里之慼이라 ○顧廣圻曰 慼讀爲戚이라

舊注 : 이미 공적으로 신하를 등용하면 나라의 정사가 잘 다스려져 사람들은 다른 마음을 품거나 외부와 사귀려는 마음이 없게 된다. 그래서 고을을 넘어 남과 교제하지 않아 백 리나 떨어진 곳에 친척이 없게 되는 것이다.

○顧廣圻 : '慼'은 '戚'으로 읽어야 된다.

6-49 貴賤不相踰하고 愚智提衡而立이니

지위가 높은 사람이나 낮은 사람이 서로 신분을 넘보지 않고 어리석거나 지혜로운 사람이 각자 걸맞은 자리에 서게 되니

愚智各得其所라 故提衡而立이라

舊注 : 어리석거나 지혜로운 사람이 각기 제자리를 얻게 되기 때문에 걸맞은 자리에 서게 된다는 말이다.

6-50 治之至也니이다 今夫輕爵祿하고 易(이)去亡하야 以擇其主면 臣不謂廉이요

이것이 다스림의 지극함입니다. 지금 爵祿을 가벼이 여기고 다른 나라로 망명하는 것을 쉽게 여겨 자신의 군주를 가리면 그러한 신하는 올곧다 할 수 없으며,

易(이)亡擇主는 心貪者耳니 如此之臣은 不可謂廉이라

舊注 : 망명하는 것을 쉽게 여기고 군주를 가리는 것은 마음이 탐욕스러운 자이니 이와 같은 신하는 올곧다고 할 수 없다는 말이다.

6-51 詐說逆法하고 倍主强諫이면 臣不謂忠이요

거짓된 말로 법을 어기고 군주를 배신하여 거세게 간언하면 그러한 신하는 충성스럽다 할 수 없으며,

逆法强諫은 **凌主者耳**니 **如此之臣**은 **不可謂忠**이라

舊注 : 법을 어기고 거세게 간언하는 것은 군주를 업신여기는 자이니 이와 같은 신하는 충성스럽다고 할 수 없다는 말이다.

6-52 **行惠施利**하야 **收下爲名**이면 **臣不謂仁**이요

은혜를 내리고 이익을 베풀어 아랫사람을 거두는 것으로써 명예로 삼는다면 그러한 신하는 어질다고 할 수 없으며,

行惠收下는 **作福**[9]**者耳**니 **如此之臣**은 **不可謂仁**이라

舊注 : 은혜를 내려 아랫사람을 거두는 것은 신하로서 복을 짓는 것이니 이와 같은 신하는 어질다고 할 수 없다는 말이다.

6-53 **離俗隱居**하야 **而以非上**이면 **臣不謂義**요

세속을 떠나 은거하여 군주를 비방하면 그러한 신하는 의롭다고 할 수 없으며,

隱居非上은 **揚主之惡**이니 **如此之臣**은 **不可謂義**라 ○**先愼曰 乾道本**에 **以下有作字**어늘 **顧廣圻云 藏本今本**에 **無作字**라하니 **今據刪**이라

舊注 : 은거하여 군주를 비방하는 것은 군주의 악행을 드러내는 것이니 이와 같은 신하는 의롭다고 할 수 없다는 말이다.

○王先愼 : 乾道本에 '以'자 아래에 '作'자가 있는데, 顧廣圻는 "藏本과 今本에는 '作'자가 없다."라고 했으니 지금 이에 의거하여 삭제하였다.

6-54 **外使諸侯**하고 **內耗其國**하며 **伺其危險之(陂)〔際〕**하야 **以恐其主**하고

밖으로 다른 제후와 관계를 맺고 안으로 나라의 국력을 소모하며 나라가 위험해지는 기회를 엿보아 군주에게 겁을 주며

---

9) 作福 : ≪書經≫ 〈洪範〉에 "오직 임금만이 복을 짓고, 오직 임금만이 위엄을 짓고, 오직 임금만이 玉食할 수 있으니, 신하는 복을 짓고 위엄을 짓고 옥식함이 있어서는 안 된다.〔惟辟作福 惟辟作威 惟辟玉食 臣無有作福作威玉食〕"라고 하였다.

○先愼曰 陂字無義하니 當作際라 篆文上形與相近하야 轉寫殘缺하야 以爲陂耳라

○王先愼 : '陂'자는 아무 뜻이 없으니 응당 '際'가 되어야 한다. 〈際의〉 篆書 ''의 윗부분 모양이 〈陂의 전서〉 ''와 서로 비슷하여 옮겨 쓰다가 결락되어 '陂'가 된 것이다.

6-55 曰 交非我不親이요 怨非我不解라하야 而主乃信之하고 國聽之하야 卑主之名以顯其身하고 毁國之厚以利其家면 臣不謂智니이다

아뢰기를 "외교는 제가 아니면 화친할 수 없고 원한은 제가 아니면 풀 수 없습니다."라고 하여 군주가 그를 신뢰하고 나라의 정사를 그에게 맡겨 군주의 명예를 낮추는 것으로써 자신을 드러내고 나라의 부유함을 훼손시키는 것으로써 자신을 이롭게 한다면 그러한 신하는 지혜롭다고 할 수 없습니다.

伺危以怨主하고 毁國以利家는 姦雄者耳니 如此之臣은 不可謂智也라 ○盧文弨曰 注伺危以恐主의 恐은 誤作怨[10)]이라

舊注 : 위태로운 기회를 엿보아 군주를 원망하며 국력을 훼손시켜 자신을 이롭게 하는 것은 姦雄이니 이와 같은 신하는 지혜롭다고 할 수 없다는 말이다.

○盧文弨 : 舊注에 '伺危以恐主'의 '恐'은 '怨'이 잘못된 것이다.

6-56 此數物者는 險世之說(열)也요 而先王之法所簡也니이다

이 몇 가지 사례들은 험한 세상에나 좋아할 것들이고 선왕의 법에는 버려야 할 것들입니다.

---

10) 盧文弨曰……誤作怨 : 《韓非子》를 교감하면서 盧文弨는 道藏本을, 王先愼은 乾道本을 주요 판본으로 선정하였는데, 노문초가 본 《한비자》 舊注에는 '伺危以恐主'로 되어 있던 것으로 보인다. 그러나 노문초가 참고하였다는 도장본을 정확하게 확인할 수 없고, 현재 확인할 수 있는 판본 중 舊注에 '伺危以恐主'로 되어 있는 것은 四庫全書本뿐이다. 노문초는 '恐'을 '怨'으로 보아 '伺危以怨主'가 옳다고 하였으나, 본서의 6-54 본문에서 '伺其危險之(陂)〔際〕以恐其主(나라가 위험해지는 기회를 엿보아 군주에게 겁을 주다.)'라고 한 것에 의거하여 '恐'이 옳은 표현임을 밝혀둔다.

險世所說(열)은 邀取一時之利요 先王所簡은 必令百代常行이라 ○盧文弨曰 簡은 棄也니 注非라 兪樾曰 險世之說은 本作險世所說이요 說讀爲悅이라 注所據本尙未誤라

舊注 : 험한 세상에서 좋아하는 바는 한때의 이익을 취하는 것이고, 선왕이 가려 선택하는 것은 필시 백 대에 걸쳐 항상 시행할 수 있는 것이다.

○盧文弨 : '簡'은 '棄(버리다)'이니 舊注가 틀렸다.

兪樾 : '險世之說'은 본래 '險世所說'로 되어야 하고 '說'은 '悅'로 읽어야 된다. 舊注가 의거한 판본이 오히려 잘못되지 않았다.

6-57 先王之法에 曰

선왕의 법에 이르기를

○顧廣圻曰 此下五句文은 與洪範有異라 或別有所出이니 非引彼也라

○顧廣圻 : 이 아래 다섯 글귀는 ≪書經≫ 〈洪範〉과 다르다. 혹 달리 출전으로 삼은 것이 있으니 저것을 인용한 것은 아니다.

6-58 臣毋或作威하고

"신하는 혹 위엄을 세우는 일을 하지 말고

○先愼曰 張榜本에 更有毋或作福句라

○王先愼 : 張榜本에 다시 '毋或作福(혹 복을 짓지 말라.)'이라는 구절이 있다.

6-59 毋或作利하야 從王之指하며 毋或作惡(오)하야

혹 이익을 취하는 일을 하지 말아서 왕의 뜻을 따르며 혹 미워하는 마음을 짓지 말아서

○先愼曰 乾道本에 下毋字作無라 顧廣圻云 今本에 無作毋라하니라 先愼案 作毋字是니 今據改라 洪範正作毋하고 或作有하니 呂氏春秋貴公篇引亦作或하니 與此

同이라 注或有也라하니라

○王先愼：乾道本에 아래의 '毋'자가 '無'자로 되어 있다. 顧廣圻는 "今本에는 '無'가 '毋'로 되어 있다."고 하였다. 내가 살펴보건대 '毋'자로 되어 있는 것이 옳으니 지금 이에 의거하여 고쳤다. 〈洪範〉에도 '毋'로 되어 있고 '或'은 '有'로 되어 있는데 ≪呂氏春秋≫ 〈貴公篇〉에 이 글을 인용하면서 또한 '或'으로 되어 있으니 이와 마찬가지이다. 舊注에 '或'은 '有'로 되어 있다.

6-60 從王之路라하니이다 古者世治之民은 奉公法하고 廢私術하며 專意一行하야 具以待任하니이다

왕의 길을 따라야 한다."고 했습니다. 옛날 치세의 백성들은 公法을 받들고 私術(사사로운 술수)을 폐기하며 전일한 뜻으로 한결같이 행동하여 이를 갖춘 다음 명을 기다렸습니다.

治世之人은 所具意行하야 不用之於私하고 惟以待君之任耳라

舊注：치세의 백성들은 뜻과 행실을 갖추어 사사로운 술수를 행하지 않고 오직 군주의 명을 기다릴 뿐이라는 말이다.

6-61 夫爲人主而身察百官이면 則日不足이요 力不給이니이다

무릇 군주가 되어 몸소 백관을 살피자면 날이 모자랄 것이고 힘도 미치지 못할 것입니다.

言當用法而察之라 ○先愼曰 乾道本에 爲下有之字어늘 據張榜本刪이라

舊注：응당 법으로써 백관을 살펴야 된다는 말이다.

○王先愼：乾道本에 '爲'자 아래에 '之'자가 있는데 張榜本에 의거하여 삭제하였다.

6-62 且上用目이면 則下飾觀하고

군주가 눈으로 보려고 하면 신하는 보기 좋게 꾸미려 하고

飾觀則目視不得其眞也라

舊注 : 보기 좋게 꾸미면 눈으로 보는 것이 참됨을 얻지 못한다.

6-63 上用耳면 則下飾聲하며

군주가 귀로 들으려고 하면 신하는 듣기 좋게 꾸미려 하며

飾聲則耳聽不知其僞也라

舊注 : 듣기 좋게 꾸미면 귀로 듣는 것이 거짓됨을 알지 못한다.

6-64 上用慮면 則下繁辭하리이다

군주가 생각하여 판단하려고 하면 신하는 말을 번다하게 늘어놓을 것입니다.

繁辭則慮惑於說也라

舊注 : 말을 번다하게 늘어놓으면 생각하여 판단하는 것이 말에 미혹된다.

6-65 先王以三者爲不足이라하야 故舍己能而因法數하야 審賞罰이니이다 先王之所守要라

선왕이 이 세 가지로는 부족하다고 여겼기 때문에 자신의 능력을 버리고 법술에 기인하여 상벌을 살폈습니다. 선왕이 권위를 지키므로

因法數하야 審賞罰하야 用此察之면 則百官不得混其眞僞라 斯術也는 先王所守之要라 ○先愼曰 先王之所守要는 卽揚權篇聖人執要之義니 注說은 非라

舊注 : 법술에 기인하여 상벌을 살펴 이로써 고찰한다면 백관은 진위를 뒤섞지 못하는 것이다. 이 법술은 선왕이 권위를 지키는 요체이다.

○王先愼 : '선왕이 권위를 지키는 바〔先王之所守要〕'는 ≪韓非子≫ 〈揚權篇〉의 "성스런 군주가 권위를 잡는다.〔聖人執要〕"의 뜻이니 舊注의 설은 틀렸다.

6-66 故法省而不侵이니이다 獨制四海之內하야 聰智不得用其詐하고 險躁不得關其佞하며

법은 간략하지만 법을 범하지 못했던 것입니다. 선왕이 홀로 천하를 다스려 총명하고 지혜로운 자가 속임수를 쓸 방법이 없었고, 경박하고 약삭빠른 자가 말재주를 쓸 방법이 없었으며

○顧廣圻曰 藏本同이라 今本에 險作陰하니 誤라

○顧廣圻 : 藏本과 똑같다. 今本에 '險'이 '陰'으로 되어 있으니 잘못되었다.

6-67 姦邪無所依니이다 遠在千里外라도 不敢易其辭하고 (勢)〔暬(설)〕在郎中이라도 不敢蔽善飾非하며

간악하고 사특한 자가 의지할 곳이 없었습니다. 멀리 천 리 밖에 나가 있는 자라도 감히 말을 바꿀 수가 없었고, 가까이 郎中의 자리에 있는 자라도 감히 남의 선행을 가리고 악행을 꾸며댈 수가 없었으며

郎은 近侍之官也라 ○兪樾曰 勢當作暬이라 國語楚語曰 居寢有暬御之箴하고 注曰 暬은 近也라하니라 暬在郎中은 與遠在千里外로 正相對成義라 暬勢는 形近而誤요 或古字通也라

舊注 : '郎'은 가까이에서 모시는 관리이다.

○兪樾 : '勢'는 응당 '暬'이 되어야 한다. ≪國語≫ 〈楚語〉에 '居寢有暬御之箴(居寢에는 暬御(近侍)를 두어 경계의 말을 올리도록 한다.)'라 하고 그 注에서 "'暬'은 가깝다는 것이다."라고 하였다. '暬在郎中(가까이 낭중의 자리에 있는 것)'은 '遠在千里外(멀리 천 리 밖에 나가 있는 것)'와 정확히 대구가 되어 뜻을 이룬다. '暬'과 '勢'는 모양이 비슷하여 잘못된 것이고 혹은 古字에서 통용이다.

6-68 朝廷群下하고 直湊單微라도 不敢相踰越이니이다

조정에서 신하들이 무리를 짓고 미천한 자들이 모여 있더라도 감히 서로 넘보지 못했던 것입니다.

雖單微直湊라도 亦令得其職分하야 而豪强不敢踰라 ○先愼曰 注說은 非라 說文에 湊는 水上人所會也라하니라 故湊有會合之義라 此言親近重臣合之疏遠卑

賤之人이라도 皆用法數以審賞罰하야 毋有相違라 下文刑過不避大臣 賞善不遺匹夫 是也라

舊注 : 비록 미천한 자들이 모여들더라도 또한 그들에게 알맞은 직분을 얻게 하여 권세가가 감히 넘보지 못하게 하는 것이다.

○王先愼 : 舊注의 설은 틀렸다. ≪說文解字≫에 "'湊'는 물가에 사람들이 모여드는 것이다."라고 했다. 그러므로 '湊'는 회합의 뜻이 있는 것이다. 이는 근신과 중신들이 소원하고 미천한 자들과 모여 있더라도 모두 법술을 사용하여 상벌을 살펴 서로 어기지 못하게 하는 것을 말한 것이다. 아래 글에 "잘못을 저지른 자에게 형벌을 내림에는 대신도 피해갈 수 없고 선한 사람에게 상을 줌에는 필부도 빠트리지 않는다.〔刑過不避大臣 賞善不遺匹夫〕"는 것이 이것이다.

6-69 故治不足而日有餘는 上之任勢使然也니이다

그러므로 다스림이 부족해도 날마다 여유가 있는 것은 군주가 형세에 맡겨 그렇게 되도록 하기 때문입니다.

立治之功이 日尙有餘하야 而功敎旣已平하고 群臣旣已穆이면 則上之任用之勢不違하니 法敎使之然也라

舊注 : 다스리는 공이 날마다 여유가 있어서 공업과 교화가 화평해지고 신하들이 화목하게 되면 군주가 형세에 맡기더라도 어긋나지 않으니, 법이 그렇게 만든 것이다.

6-70 夫人臣之侵其主也는

무릇 신하가 그 군주를 침범하는 것은

○先愼曰 御覽六百三十八에 引人臣作大臣이라

○王先愼 : ≪太平御覽≫ 권638에 이 글을 인용하면서 '人臣'이 '大臣'으로 되어 있다.

6-71 如地形焉에 卽漸以往이니

마치 지형을 따라 점점 길을 가는 것과 같으니

如地形之見耕하야 漸就削滅也라 ○先愼曰 郎은 當作積하니 聲之誤也라 此謂人之行路에 積漸不覺而已易其方이니 在始未必不知라가 移步換形하야 遂不能見이라 故必立司南以定其方이라 喩人主爲臣侵其權勢어늘 使人主不自知者는 非一朝一夕之故니 在人主時以法度自持也라 喩意言行路요 非言耕者니 注非라 御覽引作旣하니 亦誤라

舊注 : 마치 지형이 갈아엎어져 점점 깎이고 없어지는 것과 같다는 말이다.

○王先愼 : '郎'은 응당 '積'이 되어야 하니 소리로 인한 잘못이다. 이는 다음과 같은 내용을 말한 것이다. 사람이 길을 갈 때 점점 자신도 모르게 이윽고 방향을 바꾸게 되는 것이니, 처음에는 필시 알고 있었다가 이동하면서 풍경이 바뀌어 마침내 방향을 알지 못하는 것이다. 그러므로 반드시 지남침을 세워 그 방향을 정해야 한다. 군주가 신하에게 권세를 침범당하는데도 군주로 하여금 스스로 알지 못하게 하는 것은 하루아침에 생기는 일이 아니니 군주가 때때로 법도로써 스스로 지키는 데 달려 있음을 비유한 것이다.

비유한 뜻은 길을 가는 것을 말한 것이지 밭 가는 것을 말한 것이 아니니 舊注는 틀렸다. ≪太平御覽≫에 이 글을 인용하면서 〈'郎'이〉 '旣'로 되어 있으니 또한 잘못되었다.

6-72 使人主失端하야 東西易面而不自知니이다

군주로 하여금 단서를 잃게 하여 동쪽과 서쪽이 바뀌었는데도 스스로 알지 못하는 것입니다.

旣以漸來라 故雖至於失端易面이나 而主尙不能自知라

舊注 : 이미 점점 그렇게 지나왔기 때문에 비록 단서를 잃고 방향이 바뀌는 지경에 이르렀지만 군주는 여전히 스스로 알지 못한다는 말이다.

指南車(≪和漢三才圖會≫)

6-73 故先王立司南以端朝夕이니이다

그러므로 선왕이 지남침(法)을 세워 동서의 방향을 잡은 것입니다.

司南은 卽指南車也니 以喩國之正法이라 ○先愼曰 御覽引立下有敎字라

舊注 : '司南'은 '指南車'이니 나라의 正法을 비유한 것이다.

○王先愼 : ≪太平御覽≫에 이 글을 인용하면서 '立'자 아래에 '敎'자가 있다.

6-74 故明主使其群臣不遊意於法之外하고 不爲惠於法之內하야

그러므로 현명한 군주가 신하들로 하여금 법 밖에 뜻을 두지 않게 하고 법 안에서 사사로운 은혜를 베풀지 못하게 하여

不令遊意法外하고 爲惠法內는 皆所以防其侵也라 ○先愼曰 御覽引惠作慧하니 誤라

舊注 : 법 밖에 뜻을 두지 않게 하고 법 안에서 은혜를 베풀지 못하게 하는 것은 모두 군주를 침범하는 것을 막기 위해서이다.

○王先愼 : ≪太平御覽≫에 이 글을 인용하면서 '惠'가 '慧'로 되어 있으니 잘못되었다.

6-75 動無非法이니이다 〔峻〕法은 所以(凌過遊)〔遏滅〕外私也요

행동을 모두 법대로 하게 하는 것입니다. 준엄한 법은 법 밖의 사사로움을 없애는 것이고,

旣使群臣動皆以法이니 其或凌過遊外는 卽皆私也라 ○盧文弨曰 遊外二字는 一本作滅이라 顧廣圻曰 凌字는 未詳이요 過는 當作遏하니 衍遊字라 舊注誤라 先愼曰 過는 爲遏之誤니 顧說是也라 一本脫外字요 遊作滅하니 是라 凌爲峻字는 形近而譌요 當在法上하니 傳寫誤倒耳라 峻法所以遏滅外私也는 與下嚴刑所以遂令懲下也로 句正相對하니 今本譌誤라 遂不可讀이라

舊注 : 이미 신하들로 하여금 모두 법대로 행동하게 하였으니, 간혹 법을 넘어서 법 밖에 뜻을 두는 것은 모두 사사로운 것이다.

○盧文弨 : '遊外' 두 자는 어떤 본에는 '滅'로 되어 있다.

顧廣圻 : '凌'자는 미상이고 '過'자는 응당 '遏'자가 되어야 하니 '遊'자의 연문이다. 舊注

가 틀렸다.

王先愼 : '過'는 '遏'의 잘못이니 顧廣圻의 말이 옳다. 어떤 판본에는 '外'자가 탈락되었고 '遊'는 '滅'로 되어 있으니 옳다. '凌'자가 '峻'자로 되어 있는 것은 모양이 비슷하여 생긴 잘못이고 응당 '法'자 위에 있어야 하니 전하여 베끼다가 잘못하여 도치된 것이다. '峻法所以遏滅外私也(준엄한 법은 법 밖의 사사로움을 없애는 것이다.)"는 아래의 "嚴刑所以遂令懲下也(엄한 형벌은 법령을 아랫사람까지 미쳐 징벌하는 것이다.)"와 句가 대구가 되니, 今本이 잘못되어 마침내 읽을 수 없다.

6-76 嚴刑은 所以遂令懲下也니이다

엄한 형벌은 법령을 아랫사람까지 미쳐 징벌하는 것입니다.

所以嚴刑者는 欲以遂令且懲下也라 遂는 通也라 ○王先謙曰 遂는 竟也라 刑以輔令而行에 使必下竟이라

舊注 : 엄한 형벌을 내리는 것은 법령을 통용시켜 아랫사람을 징벌하려는 것이다. '遂'는 '通(통용시키다)'이다.

○王先謙 : '遂'는 '竟(끝까지 이르다)'이다. 형벌로써 법령을 보조하여 집행함에 반드시 아랫사람에게까지 이르게 하는 것이다.

6-77 威不貸錯(조)요 制不共門이니이다

권위는 남에게 빌려주어 조치하게 해서는 안 되고, 명령은 남들과 공유해서는 안 되는 것입니다.

威는 當主錯라 故不貸臣令錯요 制는 當主裁라 故不共臣同門이라 錯는 置也라

舊注 : 권위는 응당 군주가 조치하는 것이므로 신하에게 빌려주어 조치하도록 해서는 안 되며, 명령은 응당 군주가 제재하는 것이므로 신하와 공유해서는 안 된다는 말이다. '錯'는 '置(조치하다)'이다.

6-78 威制共이면 則衆邪彰矣요

권위와 명령을 신하와 공유하면 뭇 사악함이 드러날 것이고

威制共臣이면 則(制)〔衆〕邪顯用矣라 ○先愼曰 注制邪는 當作衆邪라

舊注 : 권위와 명령을 신하와 공유하면 뭇 사악함이 드러난다.

○王先愼 : 舊注의 '制邪'는 응당 '衆邪'가 되어야 한다.

6-79 法不信이면 則君行危矣요

법에 믿음이 없으면 군주의 지위와 어긋나게 되며

法不信이면 則後不可行이라 故君危也라 ○兪樾曰 危는 讀爲詭라 呂氏春秋淫辭篇에 所言非所行也하고 所行非所言也하야 言行相詭면 不祥莫大焉이라하니 與此意相近이라 蓋法不信이면 則君之所行前後違反이라 故曰詭也라 作危者는 古字通耳라 漢書天文志에 司詭星出正西라하나 史記天官書에 詭作危라 淮南子說林篇에 尺寸雖齊 必有詭라하나 文子上德篇에 詭作危하니 竝其證也라 舊注未達叚借之旨라 危는 當以君位言이요 不當以君行言이니 足知舊說之非矣라

舊注 : 법에 믿음이 없으면 뒤에 시행할 수 없으므로 군주가 위태로워진다는 말이다.

○兪樾 : '危'는 '詭(속이다)'로 읽어야 된다. ≪呂氏春秋≫ 〈淫辭篇〉에서 "말한 것이 행동한 것과 다르고 행동한 것이 말한 것과 달라 말과 행동이 서로 속이면 상서롭지 못함이 이보다 더 큰 것이 없다.〔所言非所行也 所行非所言也 言行相詭 不祥莫大焉〕"라고 하니, 여기의 뜻과 비슷하다. 법에 믿음이 없으면 군주의 행동이 앞뒤가 서로 어긋나기 때문에 속인다는 것이다. '危'로 되어 있는 것은 古字에서 통용이다. ≪漢書≫ 〈天文志〉에 '司詭星出正西(司詭星이 정서쪽에서 나왔다.)'라고 되어 있지만 ≪史記≫ 〈天官書〉에는 '詭'가 '危'로 되어 있다. ≪淮南子≫ 〈說林訓〉에 '尺寸雖齊 必有詭(저울이 비록 바르다 해도 필시 차이가 난다.)'라고 되어 있지만 ≪文子≫ 〈上德篇〉에는 '詭'가 '危'로 되어 있으니 모두 그 증거이다. 舊注는 假借한 뜻을 이해하지 못한 것이다. '危'는 응당 군주의 지위로써 말해야지 응당 군주의 행동으로써 말해서는 안 되니, 舊說이 잘못되었음을 충분히 알 수 있다.

6-80 刑不斷이면 則邪不勝矣니이다 故曰 巧匠目意中繩이나 然必先以規矩爲度하고

형벌에 결단이 없으면 사악한 자를 이길 수 없습니다. 그래서 "뛰어난 목수는 눈대중으로 먹줄을 맞추지만 반드시 먼저 그림쇠와 자를 가지고 측량하며

匠之目意 雖復中繩이나 而不可用이요 當(其)〔以〕規矩爲其度이라 ○先愼曰 注上其字는 當爲以字之譌라

舊注 : 목수의 눈대중이 비록 먹줄을 맞추지만 사용해서는 안 되고 마땅히 그림쇠와 자를 가지고 측량해야 한다는 말이다.

○王先愼 : 舊注에 위의 '其'자는 응당 '以'자가 잘못된 것이다.

規(≪和漢三才圖會≫)

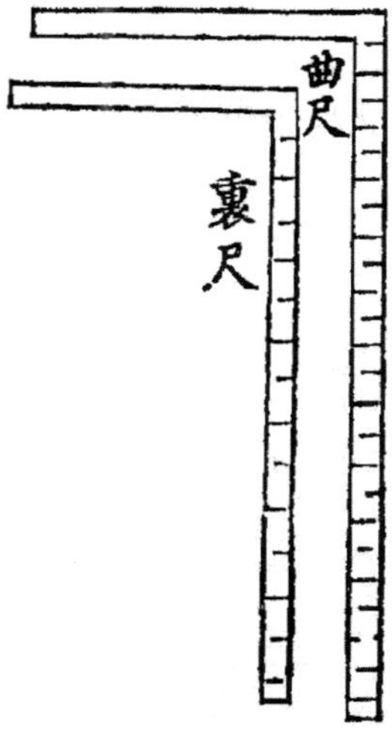

矩(≪和漢三才圖會≫)

6-81 上智捷擧中事나 必以先王之法爲比라하니이다

지극히 지혜로운 자는 민첩하게 처리하여 일에 부합되지만 반드시 선왕의 법으로써 견주어본다."라고 말하였습니다.

君知雖敏而中事나 不可用이요 當以先王之法爲其比制也라 ○盧文弨曰 注君知藏本作君智라 先愼曰 上智는 謂極智之人이니 與巧匠同意요 非謂君也라 捷은 疾也요 中事는 合於事也라 中音竹仲反이라 舊注誤라

舊注 : 군주의 지혜가 비록 명민하여 일에 적중하지만 사용해서는 안 되고 응당 선왕의 법으로써 견주어보아야 한다는 말이다.

○盧文弨 : 舊注에 '君知'는 藏本에 '君智'라고 되어 있다.

王先愼 : '上智'는 지극히 지혜로운 사람을 이르니 '巧匠(뛰어난 목수)'과 뜻이 같고, 군주를 가리킨 것이 아니다. '捷'은 '疾(빠르다)'이고, '中事'는 일에 부합하다는 것이다. '中'은 音이 竹과 仲의 半切이다. 舊注가 잘못되었다.

6-82 故繩直而枉木斲이요 準夷而高科削이요

그러므로 먹줄을 곧게 치면 굽은 나무를 깎을 수 있고, 수준기를 수평으로 놓으면 튀어나온 부분을 베어낼 수 있으며

科는 等也니 削高等令就下也라

舊注 : '科'는 '等(등급)'이니 튀어나온 부분을 밑으로 들어가게 베어낸다는 말이다.

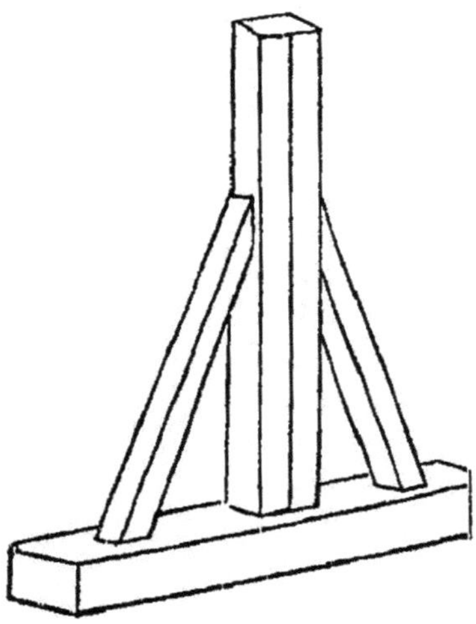

準(≪和漢三才圖會≫)

繩(≪和漢三才圖會≫)

6-83 權衡縣而重益輕이요

저울추를 걸면 무게의 균형을 잡을 수 있고,

減重益輕이라야 權衡乃平이라

舊注 : 무거운 것은 덜고 가벼운 것은 보태야만 저울이 평평해진다.

6-84 斗石設而多益少니이다

말과 섬을 제정해놓으면 많고 적음을 고르게 할 수 있습니다.

減多益少라야 斗石乃(滿)〔平〕[11]이라

舊注 : 많은 것은 덜고 적은 것은 보태야만 말과 섬의 단위가 공평해진다.

6-85 故以法治國은 擧措而已矣니이다

그러므로 법으로써 국가를 다스린다는 것은 법에 맞으면 들어 쓰고 법에 맞지 않으면 버리는 것일 따름입니다.

擧法而措之면 治自平이라 ○先愼曰 措는 當爲論語錯諸枉之錯니 以法數治國家는 不外擧錯二者라 上文因法數하야 審賞罰은 先王之所守要는 卽其義라 注說非라

舊注 : 법을 시행하여 조치하면 다스림이 절로 태평해진다는 말이다.

○王先愼 : '措'는 응당 ≪論語≫ 〈爲政〉 '錯諸枉(굽은 자를 버려둔다.)'에서의 '錯'이니, 법술로써 국가를 다스리는 것은 '擧錯' 두 자를 벗어나지 않는다. 윗글에서 "법술에 기인하여 상벌을 살펴서 선왕이 권위를 지킨다.〔因法數 審賞罰 先王之所守要〕"라고 한 것이 바로 그 뜻이다. 舊注의 설은 틀렸다.

6-86 法不阿貴요 繩不撓曲이니이다

법은 존귀한 사람이라고 아첨하지 않고 먹줄은 휘어진 나무라고 굽혀 잴 수 없습니다.

6-87 法之所加는 智者弗能辭요 勇者弗敢爭이니이다 刑過不避大臣이요 賞善不遺匹夫니이다 故矯上之失하고 詰下之邪하며 治亂決繆하고 絀(출)羨齊非하야

법이 가해지는 것은 지혜로운 사람이라고 벗어날 수 없고 용맹한 사람이라고 감히 대들 수 없습니다. 잘못을 저지른 자에게 형벌을 내릴 때에는 대신이라고 피

11) (滿)〔平〕: 저본에는 '滿'으로 되어 있으나, ≪韓非子新校注≫ 陳奇猷의 說에 의거하여 '平'으로 바로잡았다.

할 수 없고 선한 사람에게 상을 줄 때에는 필부라고 빠트리지 않습니다. 그러므로 윗사람의 실수를 바로잡고 아랫사람의 사악함을 꾸짖으며, 혼란을 다스리고 얽힌 것을 해결하며 넘치는 것은 물리치고 그릇된 것은 가지런히 하여

絀其健羡하고 齊其爲非라 絀은 音黜이라 ○王先謙曰 羨은 有餘也니 卽上削高輕重之意라

舊注 : 탐욕을 물리치고 그릇된 것을 가지런히 한다는 말이다. '絀'은 音이 '黜'이다.

○王先謙 : '羨'은 남음이 있는 것이니, 곧 윗글의 튀어나온 것을 베어내어 경중을 맞춘다는 뜻이다.

6-88 一民之軌는 莫如法이니이다

백성들이 나아갈 길을 하나로 만드는 것은 법만 한 것이 없습니다.

6-89 (屬)〔厲〕官威民하며

관리를 독려하고 백성에게 위엄을 세우며

屬官은 欲令官之屬己라 ○王念孫曰 舊注甚謬라 屬은 當爲厲字之誤也라 厲官과 威民은 義正相近이라 詭使篇에 上之所以立廉恥者는 所以屬下也라하니 屬은 亦厲字之誤라 俗書屬字作属하니 形與厲相近이라 故厲誤作屬[①]이라

① 荀子富國篇에 誅而不賞이면 則勸厲之民不勸이라하니 今本厲誤作屬이라
≪荀子≫ 〈富國篇〉에 "주벌하기만 하고 상을 내리지 않으면 부지런한 백성들을 권면하지 못한다."라고 했으니 今本은 '誤'자가 '厲'으로 잘못되어 있는 것이다.

舊注 : '屬官'은 관리로 하여금 자신에게 종속시키려는 것이다.

○王念孫 : 舊注가 매우 잘못되었다. '屬'는 응당 '厲'자의 잘못이다. '厲官'과 '威民'은 뜻이 비슷하다. ≪韓非子≫ 〈詭使篇〉에 "上之所以立廉恥者 所以屬下也(윗사람이 염치를 세우는 것은 아랫사람을 독려하려는 것이다.)"라고 했으니 '屬' 또한 '厲'자의 잘못이다. 俗書에 '屬'자가 '属'으로 되어 있으니 모양이 '厲'와 비슷하기 때문이다. 그러므로 '厲'가 '屬'으로 잘못되어 있는 것이다.

6-90 **退淫殆**하며 **止詐僞**는 **莫如刑**이니이다 **刑重**이면 **則不敢以貴易賤**하며

방탕하고 게으른 자를 물리치고 속이고 거짓말하는 자를 멈추게 하는 것은 형벌만 한 것이 없습니다. 형벌이 엄중하면 감히 존귀하다고 해서 천한 사람을 쉽게 대하지 못하며

不敢以貴勢慢易於賤也라

舊注 : 감히 존귀한 권세로 천한 사람을 맘대로 쉽게 대하지 못한다는 말이다.

6-91 **法審**[12)]이면 **則上尊而不侵**이니 **上尊而不侵**이면 **則主强而守要**라 **故先王貴之而傳之**니이다

법이 명백하면 윗사람은 존귀해져 침범을 받지 않게 될 것이니, 윗사람이 존귀해져 침범을 받지 않게 되면 군주가 강성해져 권위를 지킬 수 있기 때문에 선왕이 법을 귀하게 여겨 후세에 전하였습니다.

傳之於後라

舊注 : 법을 후세에 전한다는 말이다.

6-92 **人主釋法用私**면 **則上下不別矣**리이다

군주가 법을 버리고 사사로움으로써 나라를 다스리면 상하가 구별되지 않을 것입니다.

12) 審 : ≪韓非子新校注≫ 陳奇猷의 說을 따라 '明(분명하다)'으로 번역하였다.

第七 二柄篇 제7편 두 가지 권력

君主는 두 가지 권력, 곧 刑罰과 慶賞으로 臣下를 관리하여야 禍患을 당하지 않음을 말하였다. 이 두 가지 권력은 군주가 직접 사용해야지 賢能하다고 여기는 신하에게 빌려주면 결국 자신에게 위협이 된다. 군주가 현능한 사람을 좋아하면 신하는 자신의 행위를 거짓으로 꾸며서 군주의 욕망에 영합하여 그 眞情이 드러나지 않고, 신하의 진정이 드러나지 않으면 군주는 그 신하를 식별할 방법이 없다. 이에 역사적인 사실을 통해 實例를 들어서, 군주는 자신이 장악하고 있는 이 두 가지 권력을 신하에게 이양하게 되면 결국 자신이 危害를 당하는 결과를 초래하고 만다고 경계하였다. 이 篇은 이 문제를 3段으로 論述하고 있다. 먼저 이 두 가지 권력의 중요성을 분석하고, 다음으로 이 권력을 어떻게 사용해야 하는지의 문제를 논술하고, 끝으로 군주가 이 권력 수단을 운용할 때의 주의할 문제를 밝혔다.

7-1 明主之所導制其臣者는 二柄而已矣니

현명한 임금이 그 신하를 통제하는 데 말미암는 것은 두 가지 권력뿐이다.

導는 引也니 言道所以引喩其臣而制斷之也라 ○兪樾曰 注訓導爲引하니 此未達古語也라 導는 當爲道니 道者는 由也라 明主所道制其臣者는 猶言明主所由制其臣者니 古語에 每以道爲由라 本書孤憤篇의 法術之士奚道得進은 猶言奚由得進也라 呂氏春秋貴因篇의 孔子道彌子瑕見(현)釐夫人은 猶言由彌子瑕見釐夫人也요 晏子春秋諫上篇曰 楚巫微導裔款以見景公도 亦言由裔款以見景公이라 而其字作導하니 可證此文所導之卽所由矣라 八姦篇云 凡人臣之所道成姦者는 有八術이라하니 義與此同이라 先愼曰 張榜本에 導作道하고 云由也라하니 兪說與之合이라 藝文類聚十一引에 主作王하고 無之所導三字하며 臣下有下字라

舊注 : '導'는 '引(인도함)'이니, 그 신하를 인도하고 타일러서 통제함을 말한 것이다.

○兪樾 : 舊注에 '導'의 새김을 '引'이라 하였으니, 이것은 古語를 잘 알지 못했기 때문

이다. '導'는 응당 '道'가 되어야 하니 '道'는 '由(말미암다)'의 뜻이다. '明主所道制其臣者'는 '明主所由制其臣者'라고 말한 것과 같으니, 옛말에 매번 '道'를 '由'로 썼다. 本書 〈孤憤篇〉의 '法術之士奚道得進(법술의 선비가 어디를 따라 나아갈 수 있겠는가.)'은 '奚由得進'이라고 말한 것과 같다. ≪呂氏春秋≫ 〈貴因篇〉의 '孔子道彌子瑕見釐夫人(孔子께서 彌子瑕를 따라 釐夫人을 만났다.)'은 '由彌子瑕見釐夫人'이라고 말한 것과 같고, ≪晏子春秋≫ 〈諫上篇〉에 '楚巫微導裔款以見景公(楚巫微가 裔款을 따라 景公을 알현했다.)'이라 말한 것도 '由裔款以見景公'이라고 말한 것과 같아서 그 글자가 '導'로 되어 있으니, 이 문장 '所導'가 곧 '所由'임을 증명할 수 있다. 本書 〈八姦篇〉에 "凡人臣之所道成姦者有八術(신하가 간사함을 이루는 데 말미암는 것은 여덟 가지 수단이 있다.)"이라 하였으니, 그 뜻이 이곳의 문장과 같다.

王先愼 : 張榜本에 '導'는 '道'로 되어 있고 "〈'道'는〉 '由(말미암다)이다."라 하였으니, 兪樾의 설과 부합한다. ≪藝文類聚≫ 권11의 인용문에 '主'는 '王'으로 되어 있고, '之所導' 세 글자가 없으며, '臣'자 아래에 '下'자가 있다.

7-2 二柄者는 刑德也니 何謂刑德고 曰 殺戮之謂刑이요 慶賞之謂德이니라 爲人臣者는 畏誅罰而利慶賞이라 故人主自用其刑德이면 則群臣畏其威而歸其利矣라 故世之姦臣則不然하야 所惡(오)는 則能得之其主而罪之하고

두 가지 권력이란 刑罰과 恩德이다. 무엇을 형벌과 은덕이라 이르는가. 殺戮을 형벌이라 하고, 賞을 주는 것을 은덕이라 이른다. 남의 신하된 사람은 誅罰을 두려워하고 상을 주는 것을 이롭게 여긴다. 그러므로 임금이 직접 형벌과 은덕을 사용하면 신하들이 그 위엄을 두려워하여 이로움이 있는 데로 돌아간다. 도리어 세상의 姦臣은 그렇지 않아서 미워하는 사람은 임금의 권력을 얻어서 죄를 주고

姦臣所惡면 則巧詐媚惑其主하야 得其威而罪也라 ○盧文弨曰 注罪之誤罪也라

舊注 : 간신이 미워하는 사람이면 교묘한 속임수로 임금을 미혹시켜서 그의 위세를 얻어 죄를 주는 것이다.

○盧文弨 : 舊注는 '罪之'를 '罪也'로 잘못 썼다.

7-3 所愛는 則能得之其主而賞之니라

사랑하는 사람은 임금의 권력을 얻어서 상을 준다.

姦臣所愛도 亦以巧詐媚惑其主하야 得之恩而賞之라 ○盧文弨曰 注其恩誤之恩이라

舊注 : 간신이 사랑하는 사람도 교묘한 속임수로 임금을 미혹시켜 임금의 은혜를 얻어 상을 주는 것이다.

○盧文弨 : 舊注는 '其恩'을 '之恩'으로 잘못 썼다.

7-4 今人主非使賞罰之威利出於己也하고 聽其臣而行其賞罰이면 則一國之人이 皆畏其臣而易其君하야

만일 임금이 賞罰의 위엄과 이로움을 자신의 손에서 내지 않고 그의 신하에게 맡겨서 상벌을 시행하게 하면, 온 나라의 백성들이 모두 그의 신하를 두려워하고 임금을 경시하여

臣用罰이면 則民畏臣而輕君이라

舊注 : 신하가 형벌하는 권력을 사용하면 백성은 신하를 두려워하고 임금은 경시한다.

7-5 歸其臣而去其君矣리니

그의 신하에게 歸附하고 임금은 버릴 것이니

臣用賞이면 則民歸臣而去其君이라 ○盧文弨曰 注去其君은 各本俱無其字라

舊注 : 신하가 상을 주는 은혜를 사용하면 백성은 신하에게 귀부하고 임금은 버린다.

○盧文弨 : 舊注의 '去其君'은 各本에 모두 '其'자가 없다.

7-6 此人主失刑德之患也니라 夫虎之所以能服狗者는 爪牙也니 使虎釋其爪牙而使狗用之면 則虎反服於狗矣니라

이는 임금이 형벌과 은덕을 시행하는 권위를 잃은 데에서 오는 근심이다. 범이 개를 굴복시키는 까닭은 발톱과 어금니 때문이니, 범에게 발톱과 어금니를 뽑아 버리고 개에게 사용하게 하면 범이 도리어 개에게 굴복하게 된다.

○先愼曰 乾道本에 無於字라 案以下文例之면 當有於字라 據意林御覽六百三十

八 八百九十一과 事類賦二十引補라

○王先愼 : 乾道本에는 '於'자가 없다. 살펴보건대, 아래 글로 비교해보면 당연히 '於'자가 있어야 된다. ≪意林≫과 ≪太平御覽≫ 권638・권891 및 ≪事類賦≫ 권20의 인용문에 의거하여 보충하였다.

7-7 人主者는 以刑德制臣者也어늘 今君人者釋其刑德而使臣用之하면 則君反制於臣矣라

임금은 형벌과 은덕의 두 가지 권력으로 신하를 통제해야 하는데 만일 임금 된 사람이 자기의 형벌과 은덕 두 가지 권력을 버리고 신하에게 사용하게 하면 임금이 도리어 신하에게 통제당하게 된다.

反爲臣所制也라

舊注 : 도리어 신하에게 통제당하게 된다.

7-8 故田常[1]上請爵祿而行之群臣하고

그러므로 田常이 임금〔上〕에게 爵位와 祿俸을 請求하여 신하들에게 주었고,

請君爵祿而與群臣은 所以樹私德於衆官이라 ○先愼曰 外儲說右上篇에 作行諸大臣이라

舊注 : 임금에게 爵位와 祿俸을 청구하여 신하들에게 준 것은 뭇 관리에게 개인적인 은덕을 심은 것이다.

○王先愼 : 〈'行之群臣'은〉 ≪韓非子≫ 〈外儲說 右上篇〉에 '行諸大臣'으로 되어 있다.

7-9 下大斗斛而施於百姓[2]하니

---

1) 田常 : 춘추시대 齊나라의 大夫로 시호는 成子이다. 원래는 陳恒이었으나 田과 陳의 옛 音이 近似하기 때문에 뒤에 田이 되었다. 이름 恒은 漢 文帝의 이름인 恒을 피하여 田常으로 불렸다. 뒤에 鮑息을 사주하여 悼公을 시해하고 簡公을 세웠다가 다시 政變을 일으켜 간공을 시해하고 平公을 세운 뒤 제나라의 大權을 장악하고 鮑氏와 晏氏 등의 世族을 죽였다. 그의 曾孫 田和가 齊 康公을 축출하고 姜氏를 대신하여 齊나라 君主가 되었다.

민간〔下〕에 크게 만든 말과 섬을 사용하여 백성에게 은혜를 베풀었으니,

於下而用大斗斛以施百姓은 所以樹私恩於衆庶也라

舊注 : 민간에 크게 만든 말과 섬을 사용하여 백성에게 은혜를 베푼 것은 백성에게 개인적인 은덕을 심은 것이다.

7-10 此는 簡公[3]失德而田常用之也라 故簡公見弑하니라 子罕謂宋君[4]하야

이는 簡公이 은덕을 베푸는 권력을 잃고 田常이 사용하였기 때문에 간공이 시해를 당하게 된 것이다. 子罕이 宋君에게 말하였다.

○盧文弨曰 此는 別一人이요 非春秋之樂喜[5]라

○盧文弨 : 이〔子罕〕는 별도의 한 사람이고, ≪春秋≫에 나오는 樂喜가 아니다.

7-11 曰 夫慶賞賜予者는 民之所喜也니 君自行之하시고 殺戮刑罰者는 民之所惡也니 臣請當之하노이다 於是宋君失刑而子罕用之라 故宋君見劫하니라 田常徒用德이나

"賞을 주고 은혜를 내리는 것은 백성들이 좋아하는 일이니 임금께서 직접 시행하시고, 죽이고 형벌하는 것은 백성들이 싫어하는 일이니 臣이 담당하겠습니다."

---

2) 下大斗斛而施於百姓 : 민간에 곡식을 빌려줄 때는 큰 말을 사용하여 많은 양을 주고, 빌려준 곡식을 받아들일 때는 작은 말을 사용하여 적게 받아들임으로써 백성에게 은혜를 베푼 일을 이른다.

3) 簡公 : 춘추시대 齊 悼公의 아들로 이름은 壬이다. 도공이 시해된 뒤 신하들이 함께 옹립하여 齊君이 되었으나 뒤에 田常에게 시해당하였다.

4) 子罕謂宋君 : 춘추전국시대 宋나라에는 두 명의 子罕이 있는데, 여기서의 子罕은 전국시대 宋나라 大夫인 皇喜를 말한다. 皇은 氏, 喜는 이름, 姓은 戴인데, 子罕은 그의 字이다. 宋君은 宋 桓侯를 말한다. 본서 174쪽 역주 11) 참조.

5) 樂喜 : 춘추시대 宋나라 大夫로 姓은 子, 氏는 樂, 字는 子罕이다. 宋 平公 때의 賢相으로 국가의 建築工事를 주관하며 車服과 器械를 제조하고 手工業에 종사하는 工匠을 감독하였다. 司城子罕이라고도 한다.

이에 송군은 형벌하는 권력을 잃고 자한이 사용하였기 때문에 송군이 劫迫을 당한 것이다. 전상은 그저 은덕을 베푸는 권력을 사용했으나

謂不兼刑也라

舊注 : 형벌을 함께 시행하지 않았음을 말한 것이다.

7-12 而簡公弑하고 子罕徒用刑이나

간공이 시해당하였고, 자한은 그저 형벌을 집행하는 권력을 사용했으나

謂不兼德也라

舊注 : 은덕을 함께 베풀지 않았음을 말한 것이다.

7-13 而宋君劫이라 故今世爲人臣者 兼刑德而用之면 則是世主之危 甚於簡公宋君也라 故劫殺擁蔽之主는

송군은 겁박을 당하였다. 그러므로 현재 남의 신하가 된 사람이 형벌과 은덕을 베푸는 권력을 함께 사용하면 현재 임금의 위험은 간공과 송군보다 심할 것이다. 그러므로 劫殺을 당하거나 총명을 가리는 일을 당하는 임금이

○顧廣圻曰 擁은 當作壅이라

○顧廣圻 : '擁'은 응당 '壅'이 되어야 한다.

7-14 (非)〔兼〕[6]失刑德而使臣用之하고 而不危亡者는 則未嘗有也니라

형벌과 은덕을 시행하는 권력을 함께 잃어 신하에게 사용하게 하고서 위험하고 멸망하지 않은 경우는 일찍이 없었다.

○兪樾曰 失刑德而使臣用之니 不當有非字라 非字는 衍文이라

○兪樾 : 형벌과 은덕을 시행하는 권력을 잃어 신하에게 사용하게 한 것이니, '非'자가

6) (非)〔兼〕: 저본에는 '非'로 되어 있으나, ≪韓非子新校注≫ 陳奇猷의 설에 의거하여 '兼'으로 바로잡았다.

있는 것은 합당치 않다. '非'자는 衍文이다.

7-15 人主將欲禁姦인댄 則審合刑名[7]이니 〔刑名〕[8]者는 言與事也라

임금이 신하의 간사한 행위를 금지하려고 한다면 刑名이 부합하는지를 자세히 따져야 되니, 刑名은 말과 실제 한 일이다.

言은 名也요 事는 (則)〔刑〕[9]也니 言事(則)[10]相考則合不(부)를 可知也라 ○先愼曰 乾道本에 與作異하고 拾補에 作與라 盧文弨云 言下에 衍不字라 藏本에 無異字하니 譌라하고 顧廣圻云 今本言下에 有不字하니 誤요 異는 當作與라하니라 先愼案張榜云 刑當作形이라하니라 案刑形二字本書通用이요 與字는 依盧顧校改라

舊注 : '言'은 '名(명칭)'이고, '事'는 '刑(실제)'이니, 명칭과 실제를 서로 고찰하면 부합하는지 부합하지 않는지를 알 수가 있다.

○王先愼 : 乾道本에 '與'는 '異'로 되어 있고, ≪群書拾補≫에 '與'로 되어 있다. 盧文弨는 "'言'자 아래에 있는 '不'자는 衍文이다. 藏本에 '異'자가 없으니 잘못되었다."라고 하였고, 顧廣圻는 "今本은 '言'자 아래에 '不'자가 있으니 잘못되었고, '異'자는 응당 '與'가 되어야 한다."라고 하였다. 내가 살펴보건대 張榜은 "'刑'은 응당 '形'이 되어야 한다."라고 하였다. '刑'과 '形' 두 글자는 本書에서 통용하였고, '與'자는 노문초와 고광기의 교정에 의거하여 고쳤다.

7-16 爲人臣者 陳(而)〔其〕言이면

남의 신하된 자가 자기 의견을 진언하면

○顧廣圻曰 藏本同이라 今本에 陳下有事字하니 誤라 案而當作其하니 見本書主道

---

7) 刑名 : 명칭을 고찰하고 그 실제를 강구하여 명칭과 실상이 서로 부합하는지를 따지는 이론이다. '形名'으로도 쓴다.

8) 〔刑名〕 : 저본에는 '刑名' 두 글자가 없으나, ≪韓非子新校注≫ 陳奇猷의 설에 의거하여 보충하였다.

9) (則)〔刑〕 : 저본에는 '則'으로 되어 있으나, ≪韓非子新校注≫ 陶鴻慶의 설에 의거하여 '刑'으로 바로잡았다.

10) (則) : 저본에는 '則'이 있으나, ≪韓非子新校注≫ 陶鴻慶의 설에 의거하여 衍文으로 처리하였다.

篇[11)]이라

○顧廣圻 : 藏本과 똑같다. 今本에 '陳' 아래에 '事'자가 있으니 잘못되었다. 살펴보건대 '而'는 응당 '其'가 되어야 하니 本書 〈主道篇〉에 보인다.

7-17 君以其言授之事호되 專以其事責其功이라

임금이 그 말에 따라 일을 맡기되 전적으로 그 일로써 성과를 요구한다.

○顧廣圻曰 當衍專字라 先愼曰 顧說非라 謂因其所言之事以求其效하고 不外使也라

○顧廣圻 : 응당 '專'자가 衍文이 되어야 한다.

王先愼 : 고광기의 설은 잘못되었다. 신하가 말한 일에 인하여 그 성과를 요구하고 그 외에는 부리지 않음을 말한 것이다.

7-18 功當其事하고 事當其言이면 則賞이요 功不當其事하고 事不當其言이면 則罰이라

성과가 그 일에 합당하고 일이 그 말에 합당하면 상을 내리고, 성과가 그 일에 합당하지 않고 일이 그 말에 합당하지 않으면 벌을 내린다.

7-19 故群臣其言大而功小者則罰은 非罰小功也요 罰功不當名也라 群臣其言小而功大者亦罰은 非不說於大功也요 以爲不當名也害甚於有大功이라 故罰이라

그러므로 신하들이 그 말만 크고 성과가 작은 경우에 벌을 내리는 것은 성과가 작다고 벌을 내리는 것이 아니라, 성과가 명분과 합당하지 않아서 벌을 내리는 것이다. 신하들이 그 말은 작고 성과가 큰 경우에도 벌을 내리는 것은 큰 성과를 좋

---

11) 見本書主道篇 : ≪韓非子≫ 〈主道篇〉에 "符節과 契券이 합치되는가에 따라서 상을 주고 벌을 내리는 근거가 생긴다. 그러므로 신하들이 자기 의견을 진언하면 군주는 그 말에 따라 일을 맡기고, 그 일을 가지고 공적을 책임지게 한다.〔符契之所合 賞罰之所生也 故群臣陳其言 君以其言授其事 事以責其功〕"라고 한 말이 보인다. 여기서 '群臣陳其言'이라 하였다.

아하지 않아서가 아니라, 명분에 합당하지 않은 해가 큰 성과보다 심하다고 여겼기 때문에 벌을 내리는 것이다.

不當名之害甚於大功이라 功大震主는 亦所以爲罰이라 ○先愼曰 不當名也害는 當作不當名之害니 下以爲侵官之害甚於寒句法正同이라 注所見本尙不誤라 此言因功失法則國無所守라 故不當名之害甚於有大功이니 注謂功大震主는 非也라

舊注 : 명분에 합당하지 않은 해는 큰 성과보다 심하다. 성과가 커서 임금을 두렵게 만드는 것 또한 벌을 내리는 이유가 된다.

○王先愼 : '不當名也害'는 응당 '不當名之害'가 되어야 한다. 아래에 '以爲侵官之害甚於寒(자기 직분을 넘어서는 해는 추위보다 심하다고 여겨서이다.)'과 句法이 똑같다. 舊注에서 보았던 本은 잘못되지 않았다. 이것은 성과 때문에 法을 잃는다면 나라에 지킬 바가 없으므로 명분에 합당하지 않은 해가 큰 성과가 있는 것보다 심하다는 것을 말한 것이다. 舊注에서 성과가 커서 임금을 두렵게 한다고 말한 것은 틀렸다.

7-20 昔者에 韓昭侯[12]醉而寢이러니

옛날에 韓 昭侯가 술에 취해 잠을 자고 있었는데

○先愼曰 意林에 醉下有甚字라

○王先愼 : ≪意林≫에 '醉'자 아래에 '甚'자가 있다.

7-21 典冠者見君之寒也라 故加衣於君之上이라 覺寢而說(열)하야

典冠(임금의 冠을 담당하는 관리)이 임금의 추운 모습을 보았으므로 임금에게 옷을 덮어주었다. 昭侯가 잠에서 깨어 기뻐하면서

寢寤而(覺)〔說(열)〕[13]이라

舊注 : 잠에서 깨어 기뻐한 것이다.

12) 韓昭侯 : 전국시대 韓나라 군주이다. 申不害를 재상으로 삼아 法家 사상으로 나라를 다스렸다.

13) (覺)〔說(열)〕 : 저본에는 '覺'으로 되어 있으나, ≪韓非子新校注≫ 陳奇猷의 설에 의거하여 '說'로 바로잡았다.

7-22 問左右曰 誰加衣者아하니 左右答曰 典冠이라하다 君因兼罪典衣殺典冠이라

좌우에게 묻기를 "누가 옷을 덮어주었는가?"라고 하니, 좌우에서 대답하기를 "典冠입니다."라고 하였다. 임금은 이 일로 인해 아울러 典衣(임금의 옷을 담당하는 관리)에게 죄를 내리고 典冠을 죽여버렸다.

○先愼曰 乾道本에 殺作與어늘 意林에 與作殺是也니 今據改하노라 下文越官則死不當則罪라하니 是其證이라

○王先愼 : 乾道本에 '殺'이 '與'로 되어 있는데, ≪意林≫에 '與'가 '殺'로 되어 있으니 옳다. 지금 이에 의거하여 고쳤다. 아래 글에 "직분을 넘어서면 사형에 처하고 합당하지 않으면 죄를 내린다.〔越官則死 不當則罪〕"라고 했으니 이것이 그 증거이다.

7-23 其罪典衣는 以爲失其事也요 其罪典冠은 以爲越其職也라 非不惡寒也요 以爲侵官之害甚於寒이라

典衣에게 죄를 내린 것은 그가 자신의 일을 하지 않았기 때문이고, 典冠에게 죄를 내린 것은 그가 직분을 넘었기 때문이다. 추위를 싫어하지 않아서가 아니라 자기 직분을 넘어서는 해는 추위보다 심하다고 여겨서이다.

7-24 故明主之畜臣에 臣不得越官而有功이요 不得陳言而不當이라 越官則死하고 不當則罪라

그러므로 현명한 임금이 신하를 거느릴 때, 신하는 직분을 넘어서 공을 세워서는 안 되고 진언한 내용이 합당하지 않아서는 안 된다. 직분을 넘어서면 사형에 처하고 합당하지 않으면 죄를 내린다.

7-25 守業其官하고 所言者貞也면

자신의 직분을 잘 지키고 진언한 것이 올바르다면

守業以當官하고 守官以當言이면 如此者貞也라

舊注 : 업무를 지켜서 관직에 합당하게 하고 관직을 지켜서 말에 합당하게 하면 이와

같은 것이 '貞(올바름)'이다.

7-26 則群臣不得朋黨相爲矣라

신하들이 붕당을 지어 서로 위하는 일을 할 수 없게 된다.

7-27 人主有二患이니 任賢이면 則臣將乘於賢以劫其君이요

임금에게는 두 가지 근심이 있으니, 현인을 임용하면 신하가 현인에 의탁하여 그 임금을 겁박할 것이고

賢者必多才術이라 故能乘賢以劫君也라

舊注 : 현인은 필시 才學이 많기 때문에 신하가 현인에 의탁하여 임금을 겁박한다.

7-28 妄擧면 則事沮不勝이라

함부로 등용하면 일을 망치게 되어 어찌할 수 없게 된다.

妄擧는 謂不擇賢이니 則其事必沮而不勝이라 沮는 毁敗也라

舊注 : '妄擧'는 현인을 가려 뽑지 않는다는 말이니, 그 일은 반드시 망치게 되어 어찌할 수 없게 된다. '沮'는 망치는 것이다.

7-29 故人主好賢이면 則群臣飾行以要君欲이라 則是群臣之情不效하고

그러므로 임금이 현인을 좋아하면 신하들은 행실을 꾸며 임금이 하고자 하는 바에 영합하게 된다. 그렇게 되면 신하들의 실정은 드러나지 않고,

飾行則僞外라 故其內情不效라 效는 顯也라

舊注 : 행실을 꾸미는 것은 외면을 거짓으로 꾸미는 것이기 때문에 실정이 드러나지 않게 된다. '效'는 '顯(드러나다)'이다.

7-30 群臣之情不效면 則人主無以異其臣矣라

신하들의 실정이 드러나지 않으면 임금은 그 신하들을 분별할 수 없게 된다.

莫不飾行이라 故眞僞不分也라

舊注 : 모두 행실을 꾸미기 때문에 진위를 구분하지 못한다.

7-31 故越王好勇而民多輕死요 楚靈王好細腰而國中多餓人이요 齊桓公妬而好內라

그러므로 越王이 용맹함을 좋아하자 죽음을 가벼이 여기는 백성들이 많았고, 楚靈王이 허리가 가는 여자를 좋아하자 도성 안에 굶는 여자들이 많았으며, 齊 桓公이 질투심이 있고 후궁을 좋아했기 때문에

○先愼曰 乾道本에 妬下有外字라 顧廣圻云 藏本에 無外字니 是也라 本書十過篇難一篇에 竝無라하니 今據删하노라

○王先愼 : 乾道本에 '妬'자 아래에 '外'자가 있다. 顧廣圻는 "藏本에 '外'자가 없으니 옳다. 本書의 〈十過篇〉과 〈難一篇〉에 모두 '外'자가 없다." 하였다. 지금 이에 의거하여 삭제하였다.

7-32 故豎刁(조)[14]自宮以治內하고

豎刁가 스스로 거세하여 후궁을 관리하였으며,

○先愼曰 刁當作刀라 左傳侍人貂는 管子大戴禮公羊墨子에 作刀라 刀有貂音이라 故通用이라

○王先愼 : '刁'자는 응당 '刀'가 되어야 한다. ≪春秋左氏傳≫의 侍人 貂는 ≪管子≫·≪大戴禮記≫·≪春秋公羊傳≫·≪墨子≫에 '刀'로 되어 있다. '刀'자에 '貂' 음이 있기 때문에 통용하였다.

7-33 桓公好味하니

---

14) 豎刁(조) : 齊 桓公의 환관인 侍人 貂를 일컫는다. 일반적으로 豎刁(수조)로 알려져 있으며 豎刀·豎貂로도 쓴다.

환공이 맛난 음식을 좋아하니

○顧廣圻曰 當衍桓公二字니 此與上相承이라

○顧廣圻 : '桓公' 두 자는 응당이 衍文이 되어야 하니 이곳은 앞의 글과 이어지기 때문이다.

7-34 易牙蒸其子首而進之요

易牙가 자식의 머리를 삶아서 바쳤으며,

○顧廣圻曰 藏本今本에 子首作首子라 案作首子爲是라 漢書元后傳有首子니 可證이라 十過篇及難一篇에 同이라 先愼曰 本書에 作子首요 無作首子者하니 十過篇及難一篇에 兩見可證이라 彼惟趙用賢本에 作首子요 明首子爲後人所改하니 古本自作子首也라

○顧廣圻 : 藏本·今本에 '子首'가 '首子'로 되어 있다. 살펴보건대, '首子'로 되어 있는 것이 옳다. ≪漢書≫ 〈元后傳〉에 '首子'라고 되어 있으니 증거이다. 〈十過篇〉과 〈難一篇〉에도 마찬가지이다.

王先愼 : 本書에 '子首'로 되어 있고 '首子'로 되어 있는 것은 없으니 〈十過篇〉과 〈難一篇〉 두 가지를 보면 증거가 된다. 저 趙用賢本에만 '首子'로 되어 있고 거기서 '首子'는 후인이 고친 것이라 밝혔으니 古本에는 본래 '子首'로 되어 있던 것이다.

7-35 燕子噲好賢이라 故子之明不受國[15)]이라

燕나라 子噲가 현인을 좋아했으므로 子之는 〈거짓으로〉 나라를 물려받지 않겠다고 표명하였다.

子之는 燕之臣也라 以噲好賢이라 故陳禪讓之事하야 令噲不受國以讓己하니 因以簒之라 ○先愼曰 卽外儲說右下篇에 潘壽謂燕王事니 注非라

舊注 : 子之는 燕나라 신하이다. 〈자지는〉 子噲가 현인을 좋아했기 때문에 禪讓하는 일을 진언하여 자쾌로 하여금 國政을 받지 않고 자기에게 사양하게 하니, 이로 인하여 찬

15) 燕子噲好賢 故子之明不受國 : 이와 관련된 내용은 본서 174쪽 역주 11) 참조.

탈하였다.

○王先愼 : 이 일은 곧 〈外儲說 右下篇〉에 潘壽가 燕王에게 말한 일이니 舊注는 틀렸다.

7-36 故君見惡(오)면 則群臣匿端하고

그러므로 임금이 싫어하는 바를 보이면 신하들은 그 싫어할 만한 단서를 숨기고

匿其端은 避所惡也라 ○先愼曰 乾道本에 君下有子字라 顧廣圻云 藏本今本에 無라하니라 先愼案 此不當有하니 今據刪하노라

舊注 : 그 단서를 숨긴다는 것은 싫어하는 바를 피하는 것이다.

○王先愼 : 乾道本에 '君'자 아래에 '子'자 있다. 顧廣圻는 "藏本·今本에는 없다."라고 하였다. 내가 살펴보건대 여기서는 응당 '子'자가 있어서는 안 되니 지금 이에 의거하여 삭제하였다.

7-37 君見好면 則群臣誣能이라

임금이 좋아하는 바를 보이면 신하들은 자신의 능력을 속인다.

誣其能하야 欲見用이라

舊注 : 자신의 능력을 속여서 등용되고자 하는 것이다.

7-38 人主(欲見)〔見欲〕이면 則群臣之情態得其資矣라

임금이 하고자 하는 바를 보이면 신하들의 형편에서는 그 기회를 얻게 된다.

群臣之情態는 皆欲求利라 君見其好惡면 則知利(其)〔之〕所存이라 故得以爲資라 ○兪樾曰 欲見當作見欲이니 與上文見好見惡一例라 見好見惡는 卽自見其所欲矣라 下文云 豎刁易牙 因君之欲以侵其君者也라하니 正承此而言이라 主道篇云 君無見其所欲이라하니 可證此文見欲之義라 先愼曰 注利其所存에 其當作之라

舊注 : 신하들의 형편에서는 모두 이익을 구하고자 하는 것이다. 임금이 자신이 좋아하고 싫어하는 바를 보이면 이익이 어디에 있는지 알기 때문에 기회로 삼을 수 있게

된다.

○兪樾 : '欲見'은 응당 '見欲'이 되어야 하니, 윗글의 '見好'와 '見惡'와 같은 사례이다. 좋아하는 바를 보이고 싫어하는 바를 보이는 것은 곧 자신이 하고자 하는 바를 보이는 것이다. 아래 글에 "竪刀와 易牙는 임금이 하고자 하는 바를 이용하여 그 임금의 권한을 침범한 것이다.〔竪刀易牙 因君之欲以侵其君者也〕"라고 했으니 바로 이 부분을 이어서 말한 것이다. ≪韓非子≫ 〈主道篇〉에 '君無見其所欲(임금이 자신이 하고자 하는 바를 드러내지 않는다.)'이라 하니 이 글에서 '見欲'으로 본 뜻을 증명할 수 있다.

王先愼 : 舊注의 '利其所存'에서 '其'자는 응당 '之'자가 되어야 한다.

7-39 **故子之**는 **託於賢以奪其君者也**요 **竪刀易牙**는 **因君之欲以侵其君者也**라

그러므로 자지는 〈자신을〉 현인에 의탁하여 그 임금 자리를 빼앗은 것이고, 수초와 역아는 임금이 하고자 하는 바를 이용하여 그 임금의 권한을 침범한 것이다.

7-40 **其卒子噲以亂死**하고

끝내 자쾌는 내란으로 인해 죽었고

子噲는 **燕王名也**라

舊注 : 자쾌는 燕王의 이름이다.

7-41 **桓公蟲流出戶而不葬**이라

환공은 〈시신에서 생긴〉 구더기가 문밖으로 기어나올 때까지 장사를 지내지 못하였다.

○**先愼曰 乾道本**에 **戶作尸**라 **盧文弨云 藏本**에 **尸作戶**라하니라 **先愼案 作戶是**니 **今據改**하노라 **十過篇**에 **正作戶**라

○王先愼 : 乾道本에 '戶'자가 '尸'자로 되어 있다. 盧文弨는 "藏本에 '尸'자가 '戶'로 되어 있다."라고 하였다. 내가 살펴보건대 '戶'로 되어 있는 것이 옳으니 지금 이에 의거하여 고쳤다. 〈十過篇〉에도 '戶'로 되어 있다.

7-42 此其故何也오 人君以情借臣之患也니

이렇게 된 이유는 무엇인가. 임금이 자신의 실정을 신하에게 빌려주어 생긴 환난이니,

謂見好惡之情이면 則臣得以爲利하니 此以情借臣求利者也요 患所以生이라

舊注 : 임금이 자신이 좋아하고 싫어하는 실정을 보이면 신하는 이익이 되는 것을 생각하니, 이는 실정을 신하에게 빌려주어 이익을 구하게 하는 것이고, 환난은 이 때문에 생겨남을 말한 것이다.

7-43 人臣之情은 非必能愛其君也요 爲重利之故也라

신하의 실정은 반드시 그 임금을 사랑하는 것이 아니라 자신의 이익을 중하게 여기기 때문이다.

7-44 今人主不掩其情하고 不匿其端하야 而使人臣有緣以侵其主면

지금 임금이 그 실정을 감추지 않고 그 단서를 숨기지 않아서, 신하에게 이에 연유하여 임금을 침범하게 한다면

緣其好惡之情하야 得以侵主라

舊注 : 임금이 좋아하고 싫어하는 실정에 연유하여 임금을 침범할 수 있다.

7-45 則群臣爲子之田常不難矣리라

신하들이 子之와 田常이 되는 것은 어렵지 않을 것이다.

7-46 故曰 去好去惡라야 群臣見素라하니

그러므로 "좋아하는 바를 드러내지 않고 싫어하는 바를 드러내지 않아야 신하들이 자신의 본래의 실정을 드러낸다."라고 했으니

君無好惡면 則臣無因爲僞하야 其誠素自見이라 ○先愼曰 乾道本에 惡上無去字라

顧廣圻云 藏本今本에 有라하니라 先愼案 當有去字하니 主道篇云 去好去惡면 臣乃見素라하니 可證이라 今據補하노라

舊注 : 임금이 좋아하고 싫어하는 바가 없으면 신하는 거짓을 일삼을 방법이 없어서 그 본래의 실정이 절로 드러나게 된다.

○王先愼 : 乾道本에 '惡'자 위에 '去'자가 없다. 顧廣圻는 "藏本과 今本에는 있다."라고 하였다. 내가 생각건대 응당 '去'자가 있어야 하니 〈主道篇〉에 "去好去惡 臣乃見素(좋아하고 싫어하는 내색을 드러내지 않으면 신하는 바로 실정을 드러낸다.)"라 했으니 그 증거이다. 지금 이에 의거하여 보충하였다.

7-47 群臣見素면 則大君不蔽矣리라

신하들이 실정을 드러내면 임금은 가려지지 않게 될 것이다.

第八 揚搉[1]篇 제8편 통치의 법술에 대한 강령

본편은 군주가 賞罰이라는 權柄을 쥐고 효과적으로 신민을 통치하는 원리를 전개한 글이다. 판본에 따라 편명이 '揚權'으로 된 것과 '揚搉'으로 된 것으로 나뉘는데, '揚權'은 군주의 통치술을 들어서 밝힌다는 뜻이고, '揚搉'은 통치술의 강령 또는 개괄이라는 뜻이다. 내용은 군주와 신하는 길이 다르기 때문에 군주가 권력의 중추를 잡고 운용하여 신하들로 하여금 자연히 직책에 충실하도록 하는 것, 군주가 신하의 건의를 듣고 그 허실을 참고하고 비교하여 채용해야 한다는 것, 신하를 부릴 때 信賞必罰을 분명하게 해야 한다는 것, 권신의 도당을 반드시 해산시켜야 한다는 것 등이다. 주지는 대체로 〈主道篇〉과 유사한데, 全篇이 四言體의 운문 속에 法家思想의 요체를 잘 담아내었으므로 통치의 법술에 대한 강령을 제시한 편으로 보는 것이 타당할 듯하다.

揚은 謂舉之使明也요 權은 謂量事設謀也라 ○先愼曰 乾道本注에 揚下有權字어늘 據趙本刪이라 孫貽穀云 文選蜀都賦劉逵注에 韓非有揚搉篇이라하니 今搉作權은 誤라 注說非라 顧廣圻云 廣雅에 揚搉은 都凡也라하니라

舊注 : '揚'은 들어서 밝힘이고, '權'은 일을 헤아려 계획을 세움이다.

○王先愼 : 乾道本의 舊注에 '揚' 아래에 '權'자가 있는데, 趙本에 의거하여 삭제하였다. 孫貽穀은 "《文選》〈蜀都賦〉 劉逵의 注에 '《韓非子》에 〈揚搉篇〉이 있다.'라고 하였으니, 지금 '搉'자를 '權'자로 쓴 것은 잘못이다. 舊注의 설이 틀렸다." 하였고, 顧廣圻는 "《廣雅》에 '「揚搉」은 개괄이다.'라고 하였다." 하였다.

8-1 天有大命[2]이요 人有大命이라

---

1) 揚搉 : 저본에는 '揚權'으로 되어 있으나, 《韓非子新校注》 陳奇猷의 설에 의거하여 '揚搉'으로 바로잡았다.

2) 大命 : 자연의 정해진 법칙을 말한다. 《韓非子》 〈難一篇〉에 "管仲有病 桓公曰 仲父不幸卒於大命(管仲이 병에 걸리자 桓公이 말하기를 "仲父께서 불행히 정해진 명이 다하게 되었다."라고 하였

자연에는 자연의 정해진 법칙이 있고, 인간에게는 인간의 정해진 법칙이 있다.

晝夜四時之候는 天之大命이요 君臣上下之節은 人之大命也라

舊注 : 밤과 낮, 사계절의 時候는 하늘의 정해진 법칙이고, 임금과 신하, 위아래의 질서는 인간의 정해진 법칙이다.

8-2 夫香美脆味와 厚酒肥肉은 甘口而病形이요 曼理皓齒는 說(열)情而損精이니라

향기롭고 먹기 좋은 음식과 진한 술이며 기름진 고기는 입맛에는 좋지만 몸을 병들게 하고, 살결이 곱고 이가 하얀 여인은 마음은 즐겁게 하지만 정력을 소진시킨다.

香肥는 所以甘口也나 用之失中則病形이요 皓曼은 所以說情也나 耽之過度則損精이요 賢才는 所以助理也나 用之失宜則危君也라 ○先愼曰 乾道本에 病作疾하며 損作捐하고 注亦作損이라 拾補에 疾作病이라 盧文弨云 說은 注中作悅이라 損은 孫詒穀云 意林及文選七發注에 皆作損하니 注同이라하니라 顧廣圻云 藏本에 疾作病하니 是也라 李善七發注에 引此作病이라 損은 亦當從七發注引作損이라하니라 先愼案 注作病하니 未誤요 意林正作病하니 今據改라 說은 讀爲悅이니 非舊本作悅也라

舊注 : 향기로운 음식과 기름진 고기는 입맛에는 좋지만 중도를 잃으면서까지 먹으면 몸을 병들게 하고, 하얀 이와 고운 살결을 가진 여인은 마음을 즐겁게 하지만 과도하게 탐닉하면 정력을 손상시키며, 어질고 재주 있는 신하는 나라를 다스리는 데 도움이 되지만 부리는 데 마땅한 방도를 잃으면 임금을 위태롭게 한다.

○王先愼 : 乾道本에 '病'은 '疾'로 되어 있고, '損'은 '捐'으로 되어 있으며, 舊注도 '捐'으로 되어 있다. ≪群書拾補≫에 '疾'은 '病'으로 되어 있다. 盧文弨는 "'說'은 舊注에 '悅'로 되어 있다. '捐'은 孫貽穀이 '≪意林≫ 및 ≪文選≫ 〈七發〉의 注에 모두 「損」으로 되어 있다.' 하였다. 舊注도 같다." 하였다. 顧廣圻는 "藏本에 '疾'은 '病'으로 되어 있는데, 옳다. ≪문선≫ 〈칠발〉 李善의 注에 이 글을 인용하면서 '病'으로 되어 있다. '捐'도 역시 〈七發〉 이선의 注에 이 글을 인용하면서 '損'으로 되어 있는 것을 따라야 한다." 하였다.

내가 살펴보건대, 舊注에 '病'으로 되어 있는 것은 잘못이 아니고, ≪의림≫에 '病'으로 바로잡았으니, 지금 이에 의거하여 고쳤다. '說'은 '悅'로 읽으니, 舊本에 '悅'로 되어 있는

다.)"이라고 보인다.

것은 아니다.

8-3 故去甚去泰라야

그러므로 심하거나 과도하지 않아야만

○先愼曰 乾道本은 甚上에 有泰字라 顧廣圻云 藏本今本은 無上泰字라하니 先愼案 甚上에 不當有泰字요 意林에 無하니 今據刪하노라

○王先愼 : 乾道本은 '甚'자 위에 '泰'자가 있다. 顧廣圻는 "藏本과 今本은 위에 '泰'자가 없다." 하였다. 내가 살펴보건대, '甚' 위에 '泰'자가 있어서는 안 되며, ≪意林≫에도 없으니, 지금 의거하여 삭제하였다.

8-4 身乃無害니라 權不欲見(현)하고 素無爲也니라

몸에 해로움이 없다. 〈군주는〉 권세를 드러내지 않고, 마음을 비우고 작위를 하지 않아야 한다.

○顧廣圻曰 句有誤어늘 未詳이라 先愼曰 用人之權을 不使人見하고 虛以應物하야 不必自爲하며 執要以觀其效하고 虛心而用其長하니 卽權不見素無爲之理라 廣雅釋詁에 素는 空也라하니라

○顧廣圻 : 구문에 오류가 있는데, 상고할 수 없다.
王先愼 : 사람을 쓰는 권병을 사람들에게 보이지 않고, 마음을 비워서 대상에 응하여 꼭 스스로 작위를 하지 않도록 하며, 요점을 잡고서 그 효과를 관찰하고 마음을 비워 그 장점을 쓰니, 이것이 곧 권세를 드러내지 않고, 마음을 비우고 작위를 하지 않는 이치이다. ≪廣雅≫ 〈釋詁〉에 "'素'는 '空(비움)'이다." 하였다.

8-5 事在四方이요 要在中央이라

일은 사방의 신하들에게 맡기고 요체는 중앙의 군주가 장악해야 한다.

四方은 謂臣民이요 中央은 謂主君이라 ○先愼曰 乾道本注에 君作居니 改從今本하노라

舊注 : 사방은 신민을 말하고 중앙은 군주를 말한다.
○王先愼 : 乾道本의 舊注에 '君'이 '居'로 되어 있으니, 今本에 따라 바로잡았다.

8-6 聖人執要면 四方來效요 虛而待之면 彼自以之니라

聖明한 군주가 요체만 잡고 있으면 사방에서 신하들이 모여들어 보고할 것이요, 마음을 비우고 신하들을 대하면 저들은 스스로 능력을 발휘할 것이다.

以는 用也라 君但虛心以待之면 彼則各自用其能也라

舊注 : '以'는 '用(씀)'이다. 군주는 단지 마음을 비우고 신하들을 대하면, 저들은 각기 스스로 재능을 쓸 것이라는 말이다.

8-7 四海既藏[3]이면 道陰見陽이라

사방의 신하들이 각기 자리를 잡으면, 군주는 가만히 있으면서 신하들의 움직임을 살필 수 있다.

四海는 則四方也라 藏은 謂不見(현)也라 其能如此면 則君當導臣之陰以見君之陽이니 陰陽接則君臣通也라 ○王先謙曰 道는 由也①라 由陰見陽이니 謂由一己之虛靜以見四海之動이라 注非라 先愼曰 乾道本注에 作以見君子之陽이라하니 今從趙本하노라

① 詳見前이라
자세한 설명은 앞(〈二柄篇〉)에 보인다.

舊注 : '四海'는 곧 四方이다. '藏'은 드러내지 않음이다. 이처럼 하면 군주는 응당 신하의 陰을 이끌어 군주의 陽을 드러낼 것이니, 음과 양이 만나면 군주와 신하가 소통한다.
○王先謙 : '道'는 '由(말미암음)'이다. 음을 말미암아 양을 보는 것이니, 자기 한 사람의 텅 비고 조용한 상태를 말미암아 四海의 움직임을 보는 것이다. 舊注는 틀렸다.
王先愼 : 乾道本의 舊注에 '以見君子之陽'으로 되어 있는데, 지금 趙本을 따랐다.

---

3) 四海既藏 : ≪韓非子新校注≫ 陳奇猷의 설에 따라 '四海'는 사방의 신하, '藏'은 '歸'로 보아, '사방의 신하들이 모두 마땅한 자리에 배치된다.'는 뜻으로 번역하였다.

8-8 左右旣立이어든 開門而當이니라

좌우에서 보필하는 신하를 세우면 문호를 열어서 賢才들을 받아들인다.

左右는 謂左輔右弼也라 君臣旣通이면 輔弼之臣斯立이라 如此則同類相從하고 同聲相應하야 四方賢才畢來矣니 君但開門而當之요 無所遮擁也라 當은 受也라 ○先愼曰 乾道本注에 類上無同字하고 從作後어늘 據趙本增改라

舊注 : '左右'는 좌우에서 보필하는 신하이다. 군주와 신하가 소통하고 나면 보필하는 신하를 세운다. 이렇게 하면 비슷한 무리들이 따라오고 성향이 같은 무리들이 응답하여 사방의 賢才들이 모두 올 것이니, 군주는 단지 문호를 열어서 그들을 받아들일 뿐이요 에워싸여 막히는 바가 없을 것이다. '當'은 '受(받아들임)'이다.

○王先愼 : 乾道本의 舊注에 '類' 위에 '同'자가 없고, '從'은 '後'로 되어 있는데, 趙本에 의거하여 보충하고 바로잡았다.

8-9 勿變勿易하야 與二俱行이니라

고치거나 바꾸지 말아서 좌우에서 보필하는 신하와 함께 직무를 수행하게 한다.

賢才旣來어든 莫敢變易하고 但令輔弼二臣으로 俱行職事라

舊注 : 賢才가 온 다음에는 감히 고치거나 바꾸지 않고 다만 좌우에서 보필하는 신하로 하여금 함께 직무를 수행하게 한다.

8-10 行之不已를

이렇게 시행하여 중지하지 않는 것을

旣行職事하야 有功而可는 此皆(俱)賢臣之助라 不須有所除去니 無不隨化而成이라 ○盧文弨曰 注俱字衍이라

舊注 : 직무를 수행하고 나서 공적이 있어서 괜찮은 것은 모두 賢臣의 도움이다. 꼭 없앨 필요가 없으니, 변화에 따라 이루어지지 않는 일이 없다.

○盧文弨 : 舊注의 '俱'자는 衍文이다.

8-11 **是謂履理也**니라

'통치의 원리를 실천하는 것〔履理〕'이라고 한다.

君能履理라 **故有成功**이라

舊注 : 군주가 이러한 원리를 실천하기 때문에 성공이 있는 것이다.

8-12 **夫物者有所宜**요 **材者有所施**니 **各處其宜**라 **故上下無爲**니라

대저 사물은 제각기 알맞은 성질이 있고, 재능도 다 쓰일 데가 있으니, 제각기 알맞은 곳에 두어야 한다. 〈그렇게 하면〉 그 때문에 군주와 신하가 作爲를 하지 않게 된다.

8-13 **使鷄司夜**하고 **令狸執鼠**하야 **皆用其能**하면 **上乃無事**니라

닭에게 새벽 시각을 알리게 하고, 고양이에게 쥐를 잡게 하듯이 각자의 재능을 다 쓰게 한다면 군주는 할 일이 없을 것이다.

○先愼曰 御覽九百一十八에 **引用作因**이요 **事類賦十八**에 **引仍作用**이라

○王先愼 : ≪太平御覽≫ 권918에 이 부분을 인용하면서 '用'은 '因'으로 되어 있고, ≪事類賦≫ 권18에 인용하면서 그대로 '用'으로 되어 있다.

8-14 **上有所長**이면 **事乃不方**이니라

군주가 잘하는 것이 있으면, 일은 곧 방도를 잃게 된다.

所長은 **謂任材用物**에 **皆得其宜**라 **故事不一方而成**이라 **○兪樾曰 注失其旨**라 **上文云 使鷄司夜**하고 **令狸執鼠**하야 **皆用其能**하면 **上乃無事**라하니 **然則上固不必有所長矣**라 **上有所長**은 **是失其爲上之道**라 **事乃不方**은 **猶言無方也**니 **謂不得其方也**라 **下文云 矜而好能**하면 **下之所欺**요 **辯惠好生**하면 **下因其材**니 **上下易用**이면 **國故不治**라하니 **皆承此而言**이라

舊注 : '所長'은 인재를 임용하고 사람을 씀에 모두 알맞게 하는 것이다. 그러므로 일은

한 가지 방법으로 이루어지는 것이 아니다.

○兪樾 : 舊注는 본뜻을 잃었다. 윗글에 '使雞司夜 令狸執鼠 皆用其能 上乃無事'라고 하였으니, 그렇다면 군주는 본래 장기를 내세울 필요가 없다. '上有所長'은 군주로서의 도리를 잃는 것이다. '事乃不方'은 '無方'과 같은 말이니, 그 방도를 얻지 못함을 이른다. 아래 글에 '矜而好能 下之所欺 辯惠好生 下因其材 上下易用 國故不治'라고 한 것은 모두 이 말을 이어서 말한 것이다.

8-15 矜而好能하면 下之所欺요

군주가 자랑스레 제 재능을 내세우기 좋아하면 신하들에게 속임을 당할 것이고,

居上者矜好其能이면 則下各飾其能以欺之라

舊注 : 윗사람이 자랑스레 제 재능을 내세우기 좋아하면 아랫사람이 각기 재능을 꾸며서 기만할 것이다.

8-16 辯惠好生하면 下因其材니라

군주가 언변과 지혜를 과시하기 좋아하면 신하들은 그 재주를 이용하여 아첨할 것이다.

居上好生辯惠면 則下因其材以入其諛佞이라 材는 則辯惠也라

舊注 : 윗사람이 언변과 지혜를 과시하기 좋아하면 아랫사람은 그 재주를 이용하여 아첨을 바칠 것이다. '材'는 언변과 지혜이다.

8-17 上下易用이면 國故不治니라

위아래가 제 할 일을 바꾸면 나라는 그 때문에 다스려지지 않을 것이다.

上代下任하고 下操上權하면 則國不治라

舊注 : 윗사람이 아랫사람의 임무를 대신하고 아랫사람이 윗사람의 권력을 쥐면 나라는 다스려지지 않는다.

8-18 用一之道는 以名爲首니라

군주가 治道를 운용하는 방법은 명분을 바로 세우는 것을 최우선으로 한다.

一은 謂道라 可以常行하고 古今莫二者는 唯其正名乎인저 故曰 以名爲首라 ○先愼曰 乾道本에 無之字라 顧廣圻云 藏本今本은 一下에 有之字라하니 今據補하노라 盧文弨云 注其唯誤倒라

舊注 : '一'은 '道'를 이른다. 언제나 행할 수 있고 고금에 둘이 없는 것은 오직 명분을 바로 세우는 것이다. 그러므로 "명분을 바로 세우는 것을 최우선으로 한다.〔爲名爲首〕"고 한 것이다.

○王先愼 : 乾道本에 '之'자가 없다. 顧廣圻는 "藏本과 今本은 '一' 아래에 '之'자가 있다." 하였는데, 지금 이에 의거하여 보충하였다. 盧文弨는 "舊注에 '其唯'가 잘못 도치되었다." 하였다.

8-19 名正物定이요 名倚物徙라 故聖人執一以靜하야 使名自命하고 令事自定하니라

명분이 바로 서면 사물의 질서가 안정되고, 명분이 치우치면 사물의 질서가 흐트러진다. 그러므로 성명한 군주는 道를 지키고 고요히 있으면서 명분을 절로 맞게 하고 일을 절로 안정되게 한다.

旣使名命事라 故事自定也라 ○先愼曰 群書治要에 引尸子分事篇하야 執一以靜하야 令名自正하고 令事自定이라하니 卽韓非所本에 使字作令이라 疑此使字는 涉注文而誤라 注以使釋上令字하야 以命釋下令字하니 非上令字本作使字也라

舊注 : 명분으로 하여금 일을 명하게 하므로 일이 절로 안정된다.

○王先愼 : ≪群書治要≫에서 ≪尸子≫ 〈分事篇〉의 '執一以靜 令名自正 令事自定(하나를 잡아 고요히 있으면서 명분을 절로 맞게 하고 일을 절로 안정되게 한다.)'을 인용하였다. 곧 韓非가 근거로 하였던 ≪尸子≫의 판본에 '使'자는 '令'으로 되어 있었다. 아마도 이 '使'자는 舊注의 글과 관련이 되어 잘못된 것이다. 舊注는 '使'로 위의 '令'자를 해석하고, '命'으로 아래의 '令'자를 해석한 것이니, 위의 '令'자가 본래 '使'자로 되어 있던 것은 아니다.

8-20 不見(현)其采면 下故素正이니라

군주가 자기 재능을 드러내지 않으면 신하들은 따라서 솔직하고 바르게 된다.

采故는 皆事也라 上不見事면 則下事旣素且正이라 ○盧文弨曰 注訓采故를 皆爲事는 非也라 趙氏云 不見其采는 是聖人靜以自居하야 韜匿光采면 臣下以故守素而趨於正이라하니 此說이 是也라

舊注 : '采'와 '故'는 모두 '事(일)'이다. 윗사람이 일을 보지 않으면 아랫사람의 일은 이미 솔직하고 바르게 된다는 말이다.

○盧文弨 : 舊注에서 '采'와 '故'를 모두 일로 해석한 것은 틀렸다. 趙氏(趙用賢)가 이르기를 "'不見其采'는 성인이 고요하게 자처하여 광채를 감추어 숨기면 신하들이 따라서 솔직함을 지켜서 바른 데로 나아간다는 것이다." 하였는데, 이 설이 옳다.

8-21 因而任之하야 使自事之[4])하고

군주가 신하의 능력에 따라 일을 맡겨, 그들 스스로 일에 종사하게 하고,

因其事而任之면 彼則自擧其事라 ○顧廣圻曰 句失韻하니 有誤라 先愼曰 事當作定이라 下文使皆自定之는 承此而言이니 若作事之면 則使皆自定句爲無著矣라

舊注 : 그 일에 따라서 맡기면 저들은 스스로 그 일을 수행한다.

○顧廣圻 : 句가 韻을 잃었으니, 오류가 있다.

王先愼 : '事'는 '定'이 되어야 한다. 아래 글의 '使皆自定之'는 이 구를 받아서 한 말이니, 만약 '事之'가 되면 '使皆自定' 구가 연결되지 않는다.

8-22 因而予之[5])하야 彼將自擧之하고

신하가 말한 것에 따라 일을 부여하여, 그들 스스로 일을 성사시키도록 하며,

因其事而與之면 彼則自擧之라

舊注 : 그 일에 따라서 주면 저들은 스스로 일을 성사시킨다.

---

4) 事之 : ≪韓非子新校注≫에서 陳奇猷는 '事之', '擧之', '定之'로 연결된다고 하였는데, 그 설에 따라 '事之'를 그대로 두고 번역하였다.

5) 因而與之 : 舊注는 앞뒤 문맥이 불분명하여, ≪韓非子新校注≫ 陳奇猷의 설에 따라 번역하였다.

8-23 正與處之하야 使皆自定之니라 上以名擧之하되

제각기 걸맞은 자리에 두어서 모두 스스로 일을 결정하게 한다. 군주가 명분을 가지고 행사하되,

凡事皆使彼自定하야 在上者는 從而以名擧之면 則刑名審矣라 ○先愼曰 乾道本注에 在上誤作任上하니 改從趙本하노라

舊注 : 매사를 저들로 하여금 스스로 결정하게 하여, 위에 있는 군주는 따라서 명분을 행사하면 성과와 명분을 자세히 살필 수 있다.

○王先愼 : 乾道本의 舊注에 '在上'이 '任上'으로 잘못되어 있는데, 趙本에 따라 바로잡았다.

8-24 不知其名이면 復修其形하고

명분을 알지 못할 경우에는 다시 일에 따라서 성과를 점검하며,

形은 事也라 循事以求名이면 則其名可知也라 ○顧廣圻曰 修는 當作循이니 注未譌라

舊注 : '形'은 '事(일)'이다. 일에 따라서 명분을 구하면 그 명분을 알 수가 있다.

○顧廣圻 : '修'는 응당 '循'이 되어야 하니, 舊注는 틀리지 않았다.

8-25 形名參同이면 用其所生[6)]하니

성과와 명분이 서로 맞아떨어지면, 그 결과대로 상과 벌을 적용하니,

所生은 爲形名所從而出者라 形名旣以參同이라 故有此人而用之라

舊注 : '所生'은 성과와 명분에 따라서 나온 자이다. 성과와 명분이 이미 서로 맞아떨어졌으므로 이 사람을 두어서 임용하는 것이다.

8-26 二者[7)]誠信하면 下乃貢情이니라

---

6) 用其所生 : ≪韓非子新校注≫ 陳奇猷의 설에 따라 성과와 명분에 대한 검토 결과에 따라 상과 벌을 적용한다는 뜻으로 번역하였다.

상과 벌이 참으로 믿을 만하면, 신하들은 이에 자기 마음을 숨김없이 드러낸다.

二者는 謂形名也라 參同則用其人이니 是謂誠信也라 貢은 謂陳見也라

舊注 : '二者'는 성과와 명분을 이른다. 성과와 명분이 서로 맞아떨어지면 그 사람을 쓰니, 이것을 '誠信'이라고 한 것이다. '貢'은 진술하여 보임이다.

8-27 謹修所事하야 待命於天이니라

군주가 제 할 일을 삼가 닦아서 하늘의 명을 기다린다.

君人者能謹修其事면 天必有符應之命以命之라

舊注 : 군주가 제 할 일을 삼가 닦으면 하늘이 반드시 符應하는 명을 가지고 명한다.

8-28 毋失其要라야 乃爲聖人이니라

통치의 요체를 잃지 않아야 성명한 군주(이상적인 군주)가 될 수 있다.

8-29 聖人之道는 去智與巧니 智巧不去면 難以爲常이니라

성명한 군주의 도는 지혜와 기교를 버리니, 지혜와 기교를 버리지 않으면 한결같은 법도가 되기 어렵다.

夫智巧在면 必背道而行詐라 故須去之라

舊注 : 지혜와 기교를 두면 반드시 법도를 위배하여 사기를 행한다. 그러므로 반드시 제거해야 한다.

8-30 民人用之면 其身多殃이요 主上用之면 其國危亡이니라

백성들이 지혜와 기교를 쓰면 그 몸에 많은 재앙이 닥칠 것이요, 군주가 그것을 쓰면 그 나라가 위태롭거나 망할 것이다.

---

7) 二者 : ≪韓非子新校注≫ 陳奇猷의 설에 따라 성과와 명분에 대한 검토 결과에 따른 賞罰로 번역하였다.

8-31 因天之道하고 反形之理하야 督參鞠之하되 終則有始니라

자연의 법도를 따르고 사물의 원리로 돌이켜서, 온갖 일을 살피고 대조하며 궁구하되, 끝마치면 다시 시작한다.

既去智巧하야 上因天之道하고 下則反形之理하니 二者督考參驗鞠盡之하야 其事既終하면 還從其始也라 ○先愼曰 乾道本注에 督下有巧字어늘 據趙本刪이라 顧廣圻疑督參鞠之句有誤하니 未審注本之誤耳라

舊注 : 지혜와 기교를 버리고 나서 위로는 하늘의 법도를 따르고 아래로는 사물의 원리로 돌이키니, 두 가지를 살피고 대조하며 점검하고 궁구해서, 그 일이 끝나면 처음부터 다시 시작한다.

○王先愼 : 乾道本의 舊注에 '督' 아래에 '巧'자가 있는데, 趙本에 의거하여 삭제하였다. 顧廣圻는 '督參鞠之'는 문구에 오류가 있다고 의심하였는데, 舊注本의 오류를 잘 살피지 못한 것일 뿐이다.

8-32 虛以靜後하야 未嘗用己니라

마음을 비우고 조용히 뒤로 물러나서 자기의 생각대로 한 적이 없다.

常當虛靜以後人하야 未嘗用己而先唱이라

舊注 : 늘 마음을 비우고 조용히 남의 뒤에 서서, 일찍이 자기 생각을 앞에 내세운 적이 없다는 말이다.

8-33 凡上之患은 必同其端이니

대체로 군주의 우환은 반드시 신하들과 단서를 함께하는 데에 있으니,

端은 謂所陳事之首也라 臣之陳事에 不擇可否하야 每皆同之면 則是偏聽而致患也라 ○先愼曰 趙本에 上作人하니 盧文弨云 人은 張本에 作上이라하니라

舊注 : '端'은 진언한 내용의 단서이다. 신하가 진언한 내용에 대해 가부를 가리지 않고 매번 다 동조하면 치우치게 듣게 되어 우환을 초래한다.

○王先愼 : 趙本에 '上'은 '人'으로 되어 있는데, 盧文弨는 "'人'은 張本에 '上'으로 되어

있다." 하였다.

8-34 信[8]而勿同이면 萬民一從이니라

군주의 단서를 펼치고 신하들과 단서를 함께하지 않으면 만백성들이 하나같이 군주를 따를 것이다.

其陳事者를 且當信之면 無遂與同하고 然後擇其善者以之施教면 則萬民齊一而隨從이라

舊注 : 진언한 내용을 믿어야 한다면 끝까지 동조하지 않고 뒤에 좋은 점을 가려서 하교를 내려야 하니, 그렇게 하면 백성이 일제히 따라올 것이다.

8-35 夫道者는 弘大而無形하고 德者는 覈理而普至니라

무릇 道는 넓고 커서 정해진 형상이 없고 德은 분명한 조리가 있어 어디에나 두루 미친다.

8-36 至於群生히 斟酌用之면 萬物皆盛이나 而不與(예)其寧하니라

모든 생물에 이르기까지 이 도와 덕을 알맞게 헤아려서 적용하면 만물이 다 풍성하게 되지만 도와 덕은 그 안식에 관여하지 않는다.

道德不與物寧而物自寧이라

舊注 : 도와 덕은 만물의 안식에 관여하지 않으나 만물은 절로 안식한다.

8-37 道者는 下周於事하고 因稽[9](而)〔天〕[10]命하며 與時生死하니라

---

8) 信 : ≪韓非子新校注≫ 陳奇猷의 설에 따라 '申(펼치다)'으로 번역하였다. 곧 군주는 권력의 핵심적 단서인 명분과 상벌을 운용하는 권한을 펼치고, 그것을 신하들과 공유하지 않는다는 뜻이다.

9) 因稽 : ≪韓非子新校注≫ 陳奇猷의 설에 따라 '因循(순응하다)'의 뜻으로 번역하였다.

10) (而)〔天〕 : 저본에는 '而'로 되어 있는데, ≪韓非子新校注≫ 陶鴻慶의 설에 의거하여 '天'으로 바로잡았다.

도는 아래로 인사에 두루 미치고 천명에 순응하며, 때와 더불어 흥하고 폐한다.

言當因道以考汝報라 而는 汝也라 死生은 猶廢興也라 謂其敎命時可廢則廢요 時可興則興也라 ○顧廣圻曰 生死은 當作死生이라 生은 與下文情韻이라 舊注未譌라 先愼曰 注趙本報下有命字라

舊注 : 도에 따라서 상대에 대한 보상을 살펴야 함을 말한 것이다. '而'는 '汝(너)'이다. '死生'은 '廢興(폐하고 흥함)'과 같다. 그 敎命이 때에 따라 폐할 만하면 폐하고 때에 따라 흥할 만하면 흥함을 이른다.

○顧廣圻 : '生死'는 '死生'이 되어야 한다. '生'은 아래 글의 '情'과 더불어 운자이다. 舊注가 잘못되지 않았다.

王先愼 : 趙本의 舊注에는 '報' 아래에 '命'자가 있다.

8-38 參名異事하야 通一同情이니라

다른 사물에 대한 명칭을 참고하여 하나로 통하게 하고 실정을 같게 한다.

參考異事之名하야 必令通一而又同情이라

舊注 : 다른 사물에 대한 명칭을 참고하여 반드시 하나로 통하게 하고 또 실정을 같게 한다.

8-39 故曰 道不同於萬物이요

그러므로 말하기를 "도는 만물에 대해 차원이 같지 않고,

故能生於萬物이라

舊注 : 그러므로 만물을 낳을 수 있다.

8-40 德不同於陰陽이요

덕은 음양에 대해 차원이 같지 않고,

故能成於陰陽이라 ○先愼曰 乾道本에 無於字어늘 顧廣圻云 藏本今本有라하니라

先愼案 依上下文當有라 今據補하노라

舊注 : 그러므로 음양을 이룰 수 있다.

○王先愼 : 乾道本에 '於'자가 없는데, 顧廣圻는 "藏本과 今本에 있다." 하였다. 내가 살펴보건대, 위아래의 글에 의거하면 〈'於'가〉 있어야 한다. 지금 이에 의거하여 보충하였다.

8-41 衡不同於輕重이요

저울은 가볍고 무거움에 대해 차원이 같지 않고,

故能知其輕重이라

舊注 : 그러므로 무게를 잴 수가 있다.

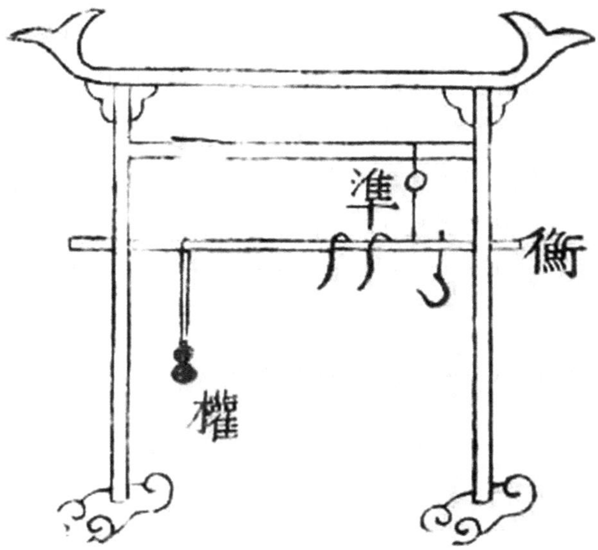

衡(≪五經圖彙≫)

8-42 繩不同於出入이요

먹줄은 들쑥날쑥함에 대해 차원이 같지 않고,

故能正於出入이라

舊注 : 그러므로 들쑥날쑥한 것을 바로잡을 수 있다.

8-43 和[11]不同於燥濕이요

小笙(작은 생황)은 메마름과 축축함에 대해 차원이 같지 않고,

故能均於燥濕이라

舊注 : 그러므로 〈時候의〉 메마르고 축축함에 따라 聲律을 조율할 수 있다.

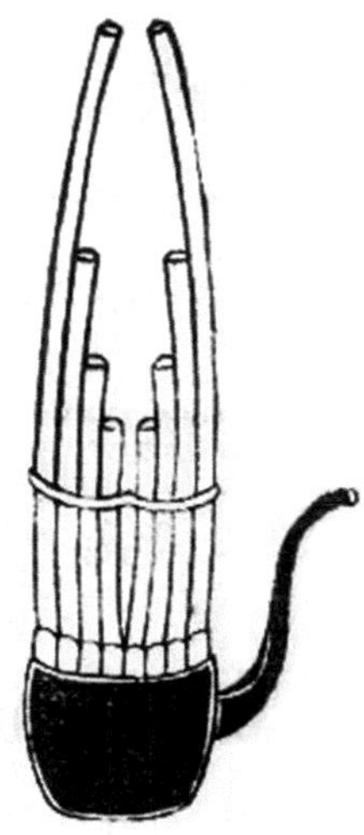
笙(≪五經圖彙≫)

11) 和 : ≪爾雅≫ 〈釋樂〉에 "大笙謂之巢 小者謂之和(大笙을 巢라 하고 작은 것을 和라 한다.)"라고 하였는데, 郭璞의 注에 "聲律을 조율하는 것이다." 하였다.

8-44 君不同於群臣이라하니라

군주는 뭇 신하들과 차원이 같지 않다."라고 한다.

故能制於群臣이라 ○先愼曰 乾道本은 君下에 有子字하고 於群은 作群於라 顧廣圻云 君下에 藏本今本은 無子字라 群於는 今本에 作於群이라하니라 先愼案 子字는 衍이라 群於二字는 倒니 注不誤라 今據刪改하노라

舊注 : 그러므로 뭇 신하들을 통제할 수 있다.

○王先愼 : 乾道本에는 '君' 아래에 '子'자가 있고, '於群'은 '群於'로 되어 있다. 顧廣圻는 "'君' 아래에 藏本과 今本은 '子'자가 없고, '群於'는 今本에 '於群'으로 되어 있다." 하였다. 내가 살펴보건대, '子'자는 衍文이고, '群於' 두 글자는 도치되었으니, 舊注가 잘못되지 않았다. 지금 이에 의거하여 삭제하고 바로잡았다.

8-45 凡此六者는 道之出也니라

무릇 이 여섯 가지는 도에서 나온 것이다.

此六者皆自道生이라 故曰道之出也라하니라

舊注 : 이 여섯 가지가 모두 도에서 생겨나왔으므로 "도에서 나온 것이다."라 하였다.

8-46 道無雙이라 故曰一이라하니 是故로 明君은 貴獨道之容하니라

도는 짝할 만한 것이 없기 때문에 '유일한 것'이라고 말한다. 이 때문에 현명한 군주는 유일무이한 도의 모습을 귀하게 여긴다.

道以獨爲容이라

舊注 : 도는 유일무이한 것으로 모습을 삼는다는 말이다.

8-47 君臣은 不同道하니 下以名禱하면

군주와 신하는 도가 같지 않으니, 신하가 명분으로 봉록을 구하면,

下當陳其名言以禱於君이라

舊注 : 신하는 마땅히 군주에게 名言을 진술하여 봉록을 구해야 한다.

8-48 君操其名하고 臣效其形하니 形名參同에 上下和調也니라

군주는 그 명분을 쥐고 신하는 자신의 성과를 바치니, 성과와 명분이 서로 맞아떨어질 경우에 군주와 신하의 관계가 조화로워진다.

○盧文弨曰 一無也字니 是라 顧廣圻曰 同調韻이니 與詩車攻五章[12)]으로 合이라

○盧文弨 : 어떤 본에는 '也'자가 없으니, 옳다.

顧廣圻 : '同'과 '調'가 韻이니, ≪詩經≫ 〈小雅 車攻〉 5章과 합치된다.

8-49 凡聽之道는 以其所出로 反以爲之入[13)]이니라

무릇 군주가 신하의 의견을 청취하는 방법은 그가 한 말을 근거로 돌이켜서 그의 성과를 구하는 데 있다.

凡聽言之道는 或有未審에 必出言以難之면 彼必反求其理以入於此也라

舊注 : 무릇 신하의 말을 듣는 방법은 혹 미심쩍은 점이 있을 경우에 반드시 그것을 말하여 따지면, 그는 반드시 그 이치를 돌이켜 구해서 내가 이해하려고 하는 쪽으로 들어온다.

8-50 故審名以定位하고 明分以辯類니라

그러므로 신하가 말한 명분을 자세히 살펴서 알맞은 지위를 정해주고, 직분을 명확히 하여 일의 종류를 구별한다.

審察其名이면 則事位自定이요 明識其分이면 則物類自辯이라

舊注 : 그의 명분을 자세히 살피면 일과 지위가 절로 정해지고, 직분을 명확히 알면 일

---

12) 詩車攻五章 : ≪詩經≫ 〈小雅 車攻〉의 "弓矢旣調 射夫旣同(활과 화살이 이미 고르게 갖추어지니, 활 쏘는 사람들이 이미 협동하네.)"이란 구절을 가리킨다.

13) 以其所出 反以爲之入 : ≪韓非子新校注≫ 高亨 등의 설에 따라 '出'은 말이자 명분, '入'은 공적이자 실질로 해석하여 번역하였다.

의 종류가 절로 구별된다.

8-51 **聽言之道**는 **溶若甚醉**니라

신하의 말을 듣는 방법은 술에 만취한 것처럼 한가하고 느긋이 하는 것이다.

溶은 閒漫之貌라 凡聽言者 欲闇以招明하고 愚以求智라 故閒然若甚醉者면 則言者自盡而敷(泰)〔奉〕也라 ○顧廣圻曰 溶字未詳이니 下同이라 舊注皆訓爲閒하니 不見所出이라 兪樾曰 溶若甚醉의 此溶字當爲容이니 言其容有似乎醉也라 下文動之溶之의 此溶字當爲搈이라 說文手部에 搈은 動搈也라하니 動之溶之는 卽動之搈之也라 動搈은 亦作動容이니 孟子盡心篇에 動容周旋中禮者 是也라 疑古本兩溶字皆止作容이니 一爲容貌之容이요 一爲動容之容이어늘 傳寫增水旁하야 因失其義矣라 先愼曰兪說是라 注泰는 趙本作奉이라

舊注 : '溶'은 한가하고 느긋한 모양이다. 말을 듣는 자가 모호한 듯이 하여 분명한 말을 부르고 어리석은 것처럼 하여 지혜로운 말을 구해야 한다. 그러므로 몹시 취한 것처럼 한가롭고 느긋한 모습을 보이면 말하는 자가 스스로 정성을 다해 받들어 아뢴다.

○顧廣圻 : '溶'자는 미상이니, 아래 글(8-56)도 마찬가지이다. 舊注에서 모두 '閒'으로 訓釋하였으니, 유래를 알 수가 없다.

兪樾 : '溶若甚醉'의 이 '溶'자는 응당 '容'이 되어야 하니, 그 얼굴이 마치 취한 것 같다는 말이다. 아래 글의 '動之溶之'의 이 '溶'자는 응당 '搈'이 되어야 한다. ≪說文解字≫ 〈手部〉에 "'搈'은 '動搈(움직이다)'이다." 하였으니, 곧 '動之溶之'는 '動之搈之'이다. '動搈'이 또한 '動容'으로 된 곳도 있는데, ≪孟子≫ 〈盡心篇〉에 "動容周旋中禮者(동용하고 주선함이 예에 맞는다.)"라고 한 것이 그 예이다. 아마도 古本에 두 '溶'자가 모두 단지 '容'으로 되어 있었는데, 하나는 容貌의 容이 되고, 하나는 動容의 容이 된 것인데, 傳寫 과정에서 水旁(氵)이 더해지는 바람에 그 뜻을 잃은 것인 듯하다.

王先愼 : 유월의 설이 옳다. 舊注의 '泰'는 趙本에 '奉'으로 되어 있다.

8-52 **脣乎齒乎**여 **吾不爲始乎**인저 **齒乎脣乎**여 **愈惛惛乎**인저

입술이여, 치아여! 내가 먼저 입을 열지 말지어다. 치아여, 입술이여! 더욱 흐리멍덩한 체할지어다.

脣齒는 可以發言語也라 吾不爲始면 則彼自爲始요 吾愈惛惛이면 彼愈昭昭라

舊注 : 입술과 치아는 언어를 발하는 것이다. 내가 시작하지 않으면 저들이 스스로 시작할 것이고, 내가 흐리멍덩한 체할수록 저들은 더욱 분명하게 할 것이다.

8-53 彼自離之면 吾因以知之요 是非輻湊라도 上不與構니라

저들이 스스로 분석하면 나는 그것을 통해서 알게 되며, 옳다 그르다 하여 논란이 몰려오더라도 군주는 굳이 화해시키지 않는다.

離는 謂分析其所言이라 彼旣分析이면 吾遂知之라 所陳之言이 或是或非하야 如輻之湊라도 皆發自下情하야 上不與之爲構也라 構는 結也라 ○先愼曰 構講古通이니 謂解釋也라 臣下是非를 君竝聽之요 不爲調解라 注訓構爲結은 似非라

舊注 : '離'는 말한 것을 분석하는 것이다. 저들이 분석하고 나면 내가 마침내 알게 된다. 진술한 말이 옳다 그르다 하는 것이 마치 바퀴살처럼 몰려오더라도 모두 신하들의 마음으로부터 발언하게 하여 군주는 그들과 더불어 얽히지 않는다. '構'는 '結(얽히다)'이다.

○王先愼 : '構'는 '講'과 옛날에 통용하였으니, 곧 화해하여 풀어줌을 말한다. 신하들이 옳다 그르다 하는 것을 군주는 다 들어줄 뿐이고 조율하여 화해시키지 않는다. 舊注에서 '構'를 '結'로 풀이한 것은 틀린 듯하다.

8-54 虛靜無爲는 道之情也요 參伍比物은 事之形也니라

마음을 비우고 고요한 상태로 작위를 하지 않는 것이 도의 참모습이고, 여러 가지를 섞어 사물을 비교하는 것은 일의 형상이다.

8-55 參之以比物하고 伍之以合虛하야 根幹不革이면 則動(泄)不失〔泄〕矣리라

셋으로 나누어 사물을 비교하고 다섯으로 나누어 허수에 합치시켜서 근간이 되는 法術을 바꾸지 않으면, 거동에 실수가 없을 것이다.

參은 三也요 伍는 五也니 謂所陳之事를 或三之以比物之情하고 或五之以合虛之

數라 常令根幹堅植하야 不有移革이니 如此則動之散에 皆無所失泄也라 ○先愼曰 動泄不失은 當作動不失泄이라 泄은 有世音이니 與革字로 古合韻이라 注云 無所失泄이라하니 是注所見本尙不誤라

舊注 : '參'은 '三(셋)'이고, '伍'는 '五(다섯)'이니, 진술한 일을 때로 셋으로 나누어 사물의 실정을 비교하고, 때로 다섯으로 나누어 허수로 합함을 이른다. 항상 근간을 굳게 세워서 옮기거나 바꿈이 없게 하니, 이와 같이 하면 행동을 펼 적에 모두 실수하는 바가 없을 것이다.

○王先愼 : '動泄不失'은 '動不失泄'이 되어야 한다. '泄'은 '世' 음이 있으니, '革'자와 함께 옛날에 合韻이다. 舊注에서 '無所失泄'이라 하였으니, 바로 舊注에서 보았던 본은 오히려 잘못되지 않았던 것이다.

8-56 動之溶之하야 無爲而改之니라

모든 행동에 한가하고 느긋이 하여 억지로 작위가 없이 자연스럽게 변동해야 한다.

凡所擧動에 溶然閒暇하야 雖有所改라도 無爲而爲也라 ○先愼曰 溶은 當作搈이니 說見上이라

舊注 : 모든 거동에 한가하고 느긋이 하여 비록 고치는 바가 있더라도 억지로 함이 없이 한다.

○王先愼 : '溶'은 응당 '搈'이 되어야 하니, 설명이 앞(8-51)에 보인다.

8-57 喜之면 則多事[14)]요 惡之면 則生怨이니라

군주가 어떤 사람을 좋아하면 사단이 많아지고, 어떤 사람을 미워하면 원망을 낳는다.

謂臣所陳言을 君若喜之면 彼必自媚하야 益爲其事요 若乃惡之면 彼必生怨而遂止라 ○顧廣圻曰 以上皆失韻이니 未詳何句有誤라 先愼曰 喜之惡之 竝句라 喜

14) 喜之 則多事 : ≪韓非子新校注≫ 陳奇猷의 설에 따라 '之'는 사람('惡之'의 '之'도 마찬가지임), '事'는 事端으로 번역하였다.

與事와 惡與怨이 爲韻이라 外儲說右上篇에 謳乎인저 其已乎로다 苞乎인저 其往歸田成子乎로다하니 謳苞爲韻이니 竝句首字라 雖用韻不同이나 而以句首字爲韻은 則可借證이라 顧說은 非是라

舊注 : 신하가 진언한 것을 군주가 만약 기뻐하면 저들은 반드시 스스로 아첨하여 더욱 그 일을 할 것이고, 만약 싫어한다면 저들은 필시 원망을 품고 마침내 그 일을 그만둘 것이라는 말이다.

○顧廣圻 : 윗글은 모두 韻을 잃었으니, 어느 구에 오류가 있는지 미상이다.

王先愼 : '喜之', '惡之'는 나란히 구성된 구이다. '喜'와 '事', '惡'와 '怨'이 운자가 된다. 〈外儲說 右上篇〉에 "謳乎 其已乎 苞乎 其往歸田成子乎(오호! 차조나 따자. 田成子에게로 갈거나.)" 하였는데, '謳'와 '苞'가 운자가 되니, 나란히 구성된 구의 첫 글자이다. 비록 운자를 다는 방식은 다르지만 구의 첫 글자로 운자를 삼는 것은 끌어다 증거로 삼을 만하다. 고광기의 설은 틀렸다.

8-58 故去喜去惡하야 虛心以爲道舍니라

그러므로 좋아함도 미워함도 다 버려서, 마음을 비워 도가 깃드는 집으로 삼아야 한다.

去喜惡하야 以虛其心이면 則道來止라 故爲道舍라

舊注 : 좋아하고 미워하는 감정을 버려서 마음을 텅 비게 하면 도가 와서 머문다. 그러므로 도가 깃드는 집이 되는 것이다.

8-59 上不與共之라야 民乃寵之[15)]요

군주가 신하와 함께 상벌의 권한을 공유하지 않아야 백성들이 군주를 우러러볼 것이며,

謂下之爲事에 上不與共得이면 則臣得自專하야 其事必成이라 故得受其榮寵也이라

15) 上不與共之 民乃寵之 : '共之'는 ≪韓非子新校注≫ 陳奇猷의 설에 따라 '賞罰의 권한'으로, '寵'은 ≪國語≫ 〈楚語〉 '寵神其祖'의 韋昭의 注에 따라 '尊(존경하다, 우러러보다)'의 뜻으로 번역하였다.

舊注 : 신하가 하는 일에 군주가 함께하지 않으면 신하는 스스로 전담할 수 있어서 일이 반드시 성공하게 된다. 그러므로 영예와 총애를 받는 것이다.

8-60 上不與義之하야 使獨爲之니라

군주는 어떤 의논에도 끼어들지 않아서 신하로 하여금 스스로 하도록 하게 해야 한다.

○先愼曰 義는 讀爲議라

○王先愼 : '義'는 '議(의논)'로 읽어야 한다.

8-61 上固閉內扃(경)하야 從室視庭하고 參〔升已陳하고〕[16] 咫尺已具하야 皆之其處하고 以賞者賞하며 以刑者刑이니

군주가 문을 닫고 안에서 빗장을 질러서 방 안에서 뜰을 내다보듯이 하며 參升을 베풀고 咫尺을 구비하여 양을 헤아리고 길이를 잴 곳에 적용해서, 상을 주어야 할 경우에 상을 주고 형벌을 가해야 할 경우에 형벌을 가하니,

閉內扃은 謂閉心以察臣也라 由內以觀外를 若從室而視庭也라 八尺曰咫라 尺寸者는 所以度(탁)長短이라 旣閉心以參驗之하고 咫尺以度量之하니 二者以具면 則大小長短皆之其所하야 不相犯錯이라 如此면 則可賞則賞하고 可刑則刑하야 無乖謬矣라 ○顧廣圻曰 上固閉內扃에 上字下當有脫文이라 尺字當衍이니 舊注以尺寸釋咫하야 因誤入正文也라 先愼曰 案固는 疑因字之誤라 上不與共하고 不與議하니 因閉心以察之를 如從室視庭하야 尺寸不失也라 因與固는 形近而誤라 似無脫文이라 注謂字는 乾道本에 作講하니 誤라 據拾補改라 以具는 當作已具라

舊注 : '閉內扃'은 자기 마음을 닫고서 신하를 관찰함을 이른다. 안(마음)에서부터 바깥을 관찰하기를 마치 방 안에서 뜰을 내다보는 것처럼 한다. 8尺을 '咫'라고 한다. 尺寸은 길이를 재는 것이다. 이미 마음을 닫고서 비교·검증하고 자로 재어 헤아리니, 두 가지

---

16) 〔升已陳〕: 저본에는 '升已陳'이 없으나, ≪韓非子新校注≫ 陳奇猷의 설에 의거하여 보충하였다. 본문의 '參'은 '參升'으로 양을 헤아리는 기구이며, '咫尺'은 길이를 재는 기구로 번역하였다.

가 갖추어지면 크기와 길이가 모두 합당하게 되어 서로 침범하거나 뒤섞이지 않는다. 이와 같이 하면 상을 줄 만하면 상을 주고 형벌을 내릴 만하면 형벌을 내려 어긋남이 없을 것이다.

○顧廣圻 : '上固閉內扃'에 '上'자 아래에 빠진 글이 있다. '尺'자는 응당 衍文이 되어야 하니, 舊注에서 '尺寸'을 '咫'로 해석하였는데, 이로 인해 잘못 正文에 들어간 것이다.

王先愼 : 살펴보건대, '固'는 아마도 '因'의 오자인 듯하다. 군주가 신하와 일을 함께하지 않고 더불어 의논하지 않으니, 이로 인해 마음을 닫고 살피기를 마치 방 안에서 뜰을 내다보듯이 하여 조금도 실수하지 않는다. '因'과 '固'는 모양이 비슷해서 잘못된 것이다. 빠진 글은 없는 듯하다. 舊注의 '謂'자는 乾道本에 '講'으로 되어 있으니, 잘못되었다. ≪群書拾補≫에 의거하여 바로잡았다. '以具'는 '已具'가 되어야 한다.

8-62 因其所爲하야 各以自成이니라 善惡必及이면 孰敢不信이리오

그러면 각자 자기가 한 일에 따라 스스로 상이나 벌을 만든 셈이 된다. 잘한 일과 못한 일에 따라 상과 벌이 반드시 주어지면 누가 감히 군주를 믿지 않겠는가.

所爲善惡은 旣各自成이니 善必及賞하고 惡必及刑하야 刑賞不差면 誰敢不信이리오

舊注 : 잘한 것과 못한 것은 이미 각자가 스스로 한 것이니, 잘한 경우에는 반드시 상을 주고 못한 경우에는 반드시 벌을 내려, 벌과 상이 그릇되지 않으면 누가 감히 믿지 않겠는가.

8-63 規矩旣設[17]이면 三隅[18]乃列이니라

법도가 이미 확립되고 나면 다른 일들도 가지런히 정돈된다.

賞罰規矩 旣已說於一事二事면 則人知他事皆然이라 故曰三偶乃列也라

舊注 : 상벌의 기준을 한두 가지 일에서 설명하고 나면, 사람들이 다른 일도 다 그러한

17) 設 : 舊注에서는 '說(설명하다)'로 풀었으나, ≪韓非子新校注≫ 陳奇猷의 설에 따라 '設'로 두고 번역하였다.

18) 三隅 : '세 모퉁이'라는 뜻으로 ≪論語≫ 〈述而〉에 "한 모퉁이를 들어주었는데 이것을 가지고 남은 세 모퉁이를 유추하지 못하면 다시 더 일러주지 않는다.〔擧一隅 不以三隅反 則不復也〕"라고 보인다.

줄 알게 된다. 그러므로 나머지 부분도 가지런히 정돈된다고 한 것이다.

8-64 主上不神이면 下將有因이요

군주가 신묘하지 않으면 신하가 틈을 노릴 것이고,

神者는 隱而莫測其所由者也라 旣不神이라 故可測이니 則可因이라 故曰下將有因也라

舊注 : 신묘함은 은미하여 그 연유를 짐작할 수 없는 것이다. 이미 신묘하지 않기 때문에 짐작할 수 있다. 그렇다면 틈을 노릴 수 있으므로 '신하가 틈을 노릴 것이다.〔下將有因〕'라 한 것이다.

8-65 其事不當이면 下考其常이니라

군주가 하는 일이 합당하지 않으면 신하가 당연한 이치를 가지고 따져본다.

主事不當이면 則下以常理考之니 所以較其非라

舊注 : 군주가 하는 일이 합당하지 않으면 신하가 당연한 이치로 따져보니, 그 잘못을 견주어보기 위한 것이다.

8-66 若天若地면 是謂累解[19]니라

군주가 하늘처럼 하고 땅처럼 하는 것을 일러 '서로 화합한다〔累解〕'라고 한다.

天地高厚는 不可測者也라 君用意如天地면 則上因下考之累可解也라 ○兪樾曰 累解는 乃疊韻字[20]니 古人常語也라 荀子富國篇에 則和調累解라하니 累解與和調竝言일새 可知其義라 楊注에 以爲嬰累解釋은 非也라 儒效篇에 解果其冠이라하야늘 楊注引說苑蟹螺(해라)者宜禾爲證하니 然則累解는 猶蟹螺矣라 古語雖不盡可通이나 而累解二字平列은 則塙然無疑라 舊注之失은 與楊注同이라

19) 累解 : 얽힌 것이 풀렸다는 말인데, 상호 조화되거나 서로 화해함을 뜻하는 古語이다.

20) 疊韻字 : 漢語에서, 두 글자나 몇 개 글자의 韻母가 서로 같은 숙어를 이르는 말인데, 童蒙, 螳螂, 連綿, 嬋娟 등이 그 예이다.

舊注 : 하늘과 땅의 높고 두터움은 짐작할 수가 없는 것이다. 군주가 뜻을 운용하기를 하늘과 땅처럼 하면 군주가 틈을 보이고 신하가 따져보는 부담을 해소할 수가 있다.

○兪樾 : '累解'는 곧 疊韻字이니, 古人의 상용어이다. ≪荀子≫ 〈富國篇〉에 '則和調累解(조화롭고 화합한다.)'라 하였는데, '累解'를 '調和'와 나란히 말하였으니, 그 뜻을 알 수 있다. 楊倞의 注에서 '嬰累解釋(얽힌 것을 풀어주다.)'라고 한 것은 틀렸다. ≪荀子≫ 〈儒效篇〉에 '解果其冠(관을 가운데가 높고 양쪽을 낮게 하였다.)'이라 하였는데, 양경의 注에서 ≪說苑≫의 '蟹螺者宜禾(높은 곳의 농지에는 벼가 잘 자란다.)'를 인용하여 증거를 삼았으니, 그렇다면 '累解'는 '蟹螺'와 같은 것이다. 古語를 비록 다 통할 수는 없지만 '累解' 두 글자가 나란히 놓여 쓰이는 것임은 확실히 의심할 것이 없다. 舊注의 잘못은 양경의 注와 같다.

8-67 若地若天이면 孰疏孰親이리오

땅처럼 하고 하늘처럼 한다면 누구를 멀리하고 누구를 가까이하겠는가.

天無私覆하고 地無私載라 故無疏無親也라

舊注 : 하늘은 사사로이 덮어줌이 없고 땅은 사사로이 실어줌이 없다. 그러므로 멀리함도 없고 가까이함드 없다.

8-68 能象天地를 是謂聖人이니라

하늘과 땅을 본받을 수 있는 자를 '성명한 군주'라 한다.

象天地之高厚而無私也라

舊注 : 하늘과 땅의 높고 두터움을 본받아 사사로움이 없다.

8-69 欲治其內인댄 置而勿親이요

기밀한 일을 잘 다스리려면 신하를 두되 친근히 하지 말아야 하고,

內는 謂君之機密也라 欲令機事不失인댄 所置之臣을 勿私親之라 ○先愼曰 乾道本注에 欲作故하니 今從趙本하노라

舊注 : '內'는 군주의 기밀을 이른다. 기밀한 일을 잘못되지 않도록 하려면 임명하여 둔

신하를 사사로이 가까이하지 말아야 한다.

○王先愼 : 乾道本의 舊注에 '欲'이 '故'로 되어 있는데, 지금 趙本을 따랐다.

8-70 欲治其外인댄 官置一人이니라 不使自恣면 安得移幷이리오

백관을 잘 다스리려면 관직마다 전임 한 사람을 두어야 한다. 그렇게 하여 제멋대로 하지 않도록 하면 어찌 함부로 관직을 옮기거나 겸직하는 일이 있겠는가.

外는 謂百官之政也라 欲令官政不失인댄 則每官置一人焉이라 夫兩雄必爭이니 官有二人이 適足以增其猜競이라 故一人則專而不恣니 豈有移易幷兼之事리오

舊注 : '外'는 백관의 정무를 말한다. 백관의 정무를 잘못되지 않도록 하려면 관직마다 전임 한 사람을 두어야 한다. 영웅이 둘이면 반드시 다투는 법이니, 관직에 두 사람을 두는 것은 꼭 시기와 경쟁을 더하기에 알맞을 것이다. 그러므로 한 사람을 두면 전담하여 제멋대로 하지 않으니, 어찌 함부로 관직을 옮기거나 겸직하는 일이 있겠는가.

8-71 大臣之門에 唯恐多人이니라

대신의 집에 사람이 많이 드나드는 것을 경계해야 한다.

臣門多人은 威權在之故也라

舊注 : 신하의 집에 사람이 많이 드나드는 것은 권위가 그에게 있기 때문이다.

8-72 凡治之極은 下不能得이니라

무릇 통치의 극치는 신하가 헤아려 알 수 없는 것이다.

神隱不惻이라 故下不能得之라 治道無踰此者라 故曰治之極也라 ○先愼曰 注惻當作測이라

舊注 : 신묘하고 은미하여 짐작할 수 없기 때문에 신하가 터득할 수가 없다. 治道는 이것을 넘는 경지가 없으므로 '통치의 극치'라 한 것이다.

○王先愼 : 舊注의 '惻'은 응당 '測'이 되어야 한다.

8-73 (周)〔同〕合刑名이면 民乃守職이니 去此更求면 是謂大惑이라하니라

성과와 명분을 꼭 합치되게 하면 백성들이 자기 직분을 충실히 지킬 것이니, 이 법술을 버리고 다른 방법을 찾는다면, 이를 일러 '매우 미혹됨〔大惑〕'이라 한다.

刑名不差면 則民守職이니 此治之至要者也라 去至要而不用이면 非惑而何也오 ○顧廣圻曰 周는 當依本書主道篇作同이라 先愼曰 乾道本注에 民作其어늘 今從趙本이라

舊注 : 성과와 명분이 다르지 않으면 백성들이 직분을 지킬 것이니, 이것이 통치의 지극한 요체이다. 지극한 요체를 버리고 쓰지 않으면, 미혹된 것이 아니고 무엇이겠는가.
○顧廣圻 : '周'는 본서의 〈主道篇〉에 의거하여 '同'이 되어야 한다.
王先愼 : 乾道本의 舊注에 '民'이 '其'로 되어 있는데, 지금 趙本을 따랐다.

8-74 猾民愈衆하고 姦邪滿側이니라

그렇게 되면 교활한 백성이 더욱 많아지고, 간사한 신하가 측근에 가득할 것이다.

亦旣大惑이라 故姦衆而邪滿이라 ○先愼曰 姦邪는 指臣言이니 謂狡猾之民則益多하고 而姦邪之臣盈於左右矣라 注說은 非라

舊注 : 또 이미 매우 미혹되었으므로 간사함이 많아지고 사악함이 가득해진다.
○王先愼 : '姦邪'는 신하를 가리켜 말한 것이니, 교활한 백성이 더욱 많아지고 간사한 신하가 주위에 가득하게 됨을 말한 것이다. 舊注의 해설은 틀렸다.

8-75 故曰 毋富人而貸焉하고 毋貴人而逼焉하며

그러므로 말하기를, "군주가 신하에게 빌릴 정도로 신하를 부유하게 하지 말고, 군주를 핍박할 정도로 신하를 귀하게 하지 말며

君之富臣하야 更從臣貸하고 君之貴臣하야 更令臣逼이면 此倒置之徒니 不識理道者也라

舊注 : 임금이 신하를 부유하게 하여 다시 신하에게 빌리게 되고 임금이 신하를 귀하

게 하여 다시 신하로 하여금 군주를 핍박하게 되면 이는 권세를 뒤집는 무리이니, 다스리는 방도를 알지 못하는 자이다.

8-76 毋專信一人而失其都國焉이라하니라

도성과 국가를 잃는 지경에 이르도록 한 사람을 전적으로 신임하지 말라."라고 한다.

專信一人이면 則形勢聚焉이라 故失其都라 ○先愼曰 乾道本注에 勢上脫形字어늘 盧文弨云 張本有라하니 今據補하노라 又云 都下에 當有國字라하니라

舊注 : 한 사람을 전적으로 신임하면 형세가 그에게 모여들기 때문에 도성을 잃는다.
○王先愼 : 乾道本의 舊注에 '勢' 위에 '形'자가 탈락되어 있는데, 盧文弨는 "張本에는 있다." 하였으니, 지금 이에 의거하여 보충하였다. 또 "'都' 아래에 응당 '國'자가 있어야 한다." 하였다.

8-77 腓(비)大於股면 難以趣走니라

장딴지가 허벅지보다 크면 빨리 달리기 어렵다.

臣重於君이면 難以爲理라 ○盧文弨曰 趣는 疑趨라

舊注 : 신하가 임금보다 중해지면 다스리기가 어렵다는 말이다.
○盧文弨 : '趣'는 아마도 '趨'인 듯하다.

8-78 主失其神이면 虎隨其後니라

군주가 신묘한 권위를 잃으면 범 같은 신하가 그 뒤를 노린다.

失神은 謂君可測知니 如臣能爲虎하야 隨後以伺其隙이라 ○先愼曰 注如字當作則이라

舊注 : 신묘함을 잃었다는 것은 군주를 짐작해 알 만하다고 이른 것이니, 그렇다면 신하가 범이 되어 뒤를 따르며 틈을 노린다.
○王先愼 : 舊注의 '如'자는 응당 '則'이 되어야 한다.

8-79 主上不知면 虎將爲狗니라

군주가 알아차리지 못하면 범 같은 신하가 개처럼 굴 것이다.

主旣不知臣之爲虎면 則臣匿威藏用하야 外若狗然하니 所以陰謀其事라

舊注 : 군주가 이미 신하가 범이라는 사실을 모르면 신하는 위세를 감추고 속셈을 숨겨서 겉으로 개인 체하니 은밀히 일을 꾸미기 위한 것이다.

8-80 主不蚤止면 狗益無已니라

군주가 일찌감치 저지하지 못한다면 개들이 끝없이 더 늘어날 것이다.

臣旣以虎爲狗를 君不知而止之니 如此면 則同事相求하야 皆爲狗하니 益其朋黨하야 無有已時也라

舊注 : 신하가 이미 범이면서 개처럼 구는 것을 군주가 알아차려 저지하지 못한다. 이와 같다면 같은 목적을 가진 자들끼리 서로 찾아서 모두 개가 되니, 그 패거리가 늘어나서 그칠 날이 없을 것이다.

8-81 虎成其群이면 以殺其母니라

범 같은 신하들이 무리를 이루면 어미 같은 군주를 시해한다.

母는 則君也라 旣朋黨相益이면 卽是虎成群也라 虎旣成群이면 母必見弑라

舊注 : '母'는 '君(군주)'이다. 이미 붕당이 서로 더해지면 바로 범이 무리를 이룬다. 범이 무리를 이루고 나면 어미는 반드시 시해를 당한다.

8-82 爲主而無臣이면 奚國之有리오

군주가 되어 신하가 없으면 어떻게 나라를 소유할 수 있겠는가.

臣皆爲虎라 故曰無臣也라 臣無則國亡이라 故曰 奚國之有라 ○先愼曰 此謂有國必有臣이니 不能畏臣爲虎而不用이요 惟在主施其刑法以制之라 故下云 主施其法이면 大虎將怯이요 主施其刑이면 大虎自寧이라하니 是也라 舊注誤라 趙本無注末

十一字하니 因其不合而刪之也라 盧文弨云 張本注末有此二句라하니라

舊注 : 신하가 모두 범처럼 되었기 때문에 '신하가 없다.'고 한 것이다. 신하가 없으면 나라가 망하기 때문에 '어떻게 나라를 소유할 수 있겠는가.'라고 한 것이다.

○王先愼 : 이것은 나라가 있으면 반드시 신하가 있어야 하니, 신하가 범처럼 되어 쓸 수 없는 것을 두려워해서는 안 되고 오직 군주가 형벌과 법술을 시행하여 통제하는 데 달려 있을 뿐임을 말한 것이다. 그러므로 아래에 '主施其法 大虎將怯 主施其刑 大虎自寧'이라 한 것이 그 예이다. 舊注는 잘못되었다. 趙本에는 舊注의 끝 문장 11자가 없으니, 본문과 합치되지 않음으로 인해 삭제한 것이다. 盧文弨는 "張本의 舊注는 끝에 이 두 구가 있다." 하였다.

8-83 主施其法이면 大虎將怯이요 主施其刑이면 大虎自寧이니라

군주가 법술을 제대로 시행하면 큰 범이 겁을 먹을 것이요, 군주가 형벌을 제대로 시행하면 큰 범이 절로 온순해질 것이다.

主旣施刑이면 虎則懼而履道라 故得安寧也라

舊注 : 군주가 형벌을 시행하면 범은 두려워하여 도를 따르기 때문에 온순해진다.

8-84 法刑苟信이면 虎化爲人하야 復反其眞이니라

법술과 형벌이 진실로 잘 펼쳐지면 범이 사람으로 변화하여, 다시 참된 모습으로 돌아갈 것이다.

謂君君臣臣也라 ○先愼曰 乾道本에 苟는 作狗하니 據拾補改라 盧文弨云 苟는 誤作狗라하니라 顧廣圻云 信은 讀爲申이라 申은 與下文人眞韻이니 言申法刑於狗也라 上文云虎將爲狗라하고 又云狗益無已라하니 與此相承이라하니라 先愼案 顧讀信爲申은 是也라 狗는 當從拾補改作苟라 狗字는 涉上文而誤어늘 不得反以爲證이라 此謂君苟申其刑法이면 則臣昔之爲虎者 皆反其眞而爲人矣라 反其眞은 指臣而言이라 舊注謂君君臣臣은 亦誤라

舊注 : 군주는 군주답고, 신하는 신하다움을 말한 것이다.

○王先愼 : 乾道本에 '苟'는 '狗'로 되어 있으니, ≪群書拾補≫에 의거하여 바로잡았다.

盧文弨는 "'苟'가 '狗'로 잘못되었다." 하였다. 顧廣圻는 "'信'은 '申(펼치다)'으로 읽어야 한다. '申'은 아래 글의 '人', '眞'과 함께 운자이니, 개에게 법술과 형벌을 펼친다는 말이다. 윗글에 '虎將爲狗(범 같은 신하가 개처럼 굴 것이다.)'라 하고, 또 '狗益無已(개들이 끝없이 더 늘어날 것이다.)'라 하였으니, 이 구절과 서로 이어진다."라고 하였다. 내가 살펴보건대, 고광기가 '信'을 '申'으로 읽은 것은 옳다. '狗'는 응당 ≪群書拾補≫에 따라 '苟'로 바로잡아야 한다. '狗'자는 윗글과 관련이 되어 잘못된 것인데, 도리어 증거로 삼아서는 안 된다. 이것은 임금이 진실로 刑法을 펼치면 예전에 범과 같던 신하가 모두 참된 모습으로 돌아가서 人臣이 됨을 말한 것이다. '反其眞'은 신하를 가리켜 말한 것이다. 舊注에서 '謂君君臣臣'이라 한 것도 잘못되었다.

8-85 欲爲其國인댄 必伐其聚니

군주가 나라를 잘 다스리려면 반드시 붕당을 쳐야 하니

聚는 謂朋黨交結이라 伐之者는 所以離散其朋黨也라 ○顧廣圻曰 聚는 讀爲 藂(총)이니 下句同이라 藂與下文衆韻이라

舊注 : '聚'는 붕당이 결성됨을 이른다. 그들을 친다는 것은 그 붕당을 해산하기 위한 것이다.

○顧廣圻 : '聚'는 '藂'으로 읽으니, 아래 句도 같다. '藂'은 아래 글의 '衆'과 함께 운자이다.

8-86 不伐其聚면 彼將聚衆이니라

붕당을 치지 못하면 그들이 더 많은 무리를 모을 것이다.

8-87 欲爲其地인댄 必適其賜[21)]니

영지를 잘 다스리려면, 반드시 〈땅을〉 하사하기를 적합한 인물에게 해야 하니

地는 亦國也라 欲治其國인댄 必令賜與適宜라 ○兪樾曰 呂氏春秋重己篇에 故聖

---

21) 欲爲其地 必適其賜 : ≪韓非子新校注≫ 陳奇猷의 설에 따라 '地'는 땅, '適'은 적합한 인물로 보고, 공이 있는 신하에게 땅을 하사한다는 뜻으로 번역하였다.

人必先適欲이라하니 高注에 適은 猶節也라하고 管子禁藏篇에 故聖人之制事也는 能節宮室適車輿以實藏이라하니 是適與節은 同義라 必適其賜者는 必節其賜也라 舊注는 失其義라

舊注 : '地'도 역시 나라이다. 나라를 잘 다스리고자 한다면 반드시 주는 것을 適宜하게 해야 한다.

○兪樾 : ≪呂氏春秋≫ 〈重己篇〉에 "故聖人必先適欲(그러므로 성인은 반드시 먼저 욕망을 절제한다.)"이라 하였는데, 高誘의 注에 "'適'은 '節(절제함)'과 같다."라고 하였고, ≪管子≫ 〈禁藏篇〉에 "故聖人之制事也 能節宮室適車輿以實藏(그러므로 성인의 정사는 궁실 꾸미기를 절제하고 수레의 치장을 적절히 하여 창고를 충실하게 한다.)"이라 하였는데, 이 '適'과 '節'은 같은 뜻이다. '必適其賜'는 하사하는 것을 반드시 절제한다는 것이다. 舊注는 본뜻을 놓쳤다.

8-88 不適其賜면 亂人求益이니라

하사하기를 적합한 인물에게 하지 않으면, 난신이 더 많은 땅을 요구한다.

8-89 彼求我予면 假讐人斧니

신하가 요구하는 대로 군주가 주면 이는 원수에게 도끼를 빌려주는 것과 다름이 없다.

亂人求益而與之면 則是以斧假仇人也라 ○盧文弨曰 仇는 一本作讐라

舊注 : 난신이 더 요구하는 대로 주면, 이는 도끼를 원수에게 빌려주는 것이다.

○盧文弨 : '仇'는 어떤 본에는 '讐'로 되어 있다.

8-90 假之不可라 彼將用之以伐我니라

빌려주어서는 안 될지니, 그가 그것을 가지고 군주를 칠 것이다.

以斧與仇는 則是假與不可라 仇旣得斧면 我之見伐이 不亦宜哉아

舊注 : 도끼를 원수에게 주는 것은 주어서는 안 되는 데에다 빌려주는 것이다. 원수가 도끼를 얻고 나면 내가 공격당하는 것도 당연하지 않겠는가.

8-91 **黃帝有言曰 上下一日百戰**이라하니

黃帝가 말하기를 "군주와 신하는 하루에도 백번이나 싸운다." 하였으니,

夫上位可寶요 上利可貪이니 居下者常有羨欲之心이라 欲靜則不能하고 欲取則不得하니 二者交戰이 一日有百也라

舊注 : 군주의 자리는 보배롭고 군주의 이익은 탐낼 만하니, 신하들은 늘 부러워하는 마음을 가진다. 마음을 안정시키고자 해도 그렇게 안 되고, 탈취하고자 해도 성공할 수가 없으니, 이 두 가지(君과 臣)가 서로 싸우는 일이 하루에도 백번이나 일어난다.

8-92 **下匿其私**하야 **用試其上**하고 **上操度量**[22)]하야 **以割其下**니라

신하는 사심을 숨긴 채 군주를 살피고, 군주는 度量을 잡고 신하를 제재한다.

下旣有羨之心하야 常匿私以試上이라 故上必當操度量以割斷其下也라 ○先愼曰 乾道本에 上操는 作下操니 兪樾云 此當作上操니 舊注未誤라하니라 先愼案 張榜本趙本이 均作上操하니 今據改하노라

舊注 : 신하들이 이미 부러워하는 마음을 갖고서 늘 사심을 숨기고 군주를 살핀다. 그러므로 군주는 반드시 度量을 잡고서 신하들을 제재한다.

○王先愼 : 乾道本에 '上操'는 '下操'로 되어 있으니, 兪樾은 "이것은 '上操'가 되어야 하니, 舊注가 잘못되지 않았다."라고 하였다. 내가 살펴보건대, 張榜本과 趙本이 모두 '上操'로 되어 있으니, 지금 이에 근거하여 바로잡았다.

8-93 **故度量之立**은 **主之寶也**요

그러므로 度量을 바로 세우는 것은 군주의 보배이고,

度量은 可以割斷下라 故爲主之寶也라

舊注 : 도량은 신하를 제재할 수 있기 때문에 군주의 보배가 된다.

---

22) 度量 : 津田鳳卿은 ≪韓非子解詁≫에서 '法度'라고 하였는데, 구체적으로 군주가 행사하는 상벌의 권한으로 보는 것이 좋을 듯하다.

8-94 黨與之具는 臣之寶也니라

도당을 결성하는 것은 신하의 보배이다.

黨與具는 可以奪君位라 故爲臣寶라

舊注 : 도당의 결성은 군주의 지위를 빼앗을 수 있기 때문에 신하의 보배가 된다.

8-95 臣之所不弑其君者는 黨與不具也라 故上失扶寸이면 下得尋常이니라

신하가 그 군주를 시해하지 못하는 것은 도당을 결성하지 못해서이다. 그러므로 군주가 조금이라도 잃으면 신하는 그 갑절을 얻게 된다.

四指爲扶라 上於度量에 少有所失이면 下之得利는 已數倍多矣라 ○盧文弨曰 扶字는 誤從牛旁이니 注同이라 得은 意林에 作失이어늘 下有君不可不愼句하니 不可從이라 先愼曰 趙本에 扶는 誤作牫라 意林에 作膚라

舊注 : 손가락 네 개의 폭이 '扶'이다. 군주가 度量을 조금이라도 잃으면 신하가 얻는 이익은 이미 몇 배나 많아진다.

○盧文弨 : '扶'자는 잘못 牛旁(牜)이 되었으니, 舊注도 마찬가지이다. '得'은 ≪意林≫에 '失'로 되어 있는데, 아래에 '君不可不愼' 구가 있으니, 따를 수 없다.

王先愼 : 趙本에 '扶'는 잘못 '牫'로 되어 있다. ≪意林≫에는 '膚'로 되어 있다.

8-96 有國之君은 不大其都하고

나라를 잘 보존하는 군주는 신하의 영지를 크게 하지 않고,

大其都면 臣將據以叛國이라

舊注 : 영지를 크게 하면 신하가 웅거하여 국가에 반란을 일으킬 것이다.

8-97 有道之臣은 不貴其家하고

법도를 잘 아는 신하는 그 大夫(家臣)를 고귀하게 하지 않고,

大夫稱家라 貴其家면 臣將凌己라

舊注 : 대부의 집안을 '家'라고 칭한다. 그의 집안을 고귀하게 하면 가신이 신하 자신을 능멸할 것이다.

8-98 **有道之君**은 **不貴其臣**하니라

법도를 잘 아는 군주는 그 신하를 고귀하게 하지 않는다.

貴其臣이면 **臣將貴勢過己**라

舊注 : 신하를 고귀하게 하면 신하의 귀한 세력이 군주 자신을 넘어설 것이다.

8-99 **貴之富之**면 (備)〔彼〕**將代之**니라

신하가 고귀해지고 부유해지면 군주를 대신하려고 할 것이다.

臣旣貴富備면 **必將代君也**라 ○**顧廣圻曰 備**는 **當作彼**니 **舊注誤**라

舊注 : 신하가 부귀를 제대로 갖추고 나면 반드시 군주를 대신할 것이다.
○顧廣圻 : '備'는 '彼'가 되어야 하니, 舊注는 틀렸다.

8-100 **備危恐殆**하야 **急置太子**라야 **禍乃無從起**니라

나라의 위태로움을 미리 대비하고 염려하여서, 얼른 太子를 세워두어야 화가 일어나지 않을 것이다.

太子者는 **君之副貳**요 **國之重鎭**이라 **今欲備其危殆**인댄 **必速置之**라야 **則禍端自息矣**라

舊注 : 태자는 군주의 버금가는 지위이고 나라의 重鎭이다. 지금 위태로움을 대비하고자 한다면 반드시 속히 태자를 두어야 화의 단서가 절로 없어질 것이다.

8-101 **內索出圉**[23]에 **必身自執其度量**이니라

조정 내의 간신을 색출하고 조정 바깥의 간사한 짓을 막는 데에 반드시 군주 자

23) 內索出圉 : ≪韓非子新校注≫ 陳奇猷의 설에 따라, '內'는 조정 안, '出'은 조정의 바깥으로, '索'은 찾음, '圉'는 막다〔禦〕의 뜻으로 번역하였다.

신이 度量을 직접 잡아야 한다.

臣人이 四面謀君하니 常在圄라 今自內欲求出圄인댄 但身執度量則可矣라

舊注 : 신하가 사방에서 군주를 도모하니, 군주는 늘 감옥에 있는 것이다. 이제 안에서부터 감옥을 빠져나가고자 한다면 몸소 度量을 잡아야만 가능할 것이다.

8-102 厚者虧之하고 薄者靡之[24)]니라

〈간사함이〉 심한 자는 덜어내고, 약한 자는 없애버린다.

厚는 謂臣黨與衆勢位高也라 位如此면 必虧之使薄也라 ○盧文弨曰 靡之는 當與易我有好爵吾與爾靡之之靡로 同義라

舊注 : '厚'는 신하의 도당이 많고 위세가 드높음을 말한다. 지위가 이와 같으면 반드시 허물어서 엷게 해야 한다.

○盧文弨 : '靡之'는 ≪周易≫ 中孚卦의 "我有好爵 吾與爾靡之(내가 좋은 벼슬이 있어 내 그대와 함께하겠다.)"라고 한 '靡(함께하다)'와 같은 뜻이다.

8-103 虧靡有量하야 毋使民比周하야 同欺其上이니라

덜고 없애는 데에 度量를 세워서, 신민들로 하여금 한통속으로 무리지어 군주를 속이지 못하게 해야 한다.

8-104 虧之若月하고

덜어내기를 달이 이지러지는 것처럼 하고

若明之漸虧也니 亦取其旣盛必衰天之道也라 ○先愼曰 虧之若月은 謂漸移其權勢하야 不使臣自知니 猶有度篇云 人臣之侵其主는 如地形焉하야 積漸以往之義니 舊注는 失其旨矣라

舊注 : 〈'虧之若月'은〉 밝은 빛이 점차 줄어드는 것과 같이 하는 것이니, 또한 충분히

---

24) 厚者虧之 薄者靡之 : ≪韓非子新校注≫ 陳奇猷의 설에 따라 '厚者'는 간사함이 심한 자로, '薄者'는 간사함이 약한 자로 번역하였고, '靡'는 없애버림〔滅〕으로 번역하였다.

성하면 반드시 쇠하는 것이 하늘의 도라는 뜻을 취한 것이다.

○王先愼 : '虧之若月'은 그 권세를 점차 옮겨서 신하들로 하여금 스스로 알아차리지 못하게 함을 이른다. ≪韓非子≫ 〈有度篇〉의 "人臣之侵其主 如地形焉 積漸以往(신하가 군주를 침범하는 것은 마치 지형을 따라 점점 길을 가는 것과 같다.)"이라 한 뜻과 같다. 舊注는 그 뜻을 잃었다.

8-105 靡之若熱이니라

없애기를 열을 가하는 것처럼 해야 한다.

若鑽火之取熱하야 不得中息이라 ○先愼曰 靡는 與糜通이니 取糜爛之義라 物之糜爛於熱이 不見其消하고 有時而盡이라 故云 靡之若熱이라 此與上虧之若月로 同意라 注息은 乾道本에 作急이어늘 今從趙本하노라

舊注 : 〈'靡之若熱'은〉 불쏘시개로 불을 얻는 것과 같아서 중간에 꺼뜨릴 수 없다.

○王先愼 : '靡'는 '糜'는 통용하니, '문드러지다'의 뜻을 취하였다. 사물이 열에 문드러져 없어지는 것이 소멸됨을 보지 못하는 가운데 어느 때가 되면 완전히 없어진다. 그러므로 '靡之若熱'이라고 한 것이다. 이는 윗글의 '虧之若月'과 같은 뜻이다. 舊注의 '息'은 乾道本에 '急'으로 되어 있는데, 지금 趙本을 따랐다.

8-106 簡令謹誅하되 必盡其罰이니라

법령을 간략하게 하고 誅戮을 신중하게 하되, 반드시 형벌은 철저하게 한다.

盡刑罰之理也라

舊注 : 형벌의 이치를 다한다는 말이다.

8-107 毋弛而弓이니 一棲兩雄이니라

너의 활시위를 늦추지 말지니, 한 둥지에 두 마리 수컷이 깃든다.

弓以射不當棲之雄은 喻刑法罰不當立人官也라 ○先愼曰 注立은 趙本에 作位하니 二字古通이라 人은 當作之라 言刑法所以罰不當位之官也라

舊注 : 둥지에 깃들어서는 안 되는 수컷을 활로 쏘는 것은 벼슬자리에 있어서는 안 되는 관원을 형법으로 벌하는 것을 비유한다.

○王先愼 : 舊注의 '立'은 趙本에 '位'로 되어 있으니, 두 글자는 옛날에 통용되었다. '人'은 응당 '之'가 되어야 한다. 형법은 부당하게 벼슬하고 있는 관원을 벌하는 것임을 말한다.

8-108 一棲兩雄이면 其鬪嚬(안)嚬이니라

한 둥지에 두 마리 수컷이 깃들면 으르렁거리며 싸울 것이다.

爭鬪貌라

舊注 : 〈'嚬嚬'은〉 싸우는 모양이다.

8-109 豺狼在牢면 其羊不繁이니라

승냥이와 이리가 우리에 있으면 양들은 번식하지 못한다.

豺狼은 喩吏之貪殘者라

舊注 : 승냥이와 이리는 탐학한 관리를 비유한다.

8-110 一家二貴면 事乃無功이니라

한 집안에 주인이 둘이면 집안일이 제대로 될 수가 없다.

二貴爭出命이면 服役者不知誰從이라 故事無功也라

舊注 : 두 주인이 다투어 명을 내리면, 복역하는 자가 누구를 따를지 모르기 때문에 일이 성사될 수가 없다.

8-111 夫妻持政이면 子無適從이니라

남편과 아내가 집안일을 주관하려고 다투면, 자식은 누구를 따를지 모른다.

夫唱婦隨者는 禮之正也라 今夫妻爭持其政이라 故子不知所從也라

舊注 : 남편과 주장하고 아내가 따르는 것이 禮의 正道이다. 그런데 지금 남편과 아내

가 집안일을 주관하려고 다투기 때문에 자식이 따를 바를 모르는 것이다.

8-112 **爲人君者**는 **數披其木**하야 **毋使木枝扶疏**니라

군주는 자주 나무를 가지치기해서, 나뭇가지가 사방으로 뻗어나가지 못하게 해야 한다.

木은 喩臣也요 披는 爲落其枝也니 數落木枝者는 喩數削黜臣之威勢也라

舊注 : '木'은 신하를 비유하고, '披'는 가지를 치는 것이다. 자주 나무를 가지치기하는 것은 신하의 위세를 자주 빼앗아 없애는 것을 비유한다.

8-113 **木枝扶疏**면 **將塞公閭**니라

나뭇가지가 사방으로 뻗으면 장차 궁문을 막아버릴 것이다.

謂臣威權覆(부)主하야 充塞公閭라 ○先愼曰 乾道本에 主는 作土어늘 今從趙本하노라

舊注 : 신하의 권위가 군주를 덮어서, 군주의 궁문을 막아버림을 이른다.
○王先愼 : 乾道本의 舊注에 '主'는 '土'로 되어 있는데, 지금 趙本을 따랐다.

8-114 **私門將實**이면 **公庭將虛**하야 **主將壅圍**니라

신하의 집 문에 사람들이 가득 몰려오면 군주의 뜰은 텅 비게 되어, 군주는 가려지고 갇히게 될 것이다.

圍는 圉也라 ○顧廣圻曰 圍는 當作圉라 圉는 與下文拒處韻이라 王先謙曰 詳文義컨대 上屬이라 顧說非라

舊注 : '圍'는 '圉(가둠)'이다.
○顧廣圻 : '圍'는 '圉'가 되어야 한다. '圉'는 아래 글의 '拒', '處'와 함께 운자이다.
王先謙 : 문맥을 살펴보건대, 윗글에 연결된다. 顧廣圻의 설은 틀렸다.

8-115 **數披其木**하야 **無使木枝外拒**니

자주 나무를 가지치기해서 나뭇가지가 밖으로 뻗어나가지 않도록 해야 하니,

拒는 謂枝之旁生者也라

舊注 : '拒'는 가지가 뻗어나가는 것이다.

8-116 木枝外拒면 將逼主處니라

나뭇가지가 밖으로 뻗어나가면 군주의 처소를 핍박할 것이다.

8-117 數披其木하야 毋使枝大本小니라

자주 나무를 가지치기해서 가지가 커지고 줄기가 작아지지 않도록 해야 한다.

8-118 枝大本小면 將不勝春風이니 不勝春風이면 枝將害心[25)]이니라

가지가 커지고 줄기가 작아지면 봄바람조차 견디지 못할 것이니, 봄바람조차 견디지 못하면 가지가 나뭇고갱이를 해칠 것이다.

春風은 所以發生萬物者也니 喻君恩賞이 所以榮益於下者也라 枝本大矣요 春風又發其榮以增其重이면 則披枝而害心이라 喻臣本實矣어늘 君又加之恩賞以增其威重이면 則臣將二而危君矣라 ○先愼曰 注趙本에 威下無重字어늘 盧文弨云 張本有라하니라

舊注 : 봄바람은 만물을 생겨나게 하는 것이니, 군주의 恩賞이 신하들에게 영예와 이익이 되는 것을 비유한다. 가지와 줄기가 크고 봄바람이 또 꽃을 피워서 그 무게를 더하면 가지가 늘어져서 나뭇고갱이를 해친다. 비유하자면 신하의 근간이 튼실한데 또 군주가 은상을 내려서 그 위중함을 더해주면 신하는 장차 두마음을 품고 군주를 위험하게 한다는 것이다.

---

25) 枝大本小……枝將害心 : ≪韓非子新校注≫ 陳奇猷의 설에 따라 '春風'은 군주의 恩賞이 아니라 특정한 조건에서 발생하는 계절풍 곧 특정 조건에서 일어나는 정치적 위기 상황을 비유하는 것으로, '心(나뭇고갱이)'은 군주를 비유하는 것으로 번역하였다. 곧 이 구절은 자주 신하의 권세를 덜어내어 그의 권세가 군주의 권세보다 강하지 않게 해야 하는데, 그렇게 하지 않아서 신하의 권세가 군주의 권세보다 강해지면 갑작스런 정치적 위기 상황이 발생할 적에 군주는 스스로 정권을 지탱하지 못하게 되고, 권력을 쥔 신하가 이 틈을 노려 군주를 시해할 것임을 비유적으로 한 말이다.

○王先愼：趙本의 舊注에는 '威' 아래에 '重'자가 없는데, 盧文弨는 "張本에는 있다." 하였다.

8-119 **公子旣衆**이면 **宗室憂吟**이니라

공자들이 많아지면 종실에서 근심스러운 소리가 난다.

宗室은 **謂太宗適子家也**라 **庶子旣衆**이면 **勢淩適子**라 **故憂吟也**라 ○**盧文弨曰 注大宗**은 **大誤太**라 **先愼曰 吟**은 **趙本**에 **作唫**(금)이니 **下同**이라

舊注：'宗室'은 가장 큰 종가로서 적장자의 집안이다. 서자가 많아지면 세력이 적자를 능가하기 때문에 근심스러운 소리가 난다고 한 것이다.

○盧文弨：舊注의 '大宗'은 '大'가 잘못 '太'로 쓰였다.

王先愼：'吟'은 趙本에 '唫(탄식하다)'으로 되어 있는데, 아래도 같다.

8-120 **止之之道**는 **數披其木**하여 **毋使枝茂**니라

그것을 그치게 하는 방도는 자주 나무를 가지치기하여 가지가 무성해지지 않도록 하는 것이다.

8-121 **木數披**면 **黨與乃離**니라

나무를 자주 가지치기하면 도당들이 이내 흩어질 것이다.

○**顧廣圻曰 藏本同**이라 **今本**은 **木下**에 **衍枝字**라 **案三字句**이니 **上文**에 **數披其木**이 **凡四見**이라 **披離韻**이라

○顧廣圻：藏本도 같다. 今本은 '木' 아래에 '枝'자가 잘못 들어갔다. 살펴보건대 세 자로 된 구이니, 윗글에 '數披其木'이 모두 네 차례 나왔다. '披'와 '離'가 운자이다.

8-122 **掘其根本**이면 **木乃不(神)〔申〕**[26]이니라

26) (神)〔申〕：저본에는 '神'으로 되어 있으나, ≪雙劍誃諸子新證≫ 于省吾의 설에 따라 '申'으로 바로잡았다.

뿌리를 파내면 나무는 더 이상 자라지 못한다.

○盧文弨曰 或云 根本二字當倒라야 與韻合이라 顧廣圻曰 掘其根三字句니 與上文同이라 本字는 衍이니 根神韻이라

○盧文弨 : 혹자는 '根本' 두 글자를 도치해야 운이 맞는다고 하였다.

顧廣圻 : '掘其根' 세 자로 된 구이니, 윗글과 같다. '本'자는 衍文이니, '根'과 '神'이 운자이다.

8-123 塡其洶(흉)淵하야 毋使水淸이니라

못을 메워서 물이 맑아지지 않도록 한다.

淵者는 水之停積이라 水淸이면 鑑之者必衆이니 喩(雖)族和附之者必多也라 ○顧廣圻曰 淵淸은 失韻이라 有誤니 不卽有缺文也라 兪樾曰 顧氏以上句本字爲衍文은 是也라 此句洶字는 蓋亦衍文이라 舊注不釋洶字하니 是舊本未衍也라 上云 木數披黨與乃離라하고 此云 掘其根 木乃不神 塡其淵 毋使水淸이라하니 皆上句三字요 下句四字라 今衍本字洶字니 非其舊也라 至趙本作木枝數披하야는 則更失之矣라 先愼曰 兪說衍洶字는 是也라 定之方中에 淵與人協이요 楚詞에 淸與人協이요 風賦에 淸亦與人協이요 詩燕燕에 淵與身人協이요 楚詞卜居에 淸與身人協이요 詩猗嗟에 淸與成正協이요 易訟에 淵與成正協이니 則淵淸古自爲韻이라 顧疑有誤는 非也라 盧文弨云 注에 雖字는 非誤卽衍이라

舊注 : '淵'은 물이 고인 것이다. 못물이 맑으면 모습을 비춰보려고 오는 자들이 필시 많아진다는 것이니, 빌붙는 족속들이 필시 많아짐을 비유한 말이다.

○顧廣圻 : '淵'과 '淸'은 韻을 잃었다. 오류가 있으니, 궐문만 있는 것은 아니다.

兪樾 : 顧廣圻가 윗구의 '本'자를 衍文이라 한 것은 옳다. 이 구의 '洶'자도 아마 衍文인 듯하다. 舊注에서 '洶'자를 해석하지 않았으니, 舊本에는 이 글자가 잘못 들어가지 않은 것이다. 윗글에서 '木數披 黨與乃離'라고 하고, 여기서 '掘其根 木乃不神 塡其淵 毋使水淸'이라 하였으니, 모두 윗구는 3자이고, 아랫구는 4자이다. 지금 '本'자와 '洶'자가 잘못 들어갔으니, 본래의 모습이 아니다. 趙本의 '木枝數披'로 된 것은 더욱 잘못이다.

王先愼 : 兪樾이 '洶'자를 衍文이라고 한 것은 옳다. ≪詩經≫ 〈鄘風 定之方中〉에 '淵'과 '人'이 協韻이고, ≪楚辭≫에 '淸'과 '人'이 協韻이고, 宋玉의 〈風賦〉에도 '淸'과 '人'이 協韻

이며, ≪詩經≫ 〈邶風 燕燕〉에 '淵'과 '身', '人'이 協韻이며, ≪楚辭≫ 〈卜居〉에 '淸'과 '身', '人'이 協韻이며, ≪詩經≫ 〈猗嗟〉에 '淸'과 '成', '正'이 協韻이며, ≪周易≫ 訟卦에 '淵'과 '成', '正'이 協韻이니, '淵'과 '淸'은 예전에 본래 운이 맞았다. 고광기가 오류가 있다고 한 것은 틀렸다. 盧文弨는 "舊注의 '雖'자는 오자가 아니면 衍文이다." 하였다.

8-124 探其懷하야 奪之威니

신하들의 속내를 탐지하여 그들의 권위를 빼앗아야 하니,

探其懷는 謂淵其心하야 知其所欲爲라 ○先愼曰 注淵字는 當作測이라

舊注 : '探其懷'는 그 마음을 헤아려 그가 하고자 하는 바를 알아내는 것이다.

○王先愼 : 舊注의 '淵'자는 응당 '測(헤아리다)'이 되어야 한다.

8-125 主上用之[27]를 若電若雷니라

군주는 권위를 부리기를 번개나 벼락처럼 해야 한다.

威不下分이면 則君命神而可畏라 故若雷電也라

舊注 : 권위를 신하와 나누지 않으면, 군주의 명이 신묘하면서도 두려워할 만하다. 그러므로 번개나 벼락처럼 해야 한다고 한 것이다.

---

27) 主上用之 : ≪韓非子新校注≫ 陳奇猷의 설에 따라 '之'는 군주가 신하에게 빼앗아온 權威로 번역하였다. 權威란 상벌을 집행하는 권한을 말한다.

第九 八姦篇 제9편 여덟 가지 간사함

신하가 군주에게 간사한 짓을 하는 여덟 가지 방법을 논하고, 이에 대처하는 방법을 열거하였다. 첫째는 同牀이다. 신하가 군주와 잠자리를 함께하는 여인들에게 금옥을 바치며 그들로 하여금 군주를 미혹시키게 하는 것이다. 둘째는 在旁이다. 신하가 군주와 가까이 있는 광대나 난쟁이, 측신들에게 금옥을 바치며 그들로 하여금 군주가 불법을 자행하도록 만드는 것이다. 셋째는 父兄이다. 신하가 군주의 혈친들에게 가인과 무녀를 바치며 그들을 부추겨 군주에게 거스르게 하는 것이다. 넷째는 養殃이다. 신하가 백성을 동원하여 宮室과 臺池를 아름답게 조성하는 등 군주를 즐겁게 하여 그 마음을 어지럽게 만드는 것이다. 다섯째는 民萌이다. 신하가 공공의 재화를 베풀어 백성의 환심을 사서 자신을 찬미하도록 만들고 사욕을 이루는 것이다. 여섯째는 流行이다. 신하가 辯士들을 길러내어 그들로 하여금 교묘한 말과 유창한 말을 하게 하여 자신의 사사로운 욕구를 이루는 것이다. 일곱째는 威强이다. 신하가 사사로이 무사를 길러 자신의 위엄을 드러내면서, 군신과 백성을 두렵게 하여 사사로운 욕심을 행하는 것이다. 여덟째는 四方이다. 신하가 나라의 재정이 텅 비도록 큰 나라를 섬기며, 그 위엄을 이용하여 군주를 미혹시키는 것이다.

이 여덟 가지 신하의 간사한 짓에 대처하는 방법은 다음과 같다. 첫째, 궁 안의 여인들이 사사로운 청탁을 못하게 하는 것이다. 둘째, 측근들로 하여금 반드시 그 말에 책임을 지게 하는 것이다. 셋째, 부형과 대신들의 말을 들어주되 반드시 형벌로써 뒷날까지 제재하여 함부로 행동하지 못하게 하는 것이다. 넷째, 보고 즐기는 애호품에 대해 반드시 그 유래를 알게 하여 군신들이 그 군주의 마음을 헤아리지 못하게 하는 것이다. 다섯째, 은덕을 베풀어 백성에게 이익을 주는 것은 반드시 군주가 결정하여 신하들이 그 은덕을 사사로이 하지 못하게 하는 것이다. 여섯째, 변설과 논의에 대해 면밀히 살펴서 군신들이 서로 편들어 말하지 못하게 하는 것이다. 일곱째, 용력을 지닌 무사에 대해 엄정하게 공과를 따져서 군신들이 사사로운 욕심을 행하지 못하게 하는 것이다. 여덟째, 제후국의 요구에 대해 법도에 맞으면 들어주고 법도에 맞지 않으면 거절하는 것이다.

9-1 凡人臣之所道成姦者에 有八術이라

무릇 신하가 간사한 짓을 하게 되는 데에 여덟 가지 술법이 있다.

道는 引也라 言姦臣或誘引君之左右하며 或誘引君之百姓하야 以成其姦邪에 其術有八也라 ○先愼曰 道는 由也니 注誤라 說詳上이라

舊注 : '道'는 '引(꾀다)'이다. 간신이 군주의 측근을 꾀거나 군주의 백성을 꾀어서 간사한 짓을 하는 데에 그 술법이 여덟 가지가 있음을 말한 것이다.

○王先愼 : '道'는 '由(말미암다)'이니 舊注가 잘못되었다. 이에 대한 설명을 위(≪二柄篇≫)에서 자세히 말하였다.

9-2 一曰在同牀이니 何謂同牀고 曰貴夫人과 愛孺子와 便僻好色이니

첫째는 同牀이니 무엇을 동상이라 하는가. 귀부인, 사랑받는 어린 첩, 총애받는 아름다운 여인이니

便僻은 得嬖美好之色이라

舊注 : '便僻'은 총애를 얻은 아름다운 美色을 말한다.

9-3 此는 人主之所惑也라 託於燕處之虞하고 乘醉飽之時하야 而求其所欲이면 此必聽之術也라

이들은 군주를 미혹시키는 자이다. 잠자리의 즐거움에 의탁하고 취하고 배부른 때를 말미암아 자신이 바라는 바를 요구하면 이를 반드시 군주가 들어주게 하는 술법이다.

乘은 因也라 夫人孺子等이 由因君醉飽之時하야 進以燕娛之具하야 以求其所欲이면 事無不聽이라 ○盧文弨曰 注由字는 衍이라

舊注 : '乘'은 '因(말미암다)'이다. 귀부인과 어린 첩 등이 군주가 취하고 배부른 때를 말미암아 연회의 음식, 가무 따위를 진설하여 자신이 바라는 바를 요구하면 군주가 들어주지 않는 일이 없게 된다.

○盧文弨 : 舊注의 '由'자는 衍文이다.

9-4 爲人臣者內事之以金玉하야 **使惑其主**하니 **此之謂同牀**이라

신하가 금옥을 가지고 이들을 안으로 사사로이 섬기면서 군주를 미혹시키게 하니 이를 가리켜 同牀이라 한다.

以金玉之寶로 **內事貴夫人愛孺子等**하야 **使之惑主**하니 **主惑**이면 **則姦謀可成也**니라

舊注 : 금옥의 보배로써 귀부인과 사랑받는 어린 첩 등을 안으로 사사로이 섬기면서 그들로 하여금 군주를 미혹시키게 하니, 군주가 미혹되면 간사한 모략을 성공시킬 수 있다.

9-5 二曰在旁이니 **何謂在旁**고 **曰優笑侏儒**와 **左右近習**이니

두 번째는 在旁이니 무엇을 재방이라 하는가. 광대나 난쟁이, 측근과 근신이니,

優笑者는 **謂俳優**니 **能啁笑者**라 **侏儒**는 **短人也**라

舊注 : '優笑'는 배우를 가리키니 남을 잘 조롱하고 웃기는 사람이다. '侏儒'는 난쟁이다.

9-6 此는 **人主未命而唯唯**하고 **未使而諾諾**하며 **先意承旨**하고 **觀貌察色**하야 **以先主心者也**라 **此皆俱進俱退**하고 **皆應皆對**하야

이들은 군주가 명하지 않아도 "예, 예." 하고 시키지 않아도 "알겠습니다." 하며, 미리 생각하여 군주의 뜻을 받들고 군주의 안색을 살펴서 군주의 마음보다 앞서는 자들이다. 이들은 모두가 똑같이 나아가고 물러나며 응대하고 대답하여

謂君所欲進則左右近習俱共進之하고 **所欲退則俱共退之**하며 **命之則皆應**하고 **問之則皆對**니라 ○**先愼曰 乾道本注**에 **無應字**어늘 **今從趙本**하노라

舊注 : 군주가 나아가고 싶으면 측근과 근신들이 함께 나아가고 군주가 물러나고 싶으면 함께 물러나며, 군주가 명하면 모두 똑같이 응대하고 물으면 모두 똑같이 대답하는 것을 가리킨다.

○王先愼 : 乾道本의 舊注에는 '應'자가 없는데, 지금 趙本을 따랐다.

9-7 一辭同軌以移主心者也라 爲人臣者內事之以金玉玩好하야

같은 말과 같은 술수로 군주의 마음을 움직이는 자들이다. 신하가 금옥이나 애완물을 가지고 이들을 안으로 사사로이 섬기며

○先愼曰 乾道本에 之作比라 顧廣圻云 今本에 比作之라하니 今據改하노라

○王先愼 : 乾道本에는 '之'가 '比'로 되어 있다. 顧廣圻는 "今本에 '比'가 '之'로 되어 있다."라고 했으니 지금 이에 의거하여 고쳤다.

9-8 外爲之行不法하야 使之化其主하니 此之謂在旁이라

밖으로 그들을 위해 불법을 저질러 그들에게 그 군주를 물들이게 하니 이를 가리켜 在旁이라 한다.

姦臣旣以金玉內事近習之臣하고 外又爲行非法하야 漸化其主하니 主旣習非면 則其位可得而奪也라 ○先愼曰 乾道本注에 姦上有主字어늘 今從趙本하노라

舊注 : 간신이 이미 금옥을 가지고 측근의 신하들을 안으로 사사로이 섬기고 밖으로 또 불법을 행하여 점점 그 군주를 물들이니, 군주가 이미 불법에 익숙해지면 그 지위를 빼앗을 수 있다.

○王先愼 : 乾道本의 舊注에는 '姦'자 위에 '主'자가 있는데, 지금 趙本을 따랐다.

9-9 三曰父兄이니 何謂父兄고 曰側室公子로 人主之所親愛也요 大臣廷吏로 人主之所與度(탁)計也라 此皆盡力畢議면 人主之所必聽也라 爲人臣者事公子側室以音聲子女하야

세 번째는 父兄이니 무엇을 부형이라 하는가. 측실의 公子로서 군주가 친애하는 자이고, 대신과 조정의 관리로서 군주와 함께 계책을 짜는 자들이다. 이들은 모두 힘을 다하여 건의하면 군주가 반드시 들어주는 자들이다. 신하가 음악과 어린 미녀를 바치면서 측실의 공자들을 섬기며

○先愼曰 乾道本에 事下有畢字어늘 顧廣圻云 藏本今本에 無畢字라하니 今據刪하노라

○王先愼：乾道本에 '事'자 아래에 '畢'자가 있지만, 顧廣圻는 "藏本과 今本에 '畢'자가 없다."라고 하니 지금 이에 의거하여 삭제하였다.

9-10 收大臣廷吏以辭言하고 **處約言事**하야 **事成則進爵益祿**하야 **以勸其心**하야 **使犯其主**하니 **此之謂父兄**이라

말로써 대신과 조정의 관리를 휘어잡고 일을 말해주기를 평소에 약속하여 일이 이루어지면 작위를 올려주고 봉록을 높여주어 그들의 마음을 부추겨 그 군주에게 거스르게 하니, 이를 가리켜 父兄이라 한다.

收는 謂收攝其心也라 謂臣欲收大臣之心하야 辭言爲作聲譽하고 又更處置하야 邀共言事於君이라 其事旣成이면 大臣必益爵祿하야 用此以勸其心하야 使之犯忤其主라 主犯則君臣有隙하야 姦臣可以施謀也라 ○先愼曰 乾道本注에 必作心이어늘 依趙本改라 處約言事는 謂平居約之言事也니 注謂又更處置는 非也라

舊注：'收'는 그 마음을 사로잡는 것을 말한다. 신하가 대신의 마음을 휘어잡고자 해서 말로는 그들의 명예를 높여주고 다시 잘 처리해주어 군주에게 함께 일을 말해주기를 구한다는 말이다. 이 일이 이미 이루어지면 대신은 반드시 작록이 더해져서 이로써 그들의 마음을 부추겨 군주를 거스르게 한다. 군주에게 거스르면 군신 사이에 틈이 벌어져 간신들이 모략을 펼칠 수 있는 것이다.

○王先愼：乾道本의 舊注에는 '必'자가 '心'자로 되어 있는데, 趙本에 의거하여 고쳤다. '處約言事'는 평소에 일을 말해주기로 약속한다는 것이니, 舊注에서 "다시 잘 처리해주다.〔又更處置〕"라고 말한 것은 잘못이다.

9-11 四曰養殃이니 **何謂養殃**고 **曰人主樂美宮室臺池**하고 **好飾子女狗馬**하야 **以娛其心**하니 **此人主之殃也**라 **爲人臣者盡民力以美宮室臺池**하고 **重賦斂以飾子女狗馬**하야 **以娛其主而亂其心**하며 **從其所欲**하야 **而樹私利其間**하니 **此謂養殃**이라

네 번째는 養殃이니 무엇을 양앙이라 하는가. 군주가 宮室과 臺池(누각과 연못)를 아름답게 조성하는 것을 좋아하고 어린 미녀나 개, 말을 예쁘게 꾸미기를 좋아

하여 자신을 마음을 즐겁게 하니, 이는 군주의 재앙이다. 신하가 民力을 다 동원하여 궁실과 대지를 아름답게 조성하고 부역과 세금을 무겁게 징수하여 어린 미녀나 개, 말을 예쁘게 꾸며서 군주를 즐겁게 하고 군주의 마음을 어지럽게 만들며, 군주가 하고 싶은 대로 따르며 그 사이에서 사사로운 이익을 세우니, 이를 가리켜 養殃이라 한다.

9-12 五曰民萌이니 何謂民萌고 曰爲人臣者散公財以說(열)民人하고 行小惠以取百姓하야 使朝廷市井皆勸譽己하야 以塞其主하고

다섯 번째는 民萌이니 무엇을 민맹이라 하는가. 신하가 공공의 재화를 뿌려 백성의 환심을 사고 작은 은혜를 베풀어 백성의 마음을 취하여 朝廷과 市井으로 하여금 모두 자신을 찬미하도록 만들어 그 군주를 막고

臣行其惠면 則主澤不下流라 故曰塞其主라하니라

舊注 : 신하가 은혜를 베풀면 군주의 은택이 아래로 베풀어지지 않기 때문에 "그 군주를 막는다."고 말한 것이다.

9-13 而成其所欲하니 此之謂民萌이라

자신이 하고자 하는 바를 이루니 이를 가리켜 民萌이라 한다.

9-14 六曰流行이니 何謂流行고 曰人主者는 固壅其言談하고 希於聽論議하니 易移以辯說이라

여섯 번째는 流行이니 무엇을 유행이라 하는가. 군주는 言談에 굳게 막혀 있고 論議를 듣기 드무니 변설에 이끌리기 쉽다.

君門隔於九重하야 賢俊希得與(예)振이라 故言談論議希也라 ○先愼曰 平日未聞言談論議라가 偶有所說이면 自然易動이라 注振字는 誤요 趙作攝하니 亦非니라

舊注 : 宮門이 九重으로 막혀 있어 어질고 준걸한 자들이 참여하여 진작하는 경우가 드물다. 그러므로 언담과 논의가 드문 것이다.

○王先愼 : 평소 언담과 논의를 듣지 못하다가 우연히 변설을 들으면 자연스레 그쪽으로 이끌리기 쉬운 것이다. 舊注의 '振'자는 오류이고, 趙本에는 '攝'자로 되어 있으니 또한 틀렸다.

9-15 **爲人臣者求諸侯之辯士**하고 **養國中之能說者**하야 **使之以語其私**로되 **爲巧文之言流行之辭**하야

신하가 제후국의 辯士를 불러들이고 나라 안에 말을 잘 하는 자를 길러내어 그들로 하여금 자신의 사사로운 욕구를 말하게 하되, 교묘한 말과 번지르르한 말을 하여

謂其言巧便하야 聽者似若流通而可行이라

舊注 : 그 말이 교묘하고 말을 잘해서 듣는 자가 마치 막힘없이 통하여 시행할 수 있는 것처럼 느낀다는 말이다.

9-16 **示之以利勢**하고 **懼之以患害**하야 **施屬虛辭以壞其主**하니

이로운 정세를 드러내보이고 근심스런 재해로써 두렵게 만들어 허황된 말을 늘어놓아 그 군주를 무너뜨리니

設施綴屬浮虛之辭라

舊注 : 허황된 말을 늘어놓고 엮어낸다는 말이다.

9-17 **此之謂流行**이라

이를 가리켜 유행이라 한다.

9-18 **七曰威强**이니 **何謂威强**고 **曰君人者**는 **以群臣百姓爲威强者也**라 **群臣百姓之所善**이면 **則君善之**하고 **非群臣百姓之所善**이면 **則君不善之**라 **爲人臣者聚帶劍之客**하고 **養必死之士**하야 **以彰其威**로되 **明爲己者必利**하고 **不爲己者必死**하야 **以恐其群臣百姓而行其私**하니 **此之謂威强**이라

일곱 번째는 威强이니 무엇을 위강이라 하는가. 군주는 신하와 백성에 힘입어 위엄과 강함을 얻는 자이다. 신하와 백성이 좋다고 하면 군주는 좋다고 하고, 신하와 백성이 좋다고 하지 않으면 군주는 좋다고 하지 않는다. 신하가 칼을 찬 협객을 모으고 필사의 각오를 한 무사를 길러내어 자신의 위엄을 드러내되, 자신을 위하는 자는 반드시 이익을 주고 자신을 위하지 않는 자는 반드시 죽인다는 것을 분명하게 밝혀서 신하들과 백성을 두렵게 하여 사사로운 욕심을 행하니, 이를 가리켜 위강이라 한다.

9-19 **八曰四方**이니 **何謂四方**고 **曰君人者**는

여덟 번째는 四方이니 무엇을 사방이라 하는가? 군주는

○**先愼曰 乾道本**에 **人作臣**이라 **顧廣圻云 藏本今本**에 **臣作人**이라하니 **今據改**하노라

○王先愼 : 乾道本에 '人'자가 '臣'자로 되어 있다. 顧廣圻는 "藏本과 今本에 '臣'자가 '人'자로 되어 있다."고 하니, 지금 이에 의거하여 고쳤다.

9-20 **國小則事大國**하고 **兵弱則畏强兵**이라 **大國之所索**에 **小國必聽**하고 **强兵之所加**에 **弱兵必服**이라 **爲人臣者重賦斂盡府庫**하야 **虛其國以事大國**하고 **而用其威求誘其君**이로되 **甚者擧兵以聚邊境**하야 **而制斂於內**하고

나라가 작으면 큰 나라를 섬기고 무력이 약하면 무력이 강한 나라를 두려워한다. 큰 나라가 요구하면 작은 나라는 반드시 들어주어야 하고 무력이 강한 나라가 압박하면 무력이 약한 나라는 반드시 굴복하게 된다. 신하가 부역과 세금을 무겁게 징수하고 府庫를 다 털어 나라의 재정을 텅 비게 만들면서 큰 나라를 섬기고 그 위엄을 이용하여 그 군주를 미혹시키되, 심한 경우는 군사를 일으켜 국경 지역에 모이게 하여 국내를 제압하고

○**顧廣圻曰 斂字未詳**이라 **先愼曰 詩桑扈孔疏**에 **斂者**는 **收攝之名**이라하니라 **爲臣者當强兵壓境**이면 **則在內制攝其君**하야 **以便己私**라 **下文使之恐懼正承上震攝而言**이라

○顧廣圻 : '斂'자는 미상이다.

王先愼 : ≪詩經≫ 〈小雅 桑扈〉의 孔穎達의 疏에 "'斂'은 '收攝(휘어잡다)'의 명칭이다."라고 하였다. 신하가 무력이 강한 나라가 국경 지역을 압박하는 상황을 만나면 국내에서 그 군주를 제압하여 자신의 사욕을 이룹게 만든다. 아래 글의 '使之恐懼(두려움에 떨게 만든다.)'는 바로 위의 임금을 놀라게 한다는 것을 이어 말한 것이다.

9-21 **薄者數**(삭)**內大使**하야 **以震其君**하야 **使之恐懼**하니

작게는 자주 큰 나라의 사신을 안으로 불러들여 그 군주를 놀라게 하여 두려움에 떨게 만드니

○**先愼曰 六微篇**에 **公叔因內齊軍於鄭**하야 **以劫其君**하야 **以固其位**[1]라하니 **卽此義**니라

○王先愼 : ≪韓非子≫ 〈內儲說 下 六微篇〉에 "公叔이 인하여 齊나라 군대를 鄭(韓나라의 수도)으로 끌어들여 그 군주를 겁박하여 자신의 지위를 견고히 하였다." 하였으니, 곧 이 뜻이다.

9-22 **此之謂四方**이라

이를 가리켜 四方이라 한다.

9-23 **凡此八者**는 **人臣之所以(道)成姦**이요 **世主所以壅劫**하야 **失其所有也**니

이 여덟 가지는 신하가 간사한 짓을 하는 것이고, 세상의 군주가 가려지고 겁박을 당해 자신이 소유한 것을 잃게 되는 것이니

○**兪樾曰 道字**는 **衍文也**라 **所以成姦**과 **所以壅劫**은 **兩文相對**어늘 **讀者見篇首云**

---

1) 公叔因內齊軍於鄭……以固其位 : 公叔이 韓나라의 재상이 되었는데, 齊나라와는 친밀했다. 그때 公仲이란 자가 한나라 왕에게 총애를 받고 있었기 때문에 공숙은 왕이 공중을 재상으로 삼지 않을까 염려했다. 그래서 제나라와 한나라를 동맹시켜 魏나라를 공격하고, 제나라 군대를 수도인 鄭에 끌어들여 한나라 왕을 위협하고 자기 지위를 견고히 하며 두 나라의 맹약을 더욱 굳혔다.(≪韓非子≫ 〈六微篇〉)

凡人臣之所道成姦者有八術하야 誤以道成姦三字連讀이라 故妄增入之라 不知所道成姦은 卽所由成姦也니 義與所以同이라 此旣云所以라하니 卽不得復有道字矣라

○兪樾 : '道'자는 衍文이다. '所以成姦'과 '所以壅刦'은 두 구문이 서로 대구인데, 읽는 자가 篇 첫머리의 '凡人臣之所道成姦者有八術'을 보고 '道成姦' 세 자를 잘못 연결하여 읽었다. 그래서 함부로 덧붙여 넣은 것이다. 모르겠지만 '所道成姦'은 곧 '所由成姦'이니 뜻은 '所以'와 같다. 여기에 이미 '所以'라고 했으니 다시 '道'자가 있어서는 안 된다.

9-24 不可不察焉이라

살피지 않을 수 없다.

9-25 明君之於內也에 娛其色而不行其謁하야 不使私請이라

현명한 군주는 婢妾들에 대해 그 여색을 즐기되 청탁이 시행되지 못하게 하여 사사로운 요청을 못하게 한다.

所以防初姦之同牀也라

舊注 : 첫 번째 간사한 짓인 同牀을 막는 방도이다.

9-26 其於左右也에 使其身必責其言하야 不使益辭라

측근들에 대해 그들로 하여금 반드시 그 말에 책임을 지게 하여 더 이상 말을 덧붙이지 못하게 한다.

所以防二姦之在旁也라

舊注 : 두 번째 간사한 짓인 在旁을 막는 방도이다.

9-27 其於父兄大臣也에 聽其言也로되 必(使)以罰任於後하야

부형과 대신들에 대해 그들의 말은 들어주되 반드시 벌로써 뒤에 책임을 지워

當則任之하고 不當則罰之라 ○盧文弨曰 任은 謂保任이니 舊注非라 先愼曰 盧說

亦非니 使字는 衍文이라 廣雅釋詁에 任은 使也라하니라 聽父兄大臣之言이로되 恐其妄擧라 故以罰使於後也라 此多一使字니라

舊注 : 마땅하면 맡기고 마땅하지 않으면 벌을 내린다는 말이다.

○盧文弨 : '任'은 '保任(책임 지우다)'을 말한 것이니 舊注는 틀렸다.

王先愼 : 노문초의 설 또한 틀렸으니, '使'자는 衍文이다. ≪廣雅≫ 〈釋詁〉에 "'任'은 '使'이다."라고 하였다. 부형과 대신의 말을 듣지만 그들이 함부로 행동할까 걱정했기 때문에 벌을 가지고 뒤에 부리는 것이다. 여기서는 '使'자 하나가 많은 것이다.

9-28 不令妄擧니라

함부로 행동하지 못하게 한다.

防三姦之父兄이라

舊注 : 세 번째 간사한 짓인 父兄을 막는 방도이다.

9-29 其於觀樂玩好也에 必令(之)〔知〕有所出하야

보고 즐기는 애완물에 대해 반드시 그 유래를 알게 하여

謂知其所從來라 ○先愼曰 之當作知하니 注不誤라

舊注 : 그 유래를 안다는 말이다.

○王先愼 : '之'자는 응당 '知'가 되어야 하니, 舊注가 잘못되지 않았다.

9-30 不使擅進(不使)擅退하야 群臣虞其意니라

마음대로 나아가고 물러나게 하여 신하들이 그 군주의 마음을 헤아리지 못하게 한다.

防四姦之養殃也라 虞는 度也라 必不令度君意擅有所進退니라 ○王渭曰 擅退二字는 當衍이라 七字爲一句니 舊注誤니라 先愼曰 案當作不使擅進擅退群臣虞其意하니 今重不使二字나 注所據本不重不使二字라 故云不令度君意擅有所進退라하야 明以不使貫下三項也라 張榜本에 無擅進不使擅退六字하니 是求其

說而不得이라 從而刪之하니 不可從이라

舊注 : 네 번째 간사한 짓인 養殃을 막는 방도이다. '虞'는 '度(헤아리다)'이다. 반드시 군주의 뜻을 헤아려 마음대로 나아가거나 물러나지 못하게 하는 것이다.

○王渭 : '擅退' 두 자는 응당 衍文이다. 일곱 자가 한 句니 舊注는 잘못되었다.

王先愼 : 살펴보건대 응당 '不使擅進擅退 群臣虞其意'가 되어야 하니, 지금 '不使' 두 자를 거듭 썼지만 舊注가 의거한 本에는 '不使' 두 자를 거듭 쓰지 않았다. 그래서 '不令度君意擅有所進退'라고 하여 '不使'가 아래의 세 가지 항목과 연결되는 것을 밝혔다. 張榜本에는 '擅進不使擅退' 여섯 자가 없으니 이에 대한 설을 찾아보았지만 찾지 못하였다. 이 張榜本을 따르면 삭제해야 하니 따를 수 없다.

9-31 其於德施也에 縱禁財하고 發墳倉하야

은덕을 베푸는 것에 대해 궁중의 재물을 풀고 창고의 쌓인 양식을 열어

積粟於倉이 若墳然이라

舊注 : 창고에 곡식이 쌓인 것이 산처럼 거대하다는 말이다.

9-32 利於民者는 必出於君이요 不使人臣私其德이라

백성에게 이익을 주는 것은 반드시 군주의 뜻에서 나와야 하고, 신하들이 그 은덕을 사사로이 베풀지 못하게 한다.

防五姦之民萌也라

舊注 : 다섯 번째 간사한 짓인 民萌을 막는 방도이다.

9-33 其於說議也에 稱譽者所善과 毁疵者所惡을 必實其能하고 察其過하야

변설과 논의에 대해 칭송을 받는 자의 좋은 점과 비방을 받는 자의 나쁜 점을 반드시 그 능력을 조사하고 그 잘못을 살펴서

考實其能하고 察詳其過라

舊注 : 그 능력을 엄밀히 조사하고 그 잘못을 자세히 살핀다는 말이다.

9-34 不使群臣相爲語[2)]니라

신하들이 서로 칭찬하는 말을 못하게 한다.

防六姦之流行이라

舊注 : 여섯 번째 간사한 짓인 流行을 막는 방도이다.

9-35 其於勇力之士也에

용력을 지닌 무사에 대해

○先愼曰 乾道本에 無於字라 顧廣圻云 藏本今本에 有於字라하니라 先愼案 有於字是也니 此與上下文法一律하야 皆有於字라 明此脫하니 今據補라

○王先愼 : 乾道本에는 '於'자가 없다. 顧廣圻는 "藏本과 今本에 '於'자가 있다."라고 했다. 내가 살펴보건대 '於'자가 있는 것이 옳으니, 이 글은 위아래의 문법과 동일하여 모두 '於'자가 있다. 여기서는 탈락된 것이 분명하니 지금 이에 의거하여 보충하였다.

9-36 軍旅之功無踰賞하고 邑鬪之勇無赦罪하야

전투에서의 공적은 과도하게 상을 내리는 일이 없게 하고, 고을에서 사사롭게 싸운 용맹은 그 죄를 용서해주는 일이 없게 하여

邑鬪勇者는 謂恃力與邑人私鬪니라

舊注 : 고을에서 싸우는 용맹함은 힘을 믿고서 고을 사람들과 사사로이 싸우는 것을 말한다.

9-37 不使群臣行私(財)니라

신하들이 사사로운 욕심을 행하지 못하게 한다.

防七姦之威强也니 不使行私財於勇士라 ○先愼曰 財字는 衍文이라 不使群臣行

---

2) 相爲語 : ≪韓非子新校注≫ 陳奇猷의 說에 의거하여 '서로 칭찬하는 말을 하다.〔言相爲稱譽〕'로 번역하였다.

私는 卽上文人臣彰威 以恐其群臣百姓 而行其私也니 注依誤文釋之하니 亦非니라

舊注 : 일곱 번째 간사한 짓인 威强을 막는 방도이니, 용맹한 군사들에게 사사로운 재물을 사용하지 못하게 한다는 말이다.

○王先愼 : '財'자는 衍文이다. '不使群臣行私'는 곧 윗글의 "신하가 자신의 위엄을 드러내어 신하들과 백성을 두렵게 하여 사사로운 욕심을 행한다."는 것이니, 舊注는 잘못된 글에 의거하여 해석하였으니 또한 틀렸다.

9-38 其於諸侯之求索也에 法則聽之하고 不法則距之니라

제후의 요구에 대해 법도에 맞으면 들어주고 법도에 맞지 않으면 거절한다.

防八姦之四方이라

舊注 : 여덟 번째 간사한 짓인 四方을 막는 방도이다.

9-39 所謂亡君者는

이른바 망한 군주는

○先愼曰 乾道本에 提行이라 顧廣圻云 當連前하니 誤提行이라 自此至卷末同이라하니라 先愼案 張榜本에 不提行하니 今從之하노라

○王先愼 : 乾道本에는 행을 바꾸었다. 顧廣圻는 "응당 앞부분과 이어져야 하니 행을 잘못 바꾼 것이다. 여기서부터 권말(〈八姦篇〉이 끝나는 곳)까지 마찬가지이다."라고 하였다. 내가 살펴보건대 張榜本에는 행을 바꾸지 않았으니 지금 이를 따랐다.

9-40 非莫有其國也요 而有之者라도 皆非己有也니라

나라를 소유하지 못한 것이 아니라, 소유하고 있더라도 모두 자신의 소유가 아닌 것이다.

亡君은 雖有國이라도 非己有之라 令臣執制而有之니라

舊注 : 망한 군주는 나라를 소유했더라도 자신의 소유가 아니어서 신하로 하여금 정권을 잡아 제어하여 소유하게 하는 것이다.

9-41 令臣以外爲制於內하면 則是君人者亡也니라

신하로 하여금 외세에 힘입어 나라 안을 제어하게 한다면 이러한 군주는 망할 것이다.

臣自外制內하면 而君不擅擧手하니 如此者君必亡也니라 ○盧文弨曰 爲는 張本에 作而라

舊注 : 신하가 외세에 힘입어 나라 안을 제어하면 군주가 마음대로 지휘하지 못하니 이와 같다면 군주는 반드시 망하게 된다는 말이다.

○盧文弨 : '爲'는 張本에 '而'로 되어 있다.

9-42 聽大國은 爲救亡也나 而亡亟(극)於不聽이라

큰 나라의 요구를 들어주는 것은 망해가는 자신의 나라를 구제하기 위한 것이지만, 나라가 망하는 것이 큰 나라의 요구를 들어주지 않는 것보다 빠르게 된다.

聽大國則誅求無厭이니 每事皆聽이면 (其)〔則〕傾國猶不足이라 有所不從이면 則有辭而見伐[3]이라 故聽從之하니 亡急於不聽也라 ○盧文弨曰 注傾國猶不足上에 張本有其字라 案其當作則이라

舊注 : 큰 나라의 요구를 들어주면 혹독하게 요구하는 것이 만족함이 없게 되는데, 모든 일을 다 들어주면 온 나라를 다 바치더라도 부족할 정도가 된다. 그러나 따르지 않게 되면 엄정한 명에 의해 침략을 당하므로 큰 나라의 요구를 들어주고 따르니, 나라가 망하는 것이 큰 나라의 요구를 들어주지 않는 것보다 빠르게 된다.

○盧文弨 : 舊注의 '傾國猶不足' 위에 張本에는 '其'자가 있다. 살펴보건대 '其'는 응당 '則'이 되어야 한다.

9-43 故不聽이라

그러므로 들어주어서는 안 된다.

---

3) 有辭而見伐 : '辭伐'은 엄정한 명을 받들어 죄인을 토벌하는 것을 뜻한다. ≪春秋左氏傳≫ 哀公 23년 조에 "엄정한 임금의 명을 받들어 죄인을 토벌하는 것으로 충분하니 점을 칠 필요가 뭐 있겠는가.〔以辭伐罪足矣 何必卜〕"라고 하였다.

○顧廣圻曰 句絶이라

○顧廣圻：句를 끊어야 한다.

9-44 群臣知不聽이면

신하들이 〈군주가 큰 나라의 요구를〉 들어주지 않는다는 것을 알게 되면

○顧廣圻曰 藏本今本에 重群臣하니 誤라 凡此言不聽은 皆是不聽大國이니 與上文云大國之所索小國必聽相對라 舊注全誤라

○顧廣圻：藏本과 今本에 '群臣'을 거듭 썼으니 잘못되었다. 여기서 말한 '不聽'은 모두 큰 나라의 요구를 들어주지 않는 것이니, 위의 글에서 '큰 나라가 요구하는 것을 작은 나라가 반드시 들어주어야 한다.〔大國之所索 小國必聽〕'라고 한 것과 서로 대구가 된다. 舊注가 모두 잘못되었다.

9-45 則不外〔交〕諸侯하고

밖으로 제후와 사귀지 않고,

臣之外交는 以君之聽己로 欲有所搆結이어늘 今君旣不聽이면 則交之外心息矣니라
○先愼曰 拾補에 外下有市字라 盧文弨云 脫이니 一本有라하니라 先愼案 外下脫交字라 注云臣之外交라하니 是注所據本有交字라

舊注：신하가 밖으로 제후와 사귀는 것은 군주가 자신의 말을 들어주기 때문에 세력을 결성하고자 하는 것인데, 지금 군주가 이미 큰 나라의 요구를 들어주지 않는다면 신하가 밖으로 사귀는 마음이 그치게 되는 것이다.

○王先愼：≪群書拾補≫에는 '外'자 아래에 '市'자가 있다. 盧文弨는 "탈락된 것이니 어떤 본에는 '市'자가 있다."라고 하였다. 내가 살펴보건대 '外'자 아래에 '交'자가 탈락된 것이다. 舊注에서 '臣之外交'라고 하였으니 이는 舊注가 의거한 本에는 '交'자가 있어서이다.

9-46 諸侯(之)〔知〕不聽이면 則不受臣之誣其君矣니라

요구를 들어주지 않는다는 것을 제후가 알게 되면 제후는 그 군주를 속이는 신

하를 받아들이지 않는다.

諸侯知我不聽用其臣이면 不受彼臣之浮言以罔誣其君也라 ○王渭曰 之不聽當作知不聽이라 先愼曰 王說是니 注未譌라 臣之는 乾道本에 作之臣이라 顧廣圻云 今本에 之臣作臣之라하니 今據乙이라

舊注 : 군주가 그 신하의 말을 들어주지 않는 것을 제후가 알게 되면, 제후가 허황된 말로 군주를 속이는 신하를 받아들이지 않는다는 말이다.

○王渭 : '之不聽'은 응당 '知不聽'이 되어야 한다.

王先愼 : 왕위의 설이 옳으니 舊注가 잘못되지 않았다. '臣之'는 乾道本에 '之臣'으로 되어 있다. 顧廣圻는 "今本에 '之臣'이 '臣之'로 되어 있다."라고 했으니, 지금 이에 의거하여 순서를 바꿨다.

9-47 明主之爲官職爵祿也는

현명한 군주가 관직과 작록을 내리는 것은

○先愼曰 舊提行이나 今連上하노라

○王先愼 : 舊本에는 행을 바꾸었으나 지금은 위의 글과 연결시켰다.

9-48 所以進賢材勸有功也라 故曰賢材者는 處厚祿任大官하고 功大者는 有尊爵受重賞이라 官賢者에 量其能하고 賦祿者에 稱其功이라하니라 是以賢者不誣能以事其主하고 有功者樂進其業하니 故事成功立이라 今則不然하니 不課賢不肖하고 〔不〕論有功勞하야

어질고 재능 있는 자를 나오게 하고 공로가 있는 자를 권면하기 위한 것이다. 그러므로 "어질고 재능 있는 자는 후한 봉록을 받고 높은 관직에 임명되며, 공로가 큰 자는 작위가 높아지고 후한 상을 받는다. 어진 자에게 관직을 내릴 때에는 그 능력을 헤아리고 봉록을 줄 때에는 그 공로를 저울질한다."라고 하였다. 이 때문에 어진 자는 능력을 속여서 그 군주를 섬기지 않고 공로가 있는 자는 그 공업에 나아가는 것을 즐거워하니 이 때문에 사업이 이루어지고 공이 세워진

다. 지금은 그렇지 않으니 어질고 변변치 못한 것을 따지거나 공로의 여부를 논하지 않고서

○先愼曰 論上當有不字라

○王先愼 : '論' 위에 응당 '不'자가 있어야 한다.

9-49 用諸侯之重하고

제후가 중히 여기는 자를 등용하고

諸侯以勢位之重也로 有所委屬而君用之라 ○先愼曰 諸侯所重을 君遂用之니 舊注非라

舊注 : 제후가 중한 세력과 지위로써 〈영향을 주기 때문에〉 그들이 부탁하면 군주가 들어준다는 말이다.

○王先愼 : 제후가 중하게 여기는 자를 군주가 마침내 등용하는 것이니, 舊注는 틀렸다.

9-50 聽左右之謁이라

측근들이 청탁하는 것을 들어준다.

○顧廣圻曰 乾道本에 誤提行이라 先愼曰 趙本不提行이 是也니 今從之하노라

○顧廣圻 : 乾道本에는 행을 잘못 바꿨다.

王先愼 : 趙本에서 행을 바꾸지 않은 것이 옳으니 지금 이를 따랐다.

9-51 父兄大臣上請爵祿於上하고 而下賣之以收財利하야 及以樹私黨이라 故財利多者는 買官以爲貴하고 有左右之交者는 請謁以成重이라 功勞之臣不論하고

부형과 대신은 위로는 군주에게 작록을 청탁하고 아래로는 작록을 팔아 재물과 이익을 거두어들여 私黨을 세우는 데 이르게 된다. 그러므로 재물과 이익이 많은 자는 작록을 사서 존귀해지고 측근들과 사귀는 자는 청탁하여 권세를 이룬다. 공로가 있는 신하는 논해보지도 않고

○先愼曰 謂不考其功勞也라

○王先愼 : 그의 공로를 따지지 않는다는 것을 말한다.

9-52 官職之遷失謬라 是以吏偸[4]官而外交하고 棄事而財親이라 是以賢者懈怠而不勸하고 有功者隳[5]而簡其業하니 此亡國之風也니라

관직의 승진도 그르치게 된다. 이 때문에 관리는 관직을 구차하게 여기며 밖으로 사귀고 사업은 버려두고 재물을 가까이한다. 이러한 이유로 어진 자는 게으름을 피우며 힘쓰지 않고 공이 있는 자는 게을러져 공업을 소홀히 하니, 이것은 망한 나라의 풍조이다.

隳는 毁也라 或本爲墮也라 ○先愼曰 注末也字는 趙本에 無라

舊注 : '隳'는 '毁(훼손되다)'이다. 다른 本에 '墮'로 되어 있는 것도 있다.

○王先愼 : 舊注 끝의 '也'자는 趙本에 없다.

---

4) 偸 : ≪韓非子新校注≫ 陳奇猷의 說에 의거하여 '苟且(구차하게 여김)'로 번역하였다.

5) 隳 : ≪韓非子新校注≫ 太田方의 說에 의거하여 '惰(게으르다)'로 번역하였다.

第十 十過篇 제10편 열 가지 過誤

이 篇에서는 君主가 나라를 다스릴 때의 저지르기 쉬운 열 가지 과오를 지적하였다. 먼저 열 가지 과오의 조목과 그 결과를 제시하였다. 그런 다음 열 가지 과오를 차례대로 분별하여 그 조목에 해당하는 주요 역사적 故事를 인용하면서 결과로 본 危害性을 구체적으로 설명하였다. 이는 後世의 국가를 통치하는 君主가 깊이 경계하여 국가를 멸망시키고 자신을 죽이는 慘禍에서 벗어나게 하는데 목적이 있다고 할 수 있다. 열 가지 과오에 대한 역사적 경험을 적절히 인용함으로써 覆轍에 대한 경계를 깊이 인식할 수 있게 한 점이 매우 逼眞하게 다가오는 문장이다.

10-1 十過는 一曰行小忠이니 則大忠之賊也요 二曰顧小利니 則大利之殘也요 三曰行僻自用하야 無禮諸侯니 則亡身之至也요 四曰不務聽治而好五音이니 則窮身之事也요

나라를 다스리는 데 열 가지 過誤는, 첫째는 작은 충성이 시행되는 것이니 큰 충성의 해가 되고, 둘째는 작은 이익을 도모하는 것이니 큰 이익의 해로움이 되고, 셋째는 乖僻한 짓을 하면서 스스로 옳다고 여겨 諸侯에게 無禮하게 구는 것이니 자신을 망치는 禍亂이 오게 되고, 넷째는 국가의 정사를 다스리는 데 힘쓰지 않고 음악만을 좋아하는 것이니 자신을 곤궁하게 하는 일이고,

○先愼曰 音下에 下文은 有不已二字라

○王先愼 : '音' 아래에 아래 글에는 '不已' 두 글자가 있다.

10-2 五曰貪愎(퍅)喜利니 則滅國殺身之本也요

다섯째는 탐욕스럽고 괴팍하며 이익을 좋아함이니 이는 나라를 멸망시키고 자신을 죽이게 하는 禍根이고,

○先慎曰 喜는 下文에 作好라

○王先愼 : '喜'는 아래 글에 '好'자로 되어 있다.

10-3 六曰 耽於女樂(악)하야 不顧國政이니 則亡國之禍也요 七曰 離內遠遊而忽於諫士니 則危身之道也요

여섯째는 女樂에 탐닉하여 國政을 돌보지 않는 것이니 이는 나라를 멸망시키는 禍亂이고, 일곱째는 朝廷(內)을 떠나 먼 지방에 가서 유람하면서 신하의 諫言을 소홀히 듣는 것이니 이는 자신을 危難에 빠뜨리는 방법이고,

○先愼曰 群書治要引無而字라

○王先愼 : ≪群書治要≫의 인용문에는 '而'자가 없다.

10-4 八曰 過而不聽於忠臣하고 而獨行其意니 則滅高名爲人笑之始也요 九曰 內不量力하고 外恃諸侯니 則削國之患也요

여덟째는 過誤를 저지르고도 忠臣의 諫言을 따르지 않고 자기 뜻대로 행동하는 것이니 이는 높은 명성을 잃고 남의 웃음거리가 되는 시작이고, 아홉째는 國內의 역량은 헤아리지 않고 밖으로 諸侯를 믿는 것이니 이는 국토가 줄어드는 憂患이 있게 되고,

○先愼曰 削國이 下文에 作國削이라

○王先愼 : '削國'이 아래 글에는 '國削'으로 되어 있다.

10-5 十曰 國小無禮하고 不用諫臣이니 則絶世之勢也니라

열째는 나라는 弱小한데 無禮하면서 諫하는 신하의 말을 따르지 않는 것이니 이는 代가 끊기는 형세가 된다.

10-6 奚謂小忠고 昔者에 楚共王與晉厲公[1]이 戰於鄢陵[2]하야 楚師敗하야 而共

王傷其目하니라 酣戰之時에 司馬子反[3]渴而求飮한대 豎穀陽操觴酒而進之하니

무엇을 가리켜 작은 충성이라 하는가. 예전에 楚 共王과 晉 厲公이 鄢陵에서 전쟁하여 楚나라 군대가 패배하여 공왕이 그의 눈동자에 상해를 입었다. 한창 격전을 벌일 때 司馬 子反이 목이 말라서 마실 물을 요구하자 어린 시종 穀陽이 술을 잔에 따라 바치니,

○盧文弨曰 穀陽은 呂氏權勳篇과 淮南人間訓에 俱作陽穀하니라 顧廣圻曰 左傳에 作穀陽하니라 先愼曰 北堂書鈔一百四十四와 御覽三百八十九 四百九十七에 引作穀陽豎하니라

○盧文弨 : '穀陽'은 ≪呂氏春秋≫ 〈權勳篇〉과 ≪淮南子≫ 〈人間訓〉에 모두 '陽穀'으로 되어 있다.

顧廣圻 : ≪春秋左氏傳≫에 '穀陽'으로 되어 있다.

王先愼 : ≪北堂書鈔≫ 권144와 ≪太平御覽≫ 권389·497에 이 글을 인용하면서 '穀陽豎'로 되어 있다.

10-7 子反曰 嘻라 退하라 酒也로다 穀陽曰 非酒也니이다 子反受而飮之하다

자반이 말하였다. "아, 가지고 가라. 술이로구나." 곡양이 말했다. "이것은 술이 아닙니다." 이에 자반이 받아서 마셨다.

○先愼曰 乾道本에 無穀陽曰非酒也六字라 顧廣圻云 藏本有하고 今本은 穀上에 又有豎字라 按本書飾邪篇에 有此句而無酒字라하니라 先愼案 呂氏春秋에 有豎(穀

---

1) 楚共王與晉厲公 : 共王은 춘추시대 楚나라 君主이다. 姓은 羋(미)이고 氏는 熊이며 이름은 審이다. 厲公은 춘추시대 晉나라 君主이다. 姓은 姬이고 氏는 晋이며 이름은 壽曼(≪春秋左氏傳≫에는 州蒲로 되어 있다.)이다.

2) 鄢陵 : 河南省 鄢陵縣 북서쪽에 있던 옛 地名이다. 본래 妘姓의 나라로 鄭 武公에게 멸망당하였고 후대에 鄢陵으로 개칭되었다.

3) 司馬自反 : 춘추시대 楚나라 穆王의 아들 公子 側이다. 司馬 벼슬을 역임하였고, 字는 自反이다. 楚 莊王 17년에 邲(필)의 전쟁에서 晉軍을 격파하였고, 그 후 宋나라를 포위하는 戰爭에 참가하였으며, 楚 共王 16년에 晉軍과 鄢陵에서 전쟁할 때 술에 취해 패배하자 책임을 지고 자살하였다.

陽)〔陽穀〕[4] 曰非酒也七字하니 此脫일새 今據藏本增하노라 御覽三百八十九에 引作豎曰非也四字하고 說苑敬愼篇에 子反曰退酒也 穀陽曰非酒也下에 有子反又曰退酒也 穀陽又曰非酒也二句라

○王先愼 : 乾道本에는 '穀陽曰非酒也'의 여섯 글자가 없다. 顧廣圻는 "藏本에는 이 여섯 글자가 있고, 今本은 '穀'자 위에 또 '豎'자가 있다. 살펴보건대 本書의 〈飾邪篇〉에 이 文句가 있으나 '酒'자가 없다." 하였다. 내가 살펴보건대 ≪呂氏春秋≫ 〈權勳篇〉에 '豎陽穀曰非酒也'의 일곱 글자가 있는데, 이곳에는 탈락되었기 때문에 지금 藏本에 의거하여 추가하였다. ≪太平御覽≫ 권389의 인용문에 '豎曰非也' 의 네 글자로 되어 있고, ≪說苑≫ 〈敬愼篇〉에 '子反曰退酒也 穀陽曰非酒也'의 아래에 '子反又曰退酒也 穀陽又曰非酒也'의 두 구절이 있다.

10-8 子反之爲人也 嗜酒而甘之하야 弗能絶於口而醉하니라 戰旣罷에 共王欲復戰하야

자반의 사람됨이 술을 좋아하고 술맛을 달콤하게 여겨 입에서 술을 떼지 못하고 취해버렸다. 교전을 마친 뒤에 공왕이 다시 교전하려고 하여

○先愼曰 飾邪篇에 有而謀事三字어늘 此脫이라

○王先愼 : 〈飾邪篇〉에는 〈'共王欲復戰' 아래에〉 '而謀事' 세 글자가 있는데 이곳에는 탈락되었다.

10-9 令人召司馬子反한대 司馬子反辭以心疾이라 共王駕而自往하야 入其幄中이라가 聞酒臭而還하야 曰 今日之戰에 不穀[5] 親傷하니 所恃者는 司馬也어늘 而司馬又醉如此하니 是는 亡楚國之社稷而不恤吾衆也로다

사람을 시켜 사마 자반을 불러오게 하였는데 사마 자반이 마음이 아픈 병〔心疾〕이 있다는 핑계로 가지 않았다. 공왕이 수레를 타고 직접 가서 그의 軍幕 안으로

---

4) (穀陽)〔陽穀〕 : 저본에는 '穀陽'으로 되어 있으나, ≪呂氏春秋≫ 〈權勳篇〉에 의거하여 '陽穀'으로 바로잡았다.

5) 不穀 : 善하지 못하다는 뜻으로, 王侯가 자신을 일컫는 謙稱이다.

들어갔다가 술 냄새를 맡고는 돌아와서 말했다. "오늘의 전투에서 내 자신이 부상을 당하였으니, 믿을 사람은 사마이다. 그런데 사마가 또 이처럼 술에 취하였으니 이는 楚나라의 社稷을 잊고 우리의 民衆을 돌보지 않은 것이다.

○先愼曰 乾道本에 恤作言하니라 顧廣圻云 亡은 當作忘이니 飾邪篇同이라 藏本에 無言字하고 今本에 作恤이라하니라 先愼案 作恤是일새 今據改하노라 說苑에 作是亡吾國而不恤吾衆也라하니라

○王先愼 : 乾道本에 '恤'자가 '言'자로 되어 있다. 顧廣圻는 "'亡'자는 응당 '忘'이 되어야 하니 〈飾邪篇〉도 같다. 藏本에는 '言'자가 없고, 今本에는 '恤'로 되어 있다." 하였다. 내가 살펴보건대 '恤'로 된 것이 옳기 때문에 지금 이에 의거하여 〈'恤'〉로 고쳤다. ≪說苑≫ 〈敬愼篇〉에 '是亡吾國而不恤吾衆也'로 되어 있다.

10-10 不穀無與復戰矣로다

나는 다시 전쟁할 수가 없구나!"

○先愼曰 乾道本에 無與字라 盧文弨云 脫이니 藏本有하고 呂氏淮南에 皆有하며 後飾邪篇亦有라하니라 先愼案 上文에 共王欲復戰하야 召子反而謀하니 是欲與子反謀復戰也라 不當少與字일새 今據藏本補하노라 說苑에 與作以하니 義同이라

○王先愼 : 乾道本에는 '與'자가 없다. 盧文弨는 "〈'與'가〉 탈락되었으니 藏本에 '與'자가 있고, ≪呂氏春秋≫ 〈權勳篇〉과 ≪淮南子≫ 〈人間訓〉에 모두 '與'자가 있으며, 뒤의 本書 〈飾邪篇〉에도 '與'자가 있다." 하였다. 내가 살펴보건대 윗글에서 공왕이 다시 전쟁하고자 자반을 불러 모의하려고 하였으니, 이는 子反과 함께 다시 전쟁하기를 謀議하려는 것이다. 아래 글에 '與'자가 빠진 것은 마땅하지 않기 때문에 지금 藏本에 의거하여 '與'자를 보충하였다. ≪說苑≫ 〈敬愼篇〉에는 '與'자가 '以'자로 되어 있으니, 뜻이 같다.

10-11 於是還師而去하야 斬司馬子反하고 以爲大戮하다 故豎穀陽之進酒는 不以讐子反也라 其心忠愛之로되 而適足以殺之라 故曰 行小忠이면 則大忠之賊也라하노라

이에 군대를 이끌고 돌아가서 사마 자반을 斬首하고 시체를 벌여놓아 大衆이 보

게 하였다. 그러므로 어린 시종 곡양이 술을 바친 것은 자반을 원수로 여겨서가 아니라, 그의 마음은 자반을 충성하고 사랑하였으나 다만 죽게 했을 뿐이다. 그러므로 "작은 충성이 시행되면 큰 충성의 害가 된다."고 말한 것이다.

10-12 奚謂顧小利오 昔者에 晉獻公[6]欲假道於虞[7]以伐虢[8]한대 荀息[9]曰 君其以垂棘[10]之璧과 與屈産[11]之乘으로 賂虞公하야 求假道焉이면 必假我道리이다 君曰 垂棘之璧은 吾先君之寶也요 屈産之乘은 寡人之駿馬也니 若受吾幣하고 不假之道면 將奈何오 荀息曰 彼不假我道면 必不敢受我幣어니와 若受我幣而假我道면 則是는 寶猶取之內府하야 而藏之外府也요 馬猶取之內廐하야 而著之外廐[12]也니 君勿憂하소서 君曰 諾다하고 乃使荀息以垂棘之璧과 與屈産之乘으로 賂虞公而求假道焉하다 虞公貪利其璧與馬하야 而欲許之한대 宮之奇[13]諫曰 不可許니이다 夫

6) 晉獻公 : 춘추시대 晉나라의 君主로 이름은 詭諸이고 武公의 아들이다. 文侯의 子孫들을 모두 죽이고, 도읍을 絳으로 옮겼다. 驪戎・耿・霍・魏 등의 나라를 멸망시키고 虞나라에 길을 빌려 虢을 멸한 다음 虞나라까지 멸망시켰다.

7) 虞 : 周 武王이 太王의 아들 虞仲을 封한 나라이다. 지금의 山西省 平陸縣 동북쪽에 있었다.

8) 虢 : 周 武王이 王季의 아들 虢仲을 封한 나라로, 여기서는 괵중의 別支가 占有했던 北虢을 가리킨다. 지금의 山西省 平陸縣 大陽 남쪽에 있었다.

9) 荀息 : 춘추시대 晉나라의 大夫이다. 字는 叔으로 虞나라에게 길을 빌려 虢나라를 滅하고 돌아오는 길에 虞나라마저 멸망시키는 계책을 내어 실행하였다. 晉 獻公이 죽고 太子 奚齊가 살해되자 卓子를 세웠으나 탁자가 피살될 때 순식도 죽었다.

10) 垂棘 : 춘추시대 晉나라의 땅 이름이다. 美玉의 産地 일컬어졌으나 정확한 위치는 미상이다.

11) 屈産 : '屈'은 당시 晉나라의 邑 이름이고, '産'은 생산된다는 動詞이다. '屈'을 ≪春秋公羊傳≫ 僖公 2년의 何休 注와 ≪孟子≫ 〈萬章 上〉의 趙岐 注에는 모두 地名이라 하였으나, 楊伯峻의 ≪春秋左傳注≫를 따라 춘추시대 晉나라의 지명인 北屈로 번역하였다. 晉나라에는 北屈과 南屈의 두 屈邑이 있었는데 北屈은 지금의 山西省 吉縣 동북쪽에 있었다 한다.

12) 著之外廐 : 바깥 마구간에 둔다는 말이다. '著'는 '貯'와 통용으로 두다라는 뜻이다.

13) 宮之奇 : 춘추시대 虞나라의 大夫이다. 晉 獻公이 虞君에게 虢나라를 치러 갈 길을 빌려달라고 하자 궁지기가 虞君에게 빌려주면 안 된다고 간하였으나 듣지 않았다. 그러자 궁지기는 가족을 데리고 曹나라로 망명하였다. 석 달 뒤에 괵나라가 晉軍에게 망하고 진군이 돌아가던 중에 虞나라도 멸망시켰다.(≪春秋左氏傳≫ 僖公 5년)

虞之有虢也는 **如車之有輔**[14)]하야 **輔依車**요 **車亦依輔**하니 **虞虢之勢正是也**니이다 **若假之道**면 **則虢朝亡而虞夕從之矣**리니 **不可**라 **願勿許**하노이다 **虞公弗聽**하고 **遂假之道**하다 **荀息伐虢〔剋〕之**하고 **還(反)**하야 **處三年**이라가 **〔反〕興兵伐虞**하야 **又剋之**하다

무엇을 가리켜 작은 이익을 도모하는 것이라고 하는가? 예전에 晉 獻公이 虞나라에 길을 빌려 虢나라를 토벌하려고 하자 荀息이 말했다.

"임금님께서는 垂棘에서 나는 璧玉과 北屈에서 생산되는 良馬를 가지고 가서 虞公에 뇌물을 주어 길을 빌려달라고 요구하면 반드시 우리에게 길을 빌려줄 것입니다."

헌공이 말했다.

"수극에서 나는 벽옥은 우리 先君에서부터 전해오는 보물이고, 북굴에서 생산되는 양마는 과인이 타는 駿馬인데, 만일 우리의 禮物만을 받고 길은 빌려주지 않는다면 장차 어찌해야 하겠소."

荀息이 길을 빌려 虢나라를 멸할 것을 꾀하다
(≪增像全圖東周列國志≫)

순식이 말했다.

"저 虞公이 우리에게 길을 빌려주지 않을 요량이면 반드시 우리가 주는 예물을 받지 않겠지만 만일 우리가 주는 예물을 받고 우리에게 길을 빌려준다면 이는 마치 內府에 있는 보물을 가져다가 外府에 보관하는 것과 같고, 內廐에 있는 양마

14) 車之有輔 : '車'는 사람이 타는 수레 안의 車箱이고, '輔'는 수레의 양쪽 가장자리에 덧대는 나무인 덧방나무이다. 서로 의존하고 돕는 관계를 비유한다.

를 끌어다가 外廐에 매어두는 것과 같습니다. 그러니 임금님께서는 근심하지 마십시오."

헌공이 "좋다" 하고는 곧 순식에게 수극에서 나는 벽옥과 북굴에서 생산되는 양마를 가지고 가서 虞公에게 뇌물로 주고 길을 빌려달라고 요구하게 하였다. 우공이 그 벽옥과 양마의 작은 이익을 탐내어 晉나라의 요구를 허락하려고 하자 宮之奇가 諫하였다. "허락해서는 안 됩니다. 우리 虞나라에 虢나라가 있는 것은 마치 수레에 덧방나무〔輔〕가 있는 것과 같아서 덧방나무는 수레 본체를 의지하고 수레 본체도 덧방나무를 의지하니, 우나라와 괵나라의 형세가 바로 이렇습니다. 만일 우리가 길을 빌려주면 괵나라는 아침에 멸망하고 우나라는 저녁에 괵나라를 따라 멸망할 것이니 안 됩니다. 허락하시지 말기를 바랍니다."

우공은 諫하는 말을 따르지 않고 마침내 晉나라에 길을 빌려주었다. 순식이 괵나라를 토벌하여 승리하고 돌아와서 3년을 지낸 뒤에 군대를 일으켜 다시 돌아가서 虞나라를 토벌하여 또 승리하였다.

○顧廣圻曰 藏本同하고 今本은 之還이 作而還하니 誤라 反字는 當在興字上하니 讀下屬이라 公羊傳云 還이라가 四年에 反取虞라하야늘 何休注에 還은 復往이라 故言反이라하니 此出於彼也라 四年者는 幷伐虢之年數之니 穀梁傳云五年은 不合이라 本書喩老篇云 還反滅虞라하니 亦可證이라 俞樾曰 伐虢下에 脫克字하니 下云又克之는 正承此而言이라 呂氏春秋權勳篇에 荀息伐虢克之하고 還反伐虞하야 又克之라하니 是其證이라 先愼曰 淮南人間訓이 與呂同하니 此之上脫克字라 趙用賢本에 改之爲而하고 屬下爲句하니 非是라 反字는 當依顧移興字上이니 與呂覽淮南合이라

○顧廣圻 : 藏本은 같고 今本은 '之還'이 '而還'으로 되어 있으니 틀렸다. '反'자는 응당 '興'자 위에 있어야 하니 아래로 붙여 읽어야 된다. ≪春秋公羊傳≫에 "돌아와 4년을 지낸 뒤에 晉나라로 되돌아가서 虞나라를 점령하였다."라고 했는데, 何休의 注에 "진나라로 돌아왔다가 다시 〈우나라로〉 갔기 때문에 〈아래에서〉 '反'이라고 말한 것이다."라고 하였으니, 이곳에서 저곳으로 나간 것이다. 4년은 虢나라를 토벌한 햇수를 합한 것이니, ≪春秋穀梁傳≫에 '5년'이라고 말한 것은 합당하지 않다. 本書 〈喩老篇〉에 '還反滅虞'라고 하였으니, 이 말로도 증명할 수 있다.

兪樾 : '伐虢' 아래에 '克'자가 탈락되었으니, 아래 글의 '又克之'라고 한 말은 바로 이 말을 받아서 한 말이다. ≪呂氏春秋≫ 〈權勳篇〉에 '荀息伐虢克之 還 反伐虞 又克之(순식이 괵나라를 토벌하여 승리하고 돌아갔다가 되돌아가서 우나라를 토벌하여 또 승리하였다.)'라고 하였으니, 이것이 그 증거이다.

王先愼 : ≪淮南子≫ 〈人間訓〉의 내용이 ≪呂氏春秋≫ 〈權勳篇〉과 같으니, 이곳의 윗글에 '克'자가 탈락되었다. 趙用賢本에는 '之'자를 고쳐서 '而'로 만들고 아래로 붙여 句를 만들었으니 옳지 않다. '反'자는 응당 顧廣圻의 설에 의거하여 '興'자 위로 옮겨야 되니, 그래야 ≪여씨춘추≫·≪회남자≫와 부합한다.

10-13 荀息牽馬操璧而報獻公하니 獻公說하야 曰璧則猶是也로다 雖然이나 馬齒亦益長矣로다하니라

순식이 양마를 끌며 벽옥을 가지고 돌아와 헌공에게 보고하니, 헌공이 기뻐하면서 "벽옥은 예전 그대로구나! 그렇지만 말의 나이는 더욱 늘어났구나!" 하였다.

○王先謙曰 穀梁傳에 作荀息語라

○王先謙 : ≪春秋穀梁傳≫에는 荀息이 말한 것으로 되어 있다.

10-14 故虞公之兵殆而地削者는 何也오 愛小利而不慮其害라

그러므로 虞公의 군대는 패배하고 國土가 侵奪당한 것은 무엇 때문인가. 이는 작은 이익을 탐내어 그로 인한 後患을 고려하지 않아서이다.

○盧文弨曰 慮는 藏本作虞라

○盧文弨 : '慮'자는 藏本에 '虞'로 되어 있다.

10-15 故曰 顧小利면 則大利之殘也라하노라

그러므로 "작은 이익을 도모하면 큰 이익의 해로움이 된다."고 말한 것이다.

10-16 奚謂行僻고 昔者楚靈王[15]爲申之會[16]에

무엇을 가리켜 乖僻한 짓이라고 하는가. 예전 楚 靈王이 諸侯들을 불러 申에서 회합할 적에

○先愼曰 乾道本에 會作命하고 拾補에 命作會라 盧文弨云 命字譌라하니 今依拾補라

○王先愼 : 乾道本에 '會'가 '命'으로 되어 있고, ≪群書拾補≫에는 '命'이 '會'로 되어 있다. 盧文弨는 "'命'자는 틀렸다." 하였으니, 지금 ≪群書拾補≫에 의거하여 고쳤다.

10-17 宋太子後至한대 執而囚之하고 狎徐君하며

宋나라 太子가 늦게 도착하자 잡아서 獄에 가두고 徐나라 임금은 모욕을 주며

輕侮之也라

舊注 : 輕視하여 모욕을 준 것이다.

10-18 拘齊慶封하니 中射士

齊나라 慶封을 억류하니 中射士가

中射士는 官有上中下라 ○顧廣圻曰 本書說林上下篇에 皆有中射之士라 射를 他書又作謝하니 呂氏春秋去宥篇云 中謝細人也라하고 史記張儀列傳索隱云 蓋侍御之官이라하니라 此與左昭四年傳言椒(초)擧[17]不同이라 孫詒讓曰 呂覽高注云 中謝는 官名也라하니라 謝與射通이나 字當以射爲正이니 蓋卽周禮夏官之射人也[①]라 中射者는 射人之給事宮內者니 猶涓人[18]之在內者를 謂之中涓이라하고 庶子之在

---

15) 楚靈王 : 춘추시대 楚나라의 군주이다. 처음 이름은 圍이고 뒤에 虔으로 고쳤다. 共王의 둘째 아들로, 令尹이 되어 軍事를 주관하다가 조카 郟敖(겹오)를 죽이고 즉위하였다. 諸侯의 군대와 연합하여 吳나라를 공격하여 慶封을 죽였고, 陳나라와 蔡나라를 멸하고 徐나라를 공격하였다. 公子 比, 公子 棄疾 등의 반란에 패하여 자결하였다.

16) 申之會 : 춘추시대 魯 昭公 4년에 楚 靈王이 蔡侯·陳侯·鄭伯·許男·徐子 등과 申(지금의 河南省 南陽市)에서 會合한 일을 말한다.

17) 椒(초)擧 : ≪春秋左氏傳≫ 昭公 4년에 楚 靈王이 단독으로 제후의 회맹을 주관하고자 晉나라에 椒擧를 사자로 보냈다. 초거는 伍擧로 伍參의 식읍이 椒邑이었기 때문에 그 후손이 椒를 氏로 삼은 것이다.

內者를 謂之中庶子矣라 周禮射人與大(태)僕이 竝掌朝位[19]하고 又大(태)喪與僕人遷尸라하니라 禮記檀弓云 扶君에 卜人師扶右하고 射人師扶左라하야늘 鄭注云 卜은 當爲僕이니 聲之誤也라하니라 僕人射人은 皆平生時贊正君服位者니 是射人與僕人爲官聯[20]이라 故後世合二官하야 以爲侍御近臣之名曰僕射(야)라 史記韓信傳의 連敖를 集解如淳云 楚有連尹莫敖러니 其後合爲一官이라하니 亦合二官爲名之證이라 漢書百官公卿表云 僕射는 秦官이니 古者重武官하야 有主射以督課之라하니 此義尙與古合이라 李涪(부)刊誤[21]에 引孔衍則云 僕射는 小官으로 扶掖左右者也라하니 此因後世僕射字音夜而爲之說이니 不足據也라 先愼曰 孫說是니 舊注謂官有上中下는 誤라

① 楚策亦有中射之士하니 鮑彪注云 射人之在中者라하니라 鮑不引周禮하니 則似能射之人在中者하야 與余說不同이라

≪戰國策≫ 〈楚策〉에도 '中射之士(中射의 士)'가 있는데, 鮑彪의 注에 "射人으로서 궁중에 있는 사람이다."라고 하였다. 포표는 ≪周禮≫를 인용하지 않았으니, 활을 잘 쏘는 사람으로서 궁중에 있는 사람을 지칭한 듯하여 나(孫詒讓)의 說과는 같지 않다.

舊注 : 中射士는 上·中·下의 벼슬이 있다.

○顧廣圻 : 本書 〈說林 上篇〉·〈說林 下篇〉에 모두 '中射之士(中射의 士)'가 있다. '射'를 다른 책에는 '謝'로도 되어 있으니, ≪呂氏春秋≫ 〈去宥篇〉에 "中謝細人也(中謝는 지위가 낮은 사람이다.)"라 하였고, ≪史記索隱≫ 〈張儀列傳〉에 "蓋侍御之官(임금을 모시는 벼슬이다.)"이라 하였다. 이곳의 내용은 ≪春秋左氏傳≫ 昭公 4년의 椒擧를 말한 것과 같지 않다.

孫詒讓 : ≪呂氏春秋≫ 〈去宥篇〉의 高誘의 注에 "'中謝'는 벼슬 이름이다."라고 하였다. '謝'와 '射'는 통용이나 글자는 응당 '射'자를 正字를 삼아야 하니, 곧 ≪周禮≫ 〈夏官〉의 '射人'이다. '中射'는 射人으로서 宮內에서 시중을 드는 사람이니, 마치 涓人으로서 宮內에

18) 涓人 : 궁중에서 청소를 담당한 사람을 말한다.

19) 朝位 : 朝廷에 三公·三孤와 卿大夫 등이 나와 서는 자리를 말한다.

20) 官聯 : 어떤 하나의 일을 여러 관리들이 연합하여 처리하는 것을 이른다.

21) 李涪(부)刊誤 : 唐나라 사람 李涪가 지은 책이다. 이부는 國子祭酒를 지냈는데 王行瑜가 亂을 일으켰을 때 그의 충성을 칭찬하며 장차 잘못을 뉘우칠 것이라고 말하였다가 왕행유가 참수된 뒤에 嶺南으로 추방되었다. ≪刊誤≫는 典故와 舊制를 인용하여 唐制의 잘못을 바로잡은 책인데, 原本은 50편이나 完本은 전하지 않는다.

있는 자를 '中涓'이라 부르고, 庶子로서 宮內에 있는 자를 '中庶子'라 부르는 것과 같다. ≪周禮≫에 射人과 太僕이 모두 朝位를 주관하고, 또 太喪과 僕人이 屍身을 옮긴다 하였다. ≪禮記≫ 〈檀弓〉에 "임금을 부축할 때 卜人의 우두머리는 오른쪽에서 부축하고 射人의 우두머리는 왼쪽에서 부축한다." 하였는데, 鄭玄의 注에 "'卜'은 응당 '僕'이 되어야 하니, 音이 같아 잘못 쓴 것이다." 하였다. 僕人과 射人은 모두 평상시에 임금의 의복과 자리를 바르게 하도록 돕는 자이니, 이는 射人과 僕人의 官聯이다. 그러므로 後世에 두 벼슬을 합쳐서 侍御하는 近臣의 이름을 僕射라 하였다. ≪史記≫ 〈韓信列傳〉의 '連敖'를 ≪史記集解≫에 "如淳이 '楚나라에 連尹과 莫敖가 있었는데 그 뒤에 합쳐서 하나의 벼슬이 되었다.'라고 했다." 하였으니, 이 역시 두 벼슬의 이름이 합쳐져서 한 이름이 된 증거이다. ≪漢書≫ 〈百官公卿表〉에 "僕射는 秦나라 벼슬이니, 예전에 武官을 중시하여 활쏘기를 주관하는 官吏를 두어 감독하고 考課하였다."라고 하였으니, 이 뜻이 아직까지 예전과 부합한다. 李涪의 ≪刊誤≫에 孔衍의 말을 인용하여 "僕射는 낮은 관리로 임금을 좌우에서 扶腋(부축)하는 사람이다."라고 하였다. 이는 후세에 僕射의 '射'자 音을 夜로 읽는 것을 통하여 말한 것이니, 근거할 수 없다.

王先愼 : 손이양의 說이 옳으니, 舊注의 "〈中射士는〉 상·중·하의 벼슬이 있다"는 것은 틀렸다.

10-19 諫曰 合諸侯에 不可無禮니 此存亡之機也니이다 昔者桀[22)]爲有戎之會[23)]에 而有緡[24)]叛之하고 紂爲黎丘之蒐[25)]에 而戎狄叛之는

諫하였다. "諸侯와 會盟할 때 무례하게 대해서는 안 되니, 이는 存亡이 달린 關

22) 桀 : 夏나라의 마지막 임금으로 이름은 履癸, 發의 아들이다. 妺喜에게 빠져 政事를 돌보지 않고 忠良한 사람을 많이 죽이며 暴政을 일삼았다. 商나라의 湯王이 진격하자 鳴條에서 전쟁하다가 敗戰하여 南巢(지금의 安徽省 巢縣)로 放逐되고 하나라도 멸망하였다. 후세에 暴君의 대명사로 불리어진다.

23) 有戎之會 : 夏桀 11년에 桀이 諸侯를 仍에 모이게 했던 일을 말한다. 有戎은 옛 나라 이름으로, ≪春秋左氏傳≫에는 仍으로 되어 있는데, 지금의 山東省 濟寧市에 있었다. 有는 名詞 앞에 쓰는 助詞이다.

24) 有緡 : 지금의 山東省 金鄕縣 東緡 지역에 있었던 夏代의 나라 이름이다. 夏桀에게 멸망당하였다.

25) 黎丘之蒐 : 商紂 4년에 黎丘에서 봄사냥〔蒐〕을 한 일을 말한다. 黎丘는 東夷의 나라 이름인데, 위치는 미상이다.

鍵입니다. 예전에 夏桀이 제후들과 有戎에서 회맹할 때 有緡이 배반하였고, 商紂가 黎丘에서 군사 검열을 할 때 戎狄이 배반한 것은

有戎有緡은 **皆國名**이라 ○**盧文弨曰 戎**은 **左昭四年傳作仍**하고 **黎丘**는 **史記楚世家作黎山**하고 **左但云黎**라 **戎狄**은 **左傳史記**에 **俱作東夷**라 **顧廣圻曰 蒐下**에 **當依左傳史記**하야 **補而東夷叛之 幽王**[26]**爲太室之盟**[27]**二句**니 **此上下兩事**에 **各脫其半也**라

舊注 : 有戎 · 有緡은 모두 나라 이름이다.

○盧文弨 : '戎'은 ≪春秋左氏傳≫ 昭公 4년에 '仍'으로 되어 있고, '黎丘'는 ≪史記≫ 〈楚世家〉에 '黎山'으로 되어 있으며, ≪春秋左氏傳≫에는 단지 '黎'라고만 하였다. '戎狄'은 ≪春秋左氏傳≫과 ≪史記≫에 모두 '東夷'로 되어 있다.

顧廣圻 : '蒐'자 아래에 의당 ≪春秋左氏傳≫과 ≪史記≫에 의거하여 "而東夷叛之 幽王爲太室之盟(동이가 배반하였고, 幽王이 太室의 맹약을 할 때)"의 두 句를 보충해야 하니, 이 문장의 위아래 두 가지 일에 각각 그 반절이 탈락되었다.

10-20 **由無禮也**니 **君其圖之**하소서 **君不聽**하고

무례함 때문이니 임금님께서는 그 점을 고려하십시오." 초 영왕은 그 말을 따르지 않고

○**先愼曰 下君字**는 **涉上文而誤衍**이라

○王先愼 : 아래의 '君'자는 위 글자(君)와 관계되어 잘못된 衍文이다.

10-21 **遂行其意**하다 **居未期年**하야

마침내 자기의 뜻대로 행동하였다. 1년이 지나지 않아서

---

26) 幽王 : 周나라 12대 왕이다. 宣王의 아들로 이름은 宮涅(궁열)이다. 褒姒를 총애하여 아들 伯服을 낳자 申后와 太子 宜臼를 폐하였다. 申后의 아버지 申侯와 犬戎이 함께 유왕을 공격하여 驪山 아래에서 죽였다. 그의 아들 平王이 東遷하여 東周시대가 열리게 되었다.

27) 太室之盟 : 周 幽王 10년에 諸侯와 太室에서 會盟한 일을 말한다. 태실은 嵩山의 동쪽 첫째 봉우리 이름인데 숭산을 지칭하는 말로 쓴다. 지금의 河南省 登封縣 북쪽에 있다.

○盧文弨曰 靈王死乾谿 在昭十三年이라 顧廣圻曰 句有誤하니 左傳云 不過十年[28)]이라

○盧文弨 : 楚 靈王이 乾谿에서 죽은 것은 魯 昭公 13년에 있었던 일이다.

顧廣圻 : 이 文句에 誤字가 있으니 ≪春秋左氏傳≫에는 '不過十年(10년을 넘기지 못할 것이다.)'이라 하였다.

10-22 **靈王南遊**할새 **群臣從而劫之**하니 **靈王餓而死乾溪[29)]之上**이라 **故曰 行僻自用**하야 **無禮諸侯**면 **則亡身之至也**라하노라

楚 靈王이 남쪽 지방을 巡行할 적에 신하들이 따라가다가 겁박하니 영왕이 乾谿가에서 굶어 죽었다. 그러므로 "괴벽한 짓을 하며 스스로 옳다고 여겨 諸侯에게 무례하게 굴면 자신을 망치는 禍亂이 오게 된다."고 한 것이다.

10-23 **奚謂好音**고 **昔者**에 **衛靈公將之晉**할새 **至濮水之上**하야 **稅**(탈)**車而放馬**하고 **設舍以宿**하다 **夜分**에 **而聞鼓新聲者而說**(열)**之**하야 **使人問左右**한대 **盡報弗聞**이라 **乃召師涓而告之**하야 **曰 有鼓新聲者**어늘 **使人問左右**한대 **盡報弗聞**이라 **其狀似鬼神**하니 **子爲我聽而寫之**하라

무엇을 가리켜 음악을 좋아한다고 하는 것인가? 예전에 衛 靈公이 晉나라에 가려고 할 적에 濮水 가에 이르러 수레에서 말을 풀어놓고 머물 집을 만들어 묵게 되었다. 밤중에 어떤 이가 새 樂曲을 연주하는 소리를 듣고 기뻐서 사람을 시켜 측근의 사람들에게 묻게 하였는데 모두들 악곡 소리를 듣지 못했다고 보고하였다. 〈영공은〉 곧 樂官 師涓을 불러 그 일을 말하여 "새 악곡을 연주하는 사람이 있기에 사람을 시켜 측근의 사람들에게 물어보게 하였는데 모두들 악곡 소리를 듣지 못했다고 한다. 그 정황이 마치 귀신이 하는 듯하니 그대는 나를 위해 그 소리

---

28) 左傳云 不過十年 : ≪春秋左氏傳≫ 昭公 4년에 "子産見左師曰 吾不患楚矣 汰而愎諫 不過十年(子産이 左師를 보고 말하기를 "나는 楚나라를 두려워하지 않습니다. 임금이 거만하여 간언을 받아들이지 않으니, 10년을 넘기지 못할 것입니다." 하였다.)"이라 하였다.

29) 乾谿 : 楚나라 동쪽 지역에 있는 땅 이름으로, 지금의 安徽省 亳縣 남동쪽에 있다.

를 듣고 기록하여 오라." 하였다.

○先愼曰 各本無我字나 史記樂書論衡紀妖篇御覽五百七十九에 引有我字어늘 今據補라

○王先愼 : 각 本에는 '我'자가 없으나 ≪史記≫ 〈樂書〉·≪論衡≫ 〈紀妖篇〉·≪太平御覽≫ 권579에 이 글을 인용하면서 '我'자가 있기에 지금 이에 의거하여 보충하였다.

10-24 師涓曰 諾다하고 因靜坐撫琴而寫之하다

師涓이 "그렇게 하겠습니다." 하고 그대로 조용히 앉아서 琴을 연주하면서 기록하였다.

○先愼曰 初學記十五에 引琴作瑟이라

○王先愼 : ≪初學記≫ 권15에 이 글을 인용하면서 '琴'이 '瑟'로 되어 있다.

10-25 師涓明日報曰 臣得之矣로되 而未習也호니 請復一宿習之하노이다 靈公曰 諾다하고 因復留宿하다 明日(而)〔已〕[30)]習之하고 遂去之晉하니 晉平公觴之於施夷之臺하다

사연이 이튿날 위 영공에게 보고하였다. "臣이 기록은 하였으나 아직 익히지 못하였으니 다시 하루를 묵으면서 익히기를 요청합니다." 靈公이 "좋다."고 하니 그대로 다시 하루를 유숙하였다. 이튿날에 이미 익히고 마침내 그곳을 떠나 晉나라에 가니, 晉 平公이 施夷의 臺에서 위 영공에게 연회를 베풀었다.

○盧文弨曰 似卽左傳所云虒(사)祁之宮이라 顧廣圻曰 史記에 夷作惠하니 正義曰 一本虒祁之堂이라하니라 先愼曰 御覽에 引此作虒祁之臺하고 事類賦十一에 引虒祁二字倒라

○盧文弨 : 〈施夷의 臺는〉 곧 ≪春秋左氏傳≫에서 말한 虒祁宮인 듯하다.

顧廣圻 : ≪史記≫ 〈樂書〉에는 '夷'가 '惠'로 되어 있는데, ≪史記正義≫에 "어떤 본에는

30) (而)〔已〕: 저본에는 '而'로 되어 있으나, "≪論衡≫ 〈紀妖篇〉에 '而'가 '已'로 되어 있다."라고 한 ≪韓非子新校注≫ 陳奇猷의 설에 의거하여 '已'로 바로잡았다.

'虒祁堂'으로 되어 있다."라고 하였다.

王先愼 : ≪太平御覽≫에 이 글을 인용하면서 '虒祁之臺(虒祁의 臺)'라 하였고, ≪事類賦≫ 권11에 이 글을 인용하면서 '虒祁' 두 글자가 도치되어 있다.

10-26 **酒酣**에 **靈公起曰**

술이 거나해졌을 때 영공이 일어나서 말했다.

○王念孫曰 舊本에 曰上衍公字니 今據論衡刪이라 顧廣圻曰 起下有脫字라 先愼曰 史記無起公二字하니 彼刪起字하고 此衍公字하니 惟論衡不誤라 顧氏不知公字衍文이라 故疑有脫字하니 今依王刪하노라

○王念孫 : 舊本에 '曰'자 위에 '公'자가 衍文이니, 지금 ≪論衡≫에 의거하여 삭제하였다.

顧廣圻 : '起'자 아래에 탈락된 글자가 있다.

王先愼 : ≪史記≫ 〈樂書〉에 '起公' 두 글자가 없으니, 저곳(≪史記≫)에는 '起'자가 삭제되었고 이곳(舊本)에는 '公'자가 衍文으로 있으니, 오직 ≪論衡≫만 잘못되지 않았다. 고광기는 '公'자 衍文임을 몰랐다. 그러므로 '起'자 아래에 탈락된 글자가 있는 것으로 의심하였으니, 지금 왕염손의 설에 의거하여 '公'자를 삭제하였다.

10-27 **有新聲**하니 **願請以示**하노라 **平公曰 善**하다 **乃召師涓**하야 **令坐師曠之旁**하야 **援琴鼓之**하다

"새로 얻은 樂曲이 있으니 한번 들려드리기를 바랍니다."라고 하니, 평공이 "좋습니다." 하였다. 이에 사연을 불러 師曠의 곁에 앉게 하고서 琴을 끌어다가 연주하게 하였다.

○先愼曰 拾補는 鼓下에 旁注撫字라 盧文弨云 撫는 藏本作鼓라하니라 先愼案 趙本에 鼓作撫하니 案撫字는 涉下而誤라 史記論衡에 均作鼓하고 御覽藝文類聚四十一에 引此亦作鼓하니라

○王先愼 : ≪群書拾補≫에는 '鼓'자 아래에 '撫'자를 旁注로 달았다. 盧文弨는 "'撫'는 藏本에 '鼓'로 되어 있다."라고 하였다. 내가 살펴보건대 趙本에 '鼓'자가 '撫'자로 되어 있

다. 살펴보건대 '撫'자는 아래의 '撫'자에 관계되어 잘못된 것이다. ≪史記≫ 〈樂書〉와 ≪論衡≫ 〈紀妖篇〉에 모두 '鼓'자로 되어 있고, ≪太平御覽≫ 권579와 ≪藝文類聚≫ 권41에 이 글을 인용하면서 역시 '鼓'자로 되어 있다.

10-28 未終에 師曠撫止之하고

연주가 끝나기 전에 사광이 琴의 줄을 눌러 제지하고는

○先愼曰 史記論衡에 止上에 有而字라

○王先愼 : ≪史記≫ 〈樂書〉와 ≪論衡≫ 〈紀妖篇〉에 '止'자 위에 '而'자가 있다.

10-29 曰 此亡國之聲이니 不可遂也니이다

"이것은 亡國의 악곡이니, 연주를 다 마치게 해서는 안 됩니다."고 하였다.

○王先謙曰 遂는 竟也니 謂終曲이라

○王先謙 : '遂'는 마침이니 악곡의 연주를 마치는 것을 말한다.

10-30 平公曰 此(道奚)〔奚道〕出고

평공이 "이 악곡은 어디를 따라 나온 것인가?" 하고 물었다.

○王念孫曰 此道奚出은 本作此奚道出이라 道者는 由也니 言此聲何由出也라 史記에 作是何道出①하고 論衡에 作此何道出하니 皆其明證矣라 孤憤篇에 法術之士奚道得進이라하고 晏子春秋雜篇에 景公問魯昭公曰 君何年之少어늘 而棄國之蚤하야 奚道至於此乎아하고 呂氏春秋有度篇에 客問季子[31]曰 若雖知之나 奚道知其不爲私오하고 史記趙世家에 簡子曰 此其母賤翟婢也니 奚道貴哉아하니 義竝與此同이라 今作此道奚出者는 後人不知道字之義하야 而妄改之耳라

① 舊本에 脫是字어늘 今據御覽地部所引補라
舊本에 '是'자가 탈락되었기에 지금 ≪太平御覽≫ 〈地部〉에 인용한 글에 의거하여 보충하였다.

---

31) 季子 : 戶季子로 堯임금 때의 諸侯이다.

○王念孫 : '此道奚出'은 본래 '此奚道出'로 된 것이다. '道'는 '由(말미암다)'의 뜻이니, '이 악곡은 어디를 따라 나온 것인가.'라는 말이다. ≪史記≫ 〈樂書〉에 '是何道出'로 되어 있고, ≪論衡≫ 〈紀妖篇〉에 '此何道出'로 되어 있으니, 이것이 모두 명확한 증거이다. ≪韓非子≫ 〈孤憤篇〉에 '法術之士 奚道得進(法術이 있는 선비가 어디를 따라 나오겠는가.)'이라 하였고, ≪晏子春秋≫ 〈雜篇〉에 '景公問魯昭公曰 君何年之少 而棄國之蚤 奚道至於此乎(景公이 魯 昭公에게 묻기를 "군주는 어찌 나이가 젊은데 일찌감치 나라를 버리고 어디를 따라 이곳에 오셨소." 하였다.)'라 하였으며, ≪여씨춘추≫ 〈有度篇〉에 '客問季子曰 若雖知之 奚道知其不爲私(어떤 이가 계자에게 묻기를 "그대가 〈舜의 賢能함은〉 알지만 어디를 따라 그가 간사하지 않음을 아는가." 하였다.)'라 하였고, ≪사기≫ 〈趙世家〉에 '簡子曰 此其母賤翟婢也 奚道貴哉(簡子가 말하기를 "이 아이의 어미는 翟(狄)의 천한 노비이니 어디를 따라 귀하게 되겠는가." 하였다.)'라 하였으니, 그 뜻이 모두 이 글의 〈'道'자와〉 같다. 지금 '此道奚出'로 되어 있는 것은 후세 사람이 '道'자의 뜻을 알지 못하여 함부로 고친 것이다.

10-31 師曠曰 此師延之所作으로 **與**[32]**紂爲靡靡之樂也**니이다 **及武王伐紂**에 **師延東走**라가 **至於濮水而自投**라 **故聞此聲者**는 **必於濮之上**이니 **先聞此聲者**는 **其國必削**이니 **不可遂**니이다 **平公曰 寡人所好者**는 **音也**니

사광이 "이 樂曲은 師延이 지은 것으로, 紂를 위하여 만든 퇴폐한 음악입니다. 周 武王이 紂를 토벌할 때에 사연이 동쪽으로 달아나다가 濮水에 이르러 스스로 몸을 던져 죽었습니다. 그러므로 이 악곡을 듣는 것은 반드시 濮水 가에서만 가능하니, 이 악곡을 남보다 먼저 들은 사람은 그 나라가 반드시 깎이어 줄어들게 되니, 연주를 다 마치게 해서는 안 됩니다."라고 대답하였다. 평공은 "寡人이 좋아하는 것은 음악이니,

○**盧文弨曰 也字**는 **藏本無**라

○盧文弨 : '也'자는 藏本에 없다.

10-32 子其使遂之하라 **師涓鼓究之**하니 **平公問師曠曰**

---

32) 與 : ≪韓非子新校注≫에서 陳奇猷가 王引之의 ≪經傳釋詞≫의 '與猶爲也('與'는 '爲'와 같다.)'라고 한 말을 채택한 것에 따라 '위하다'로 번역하였다.

그대는 연주를 다 마치도록 하라."라고 하였다. 師涓이 연주를 마치자 평공이 사광에게 묻기를

○先愼曰 乾道本에 曠作涓이라 顧廣圻云 今本에 涓作曠이라하니라 先愼案 上下文均作曠하고 藝文類聚九十에 引正作曠일새 今據改하노라

○王先愼 : 乾道本에 '曠'이 '涓'으로 되어 있다. 顧廣圻는 "今本에 '涓'이 '曠'으로 되어 있다." 하였다. 내가 살펴보건대 위아래의 글에 똑같이 '曠'으로 되어 있고, ≪藝文類聚≫ 권90에 이 글을 인용하면서 바로 '曠'으로 되어 있기 때문에 지금 이에 의거하여 고쳤다.

10-33 此所謂何聲也오 師曠曰 此所謂淸商也니이다 公曰 淸商은 固最悲乎아 師曠曰 不如淸徵(치)니이다 公曰 徵可得而聞乎아 師曠曰 不可하니 古之聽淸徵者는 皆有德義之君也니이다

"이것이 이른바 무슨 곡조인가?" 하였다. 師曠이 "이것이 이른바 淸商調입니다." 라고 대답하였다. 평공이 "청상조가 본디 가장 슬픈 音調인가?"라고 물었다. 사광이 "淸徵調만 못합니다."라고 대답하였다. 平公이 "청치조를 들을 수 있겠는가?"라고 요청하니, 師曠이 "안 됩니다. 옛날 청치조를 들은 사람은 德義가 있는 임금이었습니다.

○先愼曰 藝文類聚에 引聽上有得字라

○王先愼 : ≪藝文類聚≫ 권41에 이 글을 인용하면서 '聽'자 위에 '得'자가 있다.

10-34 今吾君德薄하야 不足以聽이니이다 平公曰 寡人之所好者는 音也니 願試聽之하노라

지금 우리 임금님은 德이 적어서 들을 수 있는 자격이 부족합니다."라고 거절하였다. 평공이 "寡人이 좋아하는 것은 음악이니 시험 삼아 듣기를 원하노라."라고 다시 요청하였다.

○盧文弨曰 試는 黃本[33]作示라 先愼曰 藝文類聚御覽에 引竝同하니 黃本에 試作

33) 黃本 : 黃丕烈의 ≪戰國策札記≫로 '黃丕烈札記'라고도 한다. 본서 99쪽 역주 57) 참조.

示는 誤라 又藝文類聚九十御覽九百一十六에 引作得試之乎하니 亦非原文이라

○盧文弨 : '試'는 黃本에 '示'로 되어 있다.

王先愼 : ≪藝文類聚≫ 권41과 ≪太平御覽≫ 권579에 인용한 글에 모두 같으니, 黃本에 '試'가 '示'로 된 것은 틀렸다. 또 ≪예문유취≫ 권90과 ≪태평어람≫ 권916에 인용한 글에 '得試之乎'로 되어 있으니 이 역시 ≪韓非子≫의 원래 글이 아니다.

10-35 師曠不得已하야 援琴而鼓하니 一奏之에 有玄鶴二八이

사광이 마지못하여 琴을 당겨서 연주하였다. 첫 번째 연주를 하자 검은 鶴 열여섯 마리가

○先愼曰 事類賦十一에 引脫八字하고 藝文類聚는 與此同이라

○王先愼 : ≪事類賦≫ 권11에 이 글을 인용하면서 여덟 글자(一奏之有玄鶴二八)가 탈락 되었고, ≪藝文類聚≫ 권41은 이 글과 같다.

10-36 道南方來하야 集於郎門之垝(궤)하고

남쪽으로부터 날아와서 回廊門의 가장 높은 곳에 내려앉았고,

道는 從也[34]라 棟端也라 ○盧文弨曰 郎은 廊同이요 垝는 與禮記喪大記中屋履危之危로 同이라 顧廣圻曰 垝는 他書에 又作危라 先愼曰 藝文類聚九十에 作道南方來하야 集於郭門之扈하고 事類賦에 引道作自하고 郎作郭하고 垝作邑이라 御覽五百七十九에 引垝作邑하고 又九百一十六에 引作廟[35]門之扈하며 論衡에 作郭門之上危[36]라 案郭爲郎之誤요 廟爲廊之誤며 邑扈竝危之誤라 本書作垝는 疑本是上危二字어늘 校者誤改併爲一字라 史記魏世家에 痤[37]因上屋騎危라하니 危在上이라 故曰上危니 卽後世所謂屋山[38]으로 俗稱屋脊이라

---

34) 道 從也 : 이는 원래 본문의 道 아래 붙어 있는 舊注이다. 번역상의 편의로 이처럼 편집하였다.

35) 廟 : 저본에는 '廟'로 되어 있으나 四庫全書本 ≪太平御覽≫ 권916에는 '郊'로 되어 있다.

36) 危 : 저본에는 '危'로 되어 있으나 四庫全書本 ≪論衡≫ 〈紀妖篇〉에는 '垝'로 되어 있다.

37) 痤 : 전국시대 魏나라의 재상 范痤를 말한다.

38) 屋山 : 屋脊이라고도 하며, 지붕 가운데 부분에 있는 가장 높은 수평 마루이다.

舊注 : '道'는 '從(부터)'이다. 〈'埦'는〉 마룻대 끝이다.

○盧文弨 : '郎'은 '廊'과 같고, '埦'는 ≪禮記≫ 〈喪大記〉의 '中屋履危(지붕 가운데 가장 높은 곳을 밟다.)'의 '危'와 같다.

顧廣圻 : '埦'는 다른 책에는 또 '危'로 되어 있다.

王先愼 : ≪藝文類聚≫ 권90에 "道南方來 集於郭門之扈(남쪽으로부터 날아와서 성곽문의 출입문에 내려앉았다.)"로 되어 있고, ≪事類賦≫ 권11에 이 글을 인용하면서 '道'는 '自'로 되어 있고 '郎'은 '郭'으로 되어 있으며 '埦'는 '邑'으로 되어 있다. ≪太平御覽≫ 권579에 이 글을 인용하면서 '埦'는 '邑'으로 되어 있고, 또 ≪태평어람≫ 권916에 이 글을 인용하면서 '廟門之扈(종묘의 문의 출입문)'로 되어 있으며, ≪論衡≫ 〈紀妖篇〉에는 '郭門之上危(성곽문의 가장 높은 곳)'로 되어 있다. 나는 살펴보건대 '郭'은 '郎'의 오자이고, '廟'는 '廊'의 오자이며, '邑'과 '扈'는 모두 '危'의 오자이다. 本書에 '埦'로 되어 있는 것은 아마 본래는 '上危' 두 글자였는데 교정하는 사람이 한 글자로 합쳐 만들어 잘못 고친 듯하다. ≪史記≫ 〈魏世家〉에 "范痤가 〈체포하러 온 사람 때문에〉 지붕에 올라가 가장 높은 곳에 걸터앉았다.〔痤因上屋騎危〕"라고 하였으니, '危'는 가장 위에 있는 곳이기 때문에 '上危'라고 말한 것이니, 곧 후세의 이른바 '屋山'으로서 俗稱 '屋脊'이다.

10-37 再奏之而列하며

두 번째 연주를 하자 한 줄로 나란히 늘어섰으며,

○盧文弨曰 而下에 風俗通聲音篇에 有成字라 先愼曰 御覽九百六十에 引作再奏成行而列하고 五百七十九에 引作成列이요 無而字하며 藝文類聚에 引作再奏而列이라

○盧文弨 : '而'자 아래에 ≪風俗通≫ 〈聲音篇〉에는 '成'자가 있다.

王先愼 : ≪太平御覽≫ 권960에 이 글을 인용하면서 '再奏成行而列'로 되어 있고, ≪태평어람≫ 권579에 이 글을 인용하면서 '成列'로 되어 있고 '而'자가 없으며, ≪藝文類聚≫ 권90에 이 글을 인용하면서 '再奏而列'로 되어 있다.

10-38 三奏之에 延頸而鳴하고 舒翼而舞하니 音中宮商之聲하야 聲聞于天이라 平公大說(열)하니 坐者皆喜러라 平公提觴而起하야 爲師曠壽하고 反坐而問曰

세 번째 연주를 하자 목을 길게 빼어 울고 날개를 펼쳐 춤을 추니, 울음소리가

宮・商의 音調에 맞아서 소리가 하늘에까지 들리었다. 평공이 크게 기뻐하니 좌중의 사람들이 모두 즐거워하였다. 평공이 술잔을 들고 일어나서 師曠을 위해 祝壽를 하고 돌아와 자리에 앉아 묻기를

○先愼曰 乾道本에 無坐字라 盧文弨云 坐字脫하니 藏本凌本에 皆有라하고 顧廣圻云 有坐字是也니 史記有라하니라 先愼案 論衡亦有일새 今從藏凌本增하노라

○王先愼 : 乾道本에는 '坐'자가 없다. 盧文弨는 "'坐'자가 탈락되었으니, 藏本과 凌本에는 모두 '坐'자가 있다."고 하였고, 顧廣圻는 "'坐'자가 있는 것이 옳으니, ≪史記≫ 〈樂書〉에 '坐'자가 있다." 하였다. 내가 살펴보건대 ≪論衡≫ 〈紀妖篇〉에도 '坐'자가 있기 때문에 지금 藏本과 凌本을 따라 '坐'자를 더하였다.

10-39 音莫悲於淸徵(치)乎아 師曠曰 不如淸角이니이다 平公曰 淸角을 可得而聞乎아 師曠曰 不可하니이다 昔者에 黃帝合鬼神於西泰山之上할새

"청치조보다 더 슬픈 음조는 없는가?" 하였다. 사광은 "淸角調만 못합니다."라고 대답하였다. 평공은 "청각조를 들을 수 있겠는가?" 하고 물었다. 사광은 "안 됩니다. 옛날 黃帝가 西泰山 위에 귀신들을 모을 때

○盧文弨曰 黃은 藏本張本에 作皇하고 文選赭(자)白馬賦注에 引亦作皇하니 古通用이라 先愼曰 舊本에 無西字나 論衡藝文類聚와 御覽七十九와 又九百一十五 九百三十三에 引泰山上有西字일새 今據補라 又御覽五百七十九及事類賦에 引作西山하고 無泰字하니 脫也라 有小泰山稱東泰山이라 故泰山爲西泰山이어늘 淺人妄刪西字耳라

○盧文弨 : '黃'자는 藏本과 張本에 '皇'자로 되어 있고 ≪文選≫ 〈赭白馬賦〉의 注에 이 글을 인용하면서 '皇'으로 되어 있으니, 예전에 통용하였다.

王先愼 : 舊本에는 '西'자가 없으나 ≪論衡≫ 〈紀異篇〉・≪藝文類聚≫ 권90과 ≪太平御覽≫ 권79・915・933에 이 글을 인용하면서 '泰山' 위에 '西'자가 있기 때문에 지금 이에 의거하여 보충하였다. 또 ≪태평어람≫ 권579와 ≪事類賦≫ 권11에 이 글을 인용하면서 '西山'으로 되어 있고 '泰'자가 없으니 탈락된 것이다. 小泰山을 東泰山으로 일컫는 경우가 있으므로 泰山을 西泰山이라고 한 것인데 지식이 얕은 사람이 함부로 '西'자를 삭

제한 것이다.

10-40 駕象車而六蛟龍하고

象牙를 조각해 꾸민 수레를 탔는데, 여섯 마리 蛟龍이 이 수레를 끌고

○先愼曰 論衡事類賦에 竝無而字라

○王先愼 : ≪論衡≫ 〈紀異篇〉과 ≪事類賦≫ 권11에 모두 '而'자가 없다.

10-41 畢方이

畢方이

神名也라

舊注 : 神의 이름이다.

10-42 竝鎋(할)[39]하며

비녀장과 나란히 가며,

蒲末切이라 ○先愼曰 論衡에 鎋은 作轄(할)이라

舊注 : 〈'鎋'은〉 蒲와 末의 半切이다.

○王先愼 : ≪論衡≫ 〈紀異篇〉에 '鎋'은 '轄(비녀장)'로 되어 있다.

10-43 蚩尤[40]居前하고 風伯[41]進掃하며

蚩尤는 앞에서 인도하고 풍백은 앞에 가면서 길을 쓸며,

---

39) 鎋 : 수레바퀴가 굴대에서 벗어나지 않도록 굴대 머리 구멍에 지르는 비녀장(큰 못)이다. '轄'과 같다.

40) 蚩尤 : 전설상의 九黎族의 군주이다. 黃帝와 涿鹿에서 안개를 일으키며 鐵製武器로 싸웠으나 指南車를 만들어 대항한 黃帝에게 패하여 잡혀 죽었다고 한다. 炎帝 또는 黃帝의 신하라는 설도 있으며, 후세에 軍神으로 숭배되기도 하였다.

41) 風伯 : 바람을 주관한다는 神의 이름이다.

○顧廣圻曰 進은 當作迅이라 先愼曰 論衡御覽에 引竝作進이요 無作迅者하니 顧說非라 事類賦에 引作淸途하니 疑後人改之요 非韓子原文也라

○顧廣圻 : '進'은 응당 '迅'이 되어야 한다.

王先愼 : ≪論衡≫ 〈紀異篇〉과 ≪太平御覽≫ 권579에 이 글을 인용하면서 모두 '進'으로 되어 있고, '迅'으로 되어 있는 책은 없으니 顧廣圻의 설은 틀렸다. ≪事類賦≫ 권11에 이 글을 인용하면서 '淸途'로 되어 있으니 아마 후세 사람이 고친 것이지 ≪韓非子≫의 원래 글은 아닌 듯하다.

10-44 雨師[42]灑道하고 虎狼在前하며 鬼神在後하고 騰蛇[43]伏地하며

雨師는 길에 물을 뿌리고 虎狼은 앞에서 호위하며, 鬼神은 뒤에서 호종하고 騰蛇는 땅에 엎드리며,

○盧文弨曰 騰은 藏本作螣(등)이라 先愼曰 事類賦에 騰作蟲이라

○盧文弨 : '騰'은 藏本에 '螣'으로 되어 있다.

王先愼 : ≪事類賦≫ 권11에 '騰'은 '蟲'으로 되어 있다.

10-45 鳳皇覆上에

鳳凰이 하늘을 덮을 듯 나는 중에

○先愼曰 論衡에 鳳皇作白雲이라

○王先愼 : ≪論衡≫ 〈紀異篇〉에 '鳳皇'은 '白雲'으로 되어 있다.

10-46 大合鬼神하야 作爲淸角하니이다 今主君德薄하야

크게 귀신들을 모아 청각조를 만들었습니다. 지금 主君께서는 德行이 적어서

○顧廣圻曰 主는 當作吾라 先愼曰 論衡御覽五百七十九에 引作主라

---

42) 雨師 : 비를 주관한다는 전설상의 神 이름이다. 雨工, 雨官, 雨伯이라고도 한다.

43) 騰蛇 : 날아다닌다는 전설상의 뱀 이름이다.

○顧廣圻 : '主'는 응당 '吾'가 되어야 한다.

王先愼 : ≪論衡≫ 〈紀異篇〉과 ≪太平御覽≫ 권579에 이 글을 인용하면서 '主'로 되어 있다.

10-47 **不足聽之**니이다

이 음악을 듣기에 부족합니다.

○**先愼曰 藝文類聚一百事類賦**에 **引足下**에 **竝有以字**라

○王先愼 : ≪藝文類聚≫ 권100과 ≪事類賦≫ 권11에 이 글을 인용하면서 '足'자 아래에 모두 '以'자가 있다.

10-48 **聽之**시면 **將恐有敗**일까하노이다 **平公曰 寡人老矣**요 **所好者**는 **音也**니 **願遂聽之**하노라 **師曠不得已而鼓之**하니 **一奏而有玄雲**이 **從西北方起**하고

이 曲을 들으시면 장차 재앙이 있을까 우려됩니다." 하였다. 평공은 "寡人은 늙었고 좋아하는 것은 음악이니, 끝까지 듣기를 원하노라."라고 하였다. 사광이 마지못해 그 곡을 연주하니 첫 번째 연주를 하자 검은 구름이 서북쪽에서 일어나고,

○**盧文弨曰 而**는 **藏本**에 **作之**라 **先愼曰 玄雲**은 **樂書**에 **作白雲**하고 **論衡藝文類聚四十一又一百**과 **事類賦御覽一百八十五又五百七十九 八百七十九**에 **引無玄字**하며 **北堂書鈔一百九**에 **引有**라

○盧文弨 : '而'는 藏本에 '之'로 되어 있다.

王先愼 : '玄雲'은 ≪史記≫ 〈樂書〉에 '白雲'으로 되어 있고, ≪論衡≫ 〈紀異篇〉과 ≪藝文類聚≫ 권41·100과 ≪事類賦≫ 권11과 ≪太平御覽≫ 권185·579·879에 이 글을 인용하면서 '玄'자가 없으며, ≪北堂書鈔≫ 권109에 이 글을 인용하면서 '玄'자가 있다.

10-49 **再奏之**에 **大風至**하고 **大雨隨之**하야 **裂帷幕**하고 **破俎豆**하며 **隳廊瓦**러라

두 번째 연주를 하자 큰 바람이 불어오고 큰 비가 뒤따라 쏟아져서 장막을 찢고 그릇들을 파괴하며 回廊의 기왓장을 날려 무너뜨렸다.

○先愼曰 隮는 樂書에 作飛라

○王先愼 : '隮'는 ≪史記≫ 〈樂書〉에 '飛'로 되어 있다.

10-50 坐者散走하니 平公恐懼하야 伏于廊室之間이러라

자리에 앉아 있던 사람들이 사방으로 흩어져 달아나니, 평공은 두려워서 회랑 안에 엎드려 있었다.

○先愼曰 室은 樂書에 作屋이라

○王先愼 : '室'자는 ≪史記≫ 〈樂書〉에 '屋'으로 되어 있다.

10-51 晉國大旱하야 赤地三年하고

晉나라에 큰 가뭄이 들어 3년 동안 흉년이 들어 수확할 농작물이 없게 되고〔赤地〕,

○先愼曰 事類賦에 三年은 作千里라

○王先愼 : ≪事類賦≫ 권11에 '三年'은 '千里'로 되어 있다.

10-52 平公之身遂癃病이라

平公의 몸은 마침내 수척하여 무력증에 걸렸다.

○先愼曰 乾道本에 癃은 作瘙(소)라 盧文弨云 瘙는 瘥字之譌니 宋本[44]에 作癃하니라 顧廣圻曰 瘥은 正字作癃이니 說文에 罷病也라하니라 先愼案 論衡藝文類聚一百에 引作癃일새 今據改하노라

○王先愼 : 乾道本에 '癃'자는 '瘙'자로 되어 있다. 盧文弨는 "'瘙'자는 '瘥'의 誤字이니, 宋本에는 '癃'자로 되어 있다."라고 하였다. 顧廣圻는 "'瘥'는 '癃'자를 正字로 쓰니, ≪說文解字≫에 "〈'癃'은〉 피곤한 병이다."라고 하였다. 나는 살펴보건대 ≪論衡≫ 〈紀異篇〉과 ≪藝文類聚≫ 권100에 이 글을 인용하면서 '癃'자로 되어 있기 때문에 지금 이에 의거하

44) 宋本 : 宋나라 乾道 연간에 출판된 ≪韓非子≫를 말한다. 흔히 乾道本이라 한다.

여 고쳤다.

10-53 **故曰 不務聽治**하고 **而好五音不已**면 **則窮身之事也**라하노라

그러므로 "국가의 정사를 다스리는 데 힘쓰지 않고 음악에 빠져 그치지 않고 좋아하면 자신을 곤궁하게 하는 일이다."라고 말하는 것이다.

10-54 **奚謂貪愎**(퍅)고 **昔者智伯瑤**(요)[45]

무엇을 가리켜 탐욕스럽고 괴팍하다고 하는 것인가. 예전에 智伯 瑤가

知伯名이라

舊注 : 〈'瑤'는〉 智伯의 이름이다.

10-55 **率趙韓魏**[46]**而伐范中行**(항)[47]하야 **滅之**하다 **反歸**하야 **休兵數年**이러니 **因令人請地於韓**하다 **韓康子**[48]**欲勿與**한대 **段規**[49]**諫曰 不可不與也**니이다 **夫知伯之爲人也 好利而驁愎**하니

趙氏·韓氏·魏氏의 군대를 거느리고 范氏와 中行氏를 쳐서 멸망시켰다. 돌아와서 여러 해 동안 병사들을 쉬게 하더니, 이어서 사람을 韓氏에게 보내 토지를 分割해달라고 요청하였다. 韓康子가 주지 않으려고 하자 段規가 諫하였다. "주지 않으면 안 됩니다. 智伯의 사람됨이 이익을 좋아하며 오만하고 괴팍하니,

---

45) 智伯瑤(요) : 본서 116쪽 역주 89) 참조.

46) 趙韓魏 : 춘추시대 晉나라 세 卿의 집을 말한다. 후일 전국시대에 趙籍·韓虔·魏斯가 晉나라를 三分하여 諸侯가 되었다.

47) 范中行(항) : 춘추시대 晉나라 六卿의 하나였던 范吉射(범길야)와 中行寅(중항연)을 말한다. 范氏는 본래 士氏였으나 食邑이 范이었기 때문에 范氏가 되어 士吉射·范吉射를 함께 부른다. 中行氏는 본래 荀氏였으나 荀寅의 선조 荀林父(순임보)가 中行의 將이 되었기 때문에 중항씨가 되어 荀寅·中行寅을 함께 부른다.

48) 韓康子 : 전국시대 晉나라의 卿으로, 이름은 虎이다.

49) 段規 : 韓康子의 謀臣이다.

○顧廣圻曰 藏本同하고 今本에 鶩는 作鶩하니 誤라 戰國策에 作鷙(지)하니 吳師道引此亦作鷙라

○顧廣圻 : 藏本은 이 글과 같고, 今本에 '鶩'는 '鶩'로 되어 있으니 오자이다. ≪戰國策≫ 〈趙策〉에 '鷙'로 되어 있으니 吳師道가 이를 인용하여 역시 '鷙'로 썼다.

10-56 彼來請地而弗與면 則移兵於韓必矣리니 君[50]其與之하소서 與之면 彼狃하야

저 사람이 토지를 분할해달라고 요청하여 왔는데 주지 않으면 韓氏에게 군대를 보내 공격할 것이 틀림없으니, 主君께서는 토지를 주십시오. 토지를 주면 저 사람은 이 일에 익숙해져서

狃는 習也니 得地於韓하면 將生心他求也라

舊注 : '狃'는 익숙함이니, 韓氏에게 토지를 얻으면 다른 사람에게도 토지를 요구하려는 마음이 생길 것이라는 말이다.

10-57 又將請地他國하리이다 他國且有不聽이니 不聽이면 則知伯必加之兵하리니 如是면 韓可以免於患而待其事之變이니이다 康子曰 諾다하고 因令使者로 致萬家之縣一於知伯하다 知伯說(열)하야 又令人請地於魏하다 〔魏〕宣子[51]欲勿與한대

또 다른 나라에 토지를 분할해달라고 요청할 것입니다. 다른 나라 중에도 그 요청을 따르지 않을 나라가 있을 것이니, 따르지 않으면 智伯은 반드시 군대를 보내 공격할 것입니다. 이렇게 되면 韓氏는 환난에서 벗어나서 情勢의 변화를 기다릴 수 있을 것입니다." 한강자는 "좋다"라고 말하고, 그대로 使者를 보내어 1만 戶의 인구가 사는 縣 하나를 智伯에게 바쳤다. 智伯이 기뻐하여 또 사람을 魏氏에게 보내 토지를 분할해달라고 요청하였다. 魏宣子가 주지 않으려고 하자,

---

50) 君 : '主君'으로 번역하였다. '主君'에 여러 뜻이 있으나, 춘추전국시대에 卿大夫를 '主君'으로 불렀다. 이때의 智伯과 韓氏·趙氏·魏氏 등은 모두 晉나라 卿의 한 사람으로, 아직 諸侯의 신분이 아니었으므로 '君'을 모두 '主君'으로 번역하였다.

51) 〔魏〕宣子 : 전국시대 晉나라의 卿으로, 이름은 駒이다. '宣子'는 응당 '桓子'가 되어야 한다고 한다.

○顧廣圻曰 宣上에 當從策更有魏字라

○顧廣圻 : '宣'자 위에 응당 ≪戰國策≫ 〈趙策〉을 따라 다시 '魏'자가 있어야 한다.

10-58 趙葭(가)[52]諫曰 彼請地於韓한대 韓與之하니이다 今請地於魏어늘 魏弗與면 則是魏內自强하야 而外怒知伯也니 如弗予면 其措兵於魏必矣니이다

趙葭가 諫하였다. "저 知伯이 韓氏에게 토지를 분할해달라고 요청하자 한씨는 토지를 분할해주었습니다. 지금 우리 魏氏에게 토지를 분할해달라고 요청하는데 위씨가 주지 않으면 이는 위씨가 안으로 스스로 强大함을 믿고서 밖으로 智伯의 노여움을 사는 일입니다. 만일 토지를 분할해주지 않으면 장차 우리 위씨에게 군대를 보내 공격할 것이 틀림없습니다."

○先愼曰 必矣下에 趙本有不如予之四字하니 是也라 策有라

○王先愼 : '必矣' 아래에 趙本에는 '不如予之(주는 것만 못하니)'의 네 글자가 있으니, 있는 것이 옳다. ≪戰國策≫ 〈趙策〉에는 있다.

10-59 宣子〔曰〕 諾다하고

宣子가 "좋다" 하고는

○先愼曰 宣子下에 當有曰字니 上康子曰諾과 文法正同하니 此脫이라 策有曰字라

○王先愼 : '宣子' 아래에 응당 '曰'자가 있어야 되니, 윗글의 '康子曰諾(韓康子는 "좋다."라고 말했다.)'과 文法이 똑같으니, 이곳에는 탈락되었다. ≪戰國策≫ 〈趙策〉에는 '曰'자가 있다.

10-60 因令人致萬家之縣一於知伯하다 知伯又令人之趙하야 請蔡皐狼之地로되

그대로 사람을 보내어 1만 戶의 인구가 사는 縣 하나를 智伯에게 바쳤다. 智伯이 또 사람을 趙氏에게 보내어 蔡와 皐狼의 토지를 분할해달라고 요청했으나

52) 趙葭(가) : 魏宣子의 謀臣이다.

邑名이라

舊注 : 〈蔡와 皐狼은〉 邑 이름이다.

10-61 趙襄子[53]弗與하다 知伯因陰約韓魏하야 將以伐趙하니 襄子召張孟談[54]而告之曰 夫知伯之爲人也 陽(規)〔親〕而陰疏하야

趙襄子는 주지 않았다. 智伯은 이 때문에 은밀히 韓氏·魏氏와 盟約을 맺고서 趙氏를 치려고 하니, 趙襄子가 張孟談을 불러서 말하였다. "저 智伯의 사람됨이 겉으로는 친한 척하면서 속으로는 거리를 두어

○顧廣圻曰 規는 當從策作親이라

○顧廣圻 : '規'자는 응당 ≪戰國策≫ 〈趙策〉을 따라 '親'자가 되어야 한다.

10-62 三使韓魏而寡人不與焉하니

韓氏와 魏氏에게는 세 차례나 使者를 보내어 盟約하였으나 寡人은 참여하지 못했으니,

三使陰以相約하니 知有異志也라

舊注 : 세 차례나 은밀히 使者를 보내어 서로 맹약하였으니, 다른 뜻이 있음을 안 것이다.

10-63 其措兵於寡人必矣로다 今吾安居而可오 張孟談曰 夫董閼(안)[55]于는

장차 寡人에게 군대를 파견하여 공격할 것이 틀림없다. 현재 나는 어디에서 거

---

53) 趙襄子 : 전국시대 晉나라의 卿으로, 趙簡子의 아들인데 이름은 無(毋)恤이다.

54) 張孟談 : 趙襄子의 家臣이다. ≪國語≫ 〈晉語〉에는 '張談'으로 되어 있고, ≪史記≫ 〈趙世家〉에는 '張孟同'으로 되어 있는데, 이는 司馬遷이 자기 아버지의 이름 司馬談을 避諱하여 '同'으로 쓴 것이라고 한다.

55) 董閼(안)于 : 趙簡子의 家臣이다. ≪春秋左氏傳≫ 定公 30·40년과 ≪史記≫ 〈趙世家〉에는 '閼'을 '安'으로 썼는데 古音에 통용이었다고 한다. 趙簡子를 위하여 晉陽을 다스렸다.

처하는 것이 좋겠는가?"라고 물었다. 張孟談은 "董閼于는

○先愼曰 難言篇에 閼作安하니 說詳彼라

○王先愼 : ≪韓非子≫ 〈難言篇〉에 '閼'자가 '安'으로 되어 있으니, 저 〈難言篇〉에서 자세히 말하였다.

10-64 簡主[56]之才臣也니 其治晉陽[57]하고 而尹鐸[58]循之하야

簡主의 재능이 있는 신하였으니 그가 晉陽을 다스렸고, 지금 尹鐸이 계승해 다스려서

尹鐸은 安于之屬大夫라 ○先愼曰 循은 遵也니 謂尹鐸治晉陽에 仍遵董安于之治也라 國語에 趙簡子使尹鐸爲晉陽이라하니 則安于死에 尹鐸繼之니 非尹鐸爲安于屬大夫也라 策에 鐸作澤하니 誤라 國語에 作鐸하니라

舊注 : 尹鐸은 董安于의 屬大夫(家臣)이다.

○王先愼 : '循'은 '遵(따르다)'이니, 윤탁이 晉陽을 다스릴 적에 동안우가 다스리던 방법을 그대로 따랐음을 말한다. ≪國語≫ 〈晉語〉에 "조간자가 윤탁을 보내어 진양을 다스리게 했다."라고 하였다. 그렇다면 동안우가 죽은 뒤에 윤탁이 계승해 다스린 것이니, 윤탁이 동안우의 속대부가 된 것은 아니다. ≪戰國策≫ 〈趙策〉에 '鐸'이 '澤'으로 되어 있으니 틀렸다. ≪國語≫ 〈晉語〉에 '鐸'으로 되어 있다.

10-65 其餘敎猶存하니 君其定居晉陽而已矣니이다 君曰 諾다하고 乃召延陵生[59]하야

그 敎化의 영향이 아직까지 남아 있으니, 주군께서 안정되게 거처하실 곳은 진양뿐입니다."라고 하니, 주군이 "좋다" 하고는 延陵生을 불러서

---

56) 簡主 : 趙簡子를 말한다. 趙簡子는 춘추 말기 晉나라의 卿으로 이름은 鞅인데, 趙襄子의 아버지이다. 춘추전국시대 卿大夫를 '主'라고 불렀다.

57) 晉陽 : 지금의 山西省 太原市 남서쪽에 있던 지명으로, 周 成王이 아우 叔虞를 이곳에 봉하여 나라 이름을 晉이라고 한 곳이다.

58) 尹鐸 : 趙簡子의 家臣이다.

59) 延陵生 : 趙襄子에게 소속된 관리의 이름이다.

○顧廣圻曰 生은 策誤作王이라

○顧廣圻 : '生'자는 ≪戰國策≫ 〈趙策〉에 잘못 '王'자로 되어 있다.

10-66 令將(軍)車騎先至晉陽하고

수레와 말을 이끌고 먼저 진양으로 가도록 하고

○盧文弨曰 軍字衍이라 顧廣圻曰 策無라

○盧文弨 : '軍'자는 衍文이다.

顧廣圻 : ≪戰國策≫ 〈趙策〉에는 〈'軍'자가〉 없다.

10-67 君因從之하다 君至하야

주군이 이어서 따라갔다. 주군이 진양에 당도하여

○先愼曰 至上에 疑衍君字니 策無라

○王先愼 : '至'자 위에 있는 '君'자는 衍文인 듯하니, ≪戰國策≫ 〈趙策〉에는 〈'君'자가〉 없다.

10-68 而行其城郭及五官之藏하니 城郭不治하고 倉無積粟하며 府無儲錢하고 庫無甲兵하며 邑無守具라 襄子懼하야 乃召張孟談曰 寡人行城郭及五官之藏호니 皆不備具라 吾將何以應敵고 張孟談曰 臣聞聖人之治는 藏於(臣)〔民〕이요

城郭과 다섯 관아의 倉庫를 순시해보니, 성곽은 수리가 되지 않았고 곡물 창고에는 비축된 곡식이 없으며 돈 창고에는 저축된 돈이 없고 무기고에는 갑옷과 무기가 없으며 城邑에는 守備할 장비가 없었다. 趙襄子가 두려워하여 곧 張孟談을 불러 "寡人이 성곽과 다섯 관아의 창고를 순시해보니 도무지 완비되지 않았다. 우리가 장차 어떻게 敵을 대응해야 하겠는가?"라고 말했다. 장맹담은 "臣은 들으니 聖人이 나라를 다스리는 방법은 백성에게 비축을 하지

○顧廣圻曰 臣은 當作民이라

○顧廣圻 : '臣'은 응당 '民'이 되어야 한다.

10-69 不藏於府庫하며 務修其教요 不治城郭이라호이다 君其出令하사 令民自遺三年之食하고 有餘粟者入之倉하며 遺三年之用하고 有餘錢者入之府하며 遺〔守備之具하고 有餘甲兵者入之庫[60]하며〕 有奇人者면 使治城郭之繕하소서

관아의 창고에는 저장하지 않으며, 教化를 닦는 데 힘쓰지 성곽만을 수리하지는 않는다고 하였습니다. 주군께서 명령을 내리시어 백성들에게 스스로 3년 동안 먹을 양식을 남겨놓고 남은 곡식이 있으면 관아의 곡물 창고에 들여놓게 하며, 3년 동안 쓸 비용을 남겨놓고 남은 돈이 있으면 관아의 돈 창고에 들여놓게 하며, 〈수비할 장비를 남겨놓고 남은 갑옷과 무기가 있으면 무기고에 들여놓게 하며,〉 농사를 짓고 남는 인력이 있으면 그들을 동원하여 성곽을 수리하도록 하십시오."라고 하였다.

奇는 餘也니 謂閒人이라 奇音羈라 ○盧文弨曰 有上에 藏本은 無遺字라 顧廣圻曰 遺下에 有脫文이니 藏本에 刪遺字는 非也라

舊注 : '奇'는 '餘(남음)'이니, 〈농사를 짓고〉 남는 인력을 이른다. '奇'의 음은 '羈'이다.
○盧文弨 : '有'자 위에 藏本에는 '遺'자가 없다.
顧廣圻 : '遺'자 아래에 탈락된 文句가 있으니, 藏本에 '遺'자를 삭제한 것은 잘못이다.

10-70 君夕出令이러니 明日에 倉不容粟하고 府無積錢하며

주군이 저녁에 명령을 내렸더니 이튿날에 곡물 창고에는 곡식을 더 받아둘 데가 없고 돈 창고에는 돈을 더 받아 쌓을 데가 없으며

○先愼曰 無積은 當作不容이라

○王先愼 : '無積'은 응당 '不容'이 되어야 한다.

60) 〔守備之具 有餘甲兵者入之庫〕 : 저본에는 이 열두 글자가 없으나, ≪韓非子新校注≫ 陳奇猷의 설에 의거하여 보충하였다.

10-71 庫不受甲兵이러라 居五日而城郭已治하고 守備已具라 君召張孟談而問之曰 吾城郭已治하고 守備已具하며 錢粟已足하고 甲兵有餘나 吾奈無箭何오 張孟談曰 臣聞董子之治晉陽也에 公宮[61]之垣을 皆以荻蒿楛楚牆之하야

무기고에는 갑옷과 무기를 더 받아놓을 곳이 없게 되었다. 5일이 지나자 성곽의 수리를 마쳤고 수비할 장비가 다 갖추어졌다. 주군이 장맹담을 불러 물었다. "우리의 성곽은 수리를 마쳤고 수비할 장비는 다 갖추어졌으며 돈과 곡식은 이미 풍족하고 갑옷과 무기도 넉넉하지만 우리에게 화살이 없으니 어쩌면 좋겠소?" 장맹담은 "신은 들으니 董子(董閼宇)가 晉陽을 다스릴 때 官府의 담을 모두 갈대·쑥대·광대싸리〔楛〕·가시나무〔楚〕로 울타리를 둘러쳐서

○顧廣圻曰 句絶이라 蒿는 讀爲稾요 荻은 策에 作狄하고 楛는 策에 作苦하니 皆同字라 先愼曰 牆은 事類賦十三御覽三百五十에 引竝作廧하고 竝注云 音牆이라

○顧廣圻 : 여기서 句를 끊어야 한다. '蒿'는 '稾'로 읽어야 하고, '荻'은 ≪戰國策≫ 〈趙策〉에 '狄'으로 되어 있고, '楛'는 ≪전국책≫ 〈조책〉에 '苦'로 되어 있으니 모두 같은 글자이다.

王先愼 : '牆'은 ≪事類賦≫ 권13과 ≪太平御覽≫ 권350에 이 글을 인용하면서 모두 '廧'으로 되어 있고 그 注에 모두 "音은 '牆'이다."라고 하였다.

10-72 其〔楛〕[62]高至於丈이라하니

그중 광대싸리의 높이가 한 丈(열자)이나 되었다고 합니다.

○先愼曰 各本에 其는 作有楛二字라 顧廣圻云 有楛二字는 當衍이니 策無라 今俗本策에 反依此增入하니 誤甚이라하니라 先愼案 顧說是니 御覽에 引有楛二字를 作其일새 今據改하노라

○王先愼 : 各本에 '其'자는 '有楛' 두 글자로 되어 있다. 顧廣圻는 "'有楛' 두 글자는 응당 衍文이니, ≪戰國策≫ 〈趙策〉에는 없다. 지금의 俗本 ≪戰國策≫ 〈趙策〉에 도리어 이것에 의거하여 〈'有楛'를〉 더 넣었으니 매우 잘못되었다." 하였다. 내가 살펴보건대 고광

61) 公宮 : 공무를 집행하는 집이라는 뜻으로, 官府로 번역하였다.

62) 〔楛〕 : 저본에는 '楛'자가 없으나, ≪韓非子新校注≫ 陳奇猷의 설에 의거하여 보충하였다.

기의 설이 옳으니, ≪太平御覽≫ 권350에 이 글을 인용하면서 '有楛' 두 글자가 '其'자로 되어 있기 때문에 지금 이에 의거하여 〈'其'자로〉 고쳤다.

10-73 君發而用之시면 有餘箭矣리이다

주군께서 이것을 베어다가 사용하시면 쓰고도 남는 화살이 있을 것입니다."라고 하였다.

○先愼曰 乾道本에 無此四字하니 策同이라 案下文有餘金矣와 文法正同이라 疑此後人據策文刪之라 事類賦御覽에 引有有餘箭矣四字일새 今據補하노라

○王先愼：乾道本에 〈'有餘箭矣'라는〉 이 네 글자가 없으니 ≪戰國策≫ 〈趙策〉도 같다. 살펴보건대 아래 글의 '有餘金矣(쓰고 남은 구리가 있다.)'와 文法이 똑같다. 아마도 이것은 후세 사람이 ≪전국책≫ 〈조책〉에 의거하여 삭제한 듯하다. ≪事類賦≫ 권13과 ≪太平御覽≫ 권350에 이 글을 인용하면서 '有餘箭矣' 네 글자가 있기 때문에 지금 이에 의거하여 보충하였다.

10-74 於是發而試之하니 其堅則雖菌(균)幹之勁이라도 弗能過也러라

이에 그것을 베어다가 한번 사용해보니 그 견고함이 箘簵(균로)[63] 줄기의 강함이라도 능가하지 못하였다.

○先愼曰 各本에 幹作餘하고 拾補에 菌作箘(균)하고 餘作幹하며 旁注簬字라 盧文弨云 菌字譌요 簬는 藏本淩本에 俱作幹이라하고 顧廣圻云 餘作幹이 是也라 今本에 作簬者誤니 以策作簵而改耳요 菌은 策作箘하니 同字라 先愼案 藝文類聚六十 御覽에 引竝作

箘簵(≪三才圖會≫)

63) 箘簵(균로)：화살을 만들기에 적합한 대 이름이다. '簵'는 '露'로도 쓴다.

幹일새 今據改하노라

○王先愼 : 各本에 '幹'자가 '餘'자로 되어 있고 ≪群書拾補≫에 '菌'은 '箘'으로 되어 있으며, 旁注에 '簵'자를 달았다. 盧文弨는 "'菌'자는 오자이고, '簵'자는 藏本・凌本에 모두 '幹'으로 되어 있다." 하였고, 顧廣圻는 "'餘'는 '幹'자로 된 것이 옳다. 今本에 '簵'자로 된 것은 오자이니, ≪戰國策≫ 〈趙策〉에 '簬'로 되어 있는 것을 고쳤을 뿐이고, '菌'은 ≪전국책≫ 〈조책〉에 '箘'으로 되어 있으니 같은 글자이다."라고 하였다. 내가 살펴보건대 ≪藝文類聚≫ 권60과 ≪太平御覽≫ 권350에 이 글을 인용하면서 모두 '幹'으로 되어 있기 때문에 지금 이에 의거하여 고쳤다.

10-75 君曰 吾箭已足矣나 奈無金何오 張孟談曰 臣聞董子之治晉陽也에

주군이 "우리의 화살은 이미 풍족해졌으나 〈화살촉을 만들〉 구리〔金〕가 없으니 어쩌면 좋겠소?"라고 하였다. 장맹담은 "臣은 들으니 董子(董閼于)가 晉陽을 다스릴 때

○先愼曰 乾道本에 脫之字하니 依上文當有일새 據藝文類聚御覽引增이라

○王先愼 : 乾道本에 '之'자가 탈락하였으니 윗글에 의거하면 당연히 있어야 하기 때문에 이 글을 인용한 ≪藝文類聚≫ 권60과 ≪太平御覽≫ 권350에 의거하여 '之'자를 더 넣었다.

10-76 公宮(公)〔令〕[64]舍之堂을

官府와 令舍의 건물을

○先愼曰 乾道本에 公舍를 作令舍라 案令當爲公之誤요 御覽에 引正作公일새 今據改하노라

○王先愼 : 乾道本에 '公舍'가 '令舍'로 되어 있다. 살펴보건대 '令'은 응당 '公'의 오자가 되어야 하고, ≪太平御覽≫ 권350에 이 글을 인용하면서 바로 '公'으로 되어 있기 때문에 지금 이에 의거하여 고쳤다.

64) (公)〔令〕 : 저본에는 '公'으로 되어 있으나, "令舍는 縣令이 거처하는 집이다."라고 한 ≪韓非子新校注≫ 太田方의 설에 의거하여 '令'으로 바로잡았다.

10-77 **皆以錬銅爲杜質**[65)]이라하니 **君發而用之**하소서 **於是發而用之**하니 **有餘金矣**러라 **號令已定**하고 **守備已具**러니 **三國之兵果至**하다 **至則乘晉陽之城**하야 **遂戰**하다 **三月弗能拔**하니 **因舒軍而圍之**하고

기둥의 주춧돌을 모두 구리를 製錬하여 만들었다고 합니다. 주군께서는 그것을 발굴하여 사용하십시오."라고 하였다. 이에 발굴하여 사용하니 쓰고 남은 구리가 있게 되었다. 지휘할 號令이 이미 제정되고 守備할 장비가 이미 완비되었는데, 〈知伯이 거느린〉 세 나라의 군대가 과연 침공해왔다. 침공해와서는 晉陽城에 기어올라서 마침내 전투가 벌어졌다. 3개월을 싸웠으나 진양성을 함락시키지 못하자 그대로 군대를 펼쳐서 진양성을 포위하고

○**先愼曰 乾道本**에 **無舒字**라 **顧廣圻云 藏本今本**에 **有**하고 **策有**라하야늘 **今據補**라

○王先愼：乾道本에 '舒'자가 없다. 顧廣圻는 "藏本·今本에 '舒'자가 있고, ≪戰國策≫ 〈趙策〉에도 '舒'자가 있다."라고 하였기에 지금 이에 의거하여 보충하였다.

10-78 **決晉陽之水**[66)]**以灌之**하다 **圍晉陽三年**하니 **城中巢居而處**하고

晉陽水의 둑을 터서 성안으로 그 물을 대었다. 진양성을 포위한지 삼 년이 되자 진양성 안의 사람들은 새 둥지처럼 높은 나무 위에 집을 짓고 살고

○**先愼曰 御覽三百二十又七百五十七**에 **引無居而二字**라

○王先愼：≪太平御覽≫ 권320과 권757에 이 글을 인용하면서 '居而' 두 글자가 없다.

10-79 **懸釜而炊**하며

솥을 공중에 매달아놓고 밥을 지었으며,

---

65) 質：기둥의 밑에 기초로 받치는 주춧돌이다. 일반적으로 돌로 만들며, 후대에는 '礩'로 쓴다.

66) 晉陽之水：晉水를 말한다. 晉水는 山西省 太原市의 서남쪽 懸甕山에서 발원하여 세 갈래로 나뉘어 동쪽으로 흘러 汾水로 흘러든다. 知伯이 晉陽城에 댄 물은 북쪽으로 흐르는 물이라고 한다.

○先愼曰 御覽三百二十에 有易子食하며 析骨炊라 是也니 此脫이라 史記趙世家에 趙襄子保晉陽에 三國攻晉陽歲餘에 引汾水[67]灌其城하니 不沒者三版[68]이라 城中懸釜而炊하며 易子而食이라하니 是趙襄子守晉陽은 固有其事라

○王先愼：≪太平御覽≫ 권320에 '易子食 析骨炊(자식을 서로 바꾸어 잡아먹고 죽은 사람의 뼈를 쪼개어 밥을 짓는다.)'가 있다. 이것이 옳으니, 이곳에는 이 구절이 탈락되었다. ≪史記≫ 〈趙世家〉에 "趙襄子가 晉陽을 지킬 적에 세 나라 군대가 진양을 공격한 지 1년여 만에 汾水의 물을 끌어다가 晉陽城에 대니 城이 물에 잠기지 않은 것이 3版이라, 성 안의 사람들이 솥을 공중에 매달아 놓고 밥을 지으며, 자식을 서로 바꾸어 잡아먹었다."라고 하였으니, 바로 조양자가 진양을 지킨 것은 본디 그 사실이 있는 것이다.

智伯이 강물을 터서 晉陽城을 잠그다
(≪增像全圖東周列國志≫)

10-80 財食將盡하고 士大夫羸病이라 襄子謂張孟談曰 糧食匱하고 財力盡하며 士大夫羸病하니 吾恐不能守矣로다 欲以城下하노니 何國之可下오 張孟談曰 臣聞之호니 亡弗能存하고 危弗能安이면 則無爲貴智矣라하니 君失此計者니이다

재물과 양식은 다 떨어지고 士大夫는 지치고 병들었다. 조양자가 장맹담에게 "양식은 다 떨어지고 재물과 인력은 고갈되었으며 사대부는 지치고 병들었으니 나

67) 汾水：山西省 寧武縣 管涔山에서 발원하여 萬榮縣 서쪽에서 黃河로 흘러드는 강이다. 晉水가 합류하며 지금은 汾河라고 한다.

68) 三版：여섯 자〔尺〕의 높이를 말한다. 版은 고대에 담장을 쌓을 때 쓰는 널빤지로 1판의 높이가 두 자이니, 3판이면 모두 여섯 자가 된다.

는 지키지 못할까 우려된다. 城을 가지고 항복하고 싶은데 어느 나라에 항복하는 것이 좋겠소?"라고 말하였다. 장맹담은 "臣은 들으니 멸망하는 것을 존속시키지 못하고 위험한 것을 편안하게 하지 못하면 지혜 있는 이를 존귀하게 여길 필요가 없다고 하니. 주군의 이 계책은 잘못되었습니다.

○盧文弨曰 失은 策作釋이라 先愼曰 失은 當爲釋之誤요 者字衍이니 策作君釋此計하사 勿復言也라

○盧文弨 : '失'은 ≪戰國策≫ 〈趙策〉에 '釋'으로 되어 있다.
王先愼 : '失'은 응당 '釋'의 오자가 되어야 하고 '者'자는 연문이니, ≪戰國策≫ 〈趙策〉에 '君釋此計 勿復言也(주군께서는 이 계책을 버리시어 다시 말하지 마십시오.)'로 되어 있다.

10-81 臣請試潛行而出하야 見韓魏之君호리이다 張孟談見韓魏之君하야 曰 臣聞脣亡齒寒이라하니 今知伯率二君而伐趙하니 趙將亡矣니이다 趙亡이면 則二君爲之次리이다 二君曰 我知其然也로라 雖然이나 知伯之爲人也 麤(추)中而少親하니

臣이 한번 남몰래 비밀히 나가서 韓·魏의 주군을 만나보겠습니다."라고 청하였다. 장맹담이 한·위의 주군을 만나서 "저는 들으니 입술이 없어지면 이가 시리다고 합니다. 지금 知伯이 두 주군의 군대를 거느리고 조씨를 공격하고 있으니 조씨가 장차 멸망하게 되었습니다. 조씨가 멸망하면 두 주군이 다음 차례로 멸망하게 될 것입니다."라고 하였다. 두 주군이 "우리도 그렇게 될 줄을 알고 있소. 그렇지만 지백의 사람됨이 마음이 사나우며 親愛함이 적으니

○顧廣圻曰 麤는 策作麄(추)라 按當讀爲怚(저)니 史記王翦傳에 夫秦王怚而不信人이라하야늘 徐廣曰 怚는 一作粗라하니 卽此字라

○顧廣圻 : '麤'는 ≪戰國策≫ 〈趙策〉에 '麄(거칢)'로 되어 있다. 살펴보건대 '麤'는 응당 '怚(교만함)'로 읽어야 되니 ≪史記≫ 〈王翦列傳〉에 "秦王이 교만하여 남을 믿지 않는다."라 하였는데, 徐廣은 "'怚'는 어떤 본에는 '粗'로 되어 있다."라고 했으니, 곧 이 글자(麤)이다.

10-82 我謀而覺이면 則其禍必至矣리니 爲之奈何오 張孟談曰 謀出二君之口

而入臣之耳니 **人莫之知也**니이다

우리가 모의한 일이 만일 발각되면 그 災禍가 반드시 닥칠 것이니 어쩌면 좋겠소?"라고 하였다. 장맹담이 "모의한 말이 두 主君의 입에서 나와 저의 귀에 들어왔을 뿐이니, 아무도 아는 사람이 없습니다."라고 하였다.

○**盧文弨曰 臣下**에 **藏本張本**엔 **皆無之字**라 **顧廣圻曰 莫之知**는 **藏本**에 **作莫知之**요 **策同**[69)]이라

○盧文弨 : '臣' 아래에 藏本과 張本에는 모두 '之'자가 없다.
顧廣圻 : '莫之知'는 藏本에 '莫知之'로 되어 있고, ≪戰國策≫ 〈趙策〉도 같다.

10-83 **二君因與張孟談約三軍之反**하고 **與之期日**하다

두 주군이 이에 장맹담과 韓・魏・趙 三家의 군대가 지백을 배반하기로 약속하고 함께 擧事할 날짜를 정하였다.

○**先愼曰 三**은 **當作二**[70)]라 **軍**은 **指韓魏之軍**이니 **趙既被圍**하야 **不待約也**라

○王先愼 : '三'은 응당 '二'가 되어야 한다. '軍'은 韓・魏의 군대를 가리키니, 趙는 이미 포위당하여 약속할 필요가 없다.

10-84 **夜遣孟談入晉陽**하야 **以報二君之反**하다

밤에 장맹담을 보내 진양성에 들어가 두 主君이 배반하기로 약속한 일을 조양자에게 보고하게 하였다.

○**盧文弨曰 二君**이 **三本**에 **俱作三軍**이라 **先愼曰 趙本**은 **此下**에 **有於襄子三字**라

○盧文弨 : '二君'이 三本(趙本・張本・藏本)에 '三軍'으로 되어 있다.

---

69) 作莫知之 策同 : ≪韓非子新校注≫에서 陳奇猷는 "살펴보건대 지금의 藏本과 ≪戰國策≫ 〈趙策〉에 모두 '莫之知也'로 되어 있으니, 顧廣圻의 교정은 잘못되었다."라고 하였다.

70) 三當作二 : 王先愼은 "'三'이 '二'가 되어야 한다."고 하였으나 이를 따르지 않았다. ≪韓非子新校注≫에서 陳奇猷가 "'三'자는 잘못되지 않았다. 이는 韓・趙・魏의 세 군대가 서로 약속하여 智伯에게 반항함을 말하니, ≪韓非子≫ 〈說林 上篇〉에서 이른바 '韓・魏는 밖에서 반항하고 조는 안에서 호응했다.'는 것이 그 증거이다."라고 한 설에 의거하여 번역하였다.

王先愼 : 趙本은 이 아래에 '於襄子' 세 글자가 있다.

10-85 **襄子迎孟談而再拜之**하고 **且恐且喜**러라 **二君以約遣張孟談**하고

趙襄子가 張孟談을 맞이하여 두 번 절을 하고 한편으로는 두려워하고 한편으로는 기뻐하였다. 두 주군은 〈지백을 배반하기로〉 약속을 한 다음 장맹담을 보내고

○**顧廣圻曰 以**는 **讀爲已**라 **策**에 **脫去二君以約遣五字**하야 **遂誤屬張孟談於下句**하니 **當依此訂**이라

○顧廣圻 : '以'는 '已'자로 읽어야 된다. ≪戰國策≫ 〈趙策〉에 '二君以約遣' 다섯 글자가 탈락되어 마침내 '張孟談'을 잘못 아래 句에 붙였으니 응당 이 글에 의거하여 바로잡아야 한다.

10-86 **因朝**[71)]**知伯而出**이라가 **遇智過**[72)]**於轅門**[73)]**之外**하다

〈두 主君이〉 이어 지백을 뵙고 나오다가 轅門 밖에서 智過를 만났다.

○**先愼曰 說苑貴德篇**에 **作智果**하고 **古今人表**에 **作智過**하니 **顔注**에 **卽智果**라하니라

○王先愼 : ≪說苑≫ 〈貴德篇〉에는 '智果'로 되어 있고, ≪漢書≫ 〈古今人表〉에는 '智過'로 되어 있는데 顔師古의 注에 "이 사람이 바로 智果이다."라고 하였다.

10-87 **智過怪其色**하야 **因入見**(현)**知伯**하고 **曰 二君貌將有變**이러이다 **君曰 何如**오 **曰 其行矜而意高**하야 **非他時之節也**하니

지과가 두 주군의 안색이 〈평상시와 다른 것을 보고〉 괴이하게 여겨 그대로 들어가서 지백을 알현하고 "두 主君의 표정을 보니 장차 變故가 있을 것 같습니다."라고 하였다. 지백이 "그들의 표정이 어떻기에 그런가?"라고 물었다. 지과가 "그들

---

71) 朝 : 謁見한다는 뜻이다.

72) 智過 : 智伯의 친족으로 晉나라 大夫이다.

73) 轅門 : 군사를 거느리는 장수의 軍營을 말한다. 옛날 帝王이 巡狩하거나 사냥을 나가서 留宿할 때, 수레를 진열하여 울타리를 만들고 出入하는 곳에는 두 채의 수레를 세우되 수레 채를 서로 마주 향하게 하여 門임을 표시하는 데에서 비롯되었다.

의 걸음걸이는 거만하고 의기양양하여 평상시의 절도가 아니었으니,

○先愼曰 意行二字互誤니 策에 作其志矜하고 其行高하니 是也라 本書에 志多作意라 張榜本趙本은 其上에 無曰字라

○王先愼 : '意'와 '行' 두 자가 서로 잘못 바뀌었으니, ≪戰國策≫ 〈趙策〉에 '其志矜 其行高(그들의 뜻은 거만하고 그들의 걸음걸이는 높았다.)'로 되어 있으니, 이것이 옳다. 본서에 '志'가 대부분 '意'로 되어 있다. 張榜本과 趙本은 '其'자 위에 '曰'자가 없다.

10-88 君不如先之니이다 君曰 吾與二主約謹矣라 破趙而三分其地를 寡人所以親之하니 必不(侵)〔我〕欺리라

주군께서 먼저 손을 쓰는 것만 못합니다."라고 대답하였다. 지백은 "내가 두 주군과 약속하기를 신중히 하였다. 趙氏를 격파한 뒤에 그 토지를 셋으로 나누어 차지하기를 寡人이 직접 약속하였으니, 그들은 반드시 나를 속이지 않을 것이다.

○盧文弨曰 侵은 當作我라 先愼曰 策에 作必不欺也라

○盧文弨 : '侵'은 응당 '我'가 되어야 한다.
王先愼 : ≪戰國策≫ 〈趙策〉에는 '必不欺也'로 되어 있다.

10-89 兵之著(착)於晉陽三年이니 今旦暮將拔之而嚮其利어늘

우리 군대가 晉陽城에 달라붙은 지 3년이니, 이제 머잖아 함락시켜서 그 이익을 누릴 텐데

○盧文弨曰 嚮饗通이라

○盧文弨 : '嚮'은 '饗(누림)'과 통용한다.

10-90 何乃將有他心이리요 必不然이니 子釋勿憂하고 勿出於口하라 明旦에 二主又朝而出이라가 復見智過於轅門하다 智過入見曰 君以臣之言告二主乎잇가 君曰 何以知之오 曰 今日二主朝而出이라가 見臣而其色動하고 而視屬(촉)臣하니

此必有變이라 **君不如殺之**니이다 **君曰 子置勿復言**하라 **智過曰 不可**하니 **必殺之**하소서 **若不能殺**인댄 **遂親之**하소서 **君曰 親之奈何**오 **智過曰 魏宣子之謀臣曰趙葭**요 **韓康子之謀臣曰段規**니 **此皆能移其君之計**니이다

어찌 도리어 다른 마음을 품겠는가. 결코 그렇지 않을 것이니, 그대는 의심을 풀어 근심하지 말고 이 말을 입 밖에 내지 말라." 하였다. 이튿날 아침에 두 주군이 또 지백을 뵙고 나오다가 다시 지과를 원문에서 만났다. 지과가 들어가 지백을 알현하고 "주군께서 제가 말한 내용을 두 주군에게 말해주었습니까?" 하고 물었다. 지백은 "어떻게 알았는가?"라고 하였다. 지과가 "오늘 두 주군이 주군을 뵙고 나오다가 저를 보고는 안색이 변하고 시선은 저를 주시하였으니, 이는 반드시 변고가 있음을 나타내는 것입니다. 주군께서는 그들을 죽이는 것보다 나은 것이 없습니다."라고 하였다. 지백은 "그대는 그만두고 다시 말하지 말라." 하였다. 지과가 "안 됩니다. 반드시 그들을 죽이십시오. 만일 죽이지 못한다면 그들과 더욱 친밀하게 지내십시오."라고 하였다. 지백은 "친근히 지내려면 어떻게 해야 하는가?"라고 물었다. 지과가 "魏宣子의 謀臣은 趙葭라 하고 韓康子의 謀臣은 段規라고 하는데 이들은 모두 그 주군의 계책을 바꿀 수 있습니다.

○**先愼曰 宣字康字**는 **皆後人所加**니 **智過言時**엔 **不應有也**라

○王先愼 : '宣'자와 '康'자는 모두 후세 사람이 더한 글자이니, 智過가 이 말을 할 때엔 당연히 있지 않았다.

10-91 **君(與其)〔其與〕二(君)〔子〕**[74]**約**하사

주군께서 그 두 사람과 약속하셔서

○**先愼曰 與其二字誤倒**라 **策**에 **作君其與二子約**하니 **是也**라

○王先愼 : '與'와 '其' 두 글자가 거꾸로 잘못 놓여 있다. ≪戰國策≫ 〈趙策〉에 '君其與二子約'으로 되어 있으니 이것이 옳다.

---

74) (君)〔子〕: 저본에는 '君'으로 되어 있으나, "≪戰國策≫ 〈趙策〉에 '子'로 되어 있다."라고 한 ≪韓非子新校注≫ 陳奇猷의 설에 의거하여 '子'로 바로잡았다.

10-92 破趙國이면 因封二子者各萬家之縣一하소서 如是면 則二主之心可以無變矣리이다 知伯曰 破趙而三分其地하고 又封二子者各萬家之縣一이면 則吾所得者少니 不可로다 智過見其言之不聽也하고 出하야 因更其族[75)]爲輔氏하다 至於期日之夜하야 趙氏殺其守隄之吏하고 而決其水하야 灌知伯軍하다 知伯軍救水而亂이어늘 韓魏翼而擊之하고 襄子將卒犯其前하야 大敗知伯之軍而擒知伯하다

趙나라를 격파하면 곧장 두 사람에게 각각 1만 戶의 인구가 사는 縣 하나씩을 봉해주겠다고 하십시오. 이와 같이 하면 두 主君의 마음을 변치 않게 할 수 있을 것입니다."라고 하였다. 지백은 "趙나라를 격파하여 그 토지를 셋으로 나누고 또 두 사람에게 각각 1만 호의 縣 하나씩을 봉해주면 내가 얻는 것이 적으니 안 된다."라고 거절하였다. 지과는 지백이 자기의 말을 따르지 않는 것을 보고 달아나서 바로 姓을 輔氏로 고쳤다. 약속한 날짜의 밤이 되자 趙氏의 군사가 제방을 지키는 관리를 죽이고 그 제방을 터서 지백의 군영에 물을 대었다. 지백의 군대가 물속에서 벗어나려고 혼란에 빠지자 韓·魏의 군대는 양쪽에서 지백의 군대를 끼고 공격하고 조양자는 군사를 거느리고 정면에서 무찔러 지백의 군대를 크게 패배시키고 지백을 생포하였다.

○盧文弨曰 知伯之軍이 藏本에 作知氏之軍이라

○盧文弨 : '知伯之軍'이 藏本에는 '知氏之軍'으로 되어 있다.

10-93 知伯身死軍破하고 國分爲三하야 爲天下笑라 故曰 貪愎好利면 則滅國殺身之本也라하노라

지백이 자신은 죽고 군대는 격파당하였으며 영토는 셋으로 나뉘어 〈남의 소유가 되어〉 천하 사람들의 웃음거리가 되었다. 그러므로 "탐욕스럽고 괴팍하며 이익을 좋아하면 이는 나라를 멸망시키고 자신을 죽이게 하는 화근이다."라고 말하는 것이다.

---

75) 族 : 姓을 말한다.

10-94 奚謂耽於女樂(악)[76]고 昔者에 戎王[77]使由余[78]聘於秦한대

무엇을 가리켜 女樂에 탐닉한다고 하는가? 예전에 戎王이 由余를 秦나라에 보내어 聘問하게 하자

○盧文弨曰 王宋本에 作主하니 下同이라 先愼曰 秦本紀에 作王이라

○盧文弨 : 王本·宋本에 〈王자가〉 '主'로 되어 있으니, 아래도 같다.
王先愼 : ≪史記≫ 〈秦本紀〉에 '王'자로 되어 있다.

10-95 穆公[79]問之曰 寡人嘗聞道나 而未得目見之也호니 願聞古之明主得國失國은 何常以[80]오

秦 穆公이 유여에게 "寡人이 일찍이 〈나라를 다스리는 데 대한〉 道理를 들었으나 눈으로 직접 보지는 못했으니, 옛날의 현명한 君主가 나라를 얻고 나라를 잃는 것이 항상 무엇 때문이었는지 듣기를 바라오." 하고 물었다.

○顧廣圻曰 說苑反質篇에 作當何以也하고 下文常以儉得之常도 亦作當이라

○顧廣圻 : ≪說苑≫ 〈反質篇〉에 '當何以也'로 되어 있고, 아래 글의 '常以儉得之'의 '常'도 역시 '當'으로 되어 있다.

10-96 由余對曰 臣嘗得聞之矣로니 常以儉得之하고 以奢失之라호이다 穆公曰 寡人不辱而問道於子어늘 子以儉對寡人은 何也오 由余對曰 臣聞昔者堯有

---

76) 女樂 : 여자의 노래와 춤을 말한다.

77) 戎王 : 西戎의 君主를 말한다. 서융은 옛날 중국의 서북쪽 변방에 살던 戎族의 總稱이다.

78) 由余 : 춘추시대 秦나라 사람이다. 원래 晉나라의 賢人이었는데 戎에 망명하였다가 秦 穆公에게 등용되어 穆公의 霸業을 도왔다.

79) 穆公 : 춘추시대 秦나라 君主로 姓은 嬴, 이름은 任好, 秦 德公의 작은 아들이다. 즉위 후 百里奚·蹇叔·由余 등의 賢臣을 중용하여 晉나라와의 전쟁에서 크게 승리하였고, 梁나라·芮나라·滑나라 등을 겸병하여 국력을 크게 떨쳤다. 春秋 五霸 중의 한 사람으로 일컬어진다.

80) 何常以 : 陳奇猷의 ≪韓非子新校注≫에서 "'何常以'는 응당 '常何以'가 되어야 한다."라고 한 松皐圓의 설에 의거하여 번역하였다.

天下에 **飯於土簋**(궤)[81]하고 **飲於土鉶**(형)[82]호되 **其地南至交趾**[83]하고 **北至幽都**[84]하며 **東西至日月之所出入者**하야 **莫不賓服**[85]하니이다 **堯禪天下**에

유여가 대답하여 "臣은 일찍이 들으니, 항상 검소함으로써 나라를 얻고 사치함으로써 나라를 잃었다고 하였습니다."라고 하였다. 목공이 "寡人은 치욕으로 여기지 않고 그대에게 나라 다스리는 도리를 물었는데 그대가 과인에게 검소함을 가지고 대답하는 것은 무엇 때문이오?"라고 따졌다. 由余가 대답하여 "신은 들으니 옛날 帝堯가 천하를 소유하여 다스릴 때 土簋에 밥을 담아 먹고 土鉶에 물을 담아 마셨지만 그의 영토는 남쪽으로는 交趾에 이르고, 북쪽으로는 幽都에 이르렀으며, 동쪽과 서쪽은 해와 달이 뜨고 지는 데까지 이르러 누구도 복종하지 않는 사람이 없었습니다. 제요가 천하를 禪讓한 뒤에

堯(≪萬古際會圖像≫)

○**顧廣圻曰 說苑**에 **禪作釋**하고 **下文**에 **亦云舜釋天下**라

○顧廣圻 : ≪說苑≫ 〈反質篇〉에 '禪'이 '釋'으로 되어 있고, 그 아래 글에도 '舜釋天下'로 되어 있다.

---

81) 土簋(궤) : 진흙으로 빚어 만든 흙그릇이다. 簋는 옛날 음식을 담는 그릇으로 대부분 둥근 모양이다.

82) 土鉶(형) : 진흙으로 빚어 만든 흙그릇이다. 鉶은 옛날 물이나 국을 담는 데 썼다.

83) 交趾 : 중국 남부의 五嶺 남쪽 지구를 두루 말한다. 漢 武帝 때 두었던 13刺史 관할 지역의 하나로, 지금의 廣東·廣西 대부분 지역과 越南의 북부·중부가 여기에 해당한다. 後漢 말기에 交州로 고쳤다.

84) 幽都 : 북방의 아주 먼 변방 지역을 말한다.

85) 賓服 : 복종함, 또는 귀순함이다. 賓도 복종함의 뜻이다.

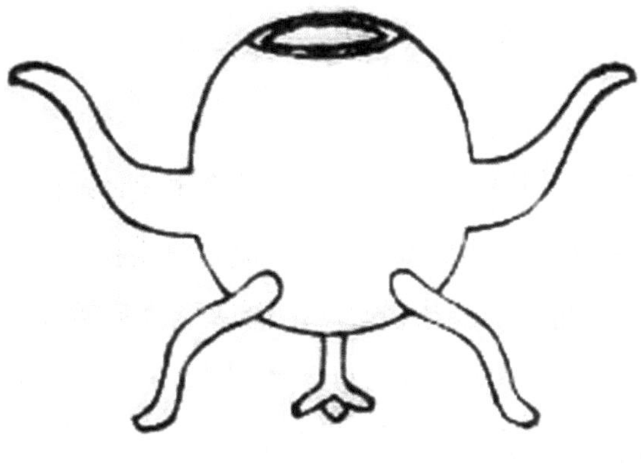

簋(≪字典釋要≫)

鉶(≪五經圖彙≫)

10-97 虞舜[86]受之하야 作爲食器하니이다 斬山木而財之하야

虞舜이 이어받아 食器를 만들었습니다. 산의 나무를 베어 재료를 만들어

○顧廣圻曰 說苑에 財作裁하니 同字라 先愼曰 御覽七百五十六에 引作材하니 財裁材三字竝同이라

○顧廣圻 : ≪說苑≫ 〈反質篇〉에 '財'자가 '裁'로 되어 있으니 같은 글자이다.

王先愼 : ≪太平御覽≫ 권756에 이 글을 인용하면서 '材'자로 되어 있으니, '財'·'裁'·'材' 세 글자가 모두 같은 글자이다.

舜(≪萬古際會圖像≫)

86) 虞舜 : 帝舜을 말한다. 虞는 제순의 國號이다.

10-98 〔修〕削鋸(修)其迹[87]하고

깎고 벤 흔적을 매끈하게 다듬고

磨其斧迹이라 ○顧廣圻曰 說苑에 作消銅鐵하야 修其刃하고 猶漆墨之라하니 按此文削鋸是也라 淮南子本經訓에 云無所錯其剞劂削鋸라하야늘 高注에 削은 兩刃句刀也니 讀綃頭之綃라하니 其下未詳이라 說苑이 卽出於此로되 而傳寫互有誤하니 仍各依本書라 先愼曰 各本에 其作之하니 案之當作其라 注云 磨其斧迹이라하니 是注所據本尙未誤라 御覽七百五十六에 引正作其일새 今據改하노라

舊注 : 도끼로 깎은 흔적을 갈아 없애는 것이다.

○顧廣圻 : ≪說苑≫ 〈反質篇〉에 "消銅鐵 修其刃 猶漆墨之(구리와 쇠를 녹여 칼을 만들고 게다가 검은 옻칠을 하였다.)"로 되어 있으니, 살펴보건대 이 글의 '削鋸'가 이것이다. ≪淮南子≫ 〈本經訓〉에 "無所錯其剞劂削鋸(〈솜씨가 뛰어난 사람도〉 기구를 가지고 새기거나 자르는 공작을 할 수가 없다.)"라고 하였는데 高誘의 注에 "'削'은 양날의 굽은 칼이니 '綃頭'의 '綃'로 읽는다."라고 하였는데, 그 이하는 미상이다. ≪說苑≫ 〈反質篇〉의 내용이 바로 여기서 나왔으나 傳寫하는 과정에서 서로 오자가 있으니, 각각 本書대로 두어야 한다.

王先愼 : 각 본에 '其'자가 '之'로 되어 있으니, 살펴보건대 '之'자는 응당 '其'자가 되어야 한다. 舊注에 '磨其斧迹'이라 하였으니, 이 구주에 의거한 본은 그때까지 잘못되지 않았다. ≪太平御覽≫ 권756에 이 글을 인용하면서 바로 '其'자로 되어 있기 때문에 지금 이에 의거하여 '其'로 고쳤다.

10-99 流漆墨其上하야

그 위에 검정 옻칠을 발라서

流는 布也라

舊注 : '流'는 '布(〈물감 따위를 발라서〉 펴다)'이다.

10-100 輸之於宮以爲食器한대 諸侯以爲益侈하야 國之不服者十三이니이다 舜

87) 〔修〕削鋸(修)其迹 : 저본에는 '削鋸修其迹'으로 되어 있으나, "'修'자는 '削鋸'의 위에 있어야 될 듯하다."라고 한 ≪韓非子新校注≫ 太田方의 설을 따라 '修削鋸其迹'으로 바로잡고, '깎고 벤 흔적을 매끈하게 다듬다.'로 번역하였다.

禪天下而傳之於禹하니 禹作爲祭器하니이다 墨漆其外하고

궁중에 실어 들여와 식기로 쓰자, 諸侯들이 너무 사치스럽다고 여겨 복종하지 않는 나라가 13국이었습니다. 帝舜이 천하를 선양하여 禹王에게 전하니 우왕은 祭器를 만들었습니다. 겉은 검정 옻칠을 하고

禹(≪萬古際會圖像≫)

○先愼曰 各本에 漆作染이라 王念孫云 染은 當爲漆이니 謂黑漆其外也라 俗書漆字를 作柒하니 因譌而爲染이라 御覽四百九十三에 引此正作漆하고 說苑에 亦作漆이라하니라 先愼按 王說是니 御覽又七百五十六에 引同일새 今據改하노라

○王先愼 : 各本에 '漆'이 '染'으로 되어 있다. 王念孫은 "'染'은 응당 '漆'이 되어야 하니, 겉에 검정 옻칠을 한 것을 이른다. 통속 글씨에 '漆'자를 '柒'로 쓰는데 이 때문에 잘못 '染'이 된 것이다. ≪太平御覽≫ 권493에 이 글을 인용하면서 바로 '漆'로 되어 있고, ≪說苑≫ 〈反質篇〉에도 '漆'로 되어 있다."라고 하였다. 내가 살펴보건대 王念孫의 설이 옳으니, ≪太平御覽≫ 권756에 인용한 글도 같기 때문에 지금 이에 의거하여 고쳤다.

10-101 而朱畵其內하며 縵帛爲茵(인)하고

안은 붉은색으로 무늬를 그렸으며, 縵帛(무늬 없는 비단)으로 수레의 방석을 만들고

○顧廣圻曰 說苑에 縵作繒이라

○顧廣圻 : ≪說苑≫ 〈反質篇〉에 '縵'이 '繒'으로 되어 있다.

10-102 **蔣席**에

줄〔蔣〕로 짠 자리에

蔣은 **草名**이라

舊注 : '蔣'은 풀이름이다.

10-103 **頗緣**하며

빗금무늬로 선을 둘렀으며,

○**顧廣圻曰 藏本同**이요 **今本**은 **頗作頟**하니 **誤**라 **頗緣**은 **謂其緣邪裂之**라 **說苑**에 **無此一句**하고 **有褥字**하야 **連茵字讀**하니 **當有誤**라 **仍各依本書**라

○顧廣圻 : 藏本은 같고, 今本은 '頗'자가 '頟'으로 되어 있으니 誤字이다. '頗緣'은 두른 선을 빗금무늬로 재단한 것을 이른다. ≪說苑≫ 〈反質篇〉에는 이 한 句가 없고 '褥'자가 있어서 '茵'자와 연속하여 읽게 되어 있으니, 응당 잘못된 것이 있다. 각 本書대로 따라야 한다.

10-104 **觴酌有采**하고 **而樽俎有飾**하야 **此彌侈矣**하니 **而國之不服者三十三**이니이다

술잔을 채색하고 그릇을 장식하여 이처럼 더욱 사치하니, 복종하지 않는 나라가 33국이었습니다.

○**顧廣圻曰 說苑**에 **作三十有二**하고 **下文**에 **亦作五十有二**라 **先愼曰 御覽四百九十三**에 **引作三十二**하야 **與說苑合**이라

○顧廣圻 : ≪說苑≫ 〈反質篇〉에 '三十有二'로 되어 있고, 아래 글에도 '五十有二'로 되어 있다.

王先愼 : ≪太平御覽≫ 권493에 이 글을 인용하면서 '三十二'로 되어 있어서 ≪說苑≫ 〈反質篇〉과 부합한다.

10-105 **夏后氏沒**에 **殷人受之**하야 **作爲大路**[88]하고 **而建九旒**(류)[89]하며

88) 大路 : 옛날 天子가 타던 玉輅이다. 大輅라고도 한다.

夏后氏가 멸망한 뒤에 殷나라가 이어받아 大路(大輅)를 만들고 九旒를 세우며,

○先愼曰 御覽에 引路作輅하니 字通이라

○王先愼 : ≪太平御覽≫ 권493에 이 글을 인용하면서 '路'가 '輅'로 되어 있는데 통용하는 글자이다.

大路圖(≪三才圖會≫)

10-106 **食器雕琢**하고 **觴酌刻鏤**하며 (四)〔白〕**壁堊墀**(악지)하고

식기에 조각을 하고 술잔에 무늬를 아로새기며 담벼락과 계단을 흰색으로 칠하고

○顧廣圻曰 四는 當作白이니 白壁與堊墀對文也라 說苑에 作四壁四帷라

○顧廣圻 : '四'자는 응당 '白'자가 되어야 하니, '白壁'과 '堊墀'는 對句이다. ≪說苑≫ 〈反質篇〉에 '四壁四帷'로 되어 있다.

10-107 **茵席雕文**하야 **此彌侈矣**하니 **而國之不服者五十三**이니이다

까는 자리는 꽃무늬를 수놓아 이처럼 더욱 사치하니 복종하지 않는 나라가 53국이었습니다.

○先愼曰 趙本에 服作亡하니 誤라

○王先愼 : 趙本에 '服'이 '亡'으로 되어 있으니 오자이다.

---

89) 九旒(류) : 옛날 旌旗 위에 아홉 가닥으로 늘어뜨려 꾸민 기드림이다.

10-108 君子[90)]皆知文章矣면 而欲服者彌少라 臣故曰 儉其道也라하니이다 由余出커늘 公乃召內史廖(료)[91)]而告之하야

君子가 모두 화려하게 꾸밀 줄을 알면 〈사치가 더욱 심해져서〉 복종하려는 사람이 더욱 적어지는 법입니다. 臣은 이 때문에 검소함은 나라를 얻는 도리라 하는 것입니다." 유여가 물러나가자 목공이 內史 廖를 불러서 〈유여와 나눈 이야기를〉 말해주기를

○顧廣圻曰 他書皆同이요 韓詩外傳에 作內史王繆(무)하니 繆廖同字요 王蓋姓也라 先愼曰 顧說是니 說苑尊賢篇에 作王子廖라

○顧廣圻 : 다른 책들도 모두 이곳과 같고, ≪韓詩外傳≫에 '內史王繆'로 되어 있으니, '繆'와 '廖'는 같은 글자이고 '王'은 姓일 것이다.

王先愼 : 顧廣圻의 설이 옳으니, ≪說苑≫ 〈尊賢篇〉에 '王子廖'로 되어 있다.

10-109 曰 寡人聞隣國有聖人이면 敵國之憂也라하더니 今由余는 聖人也라 寡人患之하노니 吾將奈何오 內史廖曰 臣聞戎王之居는 僻陋而(道)〔遼〕遠하야

"寡人이 들으니 이웃 나라에 聖人이 있으면 적대국의 걱정거리가 된다고 하였소. 그런데 지금 유여는 성인이오. 과인은 이를 걱정하고 있으니 나는 앞으로 어찌해야 되겠소?"라고 하였다. 내사료는 "신이 들으니 戎王이 사는 곳은 외지고 아주 멀어서

○顧廣圻曰 道는 當依說苑作遼라

○顧廣圻 : '道'는 응당 ≪說苑≫ 〈反質篇〉에 의거하여 '遼(멀다)'가 되어야 한다.

10-110 未聞中國之聲이라호이다 君其遺之女樂하사 以亂其政하시고 而後[92)]爲由余請期하사

---

90) 君子 : 통치자와 귀족 남자를 통틀어 이르는 칭호이다.

91) 內史廖(료) : 內史인 廖이다. 내사는 벼슬 이름이고, 료는 이름인데 姓은 王氏라고 한다.

92) 後 : 돌아갈 날짜를 늦춘다(지연시킨다)는 뜻이다.

中國의 음악을 들어보지 못했다고 합니다. 임금께서 女樂을 보내시어 그 나라의 정치를 어지럽게 하시고 그런 뒤에 유여가 돌아갈 날짜를 늦추도록 요청하여

○先愼曰 乾道本에 期作其라 顧廣圻云 後는 當依說苑作厚라 乾道本藏本에 期作其는 譌니 說苑作期라 先愼案 趙本에 作期不誤일새 今據改라

○王先愼 : 乾道本에 '期'자가 '其'로 되어 있다. 顧廣圻는 "'後'자는 응당 ≪說苑≫ 〈反質篇〉에 의거하여 '厚'자가 되어야 한다. 乾道本과 藏本에 '期'자가 '其'로 되어 있는 것은 오자이니, ≪說苑≫ 〈反質篇〉에 '期'로 되어 있다." 하였다.

나는 살펴보건대 趙本에 '期'로 되어 있어서 틀리지 않았기 때문에 지금 이에 의거하여 고쳤다.

10-111 以疏其諫하야

그가 諫하는 말이 멀어지게 하여

○顧廣圻曰 諫은 說苑作間하고 史記秦本紀亦作間하니 皆當讀間爲諫이라

○顧廣圻 : '諫'자는 ≪說苑≫ 〈反質篇〉에 '間'으로 되어 있고, ≪史記≫ 〈秦本紀〉에도 '間'으로 되어 있으니, 둘 다 응당 '間'을 '諫'으로 읽어야 한다.

10-112 彼君臣有間而後可圖也니이다 君曰 諾다 乃使史廖以女樂二八遺戎王하고

저들의 君臣 사이에 틈이 벌어진 뒤에 도모할 수 있을 것입니다."라고 하였다. 목공이 "좋다."고 하고는 곧 내사료를 시켜 女樂 16명을 데리고 가서 융왕에게 주고

○顧廣圻曰 史上에 當有內字라 二八은 說苑에 作三九하고 韓詩外傳에 作二列하고 史記與此同이라 先愼曰 藝文類聚五十九에 引作三人하니 誤라

○顧廣圻 : '史' 위에 응당 '內'자가 있어야 한다. '二八'은 ≪說苑≫ 〈反質篇〉에 '三九'로 되어 있고 ≪韓詩外傳≫에 '二列'로 되어 있으며, ≪史記≫ 〈秦本紀〉에는 이곳과 같다.

王先愼 : ≪藝文類聚≫ 권59에 이 글을 인용하면서 '三人'으로 되어 있으니 오자이다.

10-113 因爲由余請期하니

이어 유여의 돌아올 날짜를 늦추어달라고 요청하게 하니,

○先愼曰 請은 告也요 期는 歸期也라 旣告之期하고 又留由余不遣하야 以失其期하야 使君臣有閒하니 此秦先告以歸期之計也라

○王先愼 : '請'은 告함이고, '期'는 돌아올 날짜이다. 이미 귀국할 날짜를 고하고, 또 由余를 秦나라에 머물게 하고 보내지 않아서 귀국할 날짜를 어겨 그 君臣 사이에 틈이 벌어지게 한 것이니, 이는 진나라가 그가 귀국할 날짜를 먼저 고한 계책이다.

10-114 戎王許諾하다 見其女樂而說(열)之하야 設酒張飮[93]하고 日以聽樂하야 終歲不遷[94]하니 牛馬半死러라 由余歸하야 因諫戎王호되 戎王弗聽하니 由余遂去之秦하다 秦穆公迎而拜之上卿하고 問其兵勢與其地形하다 旣以得之하고 擧兵而伐之하야 兼國十二하고 開地千里라 故曰 耽於女樂하야 不顧國政이면 亡國之禍也라하니이다

戎王이 허락하였다. 女樂을 보고는 기뻐하여 장막을 쳐서 술자리를 만들어 술을 마시고 날마다 음악을 들으면서 한 해가 다하도록 옮겨 다니지 않으니, 소와 말이 〈먹을 것이 없어〉 절반이나 굶어 죽었다. 유여가 돌아와서 융왕에게 諫하였으나 융왕이 따르지 않으니, 유여는 마침내 서융을 떠나 진나라로 갔다. 진 목공이 그를 맞이하여 上卿에 임명하고 서융의 兵力情況과 지형을 물었다. 이미 서융의 모든 정황을 알고는 出兵하여 서융을 공격하여 12국을 兼倂하고 천 리의 영토를 개척하였다. 그러므로 "여악에 탐닉하여 국정을 돌보지 않으면 이는 나라를 멸망시키는 禍亂이다."라 말하는 것이다.

○先愼曰 亡上에 當有則字니 上文에 有라

---

93) 張飮 : 장막을 쳐놓고 술을 마시는 것이다. 張은 帳과 통용이다. 일설에는 통쾌하게 많이 마시는 것이라고 한다.

94) 遷 : 사는 곳을 옮겨 다니는 것을 말한다. 유목 민족은 일정한 곳에서 살지 않고 물과 풀이 있는 곳으로 옮겨 다니면서 소나 말을 방목하다가 풀이 다하면 다른 곳으로 옮겨서 산다.

○王先愼 : '亡'자 위에 응당 '則'자가 있어야 되니 윗글에 '則'자가 있다.

10-115 奚謂離內遠遊오 昔者에 田成子[95)]遊於海而樂之하야

무엇을 조정을 떠나 먼 지방에 가서 유람한다고 하는가. 옛날 田成子가 바닷가(渤海)에서 유람을 할 적에 즐거워서

○先愼曰 說苑正諫篇에 作齊景公이라 案說林上篇에 有鴟(치)夷子皮[96)]事田成子러니 田成子去齊走而之燕이라하니 事當卽此라

○王先愼 : ≪說苑≫ 〈正諫篇〉에 '齊景公'으로 되어 있다. 내가 살펴보건대 ≪韓非子≫ 〈說林 上篇〉에 "鴟夷子皮事田成子 田成子去齊走而之燕(鴟夷子皮가 田成子를 섬겼는데, 전성자가 제나라를 떠나 달아나서 연나라로 갔다.)"이라고 하였으니, 그 일이 바로 이것이다.

10-116 號令諸大夫曰 言歸者死호리라 顔涿聚[97)]曰

여러 大夫에게 호령하여 "돌아가자고 말하는 자는 죽여버리겠다."라고 하였다. 顔涿聚가

○先愼曰 涿聚는 說苑에 作燭趨하고 晏子春秋外篇에 作燭鄒하며 古今人表에 作燭雛①하니 集韻類篇에 雛音聚라 案涿與燭濁과 聚與鄒趨雛로 形聲相近하니 古本通用이라 左哀二十三年傳에 又作顔庚하니라

① 本或作濁鄒라
어떤 본에는 '濁鄒'로 되어 있다.

---

95) 田成子 : 춘추시대 齊나라의 權臣 田恒이다. 成은 시호이다. 그의 先祖 陳나라 公子 完이 齊나라에 망명하여 姓을 田氏로 바꾸었는데, ≪春秋左氏傳≫에는 陳恒으로, ≪史記≫에는 田常으로 기록되었다. 齊 簡公을 시해하고 平公을 세워 제나라의 정권을 독점하였고, 그의 증손 田和가 諸侯가 되어 제나라를 차지하였다. ≪說苑≫ 〈正諫篇〉에는 齊 景公으로 되어 있는데 景公이 옳다고 한다.

96) 鴟(치)夷子皮 : 춘추시대 越나라 사람 范蠡의 별칭이다. 범려가 句踐을 도와 吳나라를 멸망시킨 뒤 월나라를 떠나 齊나라에 살면서 고친 이름이다.

97) 顔涿聚 : 춘추시대 齊나라 대부이다. ≪春秋左氏傳≫ 哀公 23년에 보이는 顔庚이 곧 顔涿聚라고 한다.

○王先愼 : '涿聚'는 ≪說苑≫ 〈正諫篇〉에 '燭趨'로 되어 있고, ≪晏子春秋≫ 〈外篇〉에 '燭鄒'로 되어 있으며, ≪漢書≫ 〈古今人表〉에 '燭雛'로 되어 있는데, ≪集韻≫과 ≪類篇≫에 "'雛'의 음은 '聚'이다."라고 하였다. 내가 살펴보건대 '涿'은 '燭'·'濁'과, '聚'는 '鄒'·'趨'·'雛'와 함께 字形과 字音이 서로 비슷하니 예전에는 본래 통용하였다. ≪春秋左氏傳≫ 哀公 23년에는 또 '顔庚'으로 되어 있다.

10-117 **君遊海而樂之**나 **奈臣有圖國者何**잇고

"주군께서 바닷가를 유람하면서 즐거우시지만 신하 중에 나라를 찬탈하려고 도모하는 자가 있으면 어찌 하시렵니까.

○**盧文弨曰 藏本臣作人**이라

盧文弨 : 藏本에 '臣'은 '人'으로 되어 있다.

10-118 **君雖樂之**나 **將安得**이리잇가 **田成子曰 寡人布令曰 言歸者死**라커늘 **今子犯寡人之令**이로다 **援戈將擊之**한대 **顔涿聚曰 昔**에 **桀殺關龍逢**(방)[98]하고 **而紂殺王子比干**[99]하니 **今君雖**[100]**殺臣之身**하야 **以三之可也**니이다 **臣言爲國**이요 **非爲身也**니이다 **延頸而前曰 君擊之矣**하소서 **君乃釋戈趣**(촉)**駕而歸**하다 **至三日**하야 **而聞國人有謀不內**(납)**田成子者矣**러라

주군께서 지금은 즐거우시지만 〈나라를 잃으면〉 장차 어떻게 이 즐거움을 얻겠습니까."라고 하였다. 전성자가 "寡人이 명령을 선포하여 돌아가자고 말하는 자는 죽여버리겠다고 했는데, 지금 그대는 과인의 명령을 위반하였다."라고 하고는 창〔矛〕을 잡고 치려고 하였다. 그러자 안탁취는 "예전에 夏桀은 關龍逢을 죽였고, 商紂는 王子 比干을 죽였습니다. 지금 주군께서 만일 臣을 죽여서 〈관룡방·왕자 비간과 함께〉 세 사람의 忠諫하는 신하가 되게 해주시면 좋겠습니다. 저의 말은 나

98) 關龍逢 : 夏나라 末王 桀의 賢臣이다. 걸의 사치하고 부도덕한 행위를 간하다가 죽임을 당하였다.

99) 王子比干 : 商나라 末王 紂의 숙부이다. 일설에는 庶兄이라고 한다. 주의 음란함을 강력히 간하자 화가 난 주가 죽여서 가슴을 갈라 심장을 꺼내 보았다고 한다.

100) 雖 : 卽使, 곧 '설령'의 뜻으로 번역하였다.

라를 위한 것이지 제 자신을 위한 것이 아닙니다."라고 말한 뒤 목을 길게 빼고 앞으로 나아가 "주군께서는 저의 목을 치십시오."라고 하였다. 전성자는 곧 창을 버리고 수레를 재촉하여 빨리 돌아왔다. 돌아온 지 사흘 뒤에 都城 사람 중에 전성자를 받아들이지 말자는 음모를 꾸민 자가 있었다는 말을 들었다.

○先愼曰 趙本에 成子作子成하고 下同하니 皆誤라

○王先愼 : 趙本에 '成子'가 '子成'으로 되어 있고 아래에도 같으니, 모두 오자이다.

10-119 田成子所以遂有齊國者는 顔涿聚之力也라 故曰 離內遠遊면 則危身之道也라하니라

전성자가 마침내 齊나라를 소유하게 된 것은 안탁취의 功이다. 그러므로 "조정을 떠나 먼 지방에 가서 유람하면 이는 자신을 危難에 빠뜨리는 방법이다."라고 하는 것이다.

○先愼曰 上文則上에 有而忽於諫士句어늘 此脫이라

○王先愼 : 윗글의 '則'자 위에 '而忽於諫士'라는 句가 있는데 이곳에는 탈락되었다.

10-120 奚謂過而不聽於忠臣고 昔者에 齊桓公九(규)合諸侯[101)]하야 一匡天下하야 爲五伯(패)[102)]長하니 管仲[103)]佐之니라 管仲老하야 不能用事어늘 休居於家러니 桓公從而問之하야 曰 仲父[104)]家居有病하니 卽不幸而不起면

무엇을 過誤를 저지르고도 忠臣의 말을 따르지 않는다고 하는가. 예전에 齊 桓

101) 九(규)合諸侯 : 첫째 여러 차례 諸侯를 모았다는 뜻과, 둘째 제후를 糾合한다는 두 가지 해석이 있는데, 여기서는 ≪論語≫ 〈憲問〉의 朱子 설을 따라 '규합하다'로 번역하였다.

102) 五伯(패) : 춘추시대의 다섯 霸者를 말한다. 곧 여러 설이 있으나 주로 齊 桓公・晉 文公・秦 穆公・宋 襄公・楚 莊王을 이른다.

103) 管仲 : 춘추시대 齊나라 潁上 사람으로 이름은 夷吾, 시호는 敬, 仲은 字이다. 鮑叔牙와 지극한 우정으로 사귀었다. 처음에는 公子 糾를 섬기다가 뒤에 桓公을 섬겨 재상이 되어 仲父로 불리었다. 국정을 개혁하고 부국강병책을 썼으며, 尊王攘夷를 표방하여 桓公을 도와 霸業을 이루게 하였다.

104) 仲父 : 춘추시대 齊 桓公이 管仲을 존경하여 부르던 호칭이다.

公이 諸侯를 糾合하여 일거에 천하를 바로잡아 五霸의 으뜸이 되니 管仲이 환공을 보좌하였다. 관중이 늙어서 執政하지 못하자 물러나 집에서 쉬고 있었는데, 환공이 따라가서 "仲父께서 물러나 집에 계시면서 병이 들었으니 만일 불행하여 일어나지 못한다면

○先愼曰 乾道本은 起下에 有此病二字라 盧文弨云 淩本無일새 今據刪이라하니라

○王先愼 : 乾道本은 '起' 아래에 '此病' 두 글자가 있다. 盧文弨는 "淩本에는 〈'此病' 두 글자가〉 없기 때문에 지금 이에 의거하여 삭제하였다."라고 했다.

10-121 **政安遷之**오 **管仲曰 臣老矣**니 **不可問也**니이다 **雖然**이나 **臣聞之**호니 **知臣莫若君**이요 **知子莫若父**라하니 **君其試以心決之**하소서 **君曰 鮑叔牙**[105]**何如**오 **管仲曰 不可**하니이다 **鮑叔牙爲人**이 **剛愎而上悍**하니

政事를 누구에게 바꾸어 맡겨야 하겠소?" 하고 물었다. 관중은 "臣은 이제 늙었으니 정사를 물을 수가 없습니다. 그렇지만 신은 들으니 임금만큼 신하의 됨됨이를 아는 이는 없고, 아버지만큼 자식의 됨됨이를 아는 이는 없다고 합니다. 그러니 주군께서 한번 자신의 마음으로 결정해보십시오."라고 하였다. 환공이 "鮑叔牙가 어떻소?" 하고 물었다. 관중은 "안 됩니다. 포숙아의 사람됨이 강하고 괴팍하며 난폭함을 숭상하니,

○盧文弨曰 鮑上에 脫夫字하니 各本皆有라 悍은 藏本作捍하니 下同이라 先愼曰 蒼頡篇에 悍은 桀也라하고 荀子大略篇注에 悍은 兇戾也라하니 捍은 爲捍禦之字요 非此義니 藏本誤라

○盧文弨 : '鮑'자 위에 '夫'자가 탈락되었으니 각 본에는 모두 '夫'자가 있다. '悍'은 藏本에 '捍'으로 되어 있으니 아래에도 같다.

王先愼 : ≪蒼頡篇≫에 "'悍'은 '桀(흉악하고 사나움)'이다." 하였고, ≪荀子≫〈大略篇〉注에 "'悍'은 '兇戾(흉악하고 사나움)'이다."라고 하였다. '捍'은 '捍禦(막아서 지킴)'의 '捍'자이

105) 鮑叔牙 : 춘추시대 齊나라의 大夫, 齊 桓公을 즉위시키는 데 가장 큰 공을 세우고도 정치력이 뛰어난 管仲을 추천하여 宰相의 지위를 양보하고 관중과 함께 환공을 보좌하여 霸業을 이루었다.

지 이 '悍'의 뜻이 아니니 藏本의 '捍'은 오자이다.

10-122 **剛則犯民以暴**하고 **愎則不得民心**하며 **悍則下不爲用**호되 **其心不懼**하나니

剛하면 사나운 태도로 백성을 해치고 괴팍하면 백성의 마음을 얻지 못하며 난폭하면 아랫사람들이 사역에 응하지 않는데도 그의 마음에 두려워함이 없으니,

○**盧文弨曰 懼**는 **藏本張本**에 **作具**라 **先愼曰 懼字是**니 **言下不爲用而不畏也**라

○盧文弨 : '懼'는 藏本·張本에 '具'로 되어 있다.

王先愼 : '懼'자가 옳으니 아랫사람들이 사역에 응하지 않는데도 두려워하지 않는 것이다.

10-123 **非霸者之佐也**니이다 **公曰 然則豎刁**[106]**何如**오 **管仲曰 不可**하니이다 **夫人之情**은 **莫不愛其身**이어늘 **公妬而好內**하시니 **豎刁自獖**(분)하고

霸者의 좋은 보좌가 아닙니다." 하였다. 환공이 "그렇다면 豎刁는 어떻소?" 하고 물었다. 관중은 "안 됩니다. 일반적인 人情은 제 몸을 아끼지 않는 이가 없는데 公께서 남을 질투하고 여자를 좋아하시니, 수조가 스스로 去勢하고서

虧勢也라

舊注 : 〈'獖'은〉 去勢함이다.

10-124 **以爲治內**하니이다

內宮의 일을 처리하고 있습니다.

○**先愼曰 爲字衍**이니 **二柄篇難一篇**에 **竝無**라

○王先愼 : '爲'자는 衍文이니, ≪韓非子≫ 〈二柄篇〉과 〈難一篇〉에 모두 '爲'자가 없다.

10-125 **其身不愛**어늘 **又安能愛君**이리잇가 **曰 然則衛公子開方**[107]은 **何如**오

---

106) 豎刁 : 본서 243쪽 역주14) 참조.

자기의 몸도 아끼지 않는데 또 어찌 임금을 아끼겠습니까."라고 하였다. 환공이 "그렇다면 衛나라 公子 開方은 어떻소?" 하고 물었다.

○先愼曰 乾道本은 則下에 無衛字하고 如下에 有曰字라 盧文弨云 衛字脫하니 各本有라하고 顧廣圻云 藏本에 有衛字하니 是也라 乾道本에 如下에 衍曰字라하니라 先愼案 盧顧說是일새 今據補衛字하고 刪曰字라

○王先愼 : 乾道本은 '則'자 아래에 '衛'자가 없고, '如'자 아래에 '曰'자가 있다. 盧文弨는 "'衛'자가 탈락되었으니 각 본에 '衛'자가 있다."라고 하였고, 顧廣圻는 "藏本에 '衛'자가 있으니 이것이 옳다. 乾道本에 '如'자 아래에 있는 '曰'자는 衍文이다." 하였다. 내가 살펴보건대 노문초와 고광기의 설이 옳기 때문에 지금 이에 의거하여 '衛'자를 보충하고 '曰'자를 삭제하였다.

10-126 管仲曰 不可하니이다 齊衛之間은 不過十日之行이어늘 開方爲事君하야 (欲適君之故)〔適君之欲〕하야 十五年不歸見(현)其父母하니

관중은 "안 됩니다. 齊나라와 衛나라 사이는 열흘 동안 가는 거리에 지나지 않는데, 개방이 임금님을 섬기면서 임금님의 욕망에 영합하려고 15년 동안 돌아가서 그의 부모를 뵙지 않았으니,

○先愼曰 故字는 疑衍이요 欲字는 當在之字下니 難一篇에 作適君之欲하니 是其證이라 此因欲字誤倒在上하야 後人遂於之下에 加故字耳라

○王先愼 : '故'자는 衍文인 듯하고 '欲'자는 응당 '之'자 아래에 있어야 되니, ≪韓非子≫ 〈難一篇〉에 '適君之欲(주군의 욕망에 영합함)'으로 되어 있으니 이것이 그 증거이다. 이 句는 '欲'자가 잘못 도치되어 위에 있는 것에 인하여, 후세 사람이 마침내 '之'자 아래에 '故'자를 더했을 뿐이다.

10-127 此非人情也니이다 其父母之不親也어늘 又〔安〕能親君乎잇가

107) 衛公子開放 : 춘추시대 衛나라의 公子로 齊나라로 망명하여 桓公에게 重用되었고, 환공이 죽은 뒤 豎刁·易牙 등과 함께 全權을 壟斷하다가 孝公의 아들을 죽이고 아우 潘(昭公)을 세웠다.

이는 사람의 일반적인 인정에 맞지 않습니다. 그의 부모조차 친애하지 않는데 또 어찌 주군을 친애하겠습니까." 하였다.

○先慎曰 以上下文例之컨대 又字下에 當有安字라

○王先愼 : 위아래 글의 격식으로 비추어 보건대 '又'자 아래에 응당 '安'자가 있어야 한다.

10-128 公曰 然則易牙[108]何如오 管仲曰 不可하니이다 夫易牙爲君主味하야 君之所未嘗食이 唯人肉耳어늘 易牙蒸其子首而進之는

환공이 "그렇다면 易牙는 어떻소?" 하였다. 관중은 "안 됩니다. 역아는 임금님의 입맛을 위하여 〈음식을 주관하면서〉 임금님께서 아직 먹어보지 못한 음식이 다만 사람 고기일 뿐이었는데 역아가 자기의 자식 머리를 요리하여 바친 일은

○先愼曰 子首는 趙本에 作首子하니 誤라 說見前二柄篇하니라

○王先愼 : '子首'는 趙本에 '首子'로 되어 있으니, 잘못되었다. 이에 대한 설명이 앞의 〈二柄篇〉에 보인다.

10-129 君所知也니이다 人之情은 莫不愛其子어늘 今蒸其子以爲膳於君하니 其子弗愛어늘 又安能愛君乎잇가 公曰 然則孰可오 管仲曰 隰(습)朋[109]可하니 其爲人也 堅中而廉外하고 少欲而多信하니이다 夫堅中이면 則足以爲表요 廉外면 則可以大任이요 少欲이면 則能臨其衆이요 多信이면 則能親隣國이니이다 此霸者之佐也니 君其用之하소서 君曰 諾다 居一年餘에 管仲死하니 君遂不用隰朋而與豎刁하다 刁涖事三年에 桓公南遊堂阜러니 豎刁率易牙衛公子開方及大臣爲亂하다 桓公渴餒而死南門之寢公守之室[110]하야 身死三月不收하니 蟲出于

---

108) 易牙 : 본서 244쪽(7-34) 참조.

109) 隰(습)朋 : 춘추시대 齊나라의 公族으로, 桓公 때 大夫가 되어 管仲을 도와 환공이 霸業을 이루는데 큰 역할을 하였다. 시호는 成子이다.

110) 死南門之寢公守之室 : ≪呂氏春秋≫ 〈知接篇〉에는 "蒙衣袂而絶乎壽宮(옷소매를 덮어쓰고 수궁에서 절명하였다.)"로 되어 있고, 高誘의 注에 "壽宮 寢堂(수궁은 침당이다.)"이라 하였다. 陳奇猷는 ≪韓非子新校注≫에서 "이 기록에 의거하면 ≪韓非子≫의 이 문구 '公守'는 응당 '壽

戶하니라

임금님께서도 알고 계시는 일입니다. 일반적인 인정은 자기의 자식을 사랑하지 않는 이가 없는데, 지금 역아는 자기의 자식을 삶아 음식을 만들어 임금님께 바쳤으니, 자기의 자식도 사랑하지 않는데 또 어찌 임금님을 사랑하겠습니까?"라고 하였다. 환공이 "그렇다면 누가 좋겠소?" 하고 물었다. 관중은 "隰朋이 될 만합니다. 그는 사람됨이 意志는 굳세고 行實은 청렴하며 私欲이 적고 誠信함이 많습니다. 의지가 굳세면 모범이 되기에 충분하고 행실이 청렴하면 大任을 담당할 만하고 사욕이 적으면 民衆을 잘 다스릴 수 있고 성실함이 많으면 이웃 나라와 친밀하게 잘 지낼 수 있습니다. 이런 사람이 霸者의 보좌감이니 임금님께서는 그를 임용하십시오."라고 말하였다. 환공이 "좋다"라고 하였다.

1년 남짓 지난 뒤에 관중이 죽으니, 환공은 마침내 습붕을 임용하지 않고 豎刁를 임용하여 그 자리를 주었다. 수조가 政事를 맡은 지 3년 만에 환공이 남쪽 堂阜에 가서 유람하고 있었는데 수조가 역아와 위나라 공자 개방 및 大臣들을 거느리고 반란을 일으켰다. 환공이 목이 마르고 굶주린 상태로 南門 寢殿의 공을 가두어둔 방에서 죽었고, 죽은 지 3개월이 되도록 시신을 거두지 않아서 구더기가 문밖으로 기어 나왔다.

○先愼曰 二柄篇難一篇에 戶作尸하니 誤라

○王先愼：≪韓非子≫〈二柄篇〉과〈難一篇〉에 '戶'자가 '尸'자로 되어 있으니 오자이다.

10-130 故桓公之兵이 橫行天下하야 爲五伯長이라가 卒見弒於其臣하야 而滅高名하고 爲天下笑者는 何也오 不用管仲之過也라 故曰 過而不聽於忠臣하고 獨行其意면 則滅其高名하고 爲人笑之始也라하노라

이 때문에 환공의 군대가 천하를 횡행하면서 五霸의 으뜸이 되었다가 끝내 자기의 신하에게 시해당하여 높은 명성을 잃고 천하 사람들의 웃음거리가 되었으니

宮'이 되어야 한다. 곧 '壽宮'의 성음이 잘못 '守公'이 되고, 뒷사람이 또 도치하여 '公守'로 만들었다." 하였다. 역자는 이를 따르지 않고 저본대로 번역한 다음 참고로 이 설을 각주로 두었다.

이는 무엇 때문인가. 관중의 말을 따르지 않은 잘못 때문이다. 그러므로 "과오를 저지르고도 충신의 말을 따르지 않고 자기 뜻대로 행동하면 이는 높은 명성을 잃고 남의 웃음거리가 되는 시작이다."라고 말하는 것이다.

10-131 奚謂內不量力고 昔者에 秦之攻宜陽[111)]하야

무엇을 國內의 역량을 헤아려보지 않는다고 하는가. 예전에 秦나라가 〈韓나라의〉 宜陽을 공격하여

○顧廣圻曰 國策에 作秦韓戰於濁澤하고 史記韓世家同하니 在宣惠王十六年이라

○顧廣圻 : ≪戰國策≫ 〈韓策〉에 '秦韓戰於濁澤(진나라와 한나라가 濁澤에서 전쟁하다.)'으로 되어 있고, ≪史記≫ 〈韓世家〉도 같으니 韓 宣惠王 16년에 있었던 일이다.

10-132 韓氏急하니 公仲朋[112)]謂韓君曰

한나라가 위급해지니 公仲朋이 韓君에게

○顧廣圻曰 朋이 策誤作明하니 當依此訂이라 他書에 又作馮이라

○顧廣圻 : '朋'자가 ≪戰國策≫ 〈韓策〉에 잘못 '明'자로 되어 있으니, 응당 이 글에 의거하여 바로잡아야 한다. 다른 책에는 또 '馮'으로 되어 있다.

10-133 與國不可恃也니 豈如因張儀爲和於秦哉잇가 因賂以名都而南與伐楚하소서 是患解於秦而害交於楚也니이다

"同盟國〔與國〕이라도 믿고 의지할 수가 없습니다. 어찌 張儀를 통하여 진나라와 화평하는 것만 하겠습니까. 이어서 이름난 큰 城〔名都〕을 진나라에 뇌물로 주고 함께 남쪽으로 出兵하여 楚나라를 공격하십시오. 이는 진나라에게 받는 환난을 해

---

111) 宜陽 : 전국시대 韓나라의 邑이다. 지금의 河南省 宜陽縣 지역이다.

112) 公仲朋 : 전국시대 韓나라의 相國이다. ≪史記索隱≫ 〈韓世家〉에 "公仲은 韓나라 相國인데 이름은 侈이다."라고 하였는데 '朋'자와 '侈'자의 字形이 비슷하기 때문에 둘 중에 하나는 오자로 추정하는 설이 있다.

소하고 그 피해를 초나라에 대신 전가시키는 것입니다."라고 하였다.

秦害交於楚也라

舊注 : 진나라에게 받는 피해를 초나라에 대신 전가하는 것이다.

10-134 (公)〔君〕[113]曰 善하다하고 乃警

韓君이 "좋다." 하고는 곧

警은 飭戒也라 ○先愼曰 警이 策作儆字하니 同이라

舊注 : '警'은 단단히 명하여 경계함이다.

○王先愼 : '警'이 ≪戰國策≫ 〈韓策〉에 '儆'자로 되어 있는데 同字이다.

10-135 公仲之行하야

공중붕의 진나라에 사신 가는 일을 명하고 경계하여

○先愼曰 連上爲一句라

○王先愼 : 위 글과 이어서 한 句가 된다.

10-136 將西和秦하다 楚王[114]聞之하고 懼하야 召陳軫[115]而告之曰 韓朋將西和秦하니 今將奈何오 陳軫曰 秦得韓之都一하고

서쪽으로 가서 진나라와 화평을 맺게 하려고 하였다. 楚王이 이 소식을 듣고 두려워하여 陳軫을 불러서 "韓朋(公仲朋)이 서쪽으로 가서 진나라와 화평을 하려고 하니, 이제 어찌해야 하겠소?"라고 말하였다. 진진은 "진나라가 한나라의 큰 성 하나를 얻고

113) (公)〔君〕: 저본에는 '公'으로 되어 있으나, ≪韓非子新校注≫ 陳奇猷의 설에 의거하여 '君'으로 바로잡았다.

114) 楚王 : 이때의 楚王은 楚 懷王이다.

115) 陳軫 : 전국시대 楚나라 사람으로, 張儀와 함께 秦 惠王을 섬기다가 楚나라로 가서 懷王을 섬겼다. 장의의 음모에 대하여 회왕에게 遊說하였으나 받아들여지지 않았다.

○顧廣圻曰 藏本은 同하고 今本은 一作而하야 屬下하니 誤라 當句絶이라 策作今又得韓之名都一하고 史記同하니 上文에 皆作以一名都라

○顧廣圻 : 藏本은 이 글과 같고 今本은 '一'이 '而'로 되어 있어서 아래 글과 이어졌으니 잘못이다. 응당 여기서 句를 끊어야 된다. ≪戰國策≫ 〈韓策〉에 '今又得韓之名都一'로 되어 있고, ≪史記≫ 〈韓世家〉도 같으니, 〈≪전국책≫과 ≪사기≫의〉 윗글에 모두 '以一名都'로 되어 있다.

10-137 驅其練甲하야

잘 훈련된 군사를 몰아

○先愼曰 史記國策에 作而具甲이라

○王先愼 : ≪史記≫ 〈韓世家〉와 ≪戰國策≫ 〈韓策〉에 〈'驅其甲'이〉 '而具甲'으로 되어 있다.

10-138 秦韓爲一以南鄕楚하리이다 此秦王之所以廟祠而求也니 其爲楚害必矣리이다 王其趣(촉)發信臣호되 多其車하고 重其幣하야 以奉韓曰 不穀之國雖小나 卒已悉起하니 願大國之信意於秦也하노라

진나라와 한나라가 연합하여 남쪽으로 초나라를 향해 공격해올 것입니다. 이는 秦王이 종묘 제사를 지낼 때 祈求한 것이니, 장차 우리 초나라가 피해를 당할 것이 틀림없습니다. 王께서는 서둘러 사신〔信臣〕을 보내되 많은 수레를 마련하고 귀중한 폐백을 실어보내어 한나라에 바치면서 '우리의 나라(楚)가 작기는 하지만 〈한나라를 도우려고〉 이미 군사를 모두 출동시켰으니, 大國(韓)은 진나라에 〈대적하고자 하는〉 뜻을 펴시기를 바랍니다.

信은 申也라

舊注 : '信'은 '申(폄)'이다.

10-139 因願大國令使者入境하야 視楚之起卒也라하소서 韓使人之楚러니 楚王

因發車騎하야 陳之下路하고 謂韓使者하야 曰 報韓君호되 言弊邑之兵이 今將入境矣라하라 使者還報韓君한대 韓君大悅하야 止公仲하다 公仲曰 不可하니이다 夫以實告我者는 秦也요

아울러 대국은 사신을 우리나라의 국경에 들여보내어 우리 초나라가 군사를 출동시킨 것을 확인해보시기 바랍니다.'라고 말하게 하십시오." 하였다. 한나라가 사람을 파견하여 초나라에 가게 했더니 초왕이 곧 戰車와 戰馬를 징발하여 길가에 포진시키고 한나라 사신에게 "韓君에게 보고하되 우리나라의 군대가 지금 막 한나라 국경으로 進入하고 있다고 말해주시오."라고 말하였다. 한나라의 사신이 돌아와서 韓君에게 그대로 보고하자 한군은 크게 기뻐하면서 公仲朋의 진나라에 화평하러 가는 것을 중지시켰다. 공중붕은 "안 됩니다. 실제로 우리를 危害할 것이라고 알려온 나라는 진나라이고,

○顧廣圻曰 策同이나 姚校云 告는 一作困이라하니라 今案告는 當作苦니 形近之誤라 史記作伐이라

○顧廣圻 : ≪戰國策≫ 〈韓策〉도 이 글과 같으나 姚宏의 校勘에 "'告'는 어떤 본에 '困'으로 되어 있다."라고 하였다. 지금 살펴보건대 '告'는 응당 '苦'가 되어야 하니 字形이 비슷하여 잘못되었다. ≪史記≫ 〈韓世家〉에는 '伐'로 되어 있다.

10-140 以名救我者는 楚也니 聽楚之虛言하고 而輕(誣)强秦之實禍면 則危國之本也니이다

명분으로만 우리나라를 구원하겠다는 나라는 초나라입니다. 초나라의 빈말을 따르고 강력한 진나라의 실제의 禍亂을 경시하면 이는 나라를 危難에 빠뜨리는 근본입니다."라고 하였다.

○王引之曰 此言韓王聽虛言而輕實禍니 則輕下不得有誣字라 誣는 卽輕之譌니 韓策及史記韓世家에 俱無誣字하니 是其證也라 今作輕誣强秦之實禍者는 一本作輕하고 一本作誣어늘 而後人誤合之耳라 凡從巠從巫之字는 傳寫에 往往譌溷하니 說見經義述聞大戴禮喜之而觀其不誣下라

○王引之 : 이 글은 韓王이 빈말을 따르고 실제의 禍亂을 경시함을 말한 것이니, 그렇다면 '輕' 아래에 '誣'자가 있으면 안 된다. '誣'는 곧 '輕'의 오자이니, ≪戰國策≫ 〈韓策〉과 ≪史記≫ 〈韓世家〉에 모두 '誣'자가 없으니 이것이 그 증명이다. 지금 '輕誣强秦之實禍'로 되어 있는 것은 어떤 본에는 '輕'으로 되어 있고, 어떤 본에는 '誣'로 되어 있는데 後人이 잘못 두 글자를 합쳐놓은 것이다. '巠'과 '巫'가 붙은 글자는 傳寫 과정에서 종종 잘못 뒤섞이니, 그에 대한 설명이 ≪經義述聞≫ 〈大戴禮記〉 '喜之而觀其不誣(기뻐하는 데에서 그의 망령되지 않음을 본다.)'의 아래에 보인다.

10-141 **韓君弗聽**하니 **公仲怒而歸**하야 **十日不朝**하다 **宜陽益急**하니 **韓君令使者趣**(촉)**卒於楚**하야 **冠蓋相望**호되 **而卒無至者**라 **宜陽果拔**하야

韓君이 그의 말을 따르지 않으니 公仲朋은 노하여 집에 돌아가서 열흘 동안 朝會에 나오지 않았다. 宜陽의 형세가 더욱 위급해지자 한군이 사신을 초나라에 보내어 援軍의 파병을 재촉하느라 사신의 왕래가 끊임없이 이어졌으나 끝내 초나라의 원군은 오지 않았다. 마침내 의양이 함락되어

○**顧廣圻曰 策作秦果大怒興師**하야 **與韓氏戰於岸門**하니 **在十九年**이요 **其拔宜陽**은 **在襄王之五年**이니 **後此凡七年也**하야 **不同**이라

○顧廣圻 : ≪戰國策≫ 〈韓策〉에 '秦果大怒興師 與韓氏戰於岸門(진나라가 과연 크게 노하여 군사를 출동시켜 한나라와 岸門에서 전쟁하였다.)'으로 되어 있으니, 韓 宣惠王 19년에 있었던 일이고, 宜陽이 함락된 것은 韓 襄王 5년에 있었던 일이니, 이보다 7년 뒤의 일이어서 이 글과 같지 않다.

10-142 **爲諸侯笑**라 **故曰 內不量力**하고 **外恃諸侯者**면 **則國削之患也**라하노라

제후의 웃음거리가 되었다. 그러므로 "國內의 역량을 헤아리지 않고 밖으로 제후의 힘을 믿으면 이는 국토가 줄어드는 憂患이 있게 된다."고 하는 것이다.

10-143 **奚謂國小無禮**오 **昔者**에 **晉公子重耳出亡**하야 **過於曹**할새 **曹君袒裼而觀之**[116]하다 **釐**(희)**負羈**[117]**與叔瞻侍於前**이라가

무엇을 나라는 弱小한데 無禮하다고 하는가. 예전에 晉나라 公子 重耳가 도망쳐서 曹나라를 들렀을 적에 曹나라 임금이 중이의 알몸을 가까이 다가가서 살펴보았다. 釐負羈와 叔瞻이 앞에서 모시고 있다가

○顧廣圻曰 叔瞻은 **與左傳及本書喩老篇**으로 **皆不合**이라

○顧廣圻：'叔瞻'은 ≪春秋左氏傳≫ 僖公 4년과 本書 〈喩老篇〉의 내용과는 모두 합치하지 않는다.

晉나라 공자 重耳가 천하를 주유하다
(≪增像全圖東周列國志≫)

10-144 **叔瞻謂曹君曰 臣觀晉公子**호니 **非常人也**니이다 **君遇之無禮**하시니 **彼若有時反國而起兵**이면 **卽恐爲曹傷**일까하노니 **君不如殺之**니이다 **曹君弗聽**하다 **釐負羈歸而不樂**한대 **其妻問之曰 公從外來而有不樂之色**하니 **何也**오 **負羈曰 吾聞之**호니 **有福不及**이나 **禍來連我**라호라

숙첨이 조나라 임금에게 "臣이 진 나라 公子를 보니 보통 사람이 아닙니다. 그런데 임금님께서 그를 무례하게 대하셨으니, 저 사람이 만일 언젠가 本國에 돌아

116) 袒裼而觀之：晉 公子 重耳가 망명하여 曹나라에 갔을 때 曹 共公은 重耳의 갈비뼈가 붙어 있는 통뼈라는 소문을 듣고 그의 알몸을 보려고 그가 목욕할 때 가까이 다가가서 살펴본 일을 말한다.

117) 釐(희)負羈：曹나라의 대부로 僖負羈라고도 한다. 晉나라 공자 重耳가 조나라를 지날 때 조나라 사람들이 그를 푸대접하였으나 희부기만이 극진히 대접했다. 나중에 중이가 진나라 군주가 되어 조나라를 정벌했을 때 희부기에게 상을 내렸다.

가 君主가 되어 군사를 일으킨다면 曹나라가 禍亂을 당할까 우려되니, 임금님께서는 그를 죽이느니만 못합니다."라고 하였다. 조나라 임금은 숙첨의 말을 따르지 않았다.

희부기는 집에 돌아와서 즐겁지 않은 표정을 짓고 있자, 그의 아내가 "당신이 밖에서 돌아와 즐겁지 않은 안색이 있으니 무슨 일 때문입니까?"라고 물었다. 희부기가 "나는 들으니 임금은 福을 받아도 나에게는 복이 미치지 않지만 禍亂이 닥치면 나까지 얽혀든다고 하였소.

君有福未必及己나 其禍之至는 當連我也라

舊注 : 임금은 福을 받아도 반드시 나에게는 미치지 않지만 禍亂이 닥칠 적에는 당연히 나도 얽혀든다는 말이다.

10-145 今日吾君召晉公子하야 其遇之無禮어늘 我與(예)在前하니 吾是以不樂이로라 其妻曰 吾觀晉公子호니 萬乘之主也요 其左右從者는 萬乘之相也니이다 今窮而出亡하야 過於曹어늘 曹遇之無禮하니 此若反國이면 必誅無禮니 則曹其首也리이다 子奚不先自貳焉고 負羈曰 諾다하고 乃盛黃金於壺하야 充之以餐하고

오늘 우리 임금께서 진나라 공자를 불러 그를 무례하게 대하였는데, 나도 그 앞에 참여해 있었으니 나는 이 때문에 즐겁지 않은 것이오."라고 하였다. 그의 아내는 "내가 진나라 공자를 살펴보니 萬乘 나라의 임금이 될 相이고 그를 따르는 측근들은 萬乘 나라의 재상감들입니다. 지금 핍박을 받아 도망쳐서 조나라에 들렀는데 조나라는 그에게 무례하게 대하였으니, 이 사람이 만일 본국에 돌아가게 되면 반드시 자신에게 무례하게 굴었던 나라를 誅罰할 것이니, 그러면 조나라가 첫 번째로 誅罰될 것입니다. 당신은 어찌 먼저 스스로 진나라 공자와 조나라 임금에게 두 마음을 품은 것을 보이지 않습니까?"라고 하였다. 희부기는 "좋소." 하고는 이내 항아리에 황금을 담아 밥을 채우고

○先愼曰 乾道本에 無乃字요 拾補有라 盧文弨云 乃字脫이요 餐은 當作飧이니 下同이라하니라 今依拾補增이라

○王先愼 : 乾道本에는 '乃'자가 없고, ≪群書拾補≫에는 '乃'자가 있다. 盧文弨는 "'乃'자는 탈락되었고, '餐'은 응당 '飱'이 되어야 하니 아래 '餐'자도 같아야 한다."라고 하였다. 지금 ≪群書拾補≫에 의거하여 〈'乃'자를〉 더하였다.

10-146 **加璧其上**하야 **夜令人遺公子**하다 **公子見使者**하야 **再拜**하고 **受其餐而辭其璧**하다 **公子自曹入楚**라가 **自楚入秦**하다 **入秦三年**에 **秦穆公召群臣而謀曰 昔者**에 **晉獻公與寡人交**는 **諸侯莫弗聞**이라 **獻公不幸離群臣**이 **出入十年矣**로되 **嗣子不善**하니

그 위에 璧玉을 더 얹어서 밤중에 사람을 시켜 공자에게 보냈다. 공자는 使者를 만나 두 번 절하고 밥만 받고 벽옥은 사양하였다. 공자가 曹나라에서 楚나라로 들어갔다가 다시 楚나라에서 秦나라로 들어갔다. 秦나라에 들어간 지 3년 만에 秦穆公이 신하들을 불러 모아놓고 의논하기를 "예전에 晉 獻公과 寡人이 親交를 맺은 일은 諸侯 중에 들어서 알지 못하는 이가 없다. 그런데 헌공이 불행히 신하들을 떠나 죽은 지 10년쯤 되었으나 뒤를 이은 자식이 좋지 못하니

○**顧廣圻曰 藏本今本**에 **嗣上有其字**라

○顧廣圻 : 藏本과 今本에는 '嗣' 위에 '其'자가 있다.

10-147 **吾恐此將令其宗廟不祓除**[118]**而社稷不血食**[119]**也**하노라 **如是弗定**이면 **則非與人交之道**라 **吾欲輔重耳而入之晉**하노니 **何如**오 **群臣皆曰 善**하다 **公因起卒**하니 **革車五百乘**과 **疇騎二千**이요

나는 이 사람이 장차 진나라 宗廟에 掃除를 하지 못하고 社稷에 제사를 드리지 못할까 우려된다. 이런 데도 진나라를 안정시켜주지 않는다면 이는 남과 親交를

118) 祓除 : 제사를 지내어 나쁜 災害를 제거함을 말한다. 掃除하여 청결히 하는 것도 祓의 뜻이므로 掃除로 번역하였다. 先王의 神主를 모신 宗廟에 소제를 하지 못한다는 것은 나라가 망함을 이른다.

119) 血食 : 犧牲을 잡아 生肉을 바쳐 제사함을 말한다. 社稷에 血食을 바치지 못한다는 것은 나라가 망함을 이른다. 옛날 남의 나라를 멸망시키면 가장 먼저 그 나라의 종묘와 사직을 헐어 없애기 때문에 이르는 말이다.

맺은 사람의 도리가 아니다. 나는 중이를 도와 진나라에 들여보내고자 하는데 어떻겠소?"라고 하였다. 신하들이 모두 "좋습니다."라고 말하였다. 穆公이 이 때문에 군사를 일으키니 革車(兵車)가 5백 채이고 동등한 규격의 좋은 말이 2천 匹이며

疇는 等也니 言馬齊等하야 皆精妙也라

舊注 : '疇'는 '等(동등함)'이니, 말의 규격이 동등하여 모두 精妙함을 말한 것이다.

10-148 步卒五萬이러라 輔重耳入之于晉하야 立爲晉君하다 重耳卽位三年에 擧兵而伐曹矣하다 因令人告曹君曰 懸叔瞻而出之하라 我且殺而以爲大戮호리라 又令人告釐負羈曰 軍旅薄城하니

步兵이 5만 명이었다. 중이를 도와 晉나라에 들여보내어 그를 진나라의 임금으로 즉위시켰다. 중이가 즉위한 지 3년 만에 군사를 일으켜 조나라를 토벌하러 나섰다. 이어 사람을 보내 조나라 임금에게 "숙첨을 성 위에서 매달아 내려보내라. 내가 장차 그를 죽여서 시체를 벌여놓아 널리 대중에게 보일 것이다."라고 통고하게 하였다. 또 사람을 보내어 희부기에게 "우리의 군대가 성에 바싹 다가가고 있으니,

○先愼曰 薄은 迫也라

○王先愼 : '薄'은 '迫(바싹 다가감)'이다.

10-149 吾知子不違也로라

나는 그대가 나를 저버리지 않았음을 알고 있노라.

知不敢違君言은 非本心也라 ○先愼曰 謂知不背吾也니 注說非라

舊注 : 조나라 임금의 말을 감히 위배하지 않은 것은 本心이 아니었음을 알겠다는 말이다.

○王先愼 : 나를 저버리지 않았음을 알겠다는 말이니, 舊注의 말은 틀렸다.

10-150 其表子之閭하라 寡人將以爲令하야 令軍勿敢犯하리라 曹人聞之하고 率

其親戚하고 **而保釐負羈之閭者 七百餘家**라 **此禮之所用也**라 **故曹**는 **小國也**로 **而迫於晉楚之間**하니 **其君之危猶累卵也**어늘 **而以無禮涖之**하니 **此所以絶世也**라 **故曰 國小無禮**하야 **不用諫臣**이면 **則絶世之勢也**라하노라

그대가 살고 있는 거리에 표시를 해두어라. 寡人이 명령을 내려 군사들이 함부로 침범하지 못하도록 할 것이다." 하였다. 조나라 사람들이 이 말을 듣고 자신의 친척들을 이끌고 희부기의 마을에 와서 목숨을 보전한 자가 7백여 집이나 되었다. 이는 바로 禮의 작용인 것이다. 그러므로 조나라는 작은 나라로서 晉나라와 楚나라 사이에서 핍박을 받고 있으니 그 임금의 위험함이 마치 계란을 쌓아놓은 것과 같은데도 무례함으로 대하였으니 이것이 代가 끊긴 원인이다. 그러므로 "나라는 弱小한데 無禮하면서 諫하는 신하의 말을 따르지 않으면 이는 代가 끊기는 형세가 된다."고 말하는 것이다.

第十一 孤憤篇 제11편 홀로 분격하다

'孤憤'이란 홀로 분격함을 말하는데, 통치의 法術에 정통한 인재가 군주의 측근이나 권신에게 막혀 인정을 받지 못하는 현실에 대해 강한 울분을 터뜨린다는 뜻이다. 이 편의 대의는 통치의 법술에 정통한 인재와 권신은 양립할 수 없으므로, 군주의 눈과 귀를 가리는 권신은 제거하고 법술에 정통한 인재를 발탁할 것을 강조하는 것이다. 그 내용은 통치술에 정통한 인재가 권신에게 미움을 받는 원인, 통치술에 정통한 인재가 권신과 경쟁하여 이기지 못하는 원인과 결과, 군주가 권신에게 가려져서 권신이 전권을 행사하여 나라가 망하게 되는 양상, 대부분의 나라가 개결하고 지혜로운 인재들이 어리석고 오활한 측근들의 견제를 당하여 중용되지 못하고 있는 것, 권신이 어리석고 부도덕한 관리들을 거느리고 군주를 미혹시켜 법을 무너뜨리고 붕당을 지어 끝내는 나라를 멸망에 이르게 하는 이치 등에 대해 논하였다. 이 편은 ≪韓非子≫ 전체에서 중요도가 높은 명편으로 진 시황도 이 글을 읽고 감탄했다는 기록이 ≪史記≫ 〈韓非列傳〉에 나온다.

言法術之士 旣無黨與면 **孤獨而已**라 **故其材用**이 **終不見明**이라 **卞生旣以抱玉而長號**[1]요 **韓公由之寢謀而內憤**이라

舊注 : 통치의 法術에 정통한 선비라도 이미 黨與가 없으면 외톨이가 될 뿐이다. 그러므로 그의 才能이 결국 드러나지 못함을 말한 것이다. 卞和는 그 때문에 玉을 품고서 길게 울부짖었고, 韓公(韓非)도 그 때문에 계책을 멈추고 마음속으로 분격하였다.

---

1) 卞和旣以抱玉而長號 : 卞和는 춘추시대 楚나라 사람으로, 玉의 原石을 얻어서 楚나라 厲王에게 바쳤다. 왕이 玉工을 시켜 감정하게 하니 돌이라고 하였다. 왕은 변화가 자신을 속였다고 생각하고는 그의 왼발을 베었다. 武王이 즉위하자 다시 그것을 바치니, 옥공이 다시 돌이라고 하였다. 왕이 다시 변화가 속였다고 생각하고는 그의 오른발을 베었다. 文王이 즉위하자 그가 원석을 안고서 초산 아래에서 사흘 밤낮을 통곡하였다. 이 고사가 ≪韓非子≫ 〈和氏篇〉에 나온다.

11-1 智[2)]術之士는 必遠見而明察하니 不明察이면 不能燭私요 能法之士는 必强毅而勁直하니 不勁直이면 不能矯姦이니라

통치의 법술을 아는 선비는 반드시 멀리 내다보고 분명히 살핀다. 분명히 살피지 못한다면 사사로이 꾸미는 음모를 밝혀낼 수 없다. 통치의 법술을 잘 쓰는 선비는 반드시 굳세고 강직하다. 강직하지 않으면 간사한 자들을 바로잡을 수가 없다.

○先愼曰 廣雅釋詁에 矯는 直也라하니라 莊子天下篇에 以繩墨自矯라하고 荀子性惡篇에 以矯飾人之性情而正之라하니 其義竝同이라

○王先愼：≪廣雅≫〈釋詁〉에 "'矯'는 '直(곧게 하다)'이다." 하였다. ≪莊子≫〈天下篇〉에 '以繩墨自矯(먹줄로 스스로를 곧게 한다.)'라 하였고, ≪荀子≫〈性惡篇〉에 '以矯飾人之性情而正之(사람의 성정을 곧게 바로잡아 바르게 한다.)'라 하였으니, 그 뜻이 모두 같다.

11-2 人臣이 循令而從事하고 案法而治官이면 非謂重人也니라

신하가 명령에 따라 일을 하고 법령을 살펴 직무를 수행하면 '重人'이라 이르지 않는다.

○先愼曰 重人은 非此之謂라

○王先愼：'重人'은 이것을 말하는 것이 아니다.

11-3 重人也者는 無令而擅爲하고 虧法以利私하며 耗國以便家하야 力能得其君하니 此所爲重人也니라

重人이란 명령을 무시하고 제멋대로 하며, 법을 무너뜨려 자기 잇속을 챙기고 국가의 재정을 빼돌려 자기 집안을 이롭게 하면서, 권력이 군주를 자기 뜻대로 조종할 수 있는 자이니, 이런 자를 중인이라고 한다.

---

2) 智：≪韓非子新校注≫에서 容肇祖는 '知'로 읽어야 한다고 하였는데, 이에 의거하여 번역하였다.

擅爲虧法하고 逆理而動하야 其力尙能得君從已어든 況其餘乎아 此爲重人也니 言其貴賤國人所共重之也라 ○王渭云 爲는 當作謂니 舊注未譌라 先愼曰 爲謂古通이니 不必改作이라

舊注 : 제멋대로 하여 법을 무너뜨리고 도리를 거슬러 행동하여, 그 권력이 오히려 군주도 자기를 따르게 하는데, 그 나머지 사람들이겠는가. 이런 자를 중인이라고 하니, 나라 사람이 귀하거나 천하거나 할 것 없이 모두 그를 중하게 여김을 말한다.

○王渭 : '爲'는 응당 '謂'가 되어야 하니, 舊注가 잘못된 것이 아니다.

王先愼 : '爲'와 '謂'는 옛날에 통용하였으니, 꼭 고칠 필요는 없다.

11-4 智術之士는 明察하니 聽用하면 且燭重人之陰情이요

통치의 법술을 아는 선비는 밝게 잘 살피기 때문에 군주의 신임을 얻어 중용되면 장차 중인의 은밀한 실정을 밝혀낼 것이고,

智術之士는 旣明且察하니 今見聽用이면 能燭見重人之陰情이라

舊注 : 통치의 법술을 아는 선비는 밝고도 잘 살피니, 이제 신임을 얻어 중용되면 중인의 은밀한 실정을 환하게 볼 수 있을 것이다.

11-5 能法之士는 勁直하니 聽用하면 且矯重人之姦行이니라 故智術能法之士用하면 則貴重之臣은 必在繩之外矣니라

통치의 법술을 잘 쓰는 선비는 강직하니 군주의 신임을 얻어 중용되면 장차 중인의 간사한 짓을 바로잡을 것이다. 그러므로 통치의 법술을 알고 잘 쓰는 선비가 등용되면, 지위가 높고 권세가 있는 신하는 반드시 법에 따라 제거될 것이다.

言必見削除也라

舊注 : 반드시 〈중인이〉 벼슬을 빼앗기고 쫓겨날 것이라는 말이다.

11-6 是智法之士와 與當塗之人은 不可兩存之仇也니라

따라서 통치의 법술을 아는 선비와 요직에 있는 중인은 동시에 존재할 수 없는

원수 같은 사이이다.

旣不可兩存이니 所(存)以相仇也라 ○盧文弨曰 注所下에 衍存字라

舊注 : 이미 둘이 동시에 존재할 수 없으니, 서로 원수가 되는 것이다.

○盧文弨 : 舊注에 '所' 아래에 '存'자가 잘못 들어갔다.

11-7 當塗之人이 擅事要면 則外內爲之用矣니라

요직에 있는 중인이 중요한 정사를 장악하여 마음대로 하면 적대하는 외국과 국내의 신료들이 그를 위해 일할 것이다.

外는 謂百官也요 內는 謂君之左右也니 皆與當塗之人爲用也라 ○先愼曰 外는 指敵國이라 下文諸侯不因이 是也라 百官左右學士皆屬內라 注誤라

舊注 : '外'는 백관을 말하고, '內'는 군주의 근신을 말하니, 모두 요직을 차지한 중인에게 이용된다.

○王先愼 : '外'는 적국을 가리킨다. 아래 글의 '諸侯不因'이 그것이다. 백관과 근신, 학사들이 모두 '內'에 속한다. 舊注는 잘못되었다.

11-8 是以로 諸侯不因이면 則事不應이라 故敵國爲之訟이요

이런 까닭에 제후들이 그를 통하지 않으면 일이 호응을 얻지 못하기 때문에 적국에서도 그를 칭송하고,

隣國諸侯 或來求事에 不因當塗者면 其求必不見應이라 故重人有事에 敵國爲之訟寃이라 ○先愼曰 訟은 說也①라 此謂敵國之人이 稱譽其重人이니 如燕噲爲秦使燕而爲子之之類[3]라 注謂重人有事敵國爲訟寃은 非라

① 說見下라

설명이 아래에 보인다.

---

3) 如燕噲爲秦使燕而爲子之之類 : 이것은 燕王 噲가 즉위한 지 3년째 되던 해에, 蘇代가 齊나라를 위해 燕나라에 사신을 와서 燕나라 재상 子之를 위해 燕王 噲에게 유세하여 제후의 자리를 넘겨주게 한 일로 보아야 한다. 王先愼의 말은 성립이 되지 않는다. 衍文이 있는 듯하나 상고할 수 없다.

舊注 : 이웃 나라 제후가 혹 와서 외교적인 일을 구할 때에 요직에 있는 중인을 통하지 않으면 그 요청이 반드시 호응을 얻지 못한다. 그러므로 중인에게 어떤 일이 있을 때 적국이 그를 위해 원통함을 변명해준다.

○王先愼 : '訟'은 '說(말함)'이다. 이것은 적국의 사람이 그 중인을 칭송함을 말하니, 燕나라 군주 噲가 秦나라를 위해 燕나라에 사신을 보내서 子之를 위했던 따위와 같다. 舊注에서 '重人有事 敵國爲之訟冤'이라 한 것은 틀렸다.

11-9 **百官不因**이면 **則業不進**이라 **故群臣爲之用**이요 **郎中不因**이면 **則不得近主**라 **故左右爲之匿**이요

百官들도 그를 통하지 않으면 일이 진행되지 않기 때문에 신하들이 그를 위해 일하고, 郎中들도 그를 통하지 않으면 군주에게 가까이 갈 수 없기 때문에 군주의 측근들이 그를 위해 잘못을 숨겨주고,

郎中은 **爲郎居中**이니 **則君之左右之人也**라 **旣因重人而得近主**라 **故爲之匿非也**라

舊注 : '郎中'은 郎이 되어 宮中에 거처하니, 군주의 측근에 있는 사람이다. 이미 중인을 통해야 군주에게 가까이 갈 수 있기 때문에 그를 위해 잘못을 숨겨준다.

11-10 **學士不因**이면 **則(養)祿薄禮卑**라 **故學士爲之談也**니라

학사들도 그를 통하지 않으면 녹봉이 깎이고 대우가 낮아지기 때문에 학사들이 그를 위해 칭찬해준다.

談者는 **謂爲重人延譽**라 **○先愼曰 養祿二字**는 **當衍其一**이라

舊注 : '談'은 중인을 위해 칭찬함을 이른다.

○王先愼 : '養'과 '祿' 두 자 중에 하나는 衍文이다.

11-11 **此四助者 邪臣之所以自飾也**니라 **重人不能忠主而進其仇**요

이 네 부류의 도와주는 자들이야말로 간사한 신하가 자신을 숨기는 수단이다. 중인은 군주에게 충성하기 위해 자기 원수를 추천할 리가 없고,

重人所仇者는 法術之士也라

舊注 : 중인이 원수로 여기는 자는 통치의 법술을 아는 선비이다.

11-12 人主不能越四助而燭察其臣[4)]이니라

군주는 네 부류의 도와주는 자들을 넘어서 그 신하〔重臣〕를 환히 살필 수 없다.

臣은 亦謂法術之臣也라

舊注 : '臣'은 또한 통치의 법술을 아는 신하이다.

11-13 故人主愈弊而大臣愈重이니라

그러므로 군주는 더욱 가려지고 대신의 권세는 더욱 커진다.

○顧廣圻曰 弊는 讀爲蔽니 下文比周以弊主와 又是以弊主上 皆同이라 先愼曰本書에 蔽는 多作弊니 姦劫弑臣篇云 爲姦利之弊主라하고 又云 非不弊之術也라하고 難一篇云 賞罰不弊於後 是也라

○顧廣圻 : '弊'는 '蔽(가리다)'로 읽으니, 아래 글의 '比周以弊主(한패가 되어 군주의 이목을 가리다.)'와 또 '是以弊主上(이 때문에 군주의 이목을 가리다.)'이 모두 같다.

王先愼 : 본서에 '蔽'는 대부분 '弊'로 되어 있으니, 〈姦劫弑臣篇〉에 '爲姦利之弊主(간사한 잇속을 챙기려고 군주의 눈과 귀를 가리다.)'라 하고 또 '非不弊之術也(가려지지 않기 위한 방법이 되지 못한다.)'라 하며, 〈難一篇〉에 '賞罰不弊於後(나중에 상벌이 가려지지 않게 된다.)'라고 한 것이 이것이다.

11-14 凡當塗者之於人主也에 希不信愛也요 又且習故니라

요직에 있는 중인이 군주에 대해 신임과 총애를 받지 못하는 경우는 드물고, 게다가 오랫동안 친숙한 사이이기도 하다.

---

4) 臣 : 舊注에서는 '法術之臣'이라고 하였으나, ≪韓非子新校注≫ 陳奇猷의 설에 따라 '重臣'으로 보는 것이 타당할 듯하다.

重人得主信愛者多하고 又用事旣久니 乃慣習故舊也라

舊注：중인은 군주에게 신임과 총애를 받는 경우가 많고 게다가 권력을 행사한 지 오래되었으니, 곧 익숙하고 오래된 관계인 것이다.

11-15 若夫卽主心하야 同乎好惡 固其所自進也니라

군주의 마음에 맞추어 좋아하고 싫어하기를 같이하는 것이 본래 그들이 스스로 출세하는 방법이다.

○顧廣圻曰 藏本同이라 今本無乎字니 誤라 先愼曰 卽은 就也니 就主心之好惡者而好惡之也라 自進은 謂己之進身也니 其所以自進은 則與主信愛習故同好惡三者而已라 注訓自進爲己自進擧之人[5)]은 誤라

○顧廣圻：藏本은 같다. 今本은 '乎'자가 없으니, 잘못이다.

王先愼：'卽'은 '就(나아감)'이다. 군주의 마음에 좋아하고 싫어하는 것을 맞추어 자기도 좋아하고 싫어한다. '自進'은 자기가 출세함을 말한다. 그들이 스스로 출세하는 방법은 군주가 신임하고 총애하는 것, 관계가 친숙한 것, 좋아하고 싫어하는 취향을 같이하는 것 세 가지뿐이다. 舊注에 '自進'을 '자기가 직접 추천한 사람'이라고 해석한 것은 잘못이다.

11-16 官爵貴重하고 朋黨又衆하니 而一國爲之訟[6)]하니라

관직과 벼슬이 높고 귀하며 패거리가 또 많으니, 온 나라에서 그를 칭송한다.

訟은 卽說也라 重人擧措 常就主心而同其好惡니 己自進擧之人이 官爵重之하고 朋黨〔又〕衆하니 及其有事에 一國爲之訟冤이면 則君無(德)〔得〕而誅之라 ○先愼曰 注訟卽說은 是也나 又以訟冤釋之는 非라 衆上에 脫又字요 無德은 當作無得이라

舊注：'訟'은 바로 '說(말함)'이다. 중인의 행동거지가 항상 군주의 마음에 맞추어 좋아하고 싫어하기를 함께하니, 자기가 직접 추천한 사람이 관작이 높아지고 패거리가 또 많

---

5) 自進爲己自進擧之人：舊注의 이 해석은 아래 글(11-16)에 나온다.

6) 訟：윗글에 나오는 '故敵國爲之訟(때문에 적국에서도 그를 칭송한다.)'의 '訟'과 같이 칭송함으로 번역하였다.

아지면, 그에게 어떤 일이 있을 적에 온 나라 사람이 그를 위해 원통함을 변명해주면 군주는 어떻게 그를 誅罰할 방법이 없다.

○王先愼 : 舊注의 '訟'은 '說(말함)'이라 한 것은 옳지만 또 '訟寃(원통함을 변명해준다.)'이라고 해석한 것은 틀렸다. '衆' 위에 '又'자가 탈락되었고, '無德'은 응당 '無得'이 되어야 한다.

11-17 **則法術之士**로 **欲干上者**는 **非有所信愛之親**과 **習故之澤也**요 **又將以法術之言**으로 **矯人主阿辟之心**하니 **是與人主相反也**니라 **處勢卑賤**하고

통치의 법술에 정통한 선비로 군주에게 등용되기를 바라는 자는 신임이나 총애를 받을 친분이나 오랫동안 친숙한 은택도 없고, 게다가 통치의 법술을 가지고 군주의 편벽된 마음을 바로잡으려 하니, 이는 군주에게 맞서 거스르는 것이다. 따라서 그의 지위는 비천하고

○先愼曰 乾道本에 勢作世라 顧廣圻云 藏本今本에 世는 作勢라하니라 先愼案 作勢是라 此對官爵貴重言이니 不當作世라 今據改하노라

○王先愼 : 乾道本에 '勢'는 '世'로 되어 있다. 顧廣圻는 "藏本과 今本에 '世'는 '勢'로 되어 있다."라고 하였다. 내가 살펴보건대, '勢'로 되는 것이 옳다. 이는 '官爵貴重'에 상대하여 말한 것이니, '世'가 되어서는 안 된다. 지금 이에 근거하여 바로잡았다.

11-18 **無黨孤特**하니라 **夫以疏遠與(近愛信)〔信愛〕爭**이면

따르는 무리도 없이 고독하기만 하다. 군주와 소원한 자가 군주에게 신임과 총애를 받는 자와 겨루면

近愛信은 謂重人是也라 ○先愼曰 近字는 衍文이요 愛信은 當作信愛라 疏遠信愛相對成文이니 不當有近字라 上文希不信愛와 非有所信愛之親에 皆作信愛니 此承上言이라 明愛信二字誤倒라 注亦作近愛信이라하니 則其譌舊矣라

舊注 : '近愛信'은 바로 중인을 이른다.

○王先愼 : '近'자는 衍文이고, '愛信'은 '信愛'가 되어야 한다. '疏遠'과 '信愛'를 마주 놓아 문장을 이룬 것이니, '近'자가 있어서는 안 된다. 윗글의 '希不信愛'와 '非有所信愛之親'

에 모두 '信愛'라고 하였으니, 이 구절은 윗글을 이어서 말한 것이므로 '愛信' 2자가 잘못 도치된 것이 분명하다. 舊注에서 또한 '近愛信'이라 하였으니, 그 오류가 오래되었다.

11-19 **其數不勝也**요

이치상 이길 수 없는 것이고,

數는 **理也**라

舊注 : '數'는 '理(이치)'이다.

11-20 **以新旅與習故爭**이면 **其數不勝也**요 **以反主意與同好〔惡〕爭**이면

군주에게 새로 찾아온 유세객이 군주와 오랫동안 친숙한 자와 겨루면 이치상 이길 수 없는 것이고, 군주의 뜻에 맞서 거스르는 자가 군주가 좋아하고 싫어하는 것을 잘 맞추는 자와 다투면

重人이 **與君同好**라 ○**王渭曰 好下**에 **當有惡字**라

舊注 : 중인은 군주와 좋아하는 것을 같이한다.
○王渭 : '好' 아래에 '惡'자가 있어야 한다.

11-21 **其數不勝也**요 **以輕賤與貴重爭**이면 **其數不勝也**요 **以一口與一國爭**이면

이치상 이길 수 없는 것이고, 경시되고 비천한 자가 귀하고 권세 있는 자와 겨루면 이치상 이길 수 없는 것이고, 한 사람의 목소리로 온 나라가 칭송하는 자와 겨룬다면

重人은 **與一國爲朋黨**이라

舊注 : 중인은 온 나라와 패거리를 이룬다.

11-22 **其數不勝也**니라 **法術之士**는 **操五不勝之勢**니 **以歲數而(又)〔猶〕不得見**이어니와

이치상 이길 수 없는 것이다. 법술에 정통한 선비는 이 다섯 가지 이길 수 없는 형세를 쥐고 있으니, 여러 해가 지났음에도 오히려 군주를 만나보지 못하고 있지만,

所經時歲已至於數로되 猶不得見君이라 ○顧廣圻曰 又는 當作猶니 舊注未譌라

舊注 : 지나온 해가 이미 여러 해에 이르렀으되 오히려 군주를 만나지 못하고 있다.
○顧廣圻 : '又'는 '猶'가 되어야 하니, 舊注는 틀리지 않았다.

11-23 當塗之人은 乘五勝之資하야 而旦暮獨說於前이니라

요직에 있는 중인은 이 다섯 가지 이길 수 있는 밑천을 업고 아침저녁으로 홀로 군주 앞에 나아가 의견을 말한다.

法術之士 既不得見이라 故當塗之人이 獨訟而稱寃이라 ○先慎曰 案依注所據本에 說은 作訟이라 故云 獨訟而稱寃이라하니 此解非也라 訟은 古通誦이니 誦은 猶說也라 史記呂后紀에 未敢訟言攻之라하니 漢書에 作誦言이라하고 索隱云 誦은 說也라하니라 此謂當塗之人이 獨常常與君言說이로되 而法術之士는 見且猶不得亟이어든 況得與言乎아 此旦暮獨訟於前은 反對法術之士言이니 舊注誤라

舊注 : 법술에 정통한 선비가 군주를 만나지 못하기 때문에 요직에 있는 중인이 홀로 군주에게 하소연하고 억울함을 일컫는다.

○王先愼 : 살펴보건대, 舊注가 근거로 한 판본에 '說'은 '訟'으로 되어 있다. 그러므로 '獨訟而稱寃'이라고 하였는데, 이 해석은 틀렸다. '訟'은 옛날에 '誦'과 통용하였으니, '誦'은 '說'과 같다. ≪史記≫ 〈呂太后本紀〉에 "未敢訟言攻之(감히 공격하라고 말하지 못했다.)"라 하였는데, ≪漢書≫에 '誦言'으로 되어 있고, ≪史記索隱≫에 "'誦'은 '說'이다." 하였다. 이 구절은 요직에 있는 중인이 홀로 늘 군주에게 의견을 말하는 반면, 법술에 정통한 선비는 만나는 것도 자주 얻기 어려운데, 더욱이 군주에게 의견을 말할 수 있겠는가. 이 '旦暮獨說於前'은 법술에 정통한 선비의 말을 반대하는 것이니, 舊注는 틀렸다.

11-24 故法術之士는 奚(道)〔時〕得進이며 而人主는 奚時得悟乎아

그러므로 법술에 정통한 선비가 어느 때나 군주에게 나아갈 수 있겠으며, 군주

는 어느 때나 깨달을 수 있겠는가.

法術之士 旣不得進이면 則人主何從而悟乎아 ○先愼曰 王氏念孫兪氏樾이 竝訓此道字爲由라 案奚道得進은 猶言何時得進也라 士無時得進이면 則人主無時得悟니 語正相當이라 奚道得進은 則蒙上以歲數而又不得見言이니 則道는 爲時字變文이 尤其明證이라 不得以他處道有由義以例此也라 人主篇에 正作奚時得進이라

舊注 : 법술에 정통한 선비가 군주에게 나아가지 못하면 군주는 무엇을 말미암아 깨닫겠는가.

○王先愼 : 王念孫과 兪樾이 모두 이 '道'자를 '由(말미암다)'로 훈석하였다. 살펴보건대, '奚道得進'은 '何時得進(어느 때에 나아갈 수 있겠는가.)'이라는 말과 같다. 선비가 어느 때고 군주에게 나아가지 못한다면 군주가 어느 때고 깨달을 수 없는 것이니, 말이 서로 맞아 떨어진다. '奚道得進'은 위의 '以歲數而又不得見'을 이어받아서 말한 것이니, 곧 '道'는 '時'자가 바뀐 글자라는 것이 또한 분명히 증명된다. 다른 곳의 '道'에 '由'의 뜻이 있는 것을 이 예에도 적용시킬 수는 없다. ≪韓非子≫ 〈人主篇〉에는 '奚時得進'으로 바로잡혀 있다.

11-25 故資必不勝而勢不兩存하니 法術之士 焉得不危리오

그러므로 밑천에서 반드시 이기지 못하고 형세에서도 중인과 함께 존재할 수 없으니, 법술에 정통한 선비가 어찌 위태롭지 않겠는가.

法術之士 旣資必不可勝之數하고 而又與重人勢不兩存하니 則法術之士는 必危而見陷이라 ○先愼曰 乾道本注는 又下에 無與字하니 今據趙本增이라

舊注 : 법술에 정통한 선비가 이미 밑천에서 반드시 이길 수 없는 이치이고, 게다가 중인과 형세에서도 함께 존재할 수 없으니, 법술에 정통한 선비는 반드시 위태로워져 무함을 당할 것이다.

○王先愼 : 乾道本의 舊注에 '又' 아래에 '與'자가 없는데, 지금 趙本에 의거하여 보충하였다.

11-26 其可以罪過誣者는 以公法而誅之하고

무함하여 죄를 씌울 수 있는 경우에는 공공의 법으로 처단하고,

法術之士有過失可誣罔者면 重人則擧以爲罪而誅之라 ○先愼曰 乾道本은 公上에 無以字하니 依下文當有라 今據張榜本增이라

舊注 : 법술에 정통한 선비에게 무함하고 헐뜯을 만한 과실이 있으면 중인은 죄를 얽어서 誅殺한다.

○王先愼 : 乾道本에는 '公' 위에 '以'자가 없는데, 아래 글에 의거하면 있어야 한다. 지금 張榜本에 의거하여 보충하였다.

11-27 **其不可被以罪過者**는 **以私劍而窮之**니라

죄를 씌울 수 없는 경우에는 자객을 사서 목숨을 끊어 버린다.

若無過失可誣者면 則使俠客以劍刺之하야 以窮其命也라

舊注 : 만약 무함할 만한 과실이 없다면 俠客으로 하여금 칼로 베어서 그의 목숨을 끊게 한다.

11-28 **是明法術而逆主上者**는 **不僇(륙)於吏誅**면 **必死於私劍矣**니라

이렇게 법술을 밝히려고 군주를 거스른 자는 刑吏에게 처단을 당하지 않으면 반드시 자객의 칼에 죽임을 당한다.

○先愼曰 乾道本에 僇는 作憀(료)라 顧廣圻云 今本에 憀는 作僇라하니라 先愼案 僇與戮通이니 憀字는 誤라 改從今本하노라

○王先愼 : 乾道本에 '僇'은 '憀'로 되어 있다. 顧廣圻는 "今本에 '憀'는 '僇'으로 되어 있다." 하였다. 내가 살펴보건대, '僇'과 '戮'은 통용하니, '憀'자는 오자이다. 今本에 따라 바로잡았다.

11-29 **朋黨比周以弊主**하고 **言曲以便私者**는 **必信於重人矣**라 **故其可以功伐借者**는 **以官爵貴之**하고

무리를 짓고 한패가 되어 군주의 이목을 가리고 왜곡된 언론으로 사사로운 잇속을 챙기는 자는 반드시 중인에게 신임을 받는다. 그러므로 功績으로 얽어맬 수

있는 경우에는 관작을 높여주고,

彼有功伐하야 重人借爲己用者는 則官爵貴其人也라

舊注 : 그가 공적이 있어서, 중인이 그의 공적을 빌려서 자기가 이용할 만한 자는 관작으로 그를 귀하게 한다.

11-30 其可(借)以美名〔借〕者는 以外權重之니라

좋은 명성으로 얽어맬 수 있는 경우에는 외국의 세력을 빌려서 중용되게 한다.

彼雖無功伐이라도 可使近權令者는 威重之라 ○先愼曰 顧廣圻는 於其下에 添不字하야 云 藏本同이라 今本無不字니 誤라 乾道本에 名은 作明이니 譌라하니라 先愼案 名字是니 今據改라 借字는 當在名字下니 其可以美名借者와 與其可以攻伐借者는 句法一律이니 上不當有不字라 借藉古通이니 莊子應帝王篇釋文에 引崔注하야 藉는 繫也라하니라 其人可以攻伐維繫者면 則貴以官爵하고 可以美名維繫者면 則重以外權이라 二事平說이니 舊注誤라

舊注 : 그가 비록 공적이 없다 하더라도 권력의 명령에 가까이할 만한 자는 권위를 무겁게 해준다.

○王先愼 : 顧廣圻는 '其' 아래에 '不'자를 첨가하는 견해에 대하여 이르기를 "藏本도 같다. 今本에는 '不'자가 없는데, 잘못이다. 乾道本에 '名'은 '明'으로 되어 있는데, 잘못이다."라고 하였다. 내가 살펴보건대, '名'자가 옳으니, 지금 이에 근거하여 바로잡았다. '借'자는 '名'자 아래에 있어야 하니, '其可以美名借者'와 '其可以攻伐借者'는 句法이 똑같다. 그러므로 위에 '不'자가 있어서는 안 된다. '借'와 '藉'는 옛날에 통용되었으니, ≪莊子≫ 〈應帝王篇〉 ≪釋文≫에 崔氏의 注를 인용하여 "'藉'는 '繫(매다, 묶다)'이다." 하였다. 곧 그 사람을 공적으로 얽어맬 수 있는 경우에는 관작으로 귀하게 하고, 美名으로 얽어맬 수 있는 경우에는 외국의 세력으로 중용되게 만든다. 두 가지 사실은 平敍로 한 말이니, 舊注는 잘못이다.

11-31 是以로 弊主上而趨於私門者는 不顯於官爵이면 必重於外權矣니라

이 때문에 군주의 이목을 가리고 권력자의 문을 드나드는 자는 관작으로 현달

하지 않으면 반드시 외국의 세력에 의해서 중용된다.

趨는 向也라

舊注 : '趨'는 '向(향함)'이다.

11-32 今人主不合參驗而行誅하고

지금의 군주는 사실대로 검증하지도 않고 誅罰을 시행하고

謂於法術之士에 不參驗以知其眞僞卽行誅罰이라

舊注 : 법술에 정통한 선비에 대해 검증하여 진위를 알아보지 않은 채로 곧바로 주벌을 행한다.

11-33 不待見(현)功而爵祿이라

공적이 드러나기도 전에 작록을 준다.

重人所進에 雖未見功이나 先與之爵祿也라

舊注 : 중인이 추천한 자에 대해 비록 공적이 드러나지 않았음에도 먼저 작록을 줌을 이른다.

11-34 故法術之士 安能蒙死亡而進其說이며 姦邪之臣이 安肯乘利而退其身이리오 故主上愈卑하고 私門益尊이니라 夫越雖富兵彊이나 中國之主는 皆知無益於己也라 曰非吾所得制也라하니라

그러므로 법술에 정통한 선비가 어찌 죽음을 무릅쓰고 진심 어린 간언을 할 것이며, 간사한 신하가 어찌 이익을 얻으려 하는데 이익을 제쳐두고 뒤로 물러나겠는가. 그러므로 군주는 더욱 비천해지고 중인은 더욱 존귀해지는 것이다.

越나라가 비록 나라가 부유하고 군사력이 강하지만 중원의 군주들은 모두 자기들에게 아무런 이득이 없다는 것을 안다. 그래서 말하기를 "우리가 통제할 수 있는 나라가 아니다."라고 한다.

越國은 爲異國이니 卽敵國也라 ○顧廣圻曰 藏本今本은 雖下에 有國字라 先愼曰 注에 以越國連文은 是所見本에 雖字는 卽國之誤라 夫越微逗요 國富兵彊句絶이라 中國視越國最遠이라 故取以爲況이라 說林上에 越人雖善遊라하니 亦借越爲喩 是其證이라 注訓異國은 非라

舊注 : 越나라는 異國이니, 곧 적국이다.

○顧廣圻 : 藏本과 今本에는 '雖' 아래에 '國'자가 있다.

王先愼 : 舊注에 '越國'을 연이어 쓴 것은 舊注에서 보았던 판본에 '雖'자는 바로 '國'의 오자라는 것이다. '夫越'이 짧은 한 구이고, '國富兵强'이 한 구로 끊어진다. 중원에서는 越나라를 가장 먼 곳으로 여겼기 때문에 취하여 비유로 삼은 것이다. ≪韓非子≫ 〈說林上〉에 '越人雖善遊(越나라 사람이 비록 수영을 잘한다 해도)'라 하였으니, 역시 越을 차용하여 비유를 삼은 그 증거이다. 舊注의 '異國'이라 訓釋한 것은 틀렸다.

11-35 **今有國者雖地廣人衆이나 然而人主壅蔽하고 大臣專權이면 是國爲越也니라**

이제 어떤 나라가 비록 영토가 넓고 인구가 많더라도 군주는 이목이 가려지고 대신이 마음대로 권력을 휘두른다면, 이 나라는 월나라나 마찬가지인 것이다.

大臣專國하야 常有謀君之心이니 卽己國還爲越國이라 故曰是國爲越也니라

舊注 : 대신이 국정을 독점하여 늘 군주를 도모하려는 마음을 지니고 있으니, 곧 자기 나라는 도리어 월나라처럼 된 것이다. 그러므로 "이 나라는 월나라나 마찬가지인 것이다."라고 한 것이다.

11-36 **智不類越하고 而不智不類其國하니 不察其類者也니라**

〈자기 나라가〉 월나라와 유사하지 않다는 것만을 알고 〈월나라가〉 본래의 자기 나라와 유사하지 않음은 알지 못하니, 이는 그 유사한 실상을 제대로 살피지 못한 것이다.

縱臣專權하야 國變成越하니 是不自知己國卽與越國不異라 所以然者는 良以不察知己國類於越國故也라 ○先愼曰 拾補에 不智는 作不知라 盧文弨云 知는 各本俱作智라 案智與知通하니 此上智字義亦當爲知라하니라 顧廣圻云 兩類字는 當作賴라

賴는 利也니 涉下不察其類者也句而誤라 今本에 智作知는 誤라 二智字가 皆讀爲知니 本書屢見이라하니라 先愼案 旣讀爲知면 則今本之作知는 不得爲誤라 類는 似也라 知己之國不似越國之不得制나 究不能自制其國이면 是不知國之不似己之國也라 顧改類爲賴는 非라

舊注：신하에게 권력을 제멋대로 행사하도록 놔두어 나라가 변해 越나라처럼 되었으니, 이는 자기 나라가 곧 월나라와 다르지 않다는 것을 스스로 알지 못한 것이다. 그 까닭은 실로 자기 나라가 월나라와 유사한 것을 살펴서 알아차리지 못했기 때문이다.

○王先愼：≪群書拾補≫에 '不智'는 '不知'로 되어 있다. 盧文弨는 "'知'는 각 본에 모두 '智'로 되어 있다. 살펴보건대 '智'는 '知'와 통용하니, 위의 '智'자의 뜻은 역시 '知'가 되어야 한다." 하였다. 顧廣圻는 "두 '類'자는 '賴'가 되어야 한다. '賴'는 '利(이로움, 이득)'이니, 아래의 '不察其類者也' 구와 관련되어 잘못된 것이다. 今本에 '智'가 '知'로 된 것은 잘못이다. 두 '智'자를 모두 '知'로 읽어야 하니, 本書에 여러 번 나온다." 하였다. 내가 살펴보건대, 이미 '知'로 읽은 이상 今本에 '知'로 되어 있다 해도 오류가 되는 것은 아니다. '類'는 '似(비슷함, 유사함)'이다. 자기 나라가 통제할 수 없는 월나라와 유사하지 않다는 것은 알지만, 스스로 자기 나라를 통제하지 못하는 이유를 따져보면, 이것은 나라가 본래의 자기 나라와 유사하지 않음을 알지 못한 것이다. 고광기가 '類'를 '賴'로 바로잡은 것은 틀렸다.

11-37 人(主)所以謂齊亡者는 非地與城亡也라

사람들이 齊나라가 망했다고 말하는 까닭은 영토와 성을 잃어서가 아니라,

○孫詒讓曰 主字는 衍이라

○孫詒讓：'主'자는 衍文이다.

11-38 呂氏[7]弗制而田氏[8]用之요 所以謂晉亡者는 亦非地與城亡也라 姬氏[9]

---

7) 呂氏：齊나라의 시조인 姜太公의 후손을 가리킨다. 강태공의 선조가 呂나라에 봉해졌으므로 '呂尙'이라 불렸다. 周나라 文王의 초빙을 받아 그의 스승이 되었고, 武王을 도와 商나라 紂王을 멸망시켜 천하를 평정하였으며, 그 공으로 齊나라 제후에 봉해져 그 시조가 되었다.

8) 田氏：齊나라 제후의 지위에 오른 田氏를 가리킨다. 자세한 것은 본서 174쪽 역주9) 참조.

9) 姬氏：周나라의 성씨를 말한다. 晉나라는 周나라 成王이 아우 叔虞를 唐에 봉하여 비롯되었

不制而六卿[10]**專之也**니라 **今大臣**이 **執柄獨斷**이로되 **而上弗知收**하니 **是人主不明也**니라

呂氏가 통제하지 못하고 田氏가 실권을 행사하였기 때문이고, 〈사람들이〉 晉나라가 망했다고 말하는 까닭 역시 영토와 성을 잃어서가 아니라, 姬氏가 통제하지 못하고 六卿이 국정을 전횡하였기 때문이다. 지금 대신이 나라의 대권을 잡고 국정을 독단하는데도 군주가 거두어들일 줄을 모르니, 이는 군주가 현명하지 않아서이다.

不知收取其柄而自執之하야 令臣於上獨斷하니 此主之不明也라 今은 謂秦也라 ○先愼曰 此書는 作於韓이라 秦王이 見之하고 始伐韓得非니 非在秦時作也라 今字泛言當時諸侯니 注誤라

舊注 : 權柄을 거두어들여서 스스로 잡을 줄 모르고서 신하로 하여금 위에서 독단하게 하게 하니, 이는 군주가 현명하지 못한 것이다. '今'은 秦나라를 말한다.

○王先愼 : 이 글은 韓나라에 있을 때 지은 것이다. 秦王이 이 글을 보고서야 비로소 한나라를 쳐서 한비를 얻은 것이니, 秦나라에 있을 때 지은 것이 아니다. 따라서 '今'자는 당시 제후를 두루 이르는 것이니, 舊注는 틀렸다.

11-39 **與死人同病者**는 **不可生也**요 **與亡國同事者**는 **不可存也**니라 **今襲迹於齊晉**하야 **欲國安存**하니 **不可得也**니라

죽은 이와 같은 병에 걸린 자는 살아날 수가 없고, 망한 나라와 사정이 같은 나라는 존속할 수가 없다. 지금 齊나라와 晉나라가 갔던 길을 거듭 밟으면서 나라가 편안하고 존속되길 바라니, 그리 될 수가 없는 일이다.

襲은 重也라

舊注 : '襲'은 '重(거듭함)'이다.

고, 그의 아들 燮이 晉으로 옮겨 晉나라 제후가 되었다.

10) 六卿 : 晉나라에서 실권을 장악하였던 范·中行·智·韓·魏·趙氏의 여섯 대부를 가리킨다. 후에 조·한·위씨가 진나라를 나누어 각기 나라를 세웠고, 이들이 정식으로 제후로 인정을 받음에 따라 진나라는 멸망하였다.

11-40 **凡法術之難行也**는 **不獨萬乘**이라 **千乘亦然**이니라 **人主之左右不必智也**어늘 **人主於人有所智而聽之**하고 **因與左右論其言**이면 **是與愚人論智也**요

무릇 통치의 법술을 행하기 어려운 것은 萬乘의 나라에서만이 아니라, 千乘의 나라도 마찬가지이다. 군주의 측근이 반드시 지혜로운 것은 아니다. 그런데 군주가 어떤 사람을 지혜롭다고 여겨 그의 말을 듣고는 이어 측근과 더불어 그의 말에 대해 평론한다면, 이는 어리석은 자들과 더불어 지혜로운 이를 평론하는 짓이다.

○先愼曰 人主篇에 因上有入字니 下同이라

○王先愼 : ≪韓非子≫ 〈人主篇〉에 '因' 앞에 '入'자가 있으니, 아래도 같다.

11-41 **人主之左右不必賢也**어늘 **人主於人有所賢而禮之**하고 **因與左右論其行**이면 **是與不肖論賢也**니라 **智者決策於愚人**하고 **賢士程行於不肖**면

군주의 측근이 반드시 현명한 것은 아니다. 그런데 군주가 어떤 사람을 현명하다고 여겨 그를 예우하고 이어 측근과 더불어 그의 행실에 대해 평론한다면, 이는 변변치 못한 자들과 더불어 현명한 이를 평론하는 짓이다. 지혜로운 이의 계책이 어리석은 사람에 의해 결정되고, 현명한 선비의 행실이 변변치 못한 자에 의해 평가되면

○先愼曰 智者之策이 決於愚人하고 賢士之行이 程於不肖라

○王先愼 : 지혜로운 이의 계책이 어리석은 사람에 의해 결정되고, 현명한 선비의 행실이 변변치 못한 자에 의해 평가된다.

11-42 **則賢智之士羞而人主之論悖矣**니라 **人臣之欲得官者**로 **其修士**는 **且以精潔固身**하고

현명하고 지혜로운 선비는 치욕을 당하고 군주의 판단도 어긋나게 될 것이다. 관직을 얻고자 하는 신하로서, 수양한 선비는 장차 청렴결백으로 자신을 다잡고,

修士는 謂修身之士니 但精潔自固其身이라 ○先愼曰 拾補에 絜下旁注潔字라 盧

文弨云 潔은 藏本張本에 俱作絜하니 下同이라하니라 先愼案 乾道本에 此作絜하고 下二絜字는 皆作潔이니 潔絜字通用이라

舊注 : '修士'는 몸을 수양한 선비이니, 다만 몸을 정결히 하여 스스로 다잡는다.

○王先愼 : ≪群書拾補≫에 '絜' 아래에 '潔'자가 旁注로 달려 있다. 盧文弨는 "'潔'은 藏本과 張本에 모두 '絜'로 되어 있으니, 아래도 같다." 하였다. 내가 살펴보건대, 乾道本에 이 글자는 '絜'로 되어 있고, 아래 두 '絜'자는 모두 '潔'로 되어 있다. '潔'자와 '絜'자는 통용한다.

11-43 其智士는 且以治辯進業이니라

지모가 있는 선비는 적확하게 다스리는 능력으로 공적을 올린다.

智(者)〔士〕[11]는 謂智謀之士也라

舊注 : '智士'는 智謀가 있는 선비이다.

11-44 (其修士)不能以貨賂事人하고

뇌물로 권력자를 섬기지 않고

旣修身이라 故不以貨事人也라

舊注 : 이미 몸을 수양하였으므로 뇌물을 가지고 사람을 섬기지 않는다.

11-45 恃其精潔〔治辨〕하야 而更不能以枉法爲治하니

자기의 청렴결백과 적확하게 다스리는 능력을 믿어서, 다시 법을 굽혀서 정사를 처리하지 않으니,

旣精潔이라 故不能枉法爲治라 智士不重說은 似闕文也라 ○顧廣圻曰 其修士는 修下에 當脫智之二字요 精潔은 當作精辯이라 下文云 則修智之士 不事左右는 卽謂貨賂요 不聽請謁은 卽謂枉法이니 文相承也라 下文又云 則精辨之功息이라하니

11) (者)〔士〕: 저본에는 '者'로 되어 있으나, ≪韓非子新校注≫ 陳奇猷의 설에 의거하여 '士'로 바로잡았다.

幷言精辯與幷言修潔同例라 舊注에 智士不重說 似有脫文은 誤라 兪樾曰 其修士三字는 衍文也라 上文云 其修士는 且以精絜固身하고 其智士는 且以治辯進業이라하고 此云 不能以貨賂事人은 則總蒙修士智士爲文이니 言其皆不能也라 恃其精潔은 當作恃其精潔治辨이니 因衍其修士三字면 則此文專屬修士니 遂刪去治辯二字耳라 舊注謂不重知士 似有闕文은 是其所據本已誤라 先愼曰 兪說이 是라

舊注 : 이미 몸을 정결히 하였기 때문에 법을 굽혀서 정사를 처리하지 않는다. '智士'에 대해 거듭하여 말하지 않은 것은 아마 闕文이 있는 듯하다.

○顧廣圻 : '其修士'는 '修' 아래에 '智之' 두 글자가 탈락되었고, '精潔'은 '精辯'이 되어야 한다. 아래 글의 '則修智之士 不事左右'는 뇌물을 쓰는 것을 이르고, '不聽請謁'은 법을 굽히는 것을 이르니, 문맥이 서로 이어진다. 아래 글에 또 '則精辯之功息'이라 하였으니, '精辯'이라고 나란히 말하는 것과 '修潔'이라고 나란히 말하는 것과 같은 예이다. 舊注에서 '智士에 대해 거듭하여 말하지 않은 것은 아마 闕文이 있는 듯하다.'라고 한 것은 잘못이다.

兪樾 : '其修士' 세 글자는 衍文이다. 윗글에 '其修士且以精絜固身 其智士且以治辯進業'이라 하고, 여기서 '不能以貨賂事人'이라 한 것은 수양한 선비와 지모가 있는 선비를 종합적으로 이은 문구이니, 그들 모두가 그리 하지 않음을 말한 것이다. '恃其精潔'은 '恃其精潔治辨(자기의 청렴결백과 적확하게 다스리는 능력을 믿는다.)'이 되어야 하니, 衍文인 '其修士' 세 글자를 따르면 이 문구는 오로지 수양한 선비에만 속해야 하므로 마침내 '治辯' 두 글자를 삭제한 것이다. 舊注에서 '智士를 거듭하지 않은 것에 대해 빠진 문구가 있는 듯하다.'고 한 것은 의거한 본이 이미 잘못된 것이다.

王先愼 : 兪樾의 설이 옳다.

11-46 則修智之士는 不事左右하고 不聽請謁矣니라

수양한 선비나 지모가 있는 선비는 군주의 측근을 섬기지 않고, 청탁을 들어주지도 않는다.

左右는 謂財貨니 修智之士는 不肯聽從也[12]라 ○先愼曰 謂不以財貨賂左右요 不

12) 左右……不肯聽從也 : 수양한 선비와 지혜 있는 선비는 군주의 측근이 재화로 매수하려 들거나 재화를 요구하는 것에 대해 따르지 않는다는 뜻인 듯하다. 錯簡이나 衍文이 있는 듯한

能枉法從請謁이라 注說은 非라

舊注：'左右'는 '財貨'를 이르니, 수양한 선비와 지혜 있는 선비는 재화에 대한 요구를 기꺼이 따르지 않는다.

○王先愼：재물로 군주의 측근에게 뇌물을 주지 않고, 법을 굽혀 청탁을 들어주지도 않음을 말한다. 舊注의 설은 틀렸다.

11-47 人主之左右는 行非伯夷也니 求索不得하고 貨賂不至면 則精辯之功息하고 而毀誣之言起矣니라

군주의 측근 신하는 행실이 伯夷와 다르니, 바라는 것을 얻지 못하고 뇌물이 들어오지 않으면, 〈수양한 선비와 지모가 있는 선비가〉 청렴결백하고 적확하게 다스린 공적은 말소되고 비방하고 중상하는 말만 제기된다.

精은 謂修士精潔也요 辯은 謂智士辭辯也라

舊注：'精'은 수양한 선비의 精潔함을 이르고, '辯'은 지모 있는 선비의 辭辯을 이른다.

11-48 治(亂)〔辯〕之功이 制於近習하고

적확하게 다스려 세운 공적이 군주의 측근 신하에게 가로막히고,

治亂은 謂智士材辯이 能治於亂也라 ○顧廣圻曰 亂은 當作辯이니 舊注는 誤라 先愼曰 張榜本에 亂作辨이라

舊注：'治亂'은 지모 있는 선비의 材辯이 능히 어지러움을 다스림을 이른다.

○顧廣圻：'亂'은 '辯'이 되어야 하니, 舊注는 틀렸다.

王先愼：張榜本에 '亂'이 '辨'으로 되어 있다.

11-49 精潔之行이 決於毀譽면 則修智之吏廢하야 而人主之明塞矣니라

청렴결백한 행실이 측근 신하들의 비방에 결딴나면, 수양한 관리나 지모가 있는 관리는 버림을 받게 되어 군주의 현명함도 막히게 될 것이다.

데 상고할 수 없다.

修智之士는 能發人主之聰明이어늘 今既廢而不用이면 則主明自塞矣라 ○先愼曰 乾道本에 而는 作則하니 顧廣圻云 今本에 則은 作而라하니 今據改하노라

舊注 : 수양한 선비나 지모 있는 선비는 군주의 총명을 일으킬 수 있는데, 지금 버려져서 쓰이지 않으면 군주의 총명함은 저절로 막힌다.

○王先愼 : 乾道本에 '而'는 '則'으로 되어 있는데, 顧廣圻는 "今本에 '則'은 '而'로 되어 있다." 하였으니, 지금 이에 근거하여 바로잡았다.

11-50 不以功伐로 決智行하고

공적으로 지혜와 품행을 판결하지 않고

決智行은 當以功伐이라 積功曰伐也라

舊注 : 지혜와 품행을 판결하는 것은 공적으로써 해야 한다. 공을 쌓은 것을 '伐'이라 한다.

11-51 不以參伍로 審罪過하며

비교하여 검증하며 대조하여 맞추어보는 것으로 죄과를 심판하지 않으며,

審罪過은 當參伍之라 參은 比驗也요 伍는 偶會也라

舊注 : 죄과를 심판하는 것은 여러모로 비교하고 대조해야 한다. '參'은 비교하여 검증하는 것이고, '伍'는 대조하여 맞추어보는 것이다.

11-52 而聽左右近習之言이면 則無能之士在廷하고 而愚汚之吏處官矣니라

측근이나 친숙한 사람의 말만 들어준다면 무능한 선비가 조정에 서고 어리석고 더러운 관리가 벼슬자리를 차지할 것이다.

近習之人이 既皆小人이면 同氣相求하고 同聲相應이라 故所親者는 無能之人이요 所愛者는 愚汚之人이라 亦既親愛면 必用之在廷하고 擧之處官矣라

舊注 : 친숙한 사람이 이미 다 소인이면 취향이 같은 사람들끼리 서로 모여들기 마련

이기 때문에 친한 자는 무능한 사람들이고, 아끼는 자는 어리석고 더러운 사람들이다. 역시 이미 친하고 아끼게 되면 반드시 등용하여 조정에 있게 되고 추천하여 벼슬자리를 차지하게 된다.

11-53 萬乘之患은 大臣太重이요 千乘之患은 左右太信이니 此는 人主之所公患也니라

萬乘의 나라의 걱정거리는 대신의 권력이 너무 큰 것이고, 千乘의 나라의 걱정거리는 측근들이 지나치게 신임을 받는 것이니, 이는 군주들의 공통된 걱정거리이다.

公은 正也라 正當以此當患也라 ○先愼曰 注說은 非라 公訓爲共이니 荀子解蔽篇에 此心術之公患也라하니 語句正同이라 楊注에 公은 共也라하니 是其證이라 又案 注當患은 應作爲患이라

舊注 : '公'은 '正(정히, 바로)'이다. 정히 이것으로 근심을 삼아야 한다는 말이다.

○王先愼 : 舊注의 설은 틀렸다. '公'은 '共(공통)'의 뜻이니, ≪荀子≫ 〈解蔽篇〉에 '此心術之公患也(이것은 심술의 공통된 근심이다.)' 하였는데, 어구가 똑같다. 楊倞의 注에 "'公'은 '共'이다."라고 하였으니, 그 증거이다. 또 살펴보건대, 舊注의 '當患'은 응당 '爲患'이 되어야 한다.

11-54 且人臣有大罪하고 人主有大失하니 臣主之利與相異者也니라

또 신하는 큰 죄를 범할 수 있고, 군주는 큰 실책을 저지를 수 있으니, 신하와 군주의 이익이 서로 모순되기 때문이다.

○顧廣圻曰 與는 當在相字下라

○顧廣圻 : '與'는 '相'자 아래에 있어야 한다.

11-55 何以明之哉아 曰 主利는 在有能而任官이며 臣利는 在無能而得事요 主利는 在有勞而爵祿이며 臣利는 在無功而富貴요 主利는 在豪傑使能이며

어떻게 증명할 것인가. 말하자면, 군주의 이익은 능력이 있는 자에게 관직을 임명하는 데 있고, 신하의 이익은 능력이 없으면서도 직무를 얻는 데 있다. 군주의 이익은 공로를 세운 자에게 작위와 녹봉을 주는 데 있고, 신하의 이익은 공적이 없는데도 부귀를 얻는 데 있다. 군주의 이익은 호걸스런 사람의 능력을 부리는 데 있고,

豪傑之人有才能이라 然後使之矣라

舊注 : 호걸스런 사람이 재능이 있어야, 그런 후에 그를 부린다.

11-56 **臣利**는 **在朋黨用私**니라 **是以**로 **國地削而私家富**하고 **主上卑而大臣重**이니라 **故主失勢而臣得國**이면 **主更稱蕃臣**하고

신하의 이익은 패거리를 지어서 자기편 사람을 기용하는 데 있다. 이 때문에 나라는 영토가 깎이는데 권력자 개인의 집안은 부유해지고, 군주는 비천해지는데 대신의 권세는 무거워진다. 그러므로 군주가 권세를 잃고 신하가 나라를 얻으면 군주는 蕃臣으로 명칭이 바뀌고,

君臣易位라 故主稱蕃臣於其臣이라

舊注 : 군주와 신하의 지위가 바뀌기 때문에 군주가 신하에 대해 蕃臣으로 칭하게 된다.

11-57 **而相室**[13)]**剖符**니라

재상이 벼슬자리를 임명하는 권한을 전담하게 된다.

相室은 家臣也라 剖符는 言得專授人官與之剖符也라 ○先愼曰 趙本注에 授는

---

13) 相室 : ≪韓非子≫ 〈八經篇〉의 '相室約其廷臣(相室이 조정의 신하들을 통제한다.)', 〈內儲說 下六微篇〉의 '國君……好外則相室危(군주가……간신을 좋아하면 相室이 위태로워진다.)', 〈亡徵篇〉의 '相室輕而典謁重(相室이 경시되고 典謁이 중시된다.)'이라고 한 '相室'의 예와 ≪漢書≫ 〈五行志〉의 '不當實而實 易相室(열매가 맺혀서는 안 되는데 열매가 맺히면 相室을 바꾼다.)'에 대한 顔師古의 注에 "相室은 相國과 같으니, 재상을 이른다."라고 한 예로 보아, '相室'은 家臣이 아니라 相國, 즉 재상으로 보는 것이 타당할 듯하다.

誤投라

舊注 : '相室'은 家臣이다. '剖符'는 제멋대로 사람에게 벼슬을 제수하여 그와 더불어 符節을 나누게 됨을 이른다.

○王先愼 : 趙本의 舊注에 '授'는 잘못 '投'로 되어 있다.

11-58 此는 人臣之所以譎主便私也니라

이는 신하가 군주를 속여 자기들의 사사로운 잇속을 꾀하기 때문이다.

譎는 誑也라 設詐謀以誑誤於主也라 ○先愼曰 乾道本注에 誑은 作誰니 誤라 改從趙本하노라

舊注 : '譎'은 '誑(속임, 기만함)'이다. 속임수를 써서 임금을 기만하여 그르치는 것이다.

○王先愼 : 乾道本의 舊注에 '誑'은 '誰'로 되어 있는데, 잘못이다. 趙本에 따라 바로잡았다.

11-59 故當世之重臣이 主變勢而得固寵者는 十無二三이니라

그러므로 지금 신임을 받고 있는 중신들 가운데 군주의 세력이 변해도 계속 총애를 받을 자는 열에 두셋도 되지 않는다.

變은 謂行譎誑以移主意라 十中에 但有二三이라 故曰 十無二三也라 ○王先謙曰 主勢變은 謂國君相嬗(선)之時也니 注誤라 先愼曰 注有二三은 當作有一二니 涉正文而誤라

舊注 : '變'은 속임수를 써서 군주의 뜻을 옮기는 것이다. 열 명 중에 다만 두셋이 있기 때문에 '十無二三'이라고 한 것이다.

○王先謙 : '主勢變'은 군주가 후사에게 자리를 넘겨준 때를 말하니, 舊注는 틀렸다.

王先愼 : 舊注의 '有二三'은 '有一二'가 되어야 하니, 正文에 관련이 되어 잘못된 것이다.

11-60 是其故何也오 人臣之罪大也니라 臣有大罪者는 其行欺主也니 其罪當死亡也니라 智士者는 遠見而畏於死亡하니 必不從重人矣니라

이것은 무슨 까닭에서인가. 신하의 죄가 크기 때문이다. 신하의 죄가 크다는 것

은 군주를 속이는 짓을 저질렀기 때문이니, 그 죄는 사형에 해당한다. 지혜로운 선비는 멀리 내다보며 헛된 죽음을 두려워하기에 반드시 중인을 따르지 않는다.

○先愼曰 拾補에 人下旁注臣字라 盧文弨云 臣은 藏本張本에 俱作人이라하니라

○王先愼 : ≪群書拾補≫에 '人' 아래에 '臣'자를 旁注로 붙였다. 盧文弨는 "'臣'은 藏本과 張本에 모두 '人'으로 되어 있다." 하였다.

11-61 賢士者는 修廉而羞與姦臣欺其主하니 必不從重臣矣니라 是當塗者之徒屬은 非愚而不知患者면 必汚而不避姦者也니라

현명한 선비는 몸을 닦아 청렴하며 간신과 어울려 군주를 속이는 것을 부끄러워하기에 반드시 중신을 따르지 않는다. 그런데 요직에 있는 권력자의 패거리들은 어리석어서 다가올 화를 알지 못하는 자가 아니면, 반드시 심성이 더러워서 간사한 짓을 피하지 않는 자들이다.

重人所爲는 必不軌라 故智士恐與同之하고 廉士羞與之欺主하니 莫有從之遊者라 同惡相濟라 故與之爲徒屬者는 必汚愚之人也라 ○先愼曰 乾道本注에 與字上有上字하고 汚愚은 作惡愚니 幷誤라 改從趙本하노라

舊注 : 중인의 행위는 반드시 법도에 어긋난다. 그러므로 지혜로운 선비는 그와 함께 하기를 두려워하고, 청렴한 선비는 그와 함께 군주를 속이는 것을 부끄러워하니, 그를 따라 어울리는 자가 없다. 악인들은 서로 도와 악행을 저지르기 때문에 그와 더불어 패거리를 이루는 자들은 반드시 더럽고 어리석은 사람들이다.

○王先愼 : 乾道本의 舊注에 '與'자 위에 '上'자가 있고, '汚愚'는 '惡愚'로 되어 있는데, 모두 잘못이다. 趙本을 따라 바로잡았다.

11-62 大臣이 挾愚汚之人하야 上與之欺主하고 下與之收利侵漁하며 朋黨比周하야 相與一口[14)]하야

---

14) 朋黨比周 相與一口 : 저본에는 '下與之收利 侵漁朋黨 比周相與 一口惑主敗法'으로 구두가 되어 있는데, ≪韓非子新校注≫ 劉師培의 설에 따라 '下與之收利侵漁 朋黨比周 相與一口 惑主敗法'으로 바로잡아 번역하였다. 윗글의 '朋黨比周以蔽主(무리를 짓고 한패가 되어 군주의 이목

대신들이 어리석고 더러운 자들을 옆에 끼고서, 위로는 그들과 함께 군주를 속이고 아래로는 그들과 함께 백성들에게서 이득을 착취하며, 무리를 짓고 한패가 되어 서로 말을 맞추어

言侵奪百姓이 若漁者之取魚也라 阿黨爲比요 忠信爲周也라 比周者는 言以阿黨之人으로 爲忠信與親也라 雷同是非라 故曰一口라 ○先愼曰 侵漁朋黨은 當作朋黨侵漁니 與下比周相與로 對文이라 注乾道本에 忠은 作心이니 改從趙本이라

舊注 : 백성의 이득을 침탈하는 것이 마치 어부가 물고기를 잡는 것과 같다는 말이다. 비위를 맞추어 아첨하는 것이 '比'이고, 충성스럽고 신실함이 '周'이다. '比周'는 비위를 맞추어 아첨하는 사람을 충성스럽고 신실한 사람으로 여겨 가까이 어울리는 것을 말한다. 옳고 그름에 대해 부화뇌동하기 때문에 '서로 말을 맞춘다.'라고 한 것이다.

○王先愼 : '侵漁朋黨'은 '朋黨侵漁'가 되어야 하니, 아래의 '比周相與'와 對文이다. 乾道本의 舊注에 '忠'은 '心'으로 되어 있으니, 趙本에 따라 바로잡았다.

11-63 惑主敗法하야 以亂士民하고 使國家危削하야 主上勞辱하니 此大罪也니라 臣有大罪어늘 而主弗禁이면 此大失也니라 使其主有大失於上하고 臣有大罪於下어늘 索國之不亡者는 不可得也니라

군주를 미혹시키고 법을 무너뜨려서, 백성들을 어지럽히고 나라를 위험에 빠뜨려 영토를 깎이게 하여, 군주가 고생하고 욕되게 하니, 이는 신하의 큰 죄이다. 신하에게 큰 죄가 있는데도 군주가 금하지 않는다면 이는 군주의 큰 실책이다. 만약 군주가 위에서 큰 실책을 저지르고 신하는 아래에서 큰 죄를 범하고도 나라가 망하지 않기를 바란다면 그것은 될 수 없는 일이다.

을 가린다.)'와 ≪韓非子≫ 〈飾邪篇〉에 '群臣朋黨比周以隱正道(신하들이 무리를 짓고 한패가 되어 正道를 은폐한다.)' 등의 문장이 그 근거이다.

〔附 錄〕

1. ≪韓非子集解≫ 總目次

韓非子集解 卷一

- 제1편 初見秦
- 제2편 存韓
- 제3편 難言
- 제4편 愛臣
- 제5편 主道

韓非子集解 卷二

- 제6편 有度
- 제7편 二柄
- 제8편 揚搉
- 제9편 八姦

韓非子集解 卷三

- 제10편 十過

韓非子集解 卷四

- 제11편 孤憤
- 제12편 說難
- 제13편 和氏
- 제14편 姦劫弑臣

韓非子集解 卷五

- 제15편 亡徵
- 제16편 三守
- 제17편 備內
- 제18편 南面
- 제19편 飾邪

韓非子集解 卷六

- 제20편 解老

韓非子集解 卷七

- 제21편 喩老
- 제22편 說林 上

韓非子集解 卷八

- 제23편 說林 下
- 제24편 觀行
- 제25편 安危
- 제26편 守道
- 제27편 用人
- 제28편 功名
- 제29편 大體

2. ≪韓非子集解 1≫ 圖版目錄

(21) 矩(≪和漢三才圖會≫) / 6-80

(22) 準(≪和漢三才圖會≫) / 6-82

(23) 繩(≪和漢三才圖會≫) / 6-82

(24) 衡(≪五經圖彙≫) / 8-41

(25) 筀(≪五經圖彙≫) / 8-43

(26) 荀息이 길을 빌려 虢나라를 멸할 것을 꾀하다(≪增像全圖東周列國志≫) / 10-12

(27) 箘簬(≪三才圖會≫) / 10-74

(28) 智伯이 강물을 터서 晉陽城을 잠그다(≪增像全圖東周列國志≫) / 10-79

(29) 堯(≪萬古際會圖像≫) / 10-96

(30) 簋(≪字典釋要≫) / 10-96

(31) 鉶(≪五經圖彙≫) / 10-96

(32) 舜(≪萬古際會圖像≫) / 10-97

(33) 禹(≪萬古際會圖像≫) / 10-100

(34) 大路圖(≪三才圖會≫) / 10-105

(35) 晉나라 공자 重耳가 천하를 주유하다(≪增像全圖東周列國志≫) / 10-143

3. ≪韓非子≫ 講義 紹介

- 전통문화연구회 사이버서원(http://hm.cyberseodang.or.kr)
- 한비자 특강(유료)
- 강사 : 金藝鎬

論文 및 譯書 - ≪한비자 법치로 세상을 바로 세운다≫
〈한비자 법치론의 연구-법치론 수립의 논리체계 분석〉
〈고대중국의 사상문화와 법치철학〉

責任飜譯者

許鎬九

父親 晦山公과 龍鉉 權秋淵 先生 師事
檀國大學校 東洋學研究院 招聘教授(現)
韓國古典飜譯院 附設 古典飜譯教育院 招聘教授(現)
傳統文化研究會 理事(現)

論文 및 譯書

譯書 《說苑》 《菊潭先生文集》 《拓齋文集》
共譯 《朱註論語》 《朱註孟子》 《國語》 《退溪先生文集》 등

共同飜譯者

鄭東和

高麗大學校 國語國文學科 博士課程 修了
檀國大學校 東洋學研究院 漢韓大辭典編纂室 編纂팀장
韓國古典飜譯院 責任研究員(現)

論文 및 譯書

論文 〈退溪 山水詩의 形象化에 대하여〉 〈도학적 시 세계의 한 국면〉
共譯 《春秋繁露義證》 등

權津鈺

高麗大學校 國語國文學科 博士課程 卒業
檀國大學校 東洋學研究院 古典飜譯研究室 先任研究員(現)

論文 및 譯書

論文 〈澤堂 李植의 駢文·古文 연찬과 산문 창작의 실제〉
〈橘山 李裕元의 學問 性向과 類書·筆記 編纂에 관한 研究〉
共譯 《樂全堂集》 《於于集》 등

東洋古典譯註叢書 96

譯註 韓非子集解 1　　정가 41,000원

2017년 12월 20일 초판 발행
2024년 02월 28일 초판 3쇄

責任譯者 許鎬九
共同譯者 鄭東和 權津鈺
潤文校訂 南賢熙 田炳秀 郭成龍 李孝宰 咸明淑
編　　輯 東洋古典飜譯編輯委員會

發 行 人 郭成文

發 行 處 社團法人 傳統文化硏究會
서울시 종로구 삼일대로 428 낙원빌딩 411호
전화 : (02)762-8401　전송 : (02)747-0083
전자우편 : juntong@juntong.or.kr
홈페이지 : juntong.or.kr
사이버書堂 : cyberseodang.or.kr
온라인서점 : book.cyberseodang.or.kr
등록 : 1989. 7. 3. 제1-936호

인쇄처 : 한국법령정보주식회사(02-462-3860)
총　판 : 한국출판협동조합(070-7119-1750)

ISBN 979-11-5794-143-8 94150
978-89-85395-71-7(세트)

※ 이 책은 2017년도 교육부 고전문헌 국역지원사업 지원비에 의해 초판 간행.